万卷方法学术委员会

JIEGOU FANGCHENG
MOYING
AMOS SHI
WU JIN JIE

结构方程模型
—— Amos 实务进阶

吴明隆 著

重庆大学出版社

结构方程模型——Amos 实务进阶。原书由台湾五南图书出版股份有限公司出版。原书版权属台湾五南图书出版股份有限公司。

本书简体中文版专有出版权由台湾五南图书出版股份有限公司授权重庆大学出版社在大陆地区出版发行简体字版本。未经出版者书面许可，不得以任何形式复制。

版贸渝核字(2011)第 199 号

图书在版编目(CIP)数据

结构方程模型:Amos 实务进阶/吴明隆著.—重
庆:重庆大学出版社，2013.3(2020.11 重印)
(万卷方法)
ISBN 978-7-5624-7145-5

Ⅰ.①结… Ⅱ.①吴… Ⅲ.①统计分析—统计模型—
线性模型 Ⅳ.①C819

中国版本图书馆 CIP 数据核字(2012)第 309045 号

结构方程模型——Amos 实务进阶

吴明隆 著

策划编辑:林佳木 邹 荣

责任编辑:邹 荣 版式设计:林佳木
责任校对:贾 梅 责任印制:张 策

*

重庆大学出版社出版发行
出版人:饶帮华
社址:重庆市沙坪坝区大学城西路 21 号
邮编:401331
电话:(023) 88617190 88617185(中小学)
传真:(023) 88617186 88617166
网址:http://www.cqup.com.cn
邮箱:fxk@ cqup.com.cn (营销中心)
全国新华书店经销
重庆升光电力印务有限公司印刷

*

开本:787mm×1092mm 1/16 印张:24.75 字数:586 千
2013 年 3 月第 1 版 2020 年 11 月第 4 次印刷
印数:9 001—12 000
ISBN 978-7-5624-7145-5 定价:68.00 元

序　言

　　《结构方程模型——Amos 实务进阶》（Structural Equation Modeling—Tips for Practical Application）为 SEM 系列丛书之三（SEM 系列丛书之一为《结构方程模型——SIMPLIS 的应用》之二为《结构方程模型——Amos 的操作与应用》）。结构方程模型（Structural Equation Modeling；简称 SEM）是当代行为科学领域中量化研究的重要统计方法，它融合了传统多变量统计分析中"因素分析"与"线性模型之回归分析"的统计技术，对于各种因果模型可以进行模型辨识、估计与验证，其因果模型验证的属性是"验证性"而非是"探索性"的。

　　本书着重实际案例的解析与统计分析技巧及结果的诠释，其中包括研究者在进行 SEM 模型检验时常犯的错误及 SEM 基本概念的厘清，包括不适当解值及整体适配度指标的判别、修正指标的使用及模型界定、验证性因素分析、形成性指标与反映性指标的实例、潜在及混合变量的路径分析、多群组 SEM 分析、小样本情境下贝氏估计法的应用等。全书以深入浅出的方式，以实际案例说明结构方程模型的各种应用，是一本 SEM 量化研究的参考用书。书籍内容完全是实例问题导向，结合研究问题、实证数据与图表，让使用者对 SEM 各种模型估计有清晰完整的概念，表格范例与详细数据诠释可作为研究者进行模型检验与论文撰写的参考，是一本简单易懂而实用的 SEM 工具书。本书得以顺利出版，首先要感谢五南图书公司的鼎力支持与协助，其中在贝氏估计法部分数据的整理与校对要感谢郑涴云督导员的帮忙。由于笔者所学有限，拙作虽历经半年多的琢磨，又经校对再三，谬误或疏漏之处仍在所难免，尚祈各方先进及学者专家不吝指正。

吴明隆、张毓仁

谨志于高雄师范大学师培中心

目 录

第一章　结构方程模型理论内涵

完整的结构方程模型(structural equation modeling；SEM)包含测量模型(measurement model)与结构模型(structural model)，测量模型中作为指标变量者称为测量变量(或称观察变量、指标变量、显性变量)，模型图中以正方形或长方形对象表示，测量模型中的指标变量通常都是量表的题项，而量表是采总加量表的形式。以李克特(Likert-scaled item)五点量表为例，测量模型中各指标变量的平均数介于 1 至 5 分之间。因素构念称为潜在变量(latent variables)(或称构念、无法观察变量、潜在因素)，模型图中以圆形或椭圆形对象表示，测量模型的潜在构念是量表在探索性因素分析中萃取的因素(factor)，这些因素构念无法直接被观察测量，而是借由各指标变量来反映。测量模型的无法观察变量又称为共同因素(common factor)，此共同因素的变异是由一个以上观察变量(一个以上题项)共同来反映。

模型适配度判断准则是 χ^2 检验统计量，当 χ^2 统计量未达 0.05 显著水平时表示假设模型是个可接受的模型，此模型可良好代表真实世界的现象。在小样本情况下，χ^2 检验统计量 $T = (N - 1)F_{min}$ 就会偏离 χ^2 分布；相对地，在大样本情况下，χ^2 检验统计量需要大的统计检验力(power)，以使界定模型不会轻易因 χ^2 检验统计量反映了样本数据的协方差矩阵与适配模型的极小差异而被拒绝；此外，χ^2 检验统计量的数据结构必须符合多变量正态性假定，若是样本数据分布违反多变量正态性假定，$T = (N - 1)F_{min}$ 统计量也会偏离 χ^2 分布，因而在评估模型适配度时，χ^2 检验统计量并不是一个完全可靠的测量值，此时，研究者应从绝对适配度指标(如 GFI、AGFI、CK、MCI、CN、ECVI 等)、残差分析指标(如 RMSR、RMSEA)、增值适配度指标(如 CFI、NFI、NNFI、BFI)与简约适配度指标(如 PNFI、PGFI、AIC)等进行综合评估。综合学者观点，模型适配度判断重要准则如下(Singh，2009，p.209)：

1. 对于计量数据(连续变量)而言，整体模型适配度可以接受的指标门坎值为：RMSEA 值 <0.06，TLI 值 >0.95，CFI 值 >0.95，SRMR 值 <0.08。

2. 就类别变量而言，整体模型适配度可以接受的指标门坎值为：RMSEA 值 <0.06，TLI 值 >0.95，CFI 值 >0.95，WRMR 值 <0.90(WRMR 为加权 RMR 值)，如果模型中的变量属性包含连续与离散变量，则 WRMR 值≤1.00。

3. 当 N>250 时，整体模型适配度可以接受的指标门坎值为：RMSEA 值 <0.07，CFI 值 >0.95；当 N>500 时，整体模型适配度可以接受的指标门坎值为 TLI 值 >0.95 且 CFI 值 >0.95。

4. 如果标准化残差分布极端偏离 Q-plot 直线，表示模型可能界定错误。

第一节　假设模型与模型的界定

SEM 中以单箭号直线表示变量间的因果关系,箭头所指的变量为"果"变量(effect variable),直线起始处为"因"变量,双箭号符号表示两个变量间有共变关系但没有因果关系(causal relation),即没有直接效果。路径分析是检验连结的观察变量间的因果关系,验证性因素分析(confirmatory factor analysis;CFA)是检验连结的观察变量与潜在构念(因素)间的关系,完整的结构方程模型除检验连结的观察变量与潜在构念(因素)间的关系外,也检验潜在构念彼此间的关系。CFA 与 SEM 均是理论导向的(theory driven),因而是一种验证性程序,CFA 与 SEM 的观察变量对象虽然都是以长方形(或方形)表示,且观察变量的名称必须是 SPSS 数据文件中的变量名称,但两个模型的观察变量所表示的指标是不同的,就 CFA 模型而言,指标变量一般是个别题项,潜在变量为因素构念;就 SEM 模型而言,指标变量一般是量表的向度(或称构面或层面),向度分数为数个个别测量题项的总和或数个测量题项的平均数,潜在变量为二阶因素构念而非一阶潜在因素。

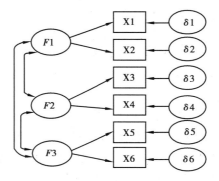

图 1-1　一般三个共同因素的验证性因素分析假设模型范例图

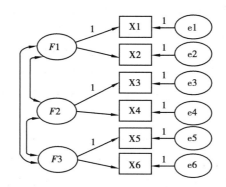

图 1-2　三个共同因素验证性因素分析模型图(Amos 窗口界面图)

在"小学级任教师知识管理能力与班级经营效能的相关研究"(方惠丽,2009)中,研究者搜集数据的工具包括"教师知识管理能力量表"与"班级经营效能量表",量表填答采用李克特五点量表:非常符合、大部分符合、一半符合、少部分符合、非常不符合。知识管理能力量表经探索性因素分析共萃取三个因素构念:知识取得(第 1 题至第 4 题)、知识储存(第 5 题至第 8 题)、知识应用(第 9 题至第 12 题);班级经营效能量表共萃取四个因素构念:常规管理(第 1 题至第 4 题)、教学掌控(第 5 题至第 8 题)、师生互动(第 9 题至第 12 题)、亲师沟通(第 13 题至第 16 题)。两份量表测量题项如下,测量题项后面的附注为 SPSS 数据文件中的变量名称,变量的第一个字母为因素构念的编号,第二个字母为量表的属性,X 表示为外因潜在变量的测量题项(教师知识管理量表)、Y 表示为内因潜在变量(班级经营效能量表)的测量题项,第三个字母及第四个字母为题项流水编号。

【第一部分】知识管理能力量表

01. 我会阅读教育书籍、期刊、报章杂志,以获取班级经营的新知。【AX01】

02. 我会参加各种教师研习活动,以增进自己的班级经营知能。【AX02】

03. 我会通过与其他教师的讨论,来取得班级经营的经验与知能。【AX03】

04. 我会借由教学观摩或其他教师的教学文件,来获取班级经营的经验和新知。
【AX04】

05. 我会将阅读到的班级经营相关数据,以书面或计算机储存建文件。【BX05】

06. 我会将日常教学及班级经营的情形,以拍照或摄影记录保存。【BX06】

07. 我会将日常教学及班级经营的情形,以书面或电子文件记录保存。【BX07】

08. 我会将其他专家或教师对我班级经营的意见记录下来并分类。【BX08】

09. 我会将网络搜集的信息知能应用于自己的班级经营活动。【CX09】

10. 我会将观摩其他教师的教学活动或文件,实际应用于自己的班级经营。【CX10】

11. 我会将研习进修所获取的新知,应用于班级经营活动。【CX11】

12. 我会运用其他教师或专家学者的方法,来解决班级经营的问题。【CX12】

【第二部分】班级经营效能量表

01. 我能设计完善的奖惩制度,并让学生了解原因。【AY01】

02. 我班上的学生都能确实遵守班规。【AY02】

03. 我班上学生的秩序良好,受到科任教师的肯定。【AY03】

04. 我能有效处理学生违规问题。【AY04】

05. 我能确实掌控教学进度,让学生可循序渐进地学习。【BY05】

06. 我能使教学流程顺畅,不受其他事物的干扰。【BY06】

07. 我的教学方法,能有效地提升学生学习表现。【BY07】

08. 我能运用不同的评量方式来评量学生的学习成效。【BY08】

09. 我能倾听班上学生的说话内容,并适时给予回馈。【CY09】

10. 我会主动了解每位学生的生活情形及学习态度。【CY10】

11. 我会竭尽所能为学生解决问题。【CY11】

12. 我能依学生的个别差异,而有不同的正向期望与要求。【CY12】

13. 家长会积极参与亲师座谈会或班上的活动。【DY13】

14. 家长能配合我在班级经营上所提出的要求。【DY14】

15. 家长对我班级经营的方式,能支持与信任。【DY15】

16. 家长很满意我的班级经营方式。【DY16】

两个量表的 CFA 假设模型图如图 1-3:在 CFA 模型中潜在变量为初阶因素构念(又称一阶因素构念;first-order factors),初阶因素构念通常是在量表进行探索性因素分析程

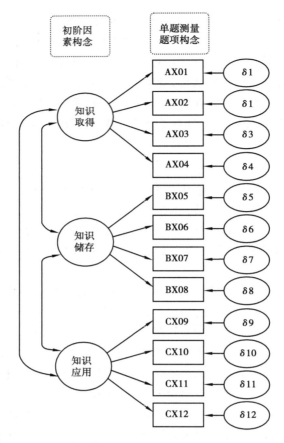

图 1-3   理论架构的教师知识管理能力量表 CFA 假设模型图

序时萃取的共同因素,测量变量为量表个别的题项,测量变量无法被初阶因素构念解释的部分称为独特变异量(uniqueness)或残差(disturbance),一般称为误差项(error)。CFA模型的假定中,潜在因素构念与各测量变量的误差项间没有共变关系,修正指标中允许各测量变量的误差项间有共变关系,当两个测量变量的误差项间有相关存在,表示两个测量变量反映的潜在行为特质内涵有某种程度的重叠性;修正指标也允许两个不同潜在因素路径同时指向一个测量变量,此种情形表示此测量变量反映两种潜在因素构念,测量变量具有跨因素效度的属性,在探索性因素分析中就是一个题项在两个共同因素都有很高的因素负荷量。

就反映性测量模型而言,反映同一因素构念变量的指标变量(题项)间应有中高度的相关,如果指标变量(题项)间的相关太低,则因素构念的聚敛效度与信度会欠佳;但若是同一因素构念变量的指标变量(题项)间皆呈高度相关,则模型估计结果的参数可能会有"无法接受的解值"(inadmissible solution)出现,如标准化负荷量(标准化路径系数)的绝对值大于 1.00。此种情形的产生乃是测量变量间有严重多元共线性,当反映相同潜在构念的测量变量中,有两个以上测量变量间有很高的相关,模型估计结果就可能会出现不可接受的解值,当模型出现不可接受的解值参数估计值时,表示假设模型有严重不当界定模型存在,此时研究者应重新进行模型界定或删除导致共线性问题的指标变量(题项)。

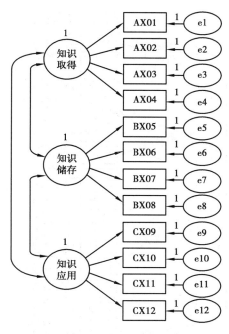

图 1-4　Amos 软件窗口界面绘制的教师知识管理能力量表 CFA 假设模型图
（直接将潜在因素的方差界定为 1）

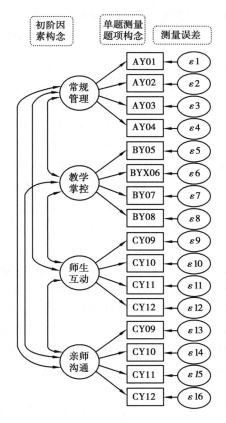

图 1-5　理论上的班级经营效能量表 CFA 假设模型图

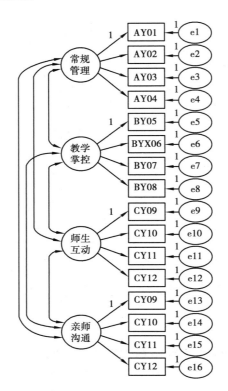

图 1-6   Amos 窗口界面绘制的班级经营效能量表 CFA 假设模型图
（因素构念界定一个参照指标，此为 Amos 工具图像钮绘制时的预定图样）

若研究者进行的是教师知识管理能力对班级经营效能因果模型的验证，则外因潜在变量为教师知识管理能力量表中的高阶因素构念（second-order factor；又称二阶因素构念），高阶因素构念一般为研究者采用量表所要测得的整体潜在心理特质，此潜在心理特质的测量值在 SPSS 数据文件中的变量为量表所有测量题项的加总分数，范例中高阶因素构念为教师知识管理，当以高阶因素构念作为潜在变量时，其指标变量为初阶因素向度，教师知识管理潜在变量三个指标变量为知识取得、知识储存、知识应用；内因潜在变量的名称为班级经营效能，班级经营效能潜在变量四个指标变量为常规管理、教学掌控、师生互动、亲师沟通，两个潜在变量的指标变量测量值用初阶因素所包含的题项分数加总或向度单题平均分数均可。教师知识管理能力对班级经营效能因果模型的两个测量模型如图 1-7：

外因潜在变量教师知识管理能力的三个指标变量为"教师知识管理能力"EFA 分析中初阶因素三个构面，内因潜在变量班级经营效能四个指标变量为班级经营效能量表 EFA 分析中的初阶因素四个构面，两个潜在变量的指标变量并非是量表中个别的测量题项（量表中的单一题项），CFA 模型通常以量表的个别测量题项作为观察变量，以初阶因素构念作为潜在变量；SEM 多数使用量表的初阶因素向度名称作为指标变量，以二阶因素构念作为潜在变量。教师知识管理能力对班级经营效能因果模型在 Amos 窗口界面中的假设模型图如图 1-8：

由于 SEM 最常使用的最大似然估计法（ML 法）在数据结构严重偏离多变量正态性（multivariate normality）时参数估计会产生偏误，模型参数估计的正确性及稳定性均较不可靠，因而进行 SEM 分析的数据必须符合多变量正态性（multivariate normality）的假定。

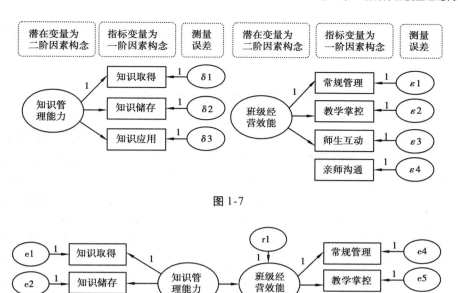

图 1-7

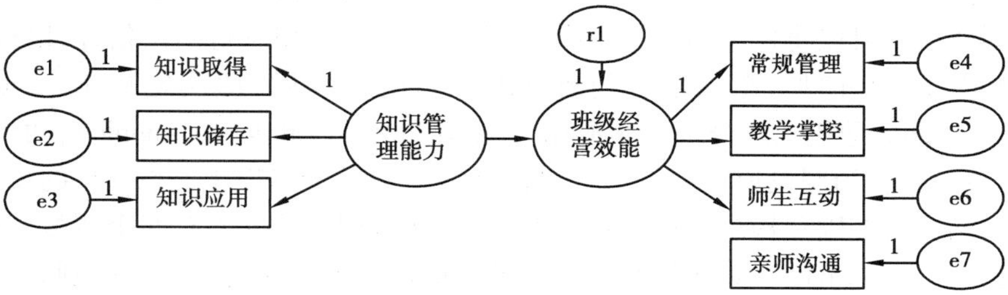

图 1-8

如果数据结构正态性检验结果严重偏离正态分布,此时模型估计方法应改为"渐进自由分布法"(asymptotic distribution-free),否则模型估计结果会产生偏误。相关研究证实,对于非正态分布的数据结构,以 ML 法作为 CFA 模型检验也有很高的统计稳健性(robust)。此外,采用 ADF 估计法时样本数的大小最好大于 2 500 位以上,如果是小样本(样本数60 至 120 位)时,可改采用 Yuan-Bentler 检验统计法。SEM 分析时,必须有足够的样本,如此模型参数估计的结果才会正确(吴明隆,2009)。

进行 SEM 模型估计要考虑到以下几个议题:样本大小与遗漏值(missing data)、多变量正态性(multivariate normality)与极端值(outliers)、测量变量间的线性关系、多元共线性(multicollinearity)或奇异性(singularity)问题、残差(residuals)。SEM 是以协方差矩阵为模型参数估计的基准,协方差与相关系数一样在小样本时参数估计较不稳定,SEM 模型的参数估计与模型适配度检验卡方值对于样本大小非常敏感,SEM 与因素分析都是一种大样本的统计程序,Velicer 与 Fava(1998)发现探索性因素分析程序中要得到一个良好因素模型,下面三个要素都很重要:因素负荷量的高低、测量变量的个数及样本的大小。多变量正态性指的是每个测量变量及测量变量所有的组合都是正态分布,符合多变量正态性数据结构,其估计的残差也是正态分布且互为独立;线性关系是指两个计量变量间的关系呈直线或接近直线模型,由于潜在变量是否为线性关系的检验较为困难,因而SEM 模型的线性关系假定指的是配对测量变量间的线性关系,配对测量变量间是否为线性关系可采用散点图加以检验。测量变量间的相关太高可能发生多元共线性及奇异性问题,测量变量间如果呈现高度的相关(如相关系数高于 0.90),则模型估计易发生共线性问题,所谓奇异性指的是测量变量在测量模型中是多余的,因为此测量变量是其余两个测量变量或更多变量的组合。在传统回归分析中,皆假定残差项具有正态性与独立性,在 SEM 模型估计程序中,模型的残差应该要很小且接近 0,残差协方差的次数分布应该为对称,次数分布中非对称的残差分布参数表示假设模型是一个适配不良的模型(Tabachnick & Fidell, 2007, pp. 682-684)。

第二节　样本的大小

　　SEM 参数估计的稳定性和样本的大小有关,一般最少的样本需求为 200 位以上,若是以待估计参数(自由参数)的个数来检核,则样本大小视待估计参数的总数而不同,每个待估计参数的样本数最好介于 5 至 10 位之间,多数学者观察认为样本大小至少应为待估计自由参数的 10 倍以上,如一个假设模型图待估计的参数有 30 个,则样本数的大小最好能达 300 位(10 × 30 ＝ 300)。学者 Pohlmann(2004)建议如果研究者一次搜集的有效样本数很大,可以将样本随机分割成两部分,之后对模型进行两次估计,以检核假设模型的稳定与适配情形,第一部分随机选取分析的样本称为“测定样本”(calibration sample),第二部分随机选取分析的样本称为“效度样本”(validation sample),两个随机选取的样本数至少要为假设模型中待估计自由参数个数的十倍以上。图 1-9 的 CFA 假设模型图中,两个潜在因素构念变量分别为 FA、FB,每个因素构念各有四个测量变量,模型中的固定参数(fixed parameter)有 10 个(在模型估计中因为要进行模型识别或顺利估计参数,要将某些参数限定为一个常数,常数项通常为 1,部分固定参数限定为 0),被估计的自由参数(free parameter)有 17 个(模型中被估计的自由参数愈小,模型的自由度愈大,表示模型愈精简),17 个自由参数中有 1 个协方差(covariance)、6 个路径系数(regressions)、10 个方差,由于待估计的自由参数有 17 个,因而有效样本数至少要在 170 位以上。Kaplan 与 Ferguson(1999)研究发现使用相同总体的假设模型,当样本数增加后,模型中各参数估计值的偏误会降低。

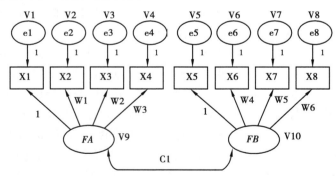

图 1-9　两个因素构念的 CFA 假设模型图

表 1-1　Parameter summary(Group number 1)【参数摘要表】

	Weights (路径系数)	Covariances (协方差)	Variances (方差)	Means (平均数)	Intercepts (截距项)	Total (总和)
Fixed(固定参数)	10	0	0	0	0	10
Labeled (有参数标签的自由参数)	6	1	10	0	0	17

	Weights（路径系数）	Covariances（协方差）	Variances（方差）	Means（平均数）	Intercepts（截距项）	Total（总和）
Unlabeled（无参数标签的自由参数）	0	0	0	0	0	0
Total（总和）	16	1	10	0	0	27

　　Amos 浏览文件窗口的模型参数摘要表可检核相关的参数个数,参数摘要表显示模型中的参数个数总共有 27 个:固定参数 10 个、自由参数 17 个。模型估计最少样本数个数为自由参数的 10 倍,模型中的自由参数有 17 个,因而有效样本数至少要 170 位以上(学者要求的最低下限是 200 位以上),数据文件的样本数要排除遗漏值,以受试者在每个测量变量的数据均为有效者为准。此外,Amos 分析的数据文件若是没有符合多变量正态性假定、线性关系假定等,则所需的有效样本数可能要更大;若数据文件有遗漏值,一般不建议采用“配对删除法”(pairwise deletion),因为采用配对删除法无法保证删除后的数据全部为有效样本,模型估计时可能产生“非正定协方差矩阵”(nonpositive covariance matrix),造成参数无法顺利估计。而“完全删除法”(listwise deletion)虽然可以保留完全有效的数据文件,但可能删除过多有用的数据,造成分析有效样本数的不足。若本数据文件很大,采用完全删除法后还可保留足够的样本数,可以考虑采用完全删除法(将受试者全列的数据删除);如果每位受试者在少数几个观察变量有遗漏值,而观察变量只在少数样本数有遗漏值,可考虑采用“置换遗漏值”的方式,以全部有效样本的平均数取代遗漏值,或以各群组有效样本数的平均数取代,此外另一常见的方法为回归估计的插补法。

　　Computation of degrees of freedom（预设模型）
　　Number of distinct sample moments:36
　　Number of distinct parameters to be estimated:17
　　Degrees of freedom(36-17):19

　　模型的自由度(19)为独特样本矩的个数(36)与被估计独特参数个数(17)的差异值,独特样本矩的个数包括方差与协方差(variances and covariances)的个数,如果模型增列估计平均数与截距项(means & intercepts),独特样本矩的个数也包括平均数。被估计独特参数个数即自由参数,模型中有些参数会被限制固定为一个常数(constant),此种参数称为固定参数,固定参数没有包含于被估计独特参数的个数之中,被估计独特参数个数通常会少于模型中总参数的个数(模型中全部参数包括路径系数、方差、协方差、平均数与截距项),如果是多群组分析,独特样本矩的个数与被估计独特参数个数为各群组的加总。独特样本矩的个数可以由测量变量(观察变量)的个数来估算,如果 p 为模型中测量变量的个数,则独特样本矩的个数为 $p \times (p + 1) \div 2$,范例 CFA 测量模型中有 8 个观察变量,独特样本矩的个数 $= 8 \times (8 + 1) \div 2 = 36$。模型中自由参数个数有 17 个,模型的自由度等于 $36 - 17 = 19$。假设模型中若增列估计平均数与截距项,则增列参数卷标名称的假设模型如图 1-10,外因潜在变量及误差项的平均数界定为 0。

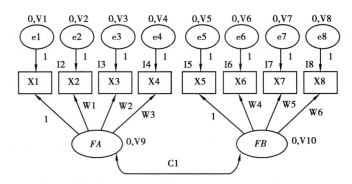

图 1-10   两个因素构念的 CFA 假设模型图

表 1-2   Parameter summary（Group number 1）

	Weights（路径系数）	Covariances（协方差）	Variances（方差）	Means（平均数）	Intercepts（截距项）	Total（总和）
Fixed（固定参数）	10	0	0	0	0	10
Labeled（有参数标签的自由参数）	6	1	10	0	8	25
Unlabeled（无参数标签的自由参数）	0	0	0	0	0	0
Total（总和）	16	1	10	0	8	25

　　增列估计平均数与截距项的参数摘要表显示，固定路径系数有 10 个，自由参数有 25 个，25 个被估计的参数都有增列参数标签，其中包括 6 个路径系数（W1 至 W6）、1 个协方差（C1）、10 个方差（V1 至 V10）、8 个截距项/常数项（11 至 18），模型中所有参数总和为 10＋25＝35。

Notes for Model（预设模型）【模型批注】

Computation of degrees of freedom（预设模型）【模型自由度的计算】

Number of distinct sample moments：44

Number of distinct parameters to be estimated：25

Degrees of freedom（44－25）：19

　　模型中初始数据点个数为 p×(p＋1)÷2 ＝ 8×(8＋1)÷2 ＝ 36，因为增列估计平均数，所以独特样本矩的个数为初始数据点个数加上平均数个数 ＝36＋8＝44，模型中被估计的独特参数个数（自由参数）为 25，模型的自由度为 44－25＝19。模型的自由度大小与模型精简情形有关，当模型自由度愈大，表示模型愈简约；相对地，模型自由度愈小，表示模型愈复杂。如果模型的自由度为负值，表示假设模型无法识别，此时，模型中的所有参数均无法估计，当然模型的卡方值也无法计算。CFA 程序中，因素构念预测测量变量，表示潜在变量对测量变量有直接影响，由于测量变量无法百分之百反映其潜在变量，因而潜在变量无法完全解释测量变量的变异量，因素构念对测量变量无法解释的变异量称为测量误差或测量残差项（residual）。测量变量与因素构念间关系模型称为

"测量模型"(measurement model),每个测量模型均会有一个潜在构念及数个测量变量,将每个测量模型加以组合,即成为一个完整的测量模型。多因素测量模型表示有两个以上的因素构念(潜在变量),这些因素构念间如果没有相关,表示因素构念为直交模型,如果因素构念间有共变关系,表示因素构念为斜交模型,结构模型(structural model)是潜在变量(因素构念)间因果关系的探究。

传统上所探究的因素分析(factor analysis)是探索性因素分析(EFA),EFA 是一种数据导向技巧(data-driven technique),CFA 则是一种实质的理论导向与期望经验法则取向,在本质上,EFA 和 CFA 的理论观点与数学模型是有区别的。CFA 是以一组合理的理论模型来描述与解释实际数据,模型的建构必须根据之前数据结构的信息或相关的理论,研究者建构的模型必须是有根据的,如经由探索性因素分析而得,或经由理论文献归纳而来等。CFA 模型中每个指标变量被限制只能反映到一个或少数几个潜在构念(因素)(每个变量通常只在一个因素构念上有因素负荷量),EFA 模型每个指标变量均反映到所有的潜在构念(因素)(每个变量在所有的因素构念均有一个因素负荷量)。

SEM 模型估计输出结果要介绍使用的软件及模型估计方法,因为不同的软件程序所提供的信息并非完全相同,有些软件只适用于连续或离散的观察数据,选用的模型估计方法会受到样本大小、数据分布正态性与误差独立性的影响。最后模型分析的重点应在于假设模型变量间关系的系数显著性检验以及假设模型(hypothesized model)是否适配于观察数据(observed data),此外残差值的检验也是模型适配的另一个重要指标,适配的残差矩阵为假设模型推导而得的总体协方差矩阵 $\sum(\theta)$(或以符号 $\hat{\sum}$ 表示)与样本数据计算而得的协方差矩阵 S 的差异值,残差矩阵元素的差异值愈小,表示假设模型与观察数据愈适配,将残差值进行标准化转换后的数值称为"标准化残差"(standardized residuals),一般而言,当标准化残差值的绝对值大于 2.58,表示标准化残差值显著的较大。模型路径系数的显著性检验包括结构模型中的路径系数与测量模型的路径系数,前者表示的是外因潜在构念(latent construct)对内因潜在构念的影响,或内因潜在构念对内因潜在构念的影响;后者表示潜在构念对观察变量的直接影响(CFA 中的路径系数为因素负荷量),路径系数显著性的检验通常借由统计量 t 值或 z 值来评估,除提供路径系数显著性数据外,也应提供系数的标准误(standard errors)。

第三节　模型适配度的评估

探索性因素(EFA)分析程序采用相关矩阵将观察变量加以分组,同一群组中的观察变量相关较为密切,这些观察变量反映的潜在特质即为因素构念;CFA 则使用样本的协方差矩阵进行模型参数估计,CFA 提供的是待估计无结构化总体协方差矩阵与待估计结构化总体协方差矩阵的比较检验,样本协方差矩阵常作为无结构化总体协方差矩阵的参数估计值,而假设模型则作为待估计结构化总体协方差矩阵参数估计值,因而 CFA 模型适合度的检验即检验假设模型(结构化总体的估计值)导出的协方差矩阵与样本数据(无结构化总体的估计值)得到的协方差矩阵间的差异程度,若是二者的差异值愈小,表示假设模型与样本数据可以契合或适配(fit)(吴明隆,2009)。

CFA 技巧的使用在于比较数据的实证化协方差矩阵(估计未结构化总体协方差矩阵

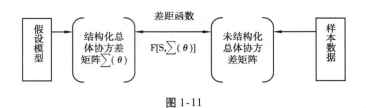

图 1-11

S)与由模型参数估计函数导出的结构化总体协方差矩阵 $\sum(\theta)$ 二者间的差异值。检验假设模型协方差矩阵与样本数据协方差矩阵间差异是否达到 0.05 显著水平,最常使用的统计量为卡方值(χ^2),但 χ^2 值对样本数的大小非常敏感,在大样本的情况下,几乎所有的卡方统计量均会达 0.05 显著水平,此时所有的虚无假设(假设模型适配样本数据)都可能被拒绝,造成理论模型无法获得支持的结果,因而在 SEM 或 CFA 的分析中,在大样本情况下,整体适配度统计量指标的 χ^2 值通常只作为参考指标即可。SEM 或 CFA 的分析程序,研究者不能因下列缘由而故意选取小样本作为模型检验的样本数据:"在大样本情况下,似然比卡方值会膨胀,卡方值显著性通常会小于 0.05 显著水平,造成正确模型也可能被拒绝的不真实结论",以小样本进行假设模型的检验,估计所得的参数极不稳定,所以 SEM 或 CFA 的分析程序必须以大样本的观察样本作为分析的数据文件,由于单以似然比卡方值作为假设模型适配度检验的指标值并不可靠,所以才会有学者研发其他较适切而可靠的适配度统计量。

以 SEM 进行假设模型检验在于利用估计程序计算两个协方差矩阵的差异量,一个为样本数据计算而得的协方差矩阵 S,一为根据假设模型推导而得的总体协方差矩阵 $\sum(\theta)$($\sum$ 符号表示的是总体协方差矩阵,θ 是模型参数组成的向量,$\sum(\theta)$ 代表的是从界定假设模型推演的隐含限制的协方差矩阵,也有学者以符号 $\hat{\sum}$ 表示)。若是协方差矩阵 S 与协方差矩阵 $\sum(\theta)$ 间的差异值函数很小,表示样本数据计算而得的协方差矩阵 S 与假设模型推导而得的总体协方差矩阵 $\sum(\theta)$ 是相同的,此种情况表示假设模型与样本数据可以适配(goodness of fit);相对地,如果协方差矩阵 S 与协方差矩阵 $\sum(\theta)$ 差异值函数很大,表示样本数据计算而得的协方差矩阵 S 与假设模型推导而得的总体协方差矩阵 $\sum(\theta)$ 是显著不相同的,此种情况表示样本数据与假设模型是无法契合或无法适配的。

进行样本数据计算而得的协方差矩阵 S(样本数据结构推论总体的协方差矩阵为 $\sum$)与根据假设模型推导而得的总体协方差矩阵 $\sum(\theta)$(或以符号 $\hat{\sum}$ 表示)间的差异比较统计量为"似然比卡方值"(likelihood ratio χ^2),假设检验的对立假设与虚无假设如下:

对立假设:样本数据计算而得协方差矩阵 $\sum \neq$ 假设模型推导而得协方差矩阵 $\sum(\theta)$

虚无假设:样本数据计算而得协方差矩阵 $\sum =$ 假设模型推导而得协方差矩阵 $\sum(\theta)$

或

对立假设:样本数据计算而得协方差矩阵 $S \neq$ 假设模型推导而得协方差矩阵

虚无假设:样本数据计算而得协方差矩阵 $S =$ 假设模型推导而得协方差矩阵

当 χ^2 值统计量显著性 p 值小于 0.05，则拒绝虚无假设，接受对立假设，表示样本数据推算的协方差矩阵 $\sum$ 与假设模型推导的协方差矩阵 $\sum(\theta)$ 显著不相等（$\sum \neq \sum(\theta)$；$S \neq \hat{\sum}$），此种结果表示假设模型与样本数据无法适配。相对地，如果 χ^2 值统计量显著性 p 值大于 0.05，则没有足够证据拒绝虚无假设（$\sum = \sum(\theta)$；$S = \hat{\sum}$），此时显示的样本数据推算的协方差矩阵 $\sum$ 与假设模型推导的协方差矩阵 $\sum(\theta)$ 是相等的，即 $\sum - \sum(\theta) = 0$，结果表示假设模型与样本数据可以适配或是一种完美契合（perfect fit）。就 SEM 统计量而言，χ^2 值是一个不佳的适配度测量值（badness of fit measure），因为似然比 χ^2 值统计量非常敏感，此统计量受到样本大小的影响非常大，当样本数扩大时，似然比 χ^2 值统计量也会跟着膨胀变大，显著性 p 值会跟着变得很小，此时所有虚无假设都会被拒绝，而得出多数假设模型与样本数据无法适配的结论：$\sum \neq \sum(\theta)$ 或 $S \neq \hat{\sum}$，此时，研究者不能因样本数愈多、似然比 χ^2 值也会相对变大的缘由，故意以小样本进行分析，因为 SEM 分析的前提之一是样本要够大，如果研究者只以少数样本进行 SEM 分析，则模型估计所得的参数是有偏误的，因为样本数太小，进行 SEM 分析所估计的参数可能是个不适当的解值（improper solutions）或无法解释的参数，在小样本情况下模型估计所得的参数是欠缺稳定性的。

由于假设模型与样本数据适配检验统计量 χ^2 的数值易受样本数大小而波动，因而在进行假设模型整体适配度检验时，必须再参考其他适配度统计量。Amos 提供的适配度评估统计量包括 χ^2 值（CMIN 值，适配指标值为显著性 p > 0.05）、χ^2 自由度比值（CMIN/DF，适配指标值为数值小于 3.000）、RMR 值（适配指标值为数值小于 0.05）、SRMR 值（适配指标值为数值小于 0.05）、GFI 值、AGFI 值（以上两个适配指标值为数值大于 0.90）、NFI 值、RFI 值、IFI 值、TLI 值、CFI 值（以上五个适配指标值为数值大于 0.95）、RMSEA 值（适配指标值为数值小于 0.08）、HOELTER 值（CN 适配指标值为数值大于 200）、PGFI 值、PNFI 值、PCFI 值（以上三个适配指标值为数值大于 0.50）。若是样本数很大，研究者进行整体模型适配度（外在模型适配度）检验时，如果似然比 χ^2 值达到显著水平，研究者宜再参考 Amos 所提供的适配度指标值进行综合判断，否则很难建构一个适切的测量模型或有因果关系的假设模型。

Schreiber、Stage 与 King（2006，p.327）建议使用者在进行模型适配度检验时，应从不同大小、数据形态与指标值可接受值的范围等加以考虑，其中 TLI、CFI、RMSEA 三个指标值一定要呈现，以 RMSEA 作为模型适配度指标的三大原因为：①在模型界定错误时，RMSEA 值有很高的敏感度；②在模型质量评估时，使用 RMSEA 指标值作为解释的基准可得到适当的结论；③RMSEA 值额外提供置信区间作为另一适配度判度指标（Amos 软件除输出 RMSEA 值，也会输出 RMSEA 值 90% 的置信区间，如果参数估计结果 RMSEA 值介于 90% 置信区间值中间，且接近适配度检验 PCLOSE 的显著性 p > 0.50，代表的是一个良好且正确的估计值），但 RMSEA 值的置信区间也会受到样本大小及模型复杂度的影响，如在小样本情况下，被估计的参数较多，则 RMSEA 值的置信区间会变宽；相对地，在大样本情况下，模型较复杂（被估计的参数较多），则 RMSEA 值的置信区间会变窄。如果被估计的参数较少，即使只有中度的样本数，要得到一个较窄的置信区间的概率也很高（Byrne，2010，p.81）。Hu 与 Benter（1999）认为适配度良好的假设模型，若变量为连续数据,模型适配度的 TLI 值须大于 0.95、CFI 须大于 0.95、RMSEA 值须小于 0.06、SRMR 须小于 0.08。MacCallum 等人(1996)认为模型适配度评估时最好能参考模型自由度与效果量,若研究者进行的是 CFA 模型检验,必须再呈现潜在构念对观察变量的多元相关系数平方(SMC 值),此值为测量模型的信度,如果是 SEM 模型检验,必须再增列内因变量被外因变量解释的变异量高低。

完整的 SEM 包含测量模型与结构模型。将数个测量模型组合后,对潜在变量间因果关系的探讨即成为结构模型。结构模型中潜在变量分为自变量、因变量,自变量又称为"因"变量或外因潜在变量,因变量又称为"果"变量或内因潜在变量,Amos 模型中作为内因潜在变量者(单箭号所指向的变量)要增列一个预测残差项(ζ),否则模型无法估计。

第一个 SEM 模型中(图 1-12),两个外因潜在变量(自变量)为 F1、F2,内因潜在变项(因变量)为 F3,以外因潜在变量来预测内因潜在变量会有预测残差,因而内因潜在变量 F3 要增列一个预测残差项。外因潜在变量间没有因果关系存在,假设模型图中要以双箭头曲线建立共变关系,两个外因变量彼此独立没有相关,则进一步可将变量间的共变关系设定为 0(Amos 窗口界面中直接在双箭头共变对象中将协方差参数的数值界定为 0,或将协方差参数 C 设为 0:C = 0)。

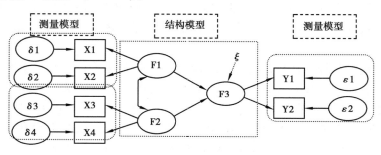

图 1-12

第二个 SEM 模型中(图 1-13),外因潜在变量(自变量)为 F1,内因潜在变量(因变量)为 F2、F3,以外因潜在变量来预测内因潜在变量会有预测残差,因而内因潜在变量 F2 与 F3 均要各增列一个预测残差项。F2 潜在变量在模型中具有中介变量(intervening variables/mediating variables)的性质,此变量在结构模型中也归属于内因变量,内因变量对内因变量的路径系数通常以 β(Beta)表示,外因变量对内因变量的路径系数则以 γ(Gamma)表示。

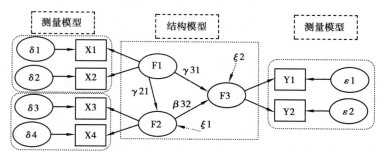

图 1-13

在上述结构模型中,构念变量 F1 对构念变量的影响路径有二:一为"F1→F3",二为

"F1→F2→F3"。第一种影响路径称为直接效果(direct effect),第二种影响路径称为间接效果(indirect effect)。直接效果指的是两个构念变量间有直接连结关系,间接效果指的是两个构念变量间的关系是通过至少一个以上的中介变量建构而成。构念变量 F2 称为中介变量,中介效果表示两个有关的构念变量经由第三个变量构念介入而形成关系。以班级数学学习为例,学生的智力与数学成就两个构念间是有某种程度的相关,但智力构念变量导致数学学习表现的实际情形,却经常受到某个变因的影响。因为两个构念变量若只有直接效果,那如何解释高智力低数学成就表现的学生,此外,对于低智力高数学成就表现的学生也无法合理解释,因此学生将智力转换为数学学习表现是受到某种变量的影响,这个构念变量称为读书效能。读书效能指的是学生努力的程度、投入课业的时间、从事课业及活动的时间管理情形、课堂专注度等。因而智力构念变量对数学学习表现的显著相关路径(F1→F3)可解释为"智力(F1)→ 读书效能(F2)→ 数学成就表现(F3)",智力构念作为模型输入变量(F1),数学成就表现(F3)作为最后结果变量,读书效能(F2)即为中介变量。输入变量为外因构念变量,结果变量为内因构念变量,中介变量即是连结外因变量与内因变量关系的另一变量。

中介变量效果的模型图中包括完全中介(complete mediation)效果、部分中介(partial mediation)效果。如果中介变量可以完全解释外因变量与内因变量的关系,称为完全中介效果,若中介变量无法完全解释外因变量与内因变量的关系,称为部分中介效果,部分中介效果表示外因变量与内因变量间的直接关系也显著。实务操作上可将直接效果的路径系数固定为 0,此模型称为限制模型,限制模型的适配度若显著较未限制模型的更佳,并与样本数据可以适配,两个模型卡方值差异达到统计上显著,则"F1→F3"路径为 0 的模型图可以被接受。如果限制模型与未限制模型估计的卡方值差不多,则表示中介变量的介入是可以得到支持的(Hair et al.,2010,p.767)。完全中介效果模型检验的两个模型如图 1-14 和图 1-15:

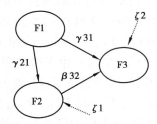

图 1-14　未限制模型图

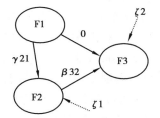

图 1-15　限制模型图(F1 对 F3 的路径系数设为 0)

在未限制模型图中,个别结构模型统计显著性的检验有三个:

- F1 和 F3 有关:表示直接关系存在。
- F1 和 F2 有关:表示中介变量和输入变量有关。
- F2 和 F3 有关:表示中介变量和结果构念变量有关。

第三个 SEM 模型中(图 1-16),两个外因潜在变量(自变量)为 F1、F2,内因潜在变量(因变量)为 F3、F4,内因潜在变量 F3 就外因潜在变量而言为一个"果"变量(因变量),但对于潜在变量 F4 而言是一个"因"变量(自变量),其性质类似一个中介变量,以外因潜在变量来预测内因潜在变量会有预测残差,因而内因潜在变量 F3、F4 各要增列一个预测残差项。增列的预测残差项其路径系数要界定为参数 1,若没有将路径系数设为固定参数,则执行时模型无法辨识,结果中会出现:"The model is probably unidentified. In order to achieve identifiability, it will probably be necessary to impose 1 additional constraint."(模型可能无法辨识,为了让模型能够辨识,可能要增列一个限制条件)。模型估计时若是出现此种信息,通常模型整体适配度的卡方值也不会出现,"Computation Summary"(计算摘要)方盒中的最小化历程的迭代次数只有 1,如:

Minimization

Iteration 1

Writing output

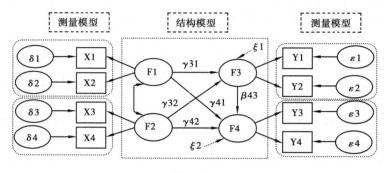

图 1-16

Amos 中的假设模型图,未增列内因潜在变量或内因观察变量的预测残差项,估计模型参数时,会出现警告信息:"The following variables are endogenous, but have no residual (error) variables"(下列变量为内因变量,但这些变量没有界定残差或误差项)。此外,假设模型图中所有椭圆形对象内的潜在变量名称不能与 SPSS 数据文件内的变量名称相同,后者均被视为观察变量或测量变量,它只能出现于假设模型图内方形或长方形对象内。若假设模型图中椭圆形对象内的潜在变量名称与 SPSS 数据文件内的变量名称相同,估计模型参数时,会出现警告,如"The observed variable, F1, is represented by an ellipse in the path diagram"(观察变量 F1 出现在路径图椭圆形对象内),由于潜在变量 F1 的变量名称与 SPSS 数据文件内的变量名称 F1 相同,模型估计时会将变量 F1 视为测量变量,测量变量只能置放于长方形或方形对象内,但研究者却将其绘制于椭圆形对象内,造成观察变量与潜在变量设定的不一致。因而 SEM 假设模型图中作为潜在变量的变量名称,绝不能与 SPSS 数据文件内的变量名称相同。SEM 混合模型中,结构模型包含潜在变量与观察变量(观察变量的变量名称必须是 SPSS 数据文件中的一个变量名称,潜在变量的变量名称绝对不能与 SPSS 数据文件中的任一个变量名称相同)。图 1-17 范例中,内因变量为一个观察变量,此变量为原先潜在变量 F3 两个向度分数的加总或总量表的单题平均分数。

第四个 SEM 模型为混合模型(图 1-17),在结构模型中的变量有无法观察变量(椭圆形对象变量)及观察变量(长方形对象变量),整体 F3 变量为受试者在 F3 相对应量表所有向度的总和(或受试者在总量表的单题平均数)。外因变量 F1 的两个测量变量 X1、X2 为其二阶潜在构念的两个因素构面(CFA 中一阶的因素构念),内因变量 F2 的两个测量变量 X3、X4 为其二阶潜在构念的两个因素构面(CFA 中一阶的因素构念)。

第五个 SEM 范例中(图 1-18),结构模型中的潜在变量 F1、F2、F4,本身模型均为测

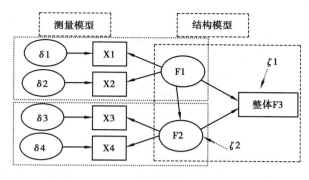

图 1-17

量模型,测量模型的观察变量为潜在因素的构面向度(CFA 模型中观察变量通常为量表中的测量题项)。内因变量 F3 直接以受试者在此量表的总得分为变量,因而没有反映的测量变量。

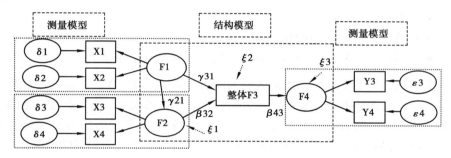

图 1-18

第六个 SEM 范例中(图 1-19),结构模型四个变量有两个为潜在变量(F2、F4),两个为观察变量(整体 F1、整体 F3)。整体 F1、整体 F3 为长方形对象,因而这两个变量必须是样本数据文件中有界定的变量名称,至于潜在内因变量 F2、F4 两个变量为无法观察变量,属于椭圆形对象,因而不能与样本数据文件中的变量名称相同。Amos 的误差项及预测残差项的参数标签名称默认为 e,建议研究者将结构模型中内因变量的预测残差项(residuals)以 r1、r2……符号表示较方便(如此可和测量误差项 e1、e2 等区别)。

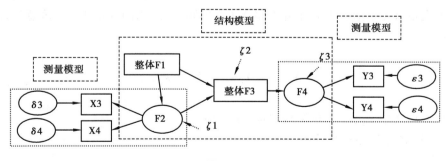

图 1-19

SEM 模型的界定必须有理论文献为基础,或经验法则的支持,因而它是一种验证性程序而非探索性程序。生活压力、忧郁倾向与自杀意向的因果路径图(path diagram)假设结构模型图如(图 1-20):

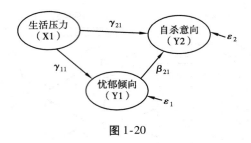

图 1-20

结构方程式的基本方程式为协方差代数（covariance algebra），协方差代数在 SEM 模型中可以帮助估计方差与协方差,当模型愈复杂时,协方差代数的运算会相当冗长,此外,协方差代数也可以说明从小样本群体中如何求出参数估计值,进而估算出总体的协方差矩阵。当 c 是一个常数、X_1 是一个随机变量,三个协方差代数基本规则为:（Tabachnick & Fidell,2007,pp.684-686）

- $COV(c, X_1) = 0$
- $COV(cX_1, X_2) = cCOV(X_1, X_2)$
- $COV(X_1 + X_2, X_3) = COV(X_1, X_3) + COV(X_2, X_3)$

第一个规则为一个变量与一个常数项间的协方差值为 0,第二个规则是常数项乘以变量与另一个变量的协方差等于两个变量的协方差乘以常数项,第三个规则是两个变量相加与第三个变量的协方差之和等于第一个变量与第三个变量的协方差加第二个变量与第三个变量的协方差。第三个规则也可以推论到前两个变量为相减的情况:

$$COV(X_1 - X_2, X_3) = COV(X_1, X_3) - COV(X_2, X_3)$$

就上述三个潜在变量的结构模型为例,外因变量 X_1（生活压力）对内因变量 Y_1（忧郁倾向）影响的直接效果方程式为:

$$Y_1 = \gamma_{11}X_1 + \varepsilon_1$$

外因变量 X_1（生活压力）、中介变量 Y_1（忧郁倾向）对内因变量 Y_2（自杀意向）影的方程式为:

$$Y_2 = \beta_{21}Y_1 + \gamma_{11}X_1 + \varepsilon_2,$$

上述两个方程式中 ε_1、ε_2 为预测残差项（误差项）。

X_1 与 Y_1 两个变量的协方差为:

$$COV(X_1, Y_1) = COV(X_1, \gamma_{11}X_1 + \varepsilon_1)$$
$$COV(X_1, Y_1) = COV(X_1, \gamma_{11}X_1) + COV(X_1, \varepsilon_1)$$

在 SEM 模型中,残差项（误差项）与潜在变量间没有共变关系,因而假定 $COV(X_1,$

$\varepsilon_1) = 0,$

$$COV(X_1, Y_1) = COV(X_1, \gamma_{11}X_1) + 0$$
$$COV(X_1, Y_1) = COV(X_1, \gamma_{11}X_1) = \gamma_{11}COV(X_1, X_1),$$

变量与变量自己间的协方差为变量的方差（$variance$），方程式简化如下：

$$COV(X_1, Y_1) = \gamma_{11}\sigma_{X_1X_1},$$

上述方程表示 X_1 与 Y_1 间待估计的总体协方差等于 X_1 对 Y_1 的路径系数（γ_{11}）乘以外因变量 X_1 的方差。从假设模型中可以估计 X_1 与 Y_1 间的总体协方差，如果模型良好，则 $\gamma_{11}\sigma_{X_1X_1}$ 导出的协方差会十分接近样本协方差。相似的，从样本数据估算 Y_1 与 Y_2 的协方差为：

$$COV(Y_1, Y_2) = COV(\gamma_{11}X_1 + \varepsilon_1, \beta_{21}Y_1 + \gamma_{21}X_1 + \varepsilon_2)$$
$$= COV(\gamma_{11}X_1, \beta_{21}Y_1) + COV(\gamma_{11}X_1, \gamma_{21}X_1) + COV(\gamma_{11}X_1, \varepsilon_2) +$$
$$COV(\varepsilon_1, \beta_{21}Y_1) + COV(\varepsilon_1, \gamma_{21}X_1) + COV(\varepsilon_1, \varepsilon_2)$$
$$= COV(\gamma_{11}\beta_{21}\sigma_{X_1Y_1}) + COV(\gamma_{11}\gamma_{21}\sigma_{X_1X_1})$$

假设模型推导而得的方差协方差矩阵，矩阵元素的估计假定预测残差项 ε_1、ε_2 和其他变量间均没有共变关系（协方差数值为 0），测量指标误差项与潜在变量间也没有共变关系（协方差数值为 0）。

Sivo、Fan、Witta 与 Willse（2006）等人在结构方程模型的最适宜适配度临界点研究中，从相关文献探讨并列举了十三种结构方程模型适配度检验最常为学者使用的指标值：GFI（ >0.90）、AGFI（ >0.90）、CFI（ >0.95）、NNFI（ >0.95）、NFI（ >0.95）、Mc（ >0.95）、RFI（ >0.95）、IFI（ >0.95）、PGFI、PNFI、RMR、SRMR、RMSEA，其中 Mc 为 McDonald 集中性测量指标值。作者研究发现，当假设模型正确时，上述适配度指标值多数不会随模型类型不同而改变，研究者也发现，若假设模型本身不正确，当样本数增加时，Mc 与 RMSEA 两个指标值变化的差异量较大，不像其他指标值变化的差异较少，如果分析的样本数在 500 以上，Mc 指标值可以有效作为拒绝不正确模型的适配度统计量；相对地，在小样本情境下，GFI、AGFI、NFI、RFI 四个指标值拒绝不正确模型的临界值较低。由于适配度统计量受到样本大小的影响，因而当检验正确模型时，最佳临界值适配度也会有所不同，样本数愈小最佳适配度临界值也会变得较小，因而结构方程模型的模型检验中，"当识别正确或真实模型时，样本数愈大其识别正确性愈大"，若考虑样本数多寡因素，在识别界定错误模型时，Mc、SRMR、RMSEA 指标值的稳定性较高，因而他们建议：研究者在进行正确或不正确模型（界定错误模型）的差异检验或区别时，最好能优先使用 Mc、SRMR、RMSEA 三个适配度统计量。

Hahs-Vaughn 与 Lomax（2006）进行单一层次结构方程模型比较时，模型适配度检验建议采用下列六种适配度指标值：GFI、AGFI、ECVI、NFI、RMSEA 与 RMR，以 ECVI 及 RMSEA 两种指标值判别模型的适配度是否良好，可采用两个指标值统计量 90% 的置信区间。至于测量模型(measurement model)的判别中要考虑以下几个方面:①潜在因素对观察变量的因素负荷量(factor loading)及因素负荷量数值的正负号,观察变量的因素负荷量反映潜在因素的方向是否与理论模型符合;②估计值的标准误是否为小的标准误数值;③模型中所有估计值的显著性检验统计量是否达 0.05 显著水平;④是否有高的多元相关系数平方值,这四个判别指标即是测量模型的内在适配度检验。

Tabachnick 与 Fidell(2007)认为适配良好的模型是样本协方差矩阵与估计总体协方差矩阵间的差异,当两者差异愈小时或差异不显著时则假设模型的契合度良好。SEM 分析程序中,一个非显著的卡方值(p > 0.05)表示假设模型与观察数据的适配度佳,但其中一个问题是卡方值的大小与显著性对样本大小敏感度甚高,在大样本情况下,样本协方差矩阵与估计总体协方差矩阵间差异的卡方值多数会达到显著,造成一个适配良好的假设模型也无法获得支持;相对地,在小样本情况下,计算出的卡方估计值无法符合卡方分布,因而其概率值显著性会变大,造成不正确的概率显著水平。由于单以卡方值及其显著性概率值 p 作为评估假设模型与样本数据间是否适配已经被证实欠缺正确性,因而学者发展出不同的适配度指标值来评估(Chan et al. , 2007)。一个指标值为卡方与模型自由度的比值,如果 $\chi^2 : df$ 的比值为 2∶1 或 3∶1,表示假设模型与样本数据间是可接受的适配度,Tabachnick 与 Fidell(2007)采用更严格的标准,认为卡方自由度比值小于 2,才是一个适配良好的模型。Chan 等人(2007)综合之前的研究,提出以下适配度替代测量值是多数学者使用的指标值:GFI、NFI、CFI、RMSEA。GFI、NFI、CFI 三个指标值的数值介于 0 至 1 之间,好的适配度临界点为 GFI 在 0.90 以上,NFI 和 CFI 在 0.95 以上,RMSEA 值为 0 时表示的是一个正确的适配(exact fit),数值小于 0.05 时模型为良好适配,数值介于 0.05 至 0.08 间时模型为普通适配,数值介于 0.08 至 0.10 间时模型的适配为尚可,如果数值大于 0.10 表示假设模型的适配情形不佳,RMSEA 指标值的数值愈小,90% 置信区间会愈小,MacCallum、Browne 与 Sugawara(1996)认为以 RMSEA 指标值大小来反映总体模型适配情形的正确性非常可靠。Martens(2005)认为卡方自由度比值、GFI 值、NFI 值三个指标值实际上也会受到样本大小、每个因素构念指标数量的影响,此外在跨样本的类推也较不佳,因而 Martens 认为应多使用 CFI 及 RMSEA 值作为模型适配度检验的主要指标。

一个好的模型表示"样本协方差矩阵与被估计的总体协方差矩阵"间可以适配。检验模型是否为好的模型,Tabachnick 与 Fidell(2007, pp.716-720)将 SEM 模型适配度检验的不同指标值加以分类,他们所提出的评估模型适度指标值有以下几种:①比较适配度指标,包含 NFI、NNFI、IFI、CFI、RMSEA 值。NFI 值、CFI 值大于 0.95 表示模型的适配度良好,RMSEA 值小于 0.06 表示模型的适配度良好,在小样本情况下,RMSEA 值会变大,因而可能会发生过度拒绝真实模型的情形;②绝对适配度指标,包含 MFI(又称 Mc 指标);③变异量被解释的指标,包含 GFI、AGFI。与数据点个数相较之下,被估计参数的个数愈少(模型自由度愈大)时,AGFI 值与 GFI 值会愈为接近;④简约适配度指标,包含 PGFI、AIC、CAIC。PGFI 值愈接近 1 表示模型的适配度愈佳,AIC 与 CAIC 两个指标值通常使用于竞争模型或模型比较,当 AIC 或 CAIC 值愈小,表示模型适配度愈好(即模型是简约模型);⑤残差偏误适配度指标,包含 RMR、SRMR。SRMR 值介于 0 至 1 之间,当 SRMR 指标值小于 0.08 时表示模型是可接受的模型。

Schreiber、Stage 与 King(2006)回顾结构方程模型相关文献,归纳出模型适配度检验的指标及适配指标临界值。Schreiber 等人整理归纳的结果如表 1-3 所列。

表 1-3　不同适配度指标与模型适配临界值

指　标	简写	连续变量适配标准	类别变量
绝对/预测适配度			
卡方值	χ^2	χ^2 卡方自由度比值≤2（或 3），卡方值适用于嵌套模型或模型裁剪	
Akaike 信息准则	AIC	数值愈小愈好，适用于多个模型比较（非嵌套模型），较少用于单一模型的检验	
Browne-Cudeck 准则	BCC	数值愈小愈好，适用于多个模型比较（非嵌套模型），较少用于单一模型的检验	
Bayes 信息准则	BIC	数值愈小愈好，适用于多个模型比较（非嵌套模型），较少用于单一模型的检验	
一致性 AIC	CAIC	数值愈小愈好，适用于多个模型比较（非嵌套模型），较少用于单一模型的检验	
期望跨效度指标	ECVI	数值愈小愈好，适用于多个模型比较（非嵌套模型），较少用于单一模型的检验	
比较适配度		与基线模型或其他模型比较	
规模适配度指标	NFI	≥0.95 可以接受	
增值适配度指标	IFI	≥0.95 可以接受	
Tucker-Lewis 指标	TLI	≥0.95 可以接受	0.96
比较适配度指标	CFI	≥0.95 可以接受	0.95
相对非集性适配度指标	RNI	≥0.95 可以接受，相似于 CFI 指标，数值可能为负	
简约适配度			
简约调整 NFI	PNFI	对模型大小相当敏感	
简约调整 CFI	PCFI	对模型大小敏感	
简约调整 GFI	PGFI	数值接近 1 较佳，一般比其他指标值较低，对模型大小敏感度也较低	
其他适配度指标			
适配度指标值	GFI	≥0.95	
调整适配度指标值	AGFI	≥0.95	
Hoelter(0.05)指标	CN(0.05)	模型正确时，临界 N 最大样本大小，≥200 表示模型达较佳适配	
Hoelter(0.01)指标	CN(0.01)	模型正确时，临界 N 最大样本大小，≥200 表示模型达较佳适配	
残差均方和平方根	RMR	数值愈小愈好，接近 0 为最佳适配	

续表

指标	简写	连续变量适配标准	类别变量
标准化 RMR	SRMR	≤0.08	
加权 RMR	WRMR	<0.90	<0.90
渐进残差均方和平方根	RMSEA	置信区间小于 0.06 至 0.08 中间	<0.60

数据来源:Schreiber, Stage, & King, 2006, p.330.

在假设模型与样本数据适配度的统计量检核中,学者 Hair、Black、Babin 与 Anderson (2010, p.670)提出以下两个思考问题:

1. 卡方检验的问题

多数明确而具说服力的证据是卡方值显著性概率值 p 不显著(p>0.05),当卡方值统计量不显著时表示观察协方差矩阵与被估计协方差矩阵间没有差异,因而当显著性概率值 p 大于 0.05 时,表示假设模型与观察数据间的契合度/适配度(fit)良好。但卡方值显著性易受许多因素的影响,当模型非常简单且在小样本的情况下,模型估计结果很容易得到一个偏误而不显著的卡方值;相对地,当模型较复杂且在大样本情况下,反而会得出一个显著的卡方值,造成卡方值统计量无法有效辨别良好或不佳的模型,因而不论模型是否简约,若样本数太少或太大,以卡方值作为模型适配度检验指标值的效度会不佳,但为让他人明确知悉模型估计结果参数,适配度指标值中明确而真实的呈现卡方值及模型自由度是非常重要的。

2. 适配度指标值的临界值是 0.90 还是 0.95

如果研究者选用增值适配度指标值或 GFI 指标值作为模型适配的判别指标,这些指标的临界值为多少最能辨别良好或不佳的模型? 1990 年代多数研究者采用的绝对临界值为 0.90 以上,但后来有许多实证研究证实,0.90 绝对临界值太低,造成错误或不佳模型也被接受,因而必须将增值适配度指标值临界点提高,后来学者一致采用 0.95,尤其是 TLI 与 CFI 两个指标值,当其数值高于 0.95 表示模型是个适配良好的模型。Hair 等学者 (2010)所提模型适配度指标值摘要及说明如表 1-4:

表 1-4　模型适配度(Goodness-of-fit;GOF)指标值摘要表

GOF 指标	说　明
绝对测量指标	
χ^2(卡方值)	为观察样本协方差矩阵与 SEM 被估计协方差矩阵的差异值,公式为 $\chi^2 = (N-1)(S - \sum_k)$,样本大小与模型自由度均会影响此指标值,卡方值不要作为检验模型 GOF 测量的单一指标
df(自由度)	$df = \frac{1}{2}[p(p+1)] - k$($p$ 为观察变量个数,k 为自由参数个数)
GFI	数值介于 0 至 1 之间,数值愈大适配度愈好,一般以大于 0.90 为临界值,但也有学者认为适配临界点为大于 0.95
RMSEA	适配临界值为小于 0.05 或 0.08,研究证实以绝对临界值判别适配度较不适切,当样本变大时,作为验证或竞争策略模型比较更适切

续表

GOF 指标	说　明
RMSEA 置信区间	95% 置信区间为[0.03,0.08]（Amos 提供 90% 置信区间）
RMR	数值愈接近 0 表示适配度愈佳,数值愈大表示模型适配愈差
SRMR	数值愈接近 0 表示适配度愈佳,数值愈大表示模型适配愈差,指标值大于 0.10,表示适配度不良
常规化卡方值（卡方自由度比值）	$\chi^2 : df = 3:1$ 或比值更小,表示模型适配度较佳,样本数若大于 750 或模型较为复杂,适配度临界值可稍微放宽
增值适配度测量值	
NFI	数值介于 0 至 1 之间,指标值愈接近 1 表示模型适配度愈佳,模型愈复杂时,估计值会膨胀
NNFI	数值最小为 0,最大可能高于 1,指标值愈接近 1 表示模型适配度愈佳
CFI	数值介于 0 至 1 之间,此指标值较稳定、被使用频率最多,临界值大于 0.90,表示模型有良好适配度
RFI	数值介于 0 至 1 之间,临界值大于 0.90,表示模型有良好适配度
简约测量指标值	
AGFI	数值愈大适配度愈好,一般以大于 0.90 为临界值,但也有学者认为适配临界点为大于 0.95
PNFI	数值愈大表示模型适配度愈好

数据来源：Hair, Black, Babin, & Anderson, 2010, pp.666-669.

Hair 等人进一步从模型复杂度与样本大小的观点,提出模型适配度指标值的判别参考：

表 1-5　不同模型情况中适配度指标值对适配度意涵的差异摘要表

	N < 250			N > 250		
	m≤12	12 < m < 30	m≥30	m≤12	12 < m < 30	m≥30
χ^2	期望 p 值不显著	概率值 p 显著也可能有良好契合度	期望 p 值显著	概率值 p 不显著有良好契合度	期望 p 值显著	期望 p 值显著
CFI 或 TLI	0.97 以上	0.95 以上	0.92 以上	0.95 以上	0.92 以上	0.90 以上
RNI	或许无法有效诊断界定错误模型	0.95 以上	0.92 以上	0.95 以上（当 N > 1 000 时不使用）	0.92 以上（当 N > 1 000 时不使用）	0.90 以上（当 N > 1 000 时不使用）
SRMR	较高偏误,建议使用其他指标	值≤0.08,（CFI≥0.95 时）	CFI≥0.92 时,指标值 < 0.09	较高偏误,建议使用其他指标	CFI≥0.92 时,指标值 < 0.08	CFI≥0.92 时,指标值 < 0.08

续表

	N < 250			N > 250		
	m≤12	12 < m < 30	m≥30	m≤12	12 < m < 30	m≥30
RMSEA	指标值 <0.08,（CFI ≥ 0.97 时）	CFI≥0.95时，指标值 值<0.08	CFI≥0.92时，指标值 <0.08	指标值 < 0.07,（CFI≥ 0.97 时）	CFI≥0.92时,指标值 < 0.07	CFI≥0.90时,指标值 < 0.07

注:m 为观察变量的个数,N 为各群组人数(多群分析时为各群组人数)。

数据来源:Hair, Black, Babin, & Anderson, 2010, p.672.

假设模型与观察数据适配度的判别不能只根据单一指标值,单一指标值均有其局限,无法涵括所有指标值的特点,研究者应该从多元准则来判断,并考虑理论面、统计面与实务面等因素(Byrne, 2010, p.84)。综合国内外相关学者的观点,假设模型与观察数据适配度的检验应从以下指标值加以综合判断才较为客观。

【表格范例】

表 1-6   模型适配度检验综合摘要表

统计检验量	绝对适配度指数	备　注
自由度	呈现模型自由度	
绝对适配度指数		
χ^2 值	p > 0.05（未达显著水平）	大样本情况下,χ^2 值是个参考指标
χ^2/df	< 2.00（严谨）或 < 3.00（普通）	数值接近 0 模型适配度愈佳
RMR 值	< 0.05	数值接近 0 模型适配度愈佳
RMSEA 值	<0.08（若 <0.05 良好；<0.08 普通）	90% 置信区间介于 0.06 至 0.08 之间
SRMR	<0.08（若 <0.05 良好；<0.08 普通）	数值接近 0 模型适配度愈佳
GFI 值	>0.90 以上	数值接近 1 模型适配度愈佳
AGFI 值	>0.90 以上	数值接近 1 模型适配度愈佳
CN 值	>200	数值愈大模型适配度愈佳
比较适配度指数		
NFI 值	≥0.95 以上（普通适配为 >0.90）	数值接近 1 模型适配度愈佳
RFI 值	≥0.95 以上（普通适配为 >0.90）	数值接近 1 模型适配度愈佳
IFI 值	≥0.95 以上（普通适配为 >0.90）	数值接近 1 模型适配度愈佳
TLI 值（NNFI 值）	≥0.95 以上（普通适配为 >0.90）	数值接近 1 模型适配度愈佳
CFI 值	≥0.95 以上（普通适配为 >0.90）	数值接近 1 模型适配度愈佳
MFI 值（Mc）	≥0.95 以上	Amos 软件未提供 MFI 值
简约适配度指标		
PGFI 值	>0.50 以上	数值接近 1 模型适配度愈佳
PNFI 值	>0.50 以上	
PCFI 值	>0.50 以上	

　　SEM 模型评估除检核模型是否为可接受的假设模型外,研究者也要注意模型估计的问题,如果模型无法识别,则模型中所有参数均无法顺利估算出来,此种情形表示界定的模型有问题,研究者必须重新检核模型,Amos 图形窗口界面常见的错误界定模型为路径系数没有固定为 1(包括测量变量误差项及内因变量残差项的路径系数没有限定为固定参数),或方形对象内的变量名称与 SPSS 数据文件内的观察变量名称相同,或椭圆形对象内的潜在变量名称与 SPSS 数据文件内的观察变量名称重复,或模型内同时有两个相同的指标变量名称等。相对地,如果假设模型界定没有错误,但测量模型的指标变量间的相关很高,或模型潜在统计假定被破坏,或观察数据与假设模型的数据相差甚大等,模型虽可以顺利收敛识别,模型参数可以顺利估计出来,但可能会出现不合理的标准化参数,如模型中的相关系数或标准化路径系数的绝对值超过 1.00,这种估计值在理论上是不可能存在的,此种"不适当解值"(improper solution)也可能是很差的构念界定导致,如构念的信度很低,或构念效度不佳等。

　　SEM 模型参数的另一个问题称为"Heywood 案例"(Heywood case),所谓 Heywood 案例指的是模型估计所得的误差方差的估计值小于 0(负的误差方差),此种小于 0 的误差方差理论上是一种必然不可能的参数,它意味着指标变量的误差小于 0.00%,题项或构念被解释的变异量超过 100.0%(复回归分析中结构方程模型理论内涵的值不可能大于 100.0% 或接近 100.0%)。在 CFA 模型检验中,如果样本数很小且指标变量个数少于 3 个,易出现 Heywood 案例。如果样本数大于 300,且指标变量个数在 3 个以上,较不可能发生 Heywood 案例。SEM 模型估计程序即使产生 Heywood 案例,SEM 程序也可估算各参数的解值,但此种程序模型并没有完全收敛(converge),因而产生的估计值参数是"不可接受的解值"(inadmissible solution),当模型中出现小于 0 的误差方差估计值时,模型输出结果通常会出现警告或错误信息,如"下列的误差方差为负值",或"误差方差估计值无法识别,这个估计值可能不是可靠的数值"等。模型中若发生 Heywood 案例的情况,研究者应优先判别构念效度是否有问题,若是测量指标数足够,可考虑简化测量模型(删除相关很高的测量变量);第二种解决方法是采用"τ 等值模型检验"(τ-equivalent model test),"τ 等值模型检验"就是同一测量模型中界定潜在构念对其测量指标变量的路径系数相等(潜在构念对指标变量有相同的因素负荷量);第三种方法是将负的误差方差加上一个非常小的正数值,如 0.005,该方法称为"最后求助法"(last resort),此法虽然可以识别参数,但可能会使模型适配度变差,因为此估计值并不是真正的样本数值(Hair et al.,2010, pp.706-707)。

　　范例中(表1-7)呈现的是,相关矩阵为七个测量变量、两个因素构念变量的 CFA 模型样本数据。

表 1-7

rowtype	varname	AX1	AX2	AX3	AX4	AX5	AX6	AX7
N		300	300	300	300	300	300	300
CORR	AX1	1.000						
CORR	AX2	0.806	1.000					
CORR	AX3	0.712	0.935	1.000				
CORR	AX4	0.748	0.898	0.802	1.000			

续表

rowtype	varname	AX1	AX2	AX3	AX4	AX5	AX6	AX7
CORR	AX5	0.327	0.297	0.301	0.245	1.000		
CORR	AX6	0.300	0.280	0.264	0.240	0.804	1.000	
CORR	AX7	0.291	0.294	0.262	0.252	0.701	0.789	1.000
STDDEV		0.991	1.452	1.349	1.340	1.032	0.987	1.115

CFA 假设模型图如图 1-21：

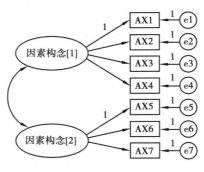

图 1-21

整体模型适配度的自由度为 13，CFI 值为 0.991，RMSEA 值为 0.070，卡方自由度比值为 2.479，七个观察变量反映的两个因素构念变量的 CFA 模型图与样本数据可以适配。检核误差项的方差是否有不可接受的解值时，发现误差项 e2 的方差为 −0.07，此数值为不适当解值，此种情形即为"Heywood 案例"。

模型估计结果可以收敛识别，非标准化估计值模型图如图 1-22：

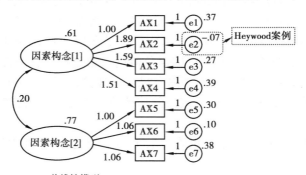

[共线性模型]：Unstandardized estimates
卡方值=32.223(p=.002)；自由度=13；CFI=.991
RMSEA=.070;卡方自由度比值=2.479

图 1-22

当模型估计结果出现"Heywood 案例"，标准化估计值模型图（图 1-23）中路径系数会出现绝对值大于 1 的标准化回归系数，范例中因素构念[1]对指标变量 AX2 的标准化回归系数为 1.02，其解释变异量为 103%。

Byrne（2010，pp.67-68）认为 SEM 的参数估计（parameter estimates）可从三个方面加以检核：

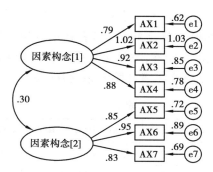

[共线性模型]: Standardized estimates
卡方值=32.223(p=.002);自由度=13；CFI=.991
RMSEA=.070;卡方自由度比值=2.479

图 1-23

1. 参数估计值的可能性

评估模型中个别参数的适合度可以决定被估计参数的效度指标。参数的适合度指的是参数数值的符号与大小应与潜在理论一致,任何参数数值若是超出可接受解的范围表示假定模型可能界定错误或输入的数据矩阵的信息不完整,不合理估计值如相关系数绝对值大于 1.00,出现负的方差,协方差矩阵或相关矩阵不是正向定义(positive definite)矩阵。

2. 标准误的大小

标准误(standard errors)可以反映估计参数的正确性,标准误的数值较小表示被估计的参数的正确性较高。一个适配不佳的模型其参数估计值的标准误可能是极端值(过大或太小),如果一个参数估计值的标准误接近 0,表示参数的检验统计量无法适当的被定义(因为分母接近 0);相对地,若一个参数估计值的标准误过大,表示参数无法被决定,因为标准误的大小受到观察变量或潜在变量测量单位的影响,因而标准误过大或太小的临界点范围无法明确的定义,此时,研究者应参考参数估计值的大小及临界比值来判别。

3. 参数估计的统计显著性

参数统计显著性检验的统计量一般采用临界比值(critical ratio;C. R.),临界比值为参数估计值与估计值标准误的比值,此数值类似 z 统计量,可以检验参数估计值是否显著不等于 0。当显著水平设为 0.05 时,临界比的数值大于 +1.96 或小于 −1.96,表示有足够证据拒绝虚无假设,参数估计值显著不为 0。除了误差方差外,没有显著的参数,对模型而言是不重要的,考虑到科学简约原则及简化适当样本大小,这些参数最好从模型中删除,此外,就模型验证而言,没有显著的参数也可能是样本数不足所造成的。

第四节　数据插补法

Amos 假设模型的估计,要按"计算估计值"(Calculate estimates)工具图像钮,如果样本数据中有遗漏值,则模型的参数无法估计。在校长教学领导量表的 CFA 模型中,共有十二个测量变量、三个因素构念:形塑目标、提升成长、发展环境。数据文件名称为"专业成长. sav",数据文件中的样本数有 500 位。

问卷编号第 495 位至 500 位样本在十二个测量题项的数据如表 1-8,其中数据为 99

者,表示此单元格为遗漏值(受试者没有填答的题项),问卷编号第 1 号至 495 号样本在十二个测量题项中均没有遗漏值。编号 496 受试者在第 3 题、第 7 题及第 12 题没有作答,编号 497 受试者在第 1 题没有作答,编号 498 受试者在第 4 题没有作答,编号 499 受试者在第 5 题没有作答,编号 500 受试者在第 8 题没有作答。

表 1-8

编号	AX01	AX02	AX03	AX04	BX05	BX06	BX07	BX08	CX09	CX10	CX11	CX12
495	3	3	4	3	2	3	3	3	4	4	4	4
496	5	5	99	5	2	3	99	3	5	4	4	99
497	99	3	3	3	4	3	3	3	3	3	3	3
498	4	4	4	99	4	4	4	4	5	99	5	5
499	4	4	5	4	99	4	4	5	5	5	3	5
500	5	5	4	5	4	4	4	99	4	4	4	4

　　500 位受试者在"专业成长. sav"数据文件的描述性统计量摘要表(表 1-9),由于有五位受试者在十二个测量题项变量中有遗漏值,因而有效样本数为 495 位。描述性统计量摘要表的最大值为 5,表示没有数据文件中没有键入错误的数据或有极端值。

表 1-9　专业成长量表十二个测量指标变量的描述性统计摘要表(有遗漏值的数据文件)

观察变量	个数	范围	最小值	最大值	平均数	标准差	方差
AX01	499	4	1	5	3.98	0.765	0.586
AX02	500	4	1	5	3.98	0.806	0.649
AX03	499	4	1	5	3.94	0.783	0.613
AX04	499	3	2	5	3.99	0.771	0.594
BX05	499	4	1	5	3.87	0.823	0.677
BX06	500	3	2	5	3.99	0.774	0.599
BX07	499	4	1	5	3.97	0.770	0.593
BX08	499	4	1	5	3.92	0.760	0.578
CX09	500	4	1	5	4.25	0.724	0.524
CX10	499	4	1	5	4.09	0.754	0.569
CX11	500	4	1	5	3.98	0.849	0.721
CX12	499	4	1	5	4.06	0.767	0.589
有效的 N(完全排除)	495						

　　样本数据"专业成长. sav"在 SPSS 数据检视窗口中的画面如图 1-24:
　　校长教学领导量表三个因素构念的 CFA 假设模型图如图 1-25,每个因素构念对测量变量的路径系数有一条路径系数界定为固定参数,其数值限定为 1。
　　按"计算估计值"(Calculate estimates)工具图像钮后,出现 Amos 警告窗口(图 1-26)。

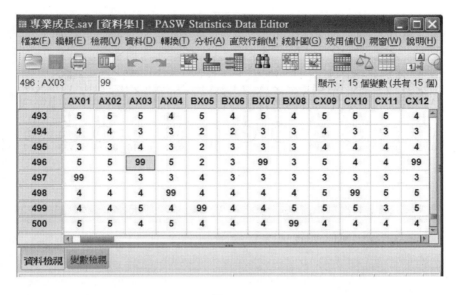

图 1-24

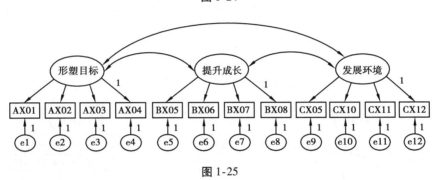

图 1-25

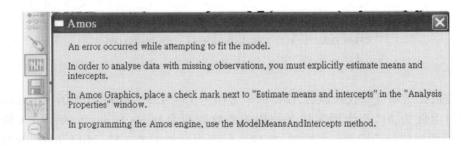

图 1-26

窗口内容提示:尝试适配模型时有错误发生,此错误为样本数据文件有遗漏值(missing observations)。如果要分析有遗漏观察值(遗漏值)的数据文件,研究者必须增列估计平均数与截距项选项,其操作为"Analysis Properties"(分析属性)工具图像钮,在"Analysis Properties"(分析属性)窗口的"Estimation"(估计)次对话窗口中勾选"☑ Estimate means and intercepts"(估计平均数与截距项)选项。

校长教学领导量表三个因素构念的 CFA 模型中增列估计平均数与截距项的假设模型图如(图 1-27):

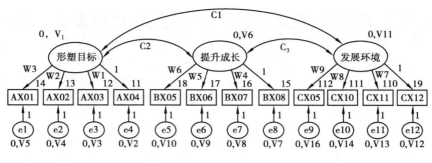

图 1-27

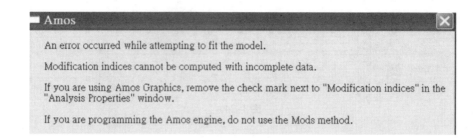

图 1-28

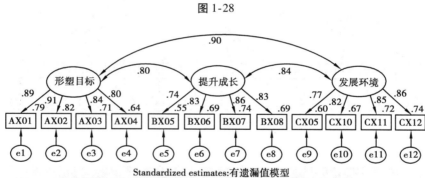

Standardized estimates:有遗漏值模型
卡方值=134.439（p值=.000）；自由度=51；CFI=.983；NFI=.973
GFI=\GFI;AGFI=\AGFI;RMR=\RMR;RMSEA=.057;CN=255.000

图 1-29

模型估计结果可以收敛识别,模型的卡方值为 134. 439(显著性 p = 0. 000 ＜0. 05),模型的自由度为 51,三个因素构念的相关系数分别为 0. 80、0. 84、0. 90。CFA 模型或 SEM 模型增列估计平均数与截距项,模型适配度指标值中的 GFI、AGFI、RMR 等数值不会被估算出来(SRMR 指标值也可以估算)。

执行功能列"Analyze"(分析)/"Data Imputation"(数据插补)程序可以将遗漏观察值增补为有效数值(图 1-31)。

在"Amos Data Imputation"(Amos 数据插补)窗口中(图 1-32),有三种遗漏值替代方式:第一种为"Regression imputation"(一般回归插补法,此种方法为默认选项);第二种为"Stochastic regression imputation"(随机回归插补法),第三种为"Bayesian imputation"(贝氏插补法)。"Amos Data Imputation"(Amos 数据插补)窗口的下半部左边"Incompleted Data Files"下的数据文件为原始不完整的数据文件,其 SPSS 数据文件名为"专业成长";右边"Completed Data Files"(完整数据文件)为遗漏值补齐后新的数据文件名,默认的新

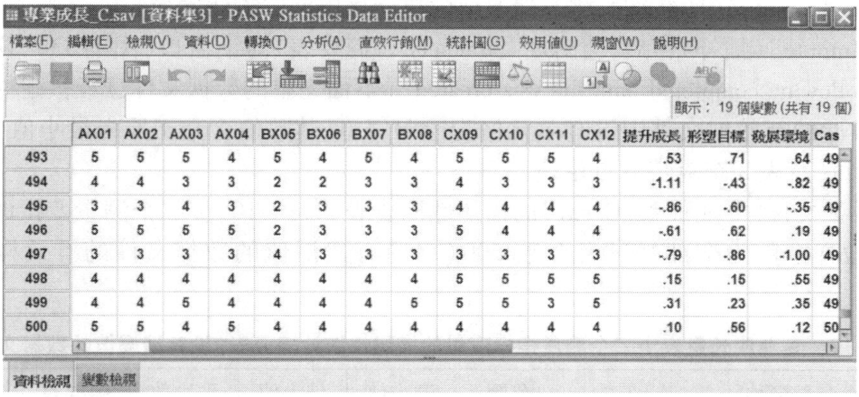

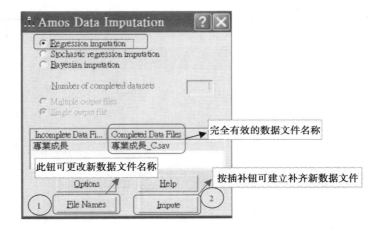

图 1-30

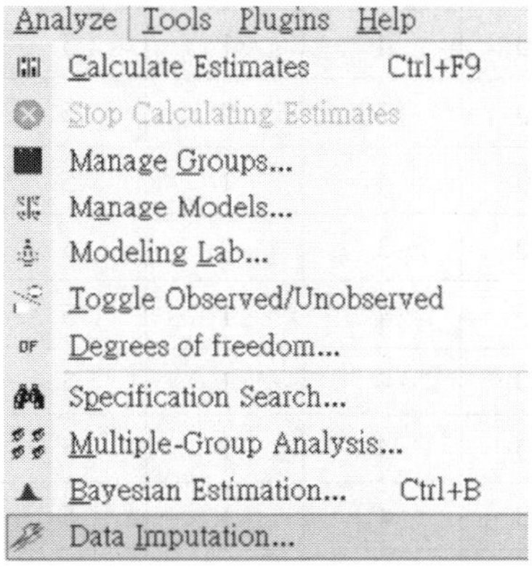

图 1-31

图 1-32

数据文件名称为"旧数据文件"+"_C",新数据文件预设的文件名称为"专业成长_C"
（扩展名为. sav），如果研究者要更改新数据文件的文件名称可按下方"File Names"（文件
名称）按钮更改,范例中的新文件名称采用默认的"专业成长_C. sav",所以文件名称不更

改,直接按"Impute"(插补)钮,将有遗漏值的单元格以回归方法置换。

按"Impute"(插补)钮后,会出现"Summary"(摘要表)对话窗口(图1-33),窗口内呈现"The following completed data file was created"(下面完整的数据文件已经被建立),遗漏值被置换后的新数据文件中没有单元格为遗漏值,且其数值会介于原先最小值(1)与最大值(5)间(量表为李克特五点量表)。

新数据文件"专业成长_C.sav"的描述性摘要表如表1-10,十二个测量变量的最大值为5,有效样本数为全部受试者个数500(之前有遗漏值的数据文件的有效样本数为495)。

表 1-10   专业成长量表十二个测量指标变量的描述性统计摘要表(没有遗漏值的数据文件)

测量变量名称	个数	范围	最小值	最大值	平均数	标准差	方差
AX01	500	4	1	5	3.97	0.766	0.586
AX02	500	4	1	5	3.97	0.806	0.649
AX03	500	4	1	5	3.94	0.782	0.612
AX04	500	3	2	5	3.99	0.770	0.593
BX05	500	4	1	5	3.87	0.822	0.676
BX06	500	3	2	5	3.99	0.774	0.599
BX07	500	4	1	5	3.97	0.770	0.593
BX08	500	4	1	5	3.92	0.759	0.576
CX09	500	4	1	5	4.25	0.724	0.524
CX10	500	4	1	5	4.09	0.754	0.568
CX11	500	4	1	5	3.98	0.849	0.721
CX12	500	4	1	5	4.06	0.767	0.588
有效的 N(完全排除)	500						

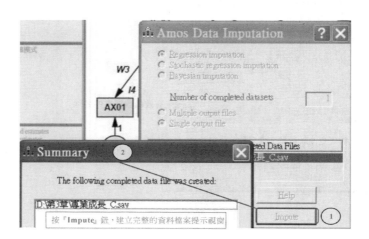

图 1-33

新数据文件"专业成长_C.sav"中编号495至编号500受试者的测量值如表1-11(灰

色单元格原先为遗漏值 99）：

表 1-11

编号	AX01	AX02	AX03	AX04	BX05	BX06	BX07	BX08	CX09	CX10	CX11	CX12
495	3	3	4	3	2	3	3	3	4	4	4	4
496	5	5	5(99)	5	2	3	3(99)	3	5	4	4	4(99)
497	3(99)	3	3	3	4	3	3	3	3	3	3	3
498	4	4	4	4(99)	4	4	4	4	5	5	5	5
499	4	4	5	4	4(99)	4	4	5	5	5	3	5
500	5	5	4	5	4	4	4	4(99)	4	4	4	4

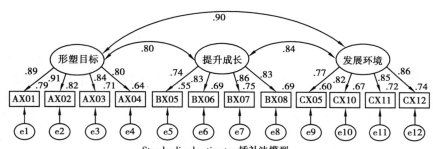

Standardized estimates:插补法模型
卡方值=134.210（p值=.000）；自由度=51；CFI=.983；NFI=.973
GFI=\GFI;AGFI=\AGFI;RMR=\RMR;RMSEA=.057;CN=256.000

图 1-34

以新数据文件作为样本数据,校长教学领导三因素 CFA 模型估计结果可以收敛识别(图 1-35),模型的卡方值为 134.210(显著性 p＜0.001),之前不完整样本数据估计的卡方值为 134.439(显著性 p＜0.001),模型的自由度为 51,三个因素构念的相关系数分别为 0.80、0.84、0.90。因为 CFA 模型中没有增列估计平均数与截距项,模型适配度指标值中的 GFI、AGFI、RMR 等数值均可估算,GFI 值为 0.956、AGFI 值为 0.933、RMR 值为 0.015、RMSEA 值为 0.057、CN 值为 256、CFI 值为 0.983、NFI 值为 0.973。

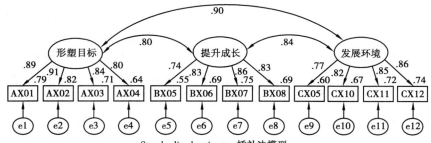

Standardized estimates:插补法模型
卡方值=134.210（p值=.000）；自由度=51；CFI=.983；NFI=.973
GFI=.956;AGFI=.933;RMR=.015;RMSEA=.057;CN=256.000

图 1-35

第五节　模型估计程序

结构方程模型分析的六个阶段(Hair,Black,Babin,& Anderson,2010, pp.655-676)：

一、定义个别的构念

模型中要探究的潜在因素构念有哪些？构念的意涵必须有良好的理论定义,根据构念的概念定义可以设计或选择指标项目,借由选用的测量量表题项及形态(如李克特量表或语意差异量表),各构念可以界定其操作性定义,测量题项的定义及题项内涵可以从之前已研发的量表中选用或从研究者发展新的量表中选用,之后再进行前测以分析量表测量题项的适切性及量表的信效度。

二、发展及界定测量模型

若已有合适的量表题项(显性变量或指标变量),研究者必须进一步界定各测量模型,模型中的潜在构念(latent construct)必须可以被识别,测量指标变量(题项)被分派至相对应的潜在构念,测量模型的潜在构念通常指向多个测量指标变量,完整测量模型的关系通常有下列三种：构念与指标题项间的关系、构念与构念间的关系、测量误差项与测量误差间的关系。指标变量反映的潜在构念若超过两个,表示此指标变量具有跨负荷量(cross-loading)效度,测量误差项与测量误差间的关系有两种可能的界定：构念内误差协方差(within-construct error covariance)、构念间误差协方差(between-construct error covariance)。

三、设定研究以得出实证结果

SEM 基本模型包括构念与测量变量/指标变量的界定,之后必须进行研究设计与模型估计。研究设计考虑的是采用协方差数据还是相关数据进行分析、遗漏值如何处理、样本大小的影响等。数据采用观察变量的相关矩阵或协方差矩阵,SEM 模型都可以估计,若可以的话研究者最好直接以第一手原始数据进行模型估计,之后再考虑选用变量的协方差矩阵;若以相关矩阵作为分析数据文件,表示数据估计值是标准化的,所有被估计的数值介于 -1.00 至 $+1.00$ 之间,不像协方差矩阵的元素没有定义范围,因而不适当估计值容易被识别发现,但使用协方差较容易得到标准化解值并较有弹性,从 SEM 统计估计原理而言,最好还是使用协方差矩阵作为分析数据文件。对于遗漏值数据(missing data)研究者除采用插补法或删除法外,也可以选取可估计遗漏值的模型估计法,如遗漏值最大似然估计法(ML)和 EM 法,新的 SEM 程序也可以使用"完全信息似然法"(full information likelihood approach)直接估计有遗漏值的数据文件。在删除法的使用上,传统上 SEM 以使用整列删除法(listwise deletion method)最为适当,若数据文件很多时,也可以考虑使用配对删除法(pairwise deletion method)。

至于模型估计的议题包括模型结构界定、估计技巧、计算程序。模型结构中的参数有两种：一为自由参数(free parameter),二为固定参数(fixed parameter)。自由参数为模型被估计的参数,固定参数是由研究者界定的固定数值,一般固定参数的路径系数为 1,当固定参数界定两个变量的协方差为 0,表示两个变量间没有相关或相关参数不被估计。

早期结构方程模型估计的方法为一般最小平方法(ordinary least square；OLS)，近年来以采用最大似然估计法(maximum likelihood estimation；MLE)最为普遍，对参数估计而言，MLE 是一个较有弹性的方法，可以估计出最可能合理的参数，以达到模型最佳适配的标准，其他如非正态性数据分布，也可改用 WLS、GLS、ADF 等模型估计方法，渐进分布自由法特别适用于非正态化的观察数据，但使用此方法时必须考虑到样本数的大小。

四、评估测量模型的效度

测量模型的效度可从下面两个向度评估：一为测量模型的适配度(goodness-of-fit；GOF)达到可以接受的范围，二为构念效度的评估。当测量模型适配度不佳时，研究者不应任意删除因素构念的测量变量的数目，如简化因素构念多个指标变量个数成只有两个或三个，甚至以一个指标变量来表示一个因素构念，当指标变量个数愈少时，所反映的因素构念效度愈差，测量模型应采用完整的指标题项，若是指标题项过多，可将同一因素构念中指标变量相关较高的题项合并成"组合指标"(composite indicators)，此种做法虽可简化模型，但可能模糊个别题项的品质。此外，减少样本数虽可以改善模型适配值，但小样本情况下，模型的代表性与类推性可能有问题，再则，会造成参数估计值不正确，降低统计检验力。弹性做法可根据模型的不同形态及样本数的大小，适当调整测量模型适配度指标临界值。结合两个单维度的因素构念间的关系模型即多维度因素构念模型，多维度的测量模型检验即为一般 CFA 模型验证，进行 CFA 模型检验时，虽模型可以收敛估计，但估计出的参数不一定都是合理性的解值，如观察变量的误差项出现负的方差，或有很大的标准误(standard errors)，或是构念间的相关系数值没有介于 -1 至 $+1$ 之间，或是因素构念对观察变量的标准化路径系数绝对值大于 1 或接近 1 等。模型识别有问题会导致估计所得的参数也有问题，此种情形可能是模型界定错误，或假设模型与观察数据差异过大等。测量模型中不正确的指标界定包括：没有连结测量变量到任一构念因素、连结一个指标变量到两个或多个构念、模型内同时选取两个相同的指标变量、指标变量没有界定误差项或没有将误差项与指标变量建立连结关系。

五、界定结构模型

测量模型表示的是因素构念与指标变量的关系，而结构模型表示的是因素构念与因素构念间的关系。研究者把因素构念间只有共变没有因果关系存在的模型称为验证性因素分析模型；如果因素构念间有因果关系，则不同测量模型构成的模型为结构方程模型，结构模型在于界定因素构念或变量间的因果关系。结构模型的潜在变量有两种：一为外因构念变量(exogenous constructs；又称外衍变量)，此变量类似回归分析中自变量，SEM 模型中使用测量的变异(variate)来代表潜在构念，之所以称为外因变量或外衍变量表示影响此潜在变量的因素在整个假设模型之外，这些变量的变异无法被模型其他的构念或变量所解释，外因变量没有受到模型中其他变量的影响，因而变量属性是一种自变量；二为内因构念变量(endogenous constructs；又称内衍变量)，此种变量构念理论上受到模型内其他因素影响，因而变量属性是一种因变量。结构模型的界定必须根据理论而来，它是一种理论导向模型。

六、评估结构模型的效度

结构模型效度的评估包括结构路径系数统计显著性检验及路径系数的方向性，如果路径系数达到 0.05 显著水平,表示路径系数显著不等于 0,此外还包括标准化路径系数是否介于 −1.00 至 +1.00 之间,若标准化路径系数绝对值大于 1,表示违反模型估计准则。在模型适配度检验方面,若假设模型与观察数据可以适配,表示理论导向建构的因果模型是个可以被接受的模型,此时研究者可进一步进行"嵌套模型"(nested models)的比较。嵌套模型即进行初始假设模型与另一替代模型间的比较,嵌套模型的比较条件为两个模型必须是"嵌套模型",所谓嵌套模型是指两个模型中一个模型为另一个模型的简约模型,简约模型表示只能同时释放一个参数或固定一个参数,如删除或增列一条路径系数,或释放一个协方差参数。嵌套模型比较常用的统计量为两个模型卡方值统计量的差异值($\Delta\chi^2$),卡方值差异量为限制较少的替代模型卡方值与基线模型卡方值相减的数值,模型中若增加一个被估计的路径系数(自由参数增加 1),则模型的自由度会减少 1,嵌套模型卡方值差异与自由度的差异计算公式如下:

$$\Delta\chi^2_{\Delta df} = \chi^2_{df(B)} - \chi^2_{df(A)}, \Delta df = df(B) - df(A)$$

两个卡方差异值的分布也是一种 χ^2 分布,因而根据自由度的差异值与卡方值差异量也可以进行统计显著性检验,如 Δdf 等于 1 表示模型 A 增加一个被估计的参数,因而跟基线模型 B 比较之下自由度会减少 1,在 0.05 显著水平下,若卡方值差异量 $\Delta\chi^2$ 大于 3.84,表示两个模型有显著不同,在基线模型适配度可以接受的情形下,表示简约模型有更好的适配度。

SEM 模型估计与识别流程的程序可以简化如图 1-36 所示。假设模型估计如果无法识别,表示模型界定有问题,此时,研究者必须重新进行模型的界定;若模型可以识别,则要检核模型估计参数是否有不适当解值,如果参数中有不适当解值(不合理参数),如负

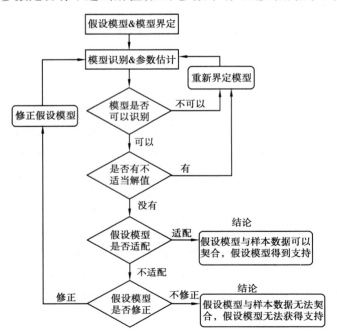

图 1-36   假设模型的模型识别与参数估计判别流程图

的误差方差,表示模型界定有问题,此时也必须进行模型的再界定。参数估计结果的估计值如果均为适当的解值,则可以进行模型内在适配度与模型外在适配度的检验,整体模型适配度如果不佳,表示假设模型与样本数据无法契合,研究者是否修正初始假设模型应该参考相关理论文献,否则修正的模型即使达到适配标准,可能会从验证性程序导向探索性程序。此外,如果假设模型与样本数据可以适配,研究者不应再对假设模型进行模型修正,否则会产生"过度适配"的问题,一个过度适配模型与一个适配模型其实是没有差别的,研究者参考修正指标值修正假设模型,让已经适配了的指标值再提高其实是没有实质意义的。

参考文献

Byrne, B. M. (2010). Structural equation modeling with Amos: Basic concepts, application, and programming. New York: Routledge.

Chan, F., Lee, G. K., Lee, E., Kubota, C., & Allen, C. A. (2007). Structural equation modeling in rehabilitation counseling research. Rehabilitation Counseling Bulletin, 51(1), 44-57.

Kaplan, D., & Ferguson, A. J. (1999). One the utilization of sample weights in latent variable models. Structural Equation Modeling, 6(4), 305-321.

MacCallum, R. C., Browne, M. W., & Sugawara, H. M. (1996). Power analysis and determination of sample size for covariance structure modeling. Psychological Methods, 1, 130-149.

Martens, M. P. (2005). The use of structural equation modeling in counseling psychology research. Counseling Psychologist, 33, 269-298.

Hahs-Vaughn, D. L., & Lomax, R. G. (2006). Utilization of sample weights in single level structural equation modeling. The Journal of Experimental Education, 2006, 74(2), 163-190.

Hair, J. F., Black, W. C, Babin, B. J., & Anderson, R. E. (2010). Multivariate data analysis: A Global Perspective. Upper Sadder River, NJ: Prentice-Hall.

Hu, L-T., & Bentler, P. M. (1999). Cutoff criteria for fit indexes in covariance structure analysis: Conventional criteria versus new alternatives. Structural Equation Modeling, 6, 1-55.

Pohlmann, J. T. (2004). Use and interpretation of factor analysis in the Journal of Education Research: 1992-2002. The Journal of Educational Research, 98, 14-23.

Schreiber, J. B., Stage, F. K., & King, J. (2006). Reporting structural equation modeling and confirmatory factor analysis results: A review. The Journal of Educational Research, 99(6), 323-337.

Singh, R. (2009). Does my structural model represent the real phenomenon? a review of the appropriate use of Structural Equation Modeling(SEM) model fit indices. The Marketing Review, 9(3). 199-212.

Sivo, S. A., Fan, X., Witta, E. L., & Willse, J. T. (2006). The search for "optimal" cutoff properties: Fit index criteria in structural equation modeling. The Journal of Experimental Education, 74(3), 267-288.

Tabachnick, B. G., & Fidell, L. S. (2007). Using multivariate statistics. New York: Allyn and Bacon.

方惠丽(2009)。高雄市小学级任教师知识管理能力与班级经营效能之相关研究。高雄师范大学教育学系课程与教学硕士班硕士论文(未出版)。

吴明隆(2009)。结构方程模型——方法与实务应用。高雄:丽文。

吴明隆(2010)。论文写作与量化研究(二版)。台北:五南。

第二章　测量模型的验证与模型聚敛效度检验

　　验证性因素模型包括一阶 CFA 模型和二阶 CFA 模型。CFA 模型中每个潜在变量的测量指标个数最少应有三个以上,如此测量指标变量才能有效反映潜在构念的效度。CFA 模型的提出必须根据测量理论,每个测量变量能实际反映理论潜在构念,如此 CFA 模型才会有良好的构念效度(construct validity)。测量模型构念效度的内涵又包括四个效度内容:聚敛效度、区别效度、法则效度与表面效度。

　　测量模型的建构应掌握以下原则:每个因素构念尽可能使用四个或四个以上指标变量(题项);多构面的因素构念量表如果多数因素构念的指标变量超过三个以上,则其中少部分因素构念的指标变量(题项)只有三个也可以;只包含两个或一个的指标变量(题项)的因素构念最好不要使用(Hair et al. , 2010 , p. 701)。

第一节　测量模型验证的相关理论

　　测量模型中潜在构念(初阶因素)间没有因果关系,只有共变关系,若协方差界定为 0,表示潜在构念间没有相关,此种测量模型称为直交测量模型(在 EFA 程序中,采用直交转轴法表示因素轴间的夹角呈直角 90 度,因素轴间的相关为 0);如果协方差没有限定为 0,则同一量表的潜在构念(因素)间通常会有某种程度的相关,此种测量模型称为斜交测量模型(在 EFA 程序中,采用斜交转轴法表示因素轴间的夹角不是呈直角 90 度,因素轴间的相关不为 0)。进行 CFA 模型检验时,每个潜在构念(初阶因素)必须有多个指标变量(测量题项/显性变量/观察变量),一般最少的准则为一个潜在构念的指标变量(测量题项)至少要有三题以上,若测量指标题项少于三题,指标变量反映的潜在特质效度不足。

　　一个最佳 CFA 模型除了测量模型与观察数据可以适配之外,还应包括:

- 测量变量误差项间独立,彼此间没有共变关系。
- 每个测量变量只反映一个潜在构念(因素),模型中没有跨因素的测量指标题项。

　　测量误差项独立、没有跨因素测量指标的 CFA 假设模型图如图 2-1,其中的测量模型为反映性构念(reflective constructs)而非形成性构念(formative constructs),反映性测量理论与形成性测量理论中的构念与测量变量的因果关系刚好相反,反映性测量理论的因果关系是从潜在构念指向测量变量,测量误差是潜在变量对测量变量无法解释的变异,反映性测量模型和古典测验理论的内涵一致;相对地,形成性测量理论模型的假定因果关系是从测量变量指向潜在构念,测量指标变量可以完全解释潜在构念,因而没有测量误差项,每个测量变量都是一个因变量。形成性构念模型与反映性构念模型的理论基础与实务导向应用均不相同。

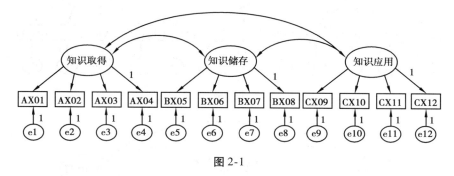

图 2-1

如果一个测量模型的初始假设模型图与观察数据无法适配,研究者根据修正指标值进行模型修正时,应先考虑释放测量误差项间的共变关系,界定两个测量变量误差项(error terms)的共变关系有两种形态:第一种共变形态为同一潜在构念内测量变量误差项间的共变关系,此种共变关系称为构念内误差协方差(within-construct error covariance);第二种共变形态为不同潜在构念的测量变量误差项间的共变关系,此种共变关系称为构念间误差协方差(between-construct error covariance)。以下范例中的修正测量模型图里(图2-2),误差项 e1、e2 间的共变关系,误差项 e6、e7 间的共变关系,属于测量指标变量构念内误差协方差;误差项 e3、e6 间的共变关系,误差项 e8、e11 间的共变关系,属于测量指标变量构念间误差协方差。

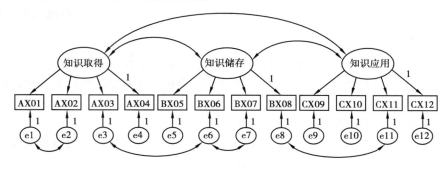

图 2-2

第二种测量模型的修正为增列潜在构念对其他潜在构念测量指标变量的路径,此种测量模型的指标变量具有跨因素负荷量的效度,释放这些被估计的路径或增列误差项间的共变关系均可能让模型适配度卡方值降低,但可能使构念的构念效度出现问题,组间构念误差项协方差的设定对结构模型会产生影响,组内构念误差项协方差的释放会威胁到模型的构念效度。显著的组间构念误差项协方差表示这些测量指标的误差项彼此间有高度的相关,有显著跨因素负荷量的测量指标表示测量模型的区别效度不佳,因而进行测量模型修正时,必须同时考虑到这些因素。范例图2-3中测量指标变量 AX03 同时反映知识取得构念及知识储存构念,测量指标变量 BX08 同时反映知识储存构念及知识应用构念,这两个测量变量均具有跨负荷量的性质。

下面修正的测量模型(图2-4)同时界定构念内测量指标变量误差协方差、构念间测

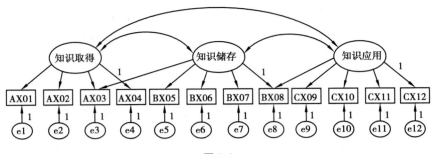

图 2-3

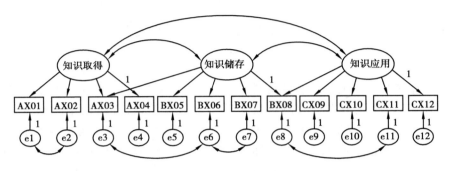

图 2-4

量指标变量误差协方差,测量指标具跨负荷量性质。

　　二阶 CFA 模型(second-order CFA)指的是一阶因素构念同时反映至一个更高阶的潜在构念,二阶 CFA 模型是由一阶 CFA 模型延伸的测量模型。范例(图 2-5)中一阶因素构念知识取得、知识储存、知识应用共同反映的高阶因素构念为知识管理能力。假设模型的一般初始假定为:

- 一阶因素构念对测量变量影响的路径系数符号相同;
- 每个测量题项对其反映的一个初阶因素构念有一个非 0 的负荷量,对于其他因素构念的因素负荷量为 0;
- 测量变量的误差项彼此间假定没有相关;
- 初阶因素间的协方差可完全由高阶因素构念对其影响的回归所解释。

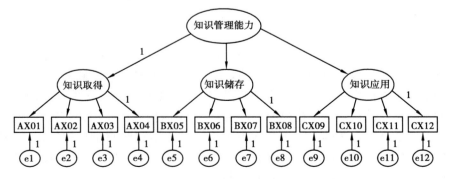

图 2-5

第二节　测量模型的识别

在第一个 CFA 模型中(图 2-6),潜在构念知识取得的测量指标变量有三个:AX01、AX02、AX04。测量变量数据点的数目等于 $3 \times (3 + 1) \div 2 = 6$,观察变量估算出的协方差矩阵 S 为:

$$S = \begin{bmatrix} VAR(AX01) & & \\ COV(AX01,AX02) & VAR(AX02) & \\ COV(AX01,AX04) & COV(AX02,AX04) & VAR(AX04) \end{bmatrix}$$

CFA 测量模型中待估计的自由参数有六个,其中有四个方差(V1、V2、V4、V5)、两个路径系数(W1、W2),样本协方差矩阵个数与模型中待估计的参数个数相等,模型的自由度为 0($= 6 - 6$)。SEM 模型中,一个自由度为 0 的模型称为饱和模型(saturated model)。测量变量的样本协方差矩阵个数与自由参数个数相同,表示刚好有足够的自由度可以估计所有的参数,CFA 的分析可以识别样本协方差矩阵,此种假设模型称为正好识别模型(just-identified models)。由于该模型的自由度与卡方值均为 0,因而无法进行理论模型的检验。

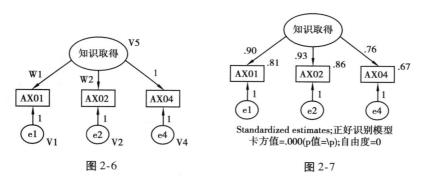

图 2-6　　　　　　　　　　　　图 2-7

模型中如果数据点的个数(独特方差与协方差的个数)少于被估计的自由参数,则模型的自由度为负值,此时模型是一种低度识别(underidentified)模型。一个低度识别的模型中,被估计的参数比独特指标变量构成的方差及协方差个数还多(观察变量方差/协方差矩阵),因而被估计自由参数无法顺利被估计出来。以范例图 2-8 为例,潜在构念有两个指标变量 AX01、AX04,协方差矩阵为 2×2,数据点个数 $= (p) \times (p + 1) \div 2 = 2 \times 3 \div 2 = 3$,观察变量的协方差矩阵如下(对角线为指标变量的方差):

$$S = \begin{bmatrix} VAR(AX01) & \\ COV(AX01,AX04) & VAR(AX01) \end{bmatrix}$$

CFA 模型中被估计的自由参数有四个,三个方差(V1、V4、V5)及一个路径系数(W1),模型的自由度为 $3 - 4 = -1$。如果 CFA 模型直接界定潜在构念知识取得的方差为 1,则被估计自由参数也是四个:两个路径系数(因素负荷量)、两个误差项方差,模

型自由度为负值时参数唯一解值无法估算,计算摘要表的卡方值无法计算,会直接显示:
"Iteration 1 Writing output"的提示语。

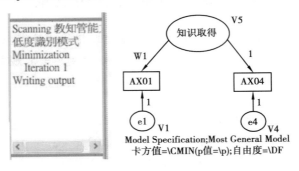

图 2-8

　　在第三个 CFA 模型中(图 2-9),潜在构念知识取得的测量指标变量有四个:AX01、AX02、AX03、AX04。测量变量数据点的数目等于 $4 \times (4 + 1) \div 2 = 10$,观察变量估算出的协方差矩阵 S 为:

$$
S = \begin{bmatrix}
VAR(AX01) \\
COV(AX01,AX02) & VAR(AX02) \\
COV(AX01,AX03) & COV(AX02,AX03) & VAR(AX03) \\
COV(AX01,AX04) & COV(AX02,AX04) & COV(AX03,AX04) & VAR(AX04)
\end{bmatrix}
$$

　　CFA 测量模型中待估计的自由参数有八个,其中有五个方差(V1、V2、V3、V4、V5)、三个路径系数(W1、W2、W3),样本协方差矩阵个数多于模型中待估计的参数个数,模型的自由度为 $10 - 8 = 2$。当观察数据独特协方差与方差项目比模型中待估计的参数个数还多,模型的自由度为正值,此时测量模型中的自由参数会有唯一的解值,且模型适配度的卡方值可以顺利估算出来,此种模型称为过度识别模型(overidentified models)。一个四个测量指标变量、单维度测量模型可以得到一个过度识别模型,当测量题项的个数增加,模型才会成为过度识别模型,CFA 或 SEM 假设模型建构的目标就是要让模型成为一个过度识别模型。学者 Hair 等人(2010,p. 701)对 CFA 模型的个别构念指标个数的建议如下:

- 每个个别潜在构念尽可能使用四个以上的测量指标变量;
- 如果有某些个别潜在构念的测量指标变量在三个以上,其中一个或少数潜在构念的测量变量(题项)只有三个也可以;
- 个别构念的指标变量(测量题项)避免少于三个。

　　单维度潜在构念知识取得的指标变量有四个,CFA 模型为过度识别模型,模型的自由度为 2,模型适配度的卡方值及被估计的自由参数均有唯一的解值,范例图 2-10 中的适配度卡方值为 13.425($p = 0.001 < 0.05$)。

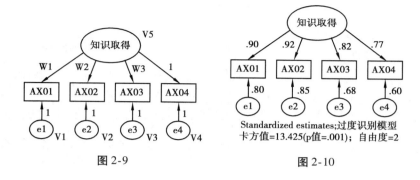

图 2-9　　　　　　　　　　　　　图 2-10

第三节　量表或测量的 CFA 模型验证

"教师知识管理能力量表"共有十二个测量题项,在 EFA 程序中共萃取三个共同因素:知识取得、知识储存、知识应用。

教师知识管理能力量表

因素一:知识取得

01.我会阅读教育书籍、期刊、报章杂志,以获取班级经营的新知 。【AX01】

02.我会参加各种教师研习活动,以增进自己的班级经营知能。【AX02】

03.我会通过与其他教师的讨论,来取得班级经营的经验与知能。【AX03】

04.我会借由教学观摩或其他教师的教学文件,来获取班级经营的经验和新知。【AX04】

因素二:知识储存

05.我会将阅读到的班级经营相关数据,以书面或计算机储存建文件。【BX05】

06.我会将日常教学及班级经营的情形,以拍照或摄影记录保存。【BX06】

07.我会将日常教学及班级经营的情形,以书面或电子文件记录保存。【BX07】

08.我会将其他专家或教师对我班级经营的意见记录下来并分类。【BX08】

因素三:知识应用

09.我会将网络搜集的信息知能应用于自己的班级经营活动。【CX09】

10.我会将观摩其他教师的教学活动或文件,实际应用于自己的班级经营。【CX10】

11.我会将研习进修所获取的新知,应用于班级经营活动。【CX11】

12.我会运用其他教师或专家学者的方法,来解决班级经营的问题。【CX12】

增列参数卷标名称的假设模型图如图 2-11,初始假设模型假定有两个:

- 所有指标变量的测量误差项间互为独立,彼此间没有共变关系。
- 每个指标变量均反映一个潜在构念,模型中没有跨因素负荷量的测量变量。

在上述测量模型的假设模型图中界定三个潜在构念变量的方差为1(固定系数),因而每个潜在构念的测量变量中不用再界定参照指标变量。

CFA 假设模型路径图的估计结果为:模型可以辨识收敛,非标准化估计值模型图中(图 2-12)没有出现负的误差项方差,表示没有违反模型辨认规则。模型整体适配度卡方值为 129.020(显著性 p < 0.001),模型自由度为51,GFI 值等于 0.957(符合大于 0.900

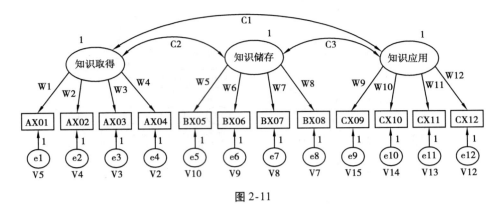

图 2-11

适配标准),AGFI 值等于 0.934(符合大于 0.900 理想标准),RMR 值等于 0.014(符合小于 0.050 理想标准)、RMSEA 值等于 0.056(符合小于 0.060 理想标准),CFI 值等于 0.983(符合大于 0.950 适配标准),NFI 值等于 0.973(符合大于 0.950 适配标准),CN 值等于 261.000(α = 0.05 时,符合大于 200 适配标准)。从适配度各项统计量来看,教师知识管理能力量表的 CFA 假设模型与观察数据可以适配,教师知识管理能力量表的 CFA 模型图可以得到支持。

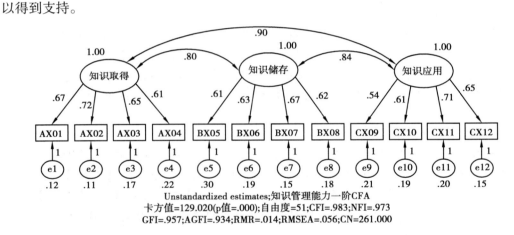

Unstandardized estimates;知识管理能力一阶CFA
卡方值=129.020(p值=.000);自由度=51;CFI=.983;NFI=.973
GFI=.957;AGFI=.934;RMR=.014;RMSEA=.056;CN=261.000

图 2-12

标准化估计值模型图中(图 2-13)没有出现标准化路径系数绝对值大于 1 或接近 1 的情形,表示没有违反模型辨认规则。知识取得因素构念四个测量指标的因素负荷量分别为 0.89、0.90、0.84、0.79;知识储存因素构念四个测量指标的因素负荷量分别为 0.74、0.82、0.87、0.82;知识应用因素构念四个测量指标的因素负荷量分别为 0.76、0.81、0.85、0.86。知识取得潜在变量与知识储存潜在变量间的相关为 0.80,知识储存潜在变量与知识应用潜在变量间的相关为 0.84,知识取得潜在变量与知识应用潜在变量间的相关为 0.90。

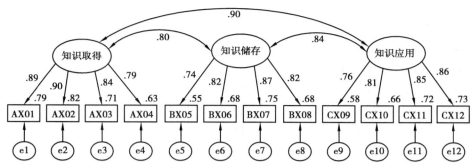

Standardized estimates;知识管理能力一阶CFA

图 2-13

一、图示操作说明

CFA 操作程序简要说明如图 2-14：

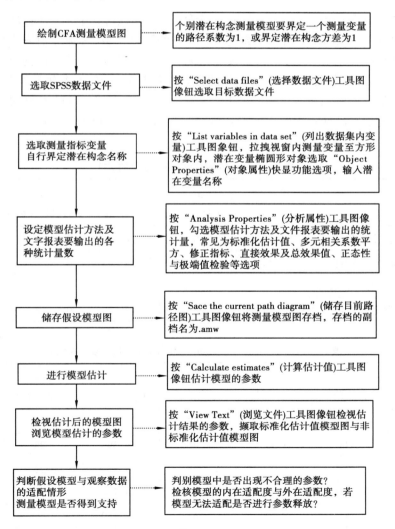

绘制CFA测量模型图	→	个别潜在构念测量模型要界定一个测量变量的路径系数为1，或界定潜在构念方差为1
选取SPSS数据文件	→	按 "Select data files"(选择数据文件)工具图像钮选取目标数据文件
选取测量指标变量 自行界定潜在构念名称	→	按 "List variables in data set"(列出数据集内变量)工具图像钮，拉拽视窗内测量变量至方形对象内，潜在变量椭圆形对象选取 "Object Properties"(对象属性)快显功能选项，输入潜在变量名称
设定模型估计方法及文字报表要输出的各种统计量数	→	按 "Analysis Properties"(分析属性)工具图像钮，勾选模型估计方法及文件报表要输出的统计量，常见为标准化估计值、多元相关系数平方、修正指标、直接效果及总效果值、正态性与极端值检验等选项
储存假设模型图	→	按 "Sace the current path diagram"(储存目前路径图)工具图像钮将测量模型图存档，存档的副档名为.amw
进行模型估计	→	按 "Calculate estimates"(计算估计值)工具图像钮估计模型的参数
检视估计后的模型图 浏览模型估计的参数	→	按 "View Text"(浏览文件)工具图像钮检视估计结果的参数，撷取标准化估计值模型图与非标准化估计值模型图
判断假设模型与观察数据的适配情形 测量模型是否得到支持	→	判别模型中是否出现不合理的参数？检核模型的内在适配度与外在适配度，若模型无法适配是否进行参数释放？

图 2-14

二、浏览文件内容

Sample size ＝ 490

Variable counts（全体样本）

  Number of variables in your model： 27

  Number of observed variables：   12

  Number of unobserved variables： 15

  Number of exogenous variables：   15

  Number of endogenous variables： 12

  变量个数摘要表显示：模型中变量的总个数有 27 个，观察变量有 12 个（长方形对象内的测量变量有 12 个题项），无法观察的变量有 15 个（知识取得、e4、e3、e2、e1、知识储存、e8、e7、e6、e5、知识应用、e12、e11、e10、e9），椭圆形对象内变量包括 3 个潜在构念、12 个测量变量的误差项，外因变量有 15 个，内因变量有 12 个（12 个内因变量均为测量变量）。

  参数摘要表 2-1 显示：模型中共有 24 个回归系数参数，其中 12 个是固定参数，12 个是待估计的自由参数，12 个固定参数是误差变量的路径系数，参数数值固定值为 1，方差参数中固定参数有 3 个（三个潜在因素变量的方差限定为 1）。待估计的路径系数有 12 个、待估计的协方差参数有 3 个、待估计的方差参数有 12 个（12 个测量误差项变量的方差），因而待估计的参数有 12 ＋ 3 ＋ 12 ＝ 27 个，这 27 个待估计的参数均有命名，因而参数个数出现于“Labeled”（加注标签名称）列，27 个自由参数加上 15 个固定参数，全部的参数有 15 ＋ 27 ＝ 42 个。

表 2-1 Parameter summary（全体样本）

	Weights（路径系数）	Covariances（协方差）	Variances（方差）	Means（平均数）	Intercepts（截距项）	Total
Fixed（固定参数）	12	0	3	0	0	15
Labeled（加注标签名称）	12	3	12	0	0	27
Unlabeled（未加注标签名称）	0	0	0	0	0	0
Total（全部参数）	24	3	15	0	0	42

表 2-2 Assessment of normality（全体样本）【正态性评估】

Variable	min（最小值）	max（最大值）	skew（偏态系数）	c. r.（临界比）	kurtosis（峰度系数）	c. r.（临界比值）
CX09	1.000	5.000	－.872	－7.881	1.446	6.536
CX10	1.000	5.000	－.486	－4.396	.028	.126
CX11	1.000	5.000	－.591	－5.339	.222	1.003
CX12	1.000	5.000	－.637	－5.761	.737	3.329
BX05	1.000	5.000	－.481	－4.350	.165	.747

续表

Variable	min （最小值）	max （最大值）	skew （偏态系数）	c. r. （临界比）	kurtosis （峰度系数）	c. r. （临界比值）
BX06	2.000	5.000	- .357	- 3.222	- .394	- 1.780
BX07	1.000	5.000	- .422	- 3.814	- .016	- .073
BX08	1.000	5.000	- .367	- 3.320	.022	.101
AX01	1.000	5.000	- .667	- 6.031	.944	4.266
AX02	1.000	5.000	- .723	- 6.531	1.027	4.640
AX03	1.000	5.000	- .565	- 5.104	.588	2.658
AX04	2.000	5.000	- .384	- 3.474	- .280	- 1.267
Multivariate					66.577	40.199
最大值			- 0.357		1.446	
最小值			- 0.872		- 0.394	

　　SEM 分析的一个重要假定是数据分布要呈多变量正态性,且数据样本必须是大样本。就正态性的检验而言,SEM 关注的是数据的多变量峰度情况,不同多变量正态性分布的观察数据其多变量分布的尾部与顶端会有所不同。统计研究显示,偏态对于平均数的差异检验有重要影响,而峰度对于方差与协方差的影响则较为显著。SEM 的分析是根据数据的共变结构,因而数据分布的多变量峰度变化情况显得较为重要。正态分布的标准化峰度指标值约为 3,若峰度系数值较大表示数据分布为正向峰(高狭峰),峰度系数值较小表示数据分布为负向峰(数据分布呈平坦分布,尾部较细,此种分布又称为低阔峰)。电脑程序软件呈现的峰度系数为原峰度参数减 3,因而数值 0 表示数据分布为正态分布,正负号表示的是正向峰或负向峰,至于峰度系数不是 0 时,其参数数值多大才是极端峰度,并没有一致的共识。West 等人(1995)提出若报表呈现的峰度系数数值大于7,表示数据分布偏离正态。有时观察变量符合单变量正态性分布,但多变量分布却可能为多变量非正态性分布。实务应用上,Bentler(2005)建议多变量峰度系数临界值大于5.00,显示数据分布是非正态性的。SEM 的分析程序中,若数据分布属极端分布,即数据分布严重偏离正态性,则不宜采用最大似然估计法(Maximum likelihood estimates;简称ML 法)或一般化最小平方法(Generalized least squares;简称 GLS 法),此时应改用渐进自由分布法(Asymptotically distribution-free)。估计方法的选取操作程序:点选"Analysisproperties"(分析属性)工具列图像钮,切换到"Estimation"(估计)次对话窗口,内有五种统计量估计方法,默认选项为 ML 法。渐进自由分布估计法适用于数据非多元正态分布的情形,但使用此方法时样本数必须为大样本,否则会影响模型估计结果的正确性。若样本数小于 1000,ADF 法估计的估计值会产生不良参数,估计值与标准误的参数会被扭曲,最近统计研究建议,最少需求样本数应为模型中被估计自由参数的 10 倍以上,否则ADF 法估计结果欠缺真实性。当数据分布严重偏离正态时,Hu 等人(1992)认为不需要采用不同的模型估计方法,可改用卡方统计的校正法($S - B\chi^2$)。在不同分布与样本大小下,对平均数与协方差结构的检验,$S - B\chi^2$ 方法已被证实为最可靠的检验统计法;在小样本情况下,此方法也有很好的稳健性(robust),只是此方法 Amos 软件并不提供(EQS

软件有提供此种方法）（Byrne，2010，pp. 103-105）。

　　"正态性评估"选项可以对观察变量的分布情形进行判断。表 2-2 中，第一栏为观察变量名称、第二栏为最小值、第三栏为最大值、第四栏为偏态系数、第五栏为偏态系数的显著性检验、第六栏为峰度系数、第七栏为峰度系数的显著性检验。以测量题项 AX01 变量为例，其数据中最小值为 1、最大值为 5，偏态系数值为 -0.667，偏态系数临界比值为 -6.031，峰度系数值为 0.944，峰度系数临界比值为 4.266，临界比值的绝对值大于1.96。在正态分布下，偏态系数值与峰度系数值应接近 0，其系数显著性检验应未达 0.05 显著水平，若是达 0.05 显著水平，表示其偏态系数值或峰度系数值显著不等于 0。变量的偏态系数绝对值若大于 3、峰度系数绝对值若大于 10（较严格标准为 8），表示数据分布可能不是正态，如果峰度系数绝对值大于 20，则偏离正态的情形可能较为严重。该表中十二个测量变量的偏度系数值介于 -0.872 至 -0.357 之间，其绝对值小于 1.000，峰度系数介于 -0.394 至 1.446 之间，其绝对值小于 2，数据符合正态分布的假定，因而采用最大似然法作为模型各参数统计量的估计法较为适宜。

表 2-3　Sample Moments（全体样本）【样本矩】
Sample Covariances（全体样本）【样本协方差矩阵】

	CX09	CX10	CX11	CX12	BX05	BX06	BX07	BX08	AX01	AX02	AX03	AX04
CX09	.495											
CX10	.340	.554										
CX11	.368	.429	.706									
CX12	.340	.383	.486	.579								
BX05	.289	.325	.346	.342	.669							
BX06	.293	.334	.355	.341	.382	.592						
BX07	.306	.343	.371	.361	.399	.437	.589					
BX08	.306	.348	.373	.352	.386	.386	.407	.568				
AX01	.325	.351	.428	.383	.339	.312	.369	.335	.577			
AX02	.346	.382	.439	.407	.346	.341	.373	.357	.504	.631		
AX03	.318	.356	.443	.395	.325	.351	.358	.357	.428	.465	.601	
AX04	.302	.341	.441	.363	.302	.320	.335	.306	.396	.424	.406	.584

　　样本协方差矩阵为根据观察数据计算所有得的协方差矩阵（S 矩阵），协方差矩阵的对角线为观察变量（题项变量）的方差，对角线外的数值为两个测量题项的协方差。

表 2-4　Sample Correlations（全体样本）【样本相关系数矩阵】

	CX09	CX10	CX11	CX12	BX05	BX06	BX07	BX08	AX01	AX02	AX03	AX04
CX09	1.000											
CX10	.649	1.000										
CX11	.623	.686	1.000									
CX12	.635	.677	.760	1.000								

续表

	CX09	CX10	CX11	CX12	BX05	BX06	BX07	BX08	AX01	AX02	AX03	AX04
BX05	.502	.535	.504	.550	1.000							
BX06	.541	.584	.549	.582	.607	1.000						
BX07	.566	.601	.576	.617	.636	.740	1.000					
BX08	.578	.620	.589	.613	.626	.666	.702	1.000				
AX01	.608	.620	.671	.662	.545	.534	.633	.586	1.000			
AX02	.620	.647	.658	.673	.533	.558	.612	.596	.835	1.000		
AX03	.583	.617	.679	.670	.512	.589	.601	.611	.726	.755	1.000	
AX04	.562	.600	.687	.625	.484	.545	.571	.531	.682	.700	.686	1.000

　　样本相关系数矩阵为根据观察数据计算所有得的相关系数矩阵,相关系数矩阵对角线为测量变量与测量变量间相关,因而其相关系数为 1.000。同一潜在构念的测量变量间的相关若太高(有高度相关),则可能有共线性问题,这将导致潜在构念对指标变量的路径系数可能出现不合理的解值或无法解释的参数。

　　Notes for Model(知识管理能力一阶 CFA)【模型批注】

　　Computation of degrees of freedom(知识管理能力一阶 CFA)【自由度的计算】

　　Number of distinct sample moments:【独特样本矩个数】　78

　　Number of distinct parameters to be estimated:【被估计之独特参数的个数】　27

　　Degrees of freedom(78 - 27):【自由度】　51

　　模型中有 12 个观察变量,独特样本矩个数为[(12)×(12 + 1)]÷2 = 78,模型中被估计的参数有 27 个(自由参数个数),模型的自由度为 78 - 27 = 51,自由度为正数表示模型为过度识别模型,只有这样才可以顺利估计出参数。

　　表 2-5 为采用最大似然法所估计的未标准化回归系数,在模型设定上界定三个潜在构念知识取得、知识储存、知识应用的方差为 1,在单维度测量模型中若界定潜在构念的方差为 1,潜在构念的多个测量变量中就不能再界定参照指标变量(不能将潜在构念对某一测量变量的路径系数固定为 1)。临界比(critical ratio)值等于参数估计值(Estimate)与估计值标准误(the standard error of estimate)的比值,相当于 t 检验值,如果此比值绝对值大于 1.96,则参数估计值达到 0.05 显著水平;临比值绝对值大于 2.58,则参数估计值达到 0.01 显著水平。显著性的概率值若是小于 0.001,则 p 值栏会以"＊＊＊"符号表示;显著性的概率值如果大于 0.001,则 p 值栏会直接呈现其数值大小。路径系数估计值检验在于判别回归路径系数估计值是否等于 0,如果达到显著水平(p < 0.05),表示回归系数显著的不等于 0。上述 12 个测量变量的路径系数临界比值介于 18.701 至 25.573 之间,显著性概率值 p 均小于 0.001,表示 12 个路径系数均达 0.05 显著水平,表明这些路径系数参数均显著不等于 0。

表 2-5   Regression Weights:(全体样本-知识管理能力一阶 CFA)【原始路径系数】

	Estimate 估计值	S. E. 标准误	C. R. 临界比值	P 显著性	Label
AX04 < ---知识取得	.606	.029	20.737	***	W4
AX03 < ---知识取得	.654	.029	22.767	***	W3
AX02 < ---知识取得	.718	.028	25.573	***	W2
AX01 < ---知识取得	.675	.027	24.787	***	W1
BX08 < ---知识储存	.622	.029	21.731	***	W8
BX07 < ---知识储存	.665	.028	23.496	***	W7
BX06 < ---知识储存	.634	.029	21.703	***	W6
BX05 < ---知识储存	.609	.033	18.701	***	W5
CX12 < ---知识应用	.652	.028	23.210	***	W12
CX11 < ---知识应用	.715	.031	22.973	***	W11
CX10 < ---知识应用	.605	.028	21.417	***	W10
CX09 < ---知识应用	.536	.028	19.479	***	W9

"Standardized Regression Weights"为标准化回归系数,在验证性因素分析中也称为因素加权值(factor weights)或因素负荷量(factor loading),标准化的路径系数代表的是共同因素对测量变量的影响。以表 2-6 中"知识取得 --- > AX01"为例,其标准化的回归系数值为 0.888,表示潜在因素对测量指标 AX01 的直接效果值为 0.888,其预测力(解释变异量)为 $0.888 \times 0.888 = 0.789$。标准化的回归系数是由变量转化为标准分数(z 分数)后,计算出来的估计值,从因素负荷量的数值可以了解测量变量在各潜在因素的相对重要性。因素负荷量系数值愈大,表示指标变量能被构念解释的变异愈大,指标变量能有效反映其要测得的潜在构念特质。因素负荷量的大小可以作为评估量表聚敛效度(converge validity)的指标值。因素负荷量的临界值为 0.71,该表中 12 个测量变量的因素负荷量介于 0.744 至 0.905 之间,12 个测量变量的因素负荷量均高于 0.71,表示三个潜在构念的测量模型的聚敛效度良好。

表 2-6   Standardized Regression Weights:(全体样本-知识管理能力一阶 CFA)【标准化路径系数】

	Estimate
AX04 < ---知识取得	.793
AX03 < ---知识取得	.843
AX02 < ---知识取得	.905
AX01 < ---知识取得	.888
BX08 < ---知识储存	.825
BX07 < ---知识储存	.867
BX06 < ---知识储存	.824

续表

	Estimate
BX05 < ---知识储存	.744
CX12 < ---知识应用	.856
CX11 < ---知识应用	.851
CX10 < ---知识应用	.813
CX09 < ---知识应用	.762

未标准化估计值模型图中的潜在变量的共变关系参数为协方差,协方差估计值除以标准误等于临界比值(C. R.),若临界比值达 0.05 显著水平,则有足够证据拒绝虚无假设 H_0:$COV(X_1, X_2) = 0$,接受对立假设 H_1:$COV(X_1, X_2) \neq 0$,两个因素构念的协方差估计值显著不等于 0(即两个构念变量间的相关系数显著不等于 0,两个构念变量间有显著的相关)。在标准化估计值模型图中两个潜在变量的共变关系参数为相关系数,相关系数与协方差间的关系为:$r_{XY} = \dfrac{COV_{XY}}{SD_X \times SD_Y} = \dfrac{COV_{XY}}{\sqrt{VAR_X} \times \sqrt{VAR_Y}}$,当两个潜在构念的方差限定为 1 时,协方差的估计值即测量模型的验证与模型聚敛效度检验相关系数:$r_{XY} = \dfrac{COV_{XY}}{\sqrt{1} \times \sqrt{1}} = COV_{XY}$。表 2-7 和表 2-8 中协方差估计值栏数值与相关系数估计值栏数值相同:知识取得与知识储存两个构念间的相关为 0.802(p < 0.001),知识储存与知识应用两个构念间的相关为 0.843(p < 0.001),知识取得与知识应用两个构念间的相关为 0.895(p < 0.001),三个相关系数均达 0.05 显著水平。

表 2-7　Covariances:(**全体样本-知识管理能力一阶 CFA**)【**协方差估计值摘要表**】

	Estimate	S. E.	C. R.	P	Label
知识取得 < -- > 知识储存	.802	.021	38.146	***	C2
知识储存 < -- > 知识应用	.843	.019	44.306	***	C3
知识取得 < -- > 知识应用	.895	.014	62.984	***	C1

表 2-8　Correlations:(**全体样本-知识管理能力一阶 CFA**)
【**相关系数估计值摘要表**】

	Estimate
知识取得 < -- > 知识储存	.802
知识储存 < -- > 知识应用	.843
知识取得 < -- > 知识应用	.895

表 2-9 呈现了三个潜在变量(因素构念)与十二个误差变量的测量残差项方差估计值,后者即十二个测量指标的测量误差(measured error/residual),三个潜在因素的方差为固定参数,其数值为 1,十二个测量指标的测量误差值的方差均为正数且达到 0.05 显著水平,其方差标准误估计值均很小,其数值介于 0.010 至 0.022,表示无模型界定错误的问题,三个潜在变量的方差估计值分别为 1.000、1.000、1.000(三个数值为固定参数)。

估计参数中没有出现负的误差方差且标准误估计值均很小,表示模型的基本适配度良好。SEM 模型检验结果若出现负的误差方差,会出现以下的警告信息:"The following variances are negative."(下列的方差为负值),这表示模型界定有问题(因为统计参数中的方差为标准差的平方值,不应出现负数),此时 CFA 测量模型应重新界定,尤其是参数的限制部分可能要放宽,或移除限制参数。

表 2-9　Variances:(全体样本-知识管理能力一阶 CFA)

	Estimate (方差)	S. E. (估计标准误)	C. R. (临界比值)	P (显著性)	Label (参数标签名称)
知识取得	1.000				
知识储存	1.000				
知识应用	1.000				
e4	.217	.016	13.887	***	V2
e3	.174	.013	13.081	***	V3
e2	.114	.011	10.880	***	V4
e1	.122	.010	11.698	***	V5
e8	.182	.015	12.416	***	V7
e7	.146	.013	11.035	***	V8
e6	.190	.015	12.433	***	V9
e5	.298	.022	13.778	***	V10
e12	.155	.013	12.141	***	V12
e11	.195	.016	12.309	***	V13
e10	.188	.014	13.181	***	V14
e9	.207	.015	13.903	***	V15

观察变量(测量变量)多元相关的平方(Squared Multiple Correlations),与复回归中 R^2 的性质相同,表示个别观察变量(测量指标)被其潜在变量解释的变异量,此解释变异量的数值也就是个别测量变量的信度系数。以表 2-10 中的测量指标 AX01 为例,其 R^2 值等于 0.789,表示潜在变量(因素构念)知识管理可以解释测量变量 AX01 78.9% 的变异量(知识管理→AX01),无法解释的变异量(误差变异量)为 1 − 0.789 = 0.211。模型中各误差变量除具有误差方差成分外,也包含了随机误差(random error),因而多元相关平方值被视为是信度的最小界限估计值。模型中个别测量指标的信度值若高于 0.50,表示模型的内在质量检验良好,CFA 各测量模型(measured model)中,测量变量因素负荷量的平方即为各测量变量(观察变量)的信度系数,信度系数也是测量模型中各潜在变量的聚敛效度指标之一。

表 2-10　Squared Multiple Correlations:(全体样本-知识管理能力一阶 CFA)

【多元相关系数平方】

	Estimate
CX09	.581
CX10	.661
CX11	.724

	Estimate
CX12	.733
BX05	.554
BX06	.679
BX07	.752
BX08	.680
AX01	.789
AX02	.819
AX03	.710
AX04	.629

表 2-11 Matrices(全体样本-知识管理能力一阶 CFA)

Implied Covariances(全体样本-知识管理能力一阶 CFA)【隐含协方差矩阵】

	CX09	CX10	CX11	CX12	BX05	BX06	BX07	BX08	AX01	AX02	AX03	AX04
CX09	.495											
CX10	.325	.554										
CX11	.383	.432	.706									
CX12	.350	.394	.466	.579								
BX05	.275	.311	.367	.335	.669							
BX06	.287	.323	.382	.348	.386	.592						
BX07	.301	.340	.401	.366	.405	.422	.589					
BX08	.281	.317	.375	.342	.378	.394	.414	.568				
AX01	.324	.365	.432	.394	.329	.343	.360	.337	.577			
AX02	.345	.389	.460	.419	.351	.365	.384	.358	.485	.631		
AX03	.314	.354	.418	.381	.319	.332	.349	.326	.441	.470	.601	
AX04	.291	.328	.388	.353	.296	.308	.323	.302	.409	.435	.396	.584

"Implied Covariances"摘要表为根据假设测量模型参数函数推导而得的结构化总群体协方差矩阵 $\sum(\theta)$，经由观察数据直接计算而得的协方差矩阵为未结构化总群体协方差矩阵 S。当隐含协方差矩阵(Implied Covariances) $\sum(\theta)$ 与样本数据计算而得的协方差矩阵 S 愈接近，表示假设模型的适配情形愈佳。

表 2-12 Implied Correlations(全体样本-知识管理能力一阶 CFA)【隐含相关矩阵】

	CX09	CX10	CX11	CX12	BX05	BX06	BX07	BX08	AX01	AX02	AX03	AX04
CX09	1.000											
CX10	.620	1.000										
CX11	.649	.692	1.000									

续表

	CX09	CX10	CX11	CX12	BX05	BX06	BX07	BX08	AX01	AX02	AX03	AX04
CX12	.653	.696	.728	1.000								
BX05	.479	.510	.534	.538	1.000							
BX06	.530	.565	.591	.595	.613	1.000						
BX07	.558	.595	.622	.626	.645	.714	1.000					
BX08	.530	.566	.592	.596	.614	.679	.715	1.000				
AX01	.606	.646	.676	.681	.530	.587	.618	.588	1.000			
AX02	.617	.658	.689	.693	.540	.598	.629	.599	.804	1.000		
AX03	.575	.613	.642	.646	.503	.557	.586	.558	.749	.763	1.000	
AX04	.541	.577	.604	.608	.474	.524	.552	.525	.704	.717	.668	1.000

"Implied Correlations"摘要表为根据假设测量模型参数函数推导而得的结构化总群体测量变量的相关矩阵(r)摘要表。

表 2-13   Residual Covariances(**全体样本-知识管理能力一阶 CFA)【残差协方差矩阵】**

	CX09	CX10	CX11	CX12	BX05	BX06	BX07	BX08	AX01	AX02	AX03	AX04
CX09	.000											
CX10	.015	.000										
CX11	−.015	−.004	.000									
CX12	−.010	−.011	.020	.000								
BX05	.014	.015	−.020	.008	.000							
BX06	.006	.011	−.027	−.008	−.004	.000						
BX07	.005	.003	−.030	−.005	−.006	.015	.000					
BX08	.025	.031	−.002	.010	.007	−.008	−.007	.000				
AX01	.001	−.015	−.003	−.011	.009	−.031	.009	−.001	.000			
AX02	.002	−.007	−.021	−.013	−.005	−.025	−.010	−.002	.019	.000		
AX03	.004	.002	.025	.014	.005	.019	.009	.031	−.013	−.005	.000	
AX04	.011	.013	.053	.010	.006	.012	.011	.004	−.013	−.011	.010	.000

"Residual Covariances"为残差协方差矩阵摘要表,表中的单元格元素为结构化总群体协方差矩阵 $\sum(\theta)$,与观察数据直接计算而得的未结构化总群体协方差矩阵 S 的差异值(被估计协方差项目与观察协方差项目间的差异)。当残差值的差异量愈小,表示两个协方差矩阵愈接近,即结构化总群体协方差矩阵 $\sum(\theta)$ 与未结构化总群体协方差矩阵 S 的差异愈小,此种情形表示假设模型与观察数据的契合度良好。

表 2-14　Standardized Residual Covariances(**全体样本-知识管理能力一阶 CFA**)

【标准化残差协方差矩阵】

	CX09	CX10	CX11	CX12	BX05	BX06	BX07	BX08	AX01	AX02	AX03	AX04
CX09	.000											
CX10	.544	.000										
CX11	−.473	−.102	.000									
CX12	−.330	−.350	.562	.000								
BX05	.473	.483	−.581	.238	.000							
BX06	.217	.365	−.796	−.256	−.110	.000						
BX07	.170	.114	−.870	−.166	−.164	.458	.000					
BX08	.925	1.049	−.049	.327	.225	−.253	−.222	.000				
AX01	.043	−.480	−.092	−.341	.290	−1.006	.281	−.038	.000			
AX02	.052	−.213	−.571	−.378	−.137	−.762	−.315	−.052	.548	.000		
AX03	.146	.076	.700	.443	.169	.612	.290	1.040	−.403	−.13	0.000	
AX04	.404	.431	1.570	.322	.200	.411	.371	.135	−.400	−.318	.317	.000

　　"Standardized Residual Covariances Covariances"为标准化残差协方差矩阵摘要表,标准化残差为原始化残差值与残差标准误的比值,标准化残差值与实际测量尺度范围无关,其数值作为诊断测量模型较为有用。被估计的协方差矩阵元素可能小于/大于相对应的观察数据协方差矩阵元素数值,因而残差值可能为正值也可能为负值,研究者可以根据配对的残差值大小来预测被估计的协方差矩阵与观察数据的协方差矩阵间的适配情形。标准化残差的性质与 z 分数的性质类似,一般而言,当标准化残差值的绝对值大于 4.0 以上时,表示有无法接受的自由误差,此标准化残差值视为足够大的残差;如果标准化残差值的绝对值小于 2.5(或 2.58 以下,α = 0.05 显著水平时,z 值的临界值为 1.96;α = 0.01 显著水平时,z 值的临界值为 2.58;α = 0.001 显著水平时,z 值的临界值为 3.29)显示模型界定没有问题。模型估计中出现很大的标准化残差值,可能是抽样误差导致,绝对值 |4.0| 相对应的显著水平 p 约为 0.001,如果只有一个或两个标准化残差值较大,假设模型也可以接受;若某个单维度测量模型中某个指标题的标准化残差值大于 |4.0| 以上,可考虑将此测量题项删除或作为模型修正的优先参考;如果标准化残差值绝对值介于 2.5 至 4.0 中间,而模型参数又可顺利估计出来,这些标准化残差值对应的变量不应删除(Hair et al. , 2010, p.711)。

【表格范例】

表 2-15　教师知识管理能力量表验证性因素分析的模型参数估计摘要表(N = 575)

参　数	非标准化参数			R^2	标准化参数估计值
	非标准化参数估计值	标准误	临界比值(C. R.)		
λ_1(知识取得→AX01)	0.675	0.027	24.787 ***	0.789	0.888
λ_2(知识取得→AX02)	0.718	0.028	25.573 ***	0.819	0.905

续表

参　　数	非标准化参数			R^2	标准化参数估计值
	非标准化参数估计值	标准误	临界比值（C. R.）		
λ_3（知识取得→AX03）	0.654	0.029	22.767***	0.710	0.843
λ_4（知识取得→AX04）	0.606	0.029	20.737***	0.629	0.793
λ_5（知识储存→BX05）	0.609	0.033	18.701***	0.554	0.744
λ_6（知识储存→BX06）	0.634	0.029	21.703***	0.679	0.824
λ_7（知识储存→BX07）	0.665	0.028	23.496***	0.752	0.867
λ_8（知识储存→BX08）	0.622	0.029	21.731***	0.680	0.825
λ_9（知识应用→CX09）	0.536	0.028	19.479***	0.581	0.762
λ_{10}（知识应用→CX10）	0.605	0.028	21.417***	0.661	0.813
λ_{11}（知识应用→CX11）	0.715	0.031	22.973***	0.724	0.851
λ_{12}（知识应用→CX12）	0.652	0.028	23.21***	0.733	0.856
Φ_{21}（知识取得↔知识储存）	.802	.021	38.146***		.802
Φ_{32}（知识储存↔知识应用）	.843	.019	44.306***		.843
Φ_{31}（知识取得↔知识应用）	.895	.014	62.984***		.895
δ_1（e1→AX01）	0.122	0.010	11.698***		
δ_2（e2→AX02）	0.114	0.011	10.880***		
δ_3（e3→AX03）	0.174	0.013	13.081***		
δ_4（e4→AX04）	0.217	0.016	13.887***		
δ_5（e5→BX05）	0.298	0.022	13.778***		
δ_6（e6→BX06）	0.190	0.015	12.433***		
δ_7（e7→BX07）	0.146	0.013	11.035***		
δ_8（e8→BX08）	0.182	0.015	12.416***		
δ_9（e9→CX09）	0.207	0.015	13.903***		
δ_{10}（e10→CX10）	0.188	0.014	13.181***		
δ_{11}（e11→CX11）	0.195	0.016	12.309***		
δ_{12}（e12→CX12）	0.155	0.013	12.141***		
知识取得	1.000（固定参数）				
知识储存	1.000（固定参数）				
知识应用	1.000（固定参数）				

表 2-16 中只呈现了测量模型的数据，独立模型与饱和模型的数据没有显示。

表 2-16　Model Fit Summary【模型适配度摘要表】
CMIN

Model	NPAR（自由参数）	CMIN（卡方值）	DF（自由度）	P（显著性）	CMIN/DF（卡方自由度比值）
知识管理能力一阶 CFA	27	129.020	51	.000	2.530

独特样本矩元素的数目即样本数据点数目,其数值 $= \frac{1}{2}k(k+1) = \frac{1}{2}(12)(12+1) = 78$,其中 k 为假设模型中观察变量的个数(范例中观察变量的个数为 12),饱和模型表示模型中所有的参数都要估计,因而待估计的自由参数等于样本数据点数目;模型中待估计的自由参数共有 27 个,模型的自由度等于 78 － 27 ＝ 51,卡方值等于 129.020(CMIN 栏数值),显著性概率值 p ＝ 0.000 < 0.05,拒绝虚无假设,表示观察数据所导出方差协方差 S 矩阵与假设模型导出的方差协方差矩阵相等的假设无法获得支持,即假设模型图与观察数据无法适配。由于卡方值易受样本数大小的影响,当样本数很大时,所有假设模型的卡方值的显著性 p 值几乎都会达到 0.05 显著水平(p < 0.05),此时,若单以卡方检验的估计值作为模型适配度的检验指标,则研究者所提的假设模型可能都无法获得支持。因而若是样本数很大时,卡方检验估计值只能作为假设模型的参考指标(因 SEM 模型分析都需要大样本,因而模型适配度卡方值统计量若作为假设模型是否契合的指标之一,通常皆列为参考指标)。卡方自由度比值(CMIN/DF)为 2.530,由于它是以卡方检验估计值作为分母,以模型的自由度作为分子,因而受样本数大小的影响较小。一般判别标准为此数值若小于 3.000(较为严格要求为卡方自由度比值小于 2.000),表示假设模型的适配度良好。

表 2-17 中的 RMR 值等于 0.014 < 0.050 适配指标值,GFI 值等于 0.957 > 0.950 适配指标值,AGFI 值等于 0.934 > 0.900 适配指标值,PGFI 值等于 0.626 > 0.500 适配指标值,均达模型可以适配的标准。RMR 为平均残差值,此平均残差值为假设模型 $\sum(\theta)$ 方差协方差矩阵与样本数据方差协方差矩阵 S 的差异值,由于观察变量方差与协方差的单位尺度不同,此数值较不易解释。如果将数值以相关矩阵的公制单位表示,则标准化 RMR(SRMR)数值较具客观性,SRMR 数值介于 0 至 1 间,其数值小于 0.05,表示假设模型与样本数据的适配良好(Amos 适配度的 SRMR 指标要另外估算)。由于 GFI 值与 AGFI 值一般归于适配度指标中的绝对适配度指标值,其数值介于 0 至 1 之间,数值愈接近 1,表示假设模型的适配度愈好。PGFI 值为简约适配度指标值,评估整体模型适配度时,PGFI 值用以解释假设模型的复杂度(被估计参数的个数),与其他适配度指标值相较之下,可接受模型的简约适配度指标值临界值较低。可接受模型的适配度临界值,GFI 值与 AGFI 值一般建议在 0.90 以上,而 PGFI 值为 0.50 以上。

表 2-17　RMR, GFI

Model	RMR	GFI	AGFI	PGFI
知识管理能力一阶 CFA	.014	.957	.934	.626

Amos 输出的基准线比较适配统计量又称为增值适配指标(incremental indices of fit)

或比较适配指标(comparative indices of fit)。增值适配指标包括 NFI、RFI、IFI、TLI、CFI 五种,五种适配指标值若是大于 0.950,表示假设模型与样本数据可以契合。表 2-18 中的 NFI 值等于 0.973 > 0.950,RFI 值等于 0.965 > 0.950,IFI 值等于 0.983 > 0.950,TLI 值等于 0.978 > 0.950,CFI 值等于 0.983 > 0.950,均符合模型良好适配标准,表示假设理论模型与观察数据的整体适配度佳。一般的判别标准为上述指标值若大于 0.90,表示假设模型是个可接受的模型(acceptably close fit)。如果基准线比较适配统计量数值大于 0.95,表示假设模型的适配度良好(excellent fit)。早期 CFI 等增值适配指标适配度统计量的临界值为 > 0.90,但最近学者将其适配度良好的临界点定为 > 0.95(Hu & Bentler, 1999),然而 Bentler(1990)认为两个临界值都可以,重要的是还须参考其他适配度统计量较适宜。

表 2-18   Baseline Comparisons

Model	NFI Delta1	RFI rho1	IFI Delta2	TLI rho2	CFI
知识管理能力一阶 CFA	.973	.965	.983	.978	.983

"简约调整后的测量值"(Parsimony-Adjusted Measures)摘要表中的 PRATIO 栏为"简约比"(parsimony ratio),此数值可进一步估算"简约 NFI"值与"简约 CFI"值,PRATIO 栏的值等于"预设模型"的自由度除以"独立模型"的自由度。表 2-19 中的 PNFI 值等于 0.752 > 0.500,PCFI 值等于 0.760 > 0.500,均大于模型可接受的要求值 0.500。在模型适配度判别方面,基本简约指标值(PGFI、PNFI、PCFI)若大于 0.500,表示假设模型与样本数据可以适配。PNFI 值、PCFI 值与之前 PGFI 值性质类似,三个适配度指标值都归于简约适配度指标。

表 2-19   Parsimony-Adjusted Measures

Model	PRATIO	PNFI	PCFI
知识管理能力一阶 CFA	.773	.752	.760

RMSEA 为"渐进残差均方和平方根"(root mean square error of approximation),其值愈小,表示模型的适配度愈佳,表 2-20 中的 RMSEA 值等于 0.056,小于 0.08 模型可以接受的标准,RMSEA 值 90% 的置信区间为〔0.044,0.068〕。RMSEA 值一般的判别标准为 RMSEA < 0.05 时表示模型适配度佳,RMSEA < 0.08 时表示模型适配度尚可(Browne & Cudeck, 1993),假设模型是个可以被接受的模型。MacCallum 等人(1996)则认为 RMSEA 值介于 0.08 至 0.10 之间,表示假设模型适配度普通,RMSEA 值大于 0.10,表示假设模型的适配度不佳,Hu 与 Bentler(1999)则建议 RMSEA 值适配度良好的临界值为 0.06 以下,当 RMSEA 值 < 0.06,表示假设模型与观察数据适配度佳,如果样本太少,RMSEA 值与 TLI 值较易过度拒绝真实总群体模型。

表 2-20   RMSEA

Model	RMSEA	LO 90	HI 90	PCLOSE
知识管理能力一阶 CFA	.056	.044	.068	.197

AIC 为"Akaike 信息效标"(Akaike information criterion),其值愈小表示模型的适配度愈佳且愈精简。AIC 估计值主要用于判断理论模型所要估计的参数数目是否符合精简的指标,常用于数个模型的比较。四个类似的 AIC 指标值(AIC = 183.020、BCC = 184.494、BIC = 296.269、CAIC = 323.269)通常用于多个模型的"跨效度"(cross-validate)或复核效度的比较,若作为单一模型适配度的判别,则模型的 AIC 指标值要小于饱和模型与独立模型的 AIC 指标值。多个模型的竞争比较时,AIC 指标值愈小的假设模型,其与样本数据的适配情形会愈佳。

表 2-21　AIC

Model	AIC	BCC	BIC	CAIC
知识管理能力一阶 CFA	183.020	184.494	296.269	323.269

ECVI 为"期望跨效度指数"(expected cross-validation index),其 90% 的置信区间为〔0.314,0.451〕。ECVI 指标值通常用于数个模型的竞争比较,如果进行多个模型的竞争比较或选替模型时,则应挑选 ECVI 值较小的模型,方能与观察数据契合。ECVI 摘要表中呈现两个适配度指标值 ECVI(数值为 0.374)、MECVI(数值为 0.377)。AIC 与 ECVI 值较常适用于单群组数个竞争模型的选择,或研究者想从多个模型中挑选一个最佳的模型,则 ECVI 指标值、AIC 指标值、MECVI 指标值是较为理想的适配度指标值,因为这几个指标值可同时考虑到模型的复杂度与样本数的大小,数个竞争模型比较时较佳的假设模型为三个指标值的数值较小者,其指标值数值愈小,表示模型愈简约,愈简约的模型与观察数据的适配情形会愈好。

表 2-22　ECVI

Model	ECVI	LO 90	HI 90	MECVI
知识管理能力一阶 CFA	.374	.314	.451	.377

HOELTER 为"Hoelter's Critical N"适配度指标值,在 0.05 显著水平时,CN 值(Critical N) = 261 > 200;在 0.01 显著水平时,CN 值 = 294 > 200。CN 值的判别指标为 HOELTER 的数值大于 200,此时表示假设模型适配情形良好。

表 2-23　HOELTER

Model	HOELTER(.05)	HOELTER(.01)
知识管理能力一阶 CFA	261	294

Amos 输出的整体模型适配度指标中没有 SRMR 指标值,SRMR 为标准化均方根残差(standardized root mean square residual),SRMR 指标值介于 0 至 1 之间,其数愈接近 0 表示假设模型的适配度愈佳,假设模型要获得支持的判别指标值为 SRMR<0.05。

若要输出 SRMR 适配度指标值,其操作如下:

- 执行功能列"Plugins"(增列)/"Standardized RMR"(标准化 RMR 值)程序,开启"Standardized RMR"(标准化 RMR 值)对话窗口,此时窗口内没有数值。
- 在"Standardized RMR"(标准化 RMR 值)窗口开启之下,按工具列"Calculate

estimates"(计算估计值)图像钮,若模型可以识别收敛,则 SRMR 值会出现在原先开启的"Standardized RMR"窗口内。范例中,教师知识管理量表一阶三因素斜交模型适配度的 SRMR 值等于0.023 4。

图 2-15

【表格范例】

从表 2-24 可以看出,在整体模型适配度指标值的诊断方面(共十六个判别指标值),除卡方值外、其余十五个非参考指标皆符合模型适配标准值。由于卡方值易受到样本数大小而波动,在大样本的情况下卡方值几乎均会达 0.05 显著水平,所有假设模型都可能被拒绝,因而在大样本的情况下,适配度卡方值最好只作为参考用。排除卡方值统计量,整体模型的适配度统计量均达到学者所提的适配临界值,可见研究者所建构的教师知识管理能力量表的 CFA 测量模型与样本数据可以契合。

表 2-24   教师知识管理对班级经营效能影响的因果模型图的整体模型适配度检验摘要表

统计检验量	适配的标准或临界值	检验结果数据	模型适配判断
自由度		51	
绝对适配度指数			
χ^2 值	p > 0.05(未达显著水平)	129.020 (p = 0.000 < 0.001)	否(参考指标)
RMR 值	< 0.05	0.014	是
RMSEA 值	< 0.08(若 < 0.05 良好;< 0.08 普通)	0.056	是
SRMR	< 0.08(若 < 0.05 良好;< 0.08 普通)	0.0234	是
GFI 值	> 0.90 普通(≥0.95 良好)	0.957	是
AGFI 值	> 0.90 普通(≥0.95 良好)	0.934	是
增值适配度指数			
NFI 值	≥0.95 良好(普通适配为 >0.90)	0.973	是
RFI 值	≥0.95 良好(普通适配为 >0.90)	0.965	是
IFI 值	≥0.95 良好(普通适配为 >0.90)	0.983	是
TLI 值(NNFI 值)	≥0.95 良好(普通适配为 >0.90)	0.978	是
CFI 值	≥0.95 良好(普通适配为 >0.90)	0.983	是
简约适配度指数			
PGFI 值	> 0.50	0.626	是
PNFI 值	> 0.50	0.752	是
PCFI 值	> 0.50	0.760	是
CN 值	> 200	261(α = 0.05)	是
χ^2自由度比	< 2.00(良好),< 3.00(普通)	2.530	是

【表格范例】

表 2-25　各测量指标变量的因素负荷量及信效度检验摘要表

因素构念	测量指标	因素负荷量	信度系数	测量误差	组合信度	平均方差抽取值
知识取得	AX01	0.888	0.789	0.211		
	AX02	0.905	0.819	0.181		
	AX03	0.843	0.711	0.289		
	AX04	0.793	0.629	0.371		
					0.917 8	0.763 8
知识储存	BX05	0.744	0.554	0.446		
	BX06	0.824	0.679	0.321		
	BX07	0.867	0.752	0.248		
	BX08	0.825	0.681	0.319		
					0.888 4	0.666 2
知识应用	CX09	0.762	0.581	0.419		
	CX10	0.813	0.661	0.339		
	CX11	0.851	0.724	0.276		
	CX12	0.856	0.733	0.267		
					0.892 2	0.674 6
	适配标准值	>0.700	>0.500	<0.500	>0.600	>0.500

注:#表示未达最低标准值,因素负荷量<0.70,信度系数<0.50。

第四节　测量模型的聚敛效度

聚敛效度或称聚合效度(convergent validity)是指在测验过程中,测量相同潜在特质或构念的指标变量(观察变量)会位于相同的因素层面中,此时,该指标变量在此因素构念上会有较高的因素负荷量,这些测量指标变量间会有高度的相关,当一潜在构念的指标变量间有较高的相关,且这些指标变量测得的心理潜在特质的同构性愈大,表示这些测量指标变量反映的潜在构念效度良好。

CFA 模型的聚敛效度(convergent validity)的评估可从下列几个方面加以检核(Hari, et al., 2010, pp.709-710;吴明隆,2009):

一、因素负荷量(factor loading)

一个因素构念对测量指标变量有高的负荷量,表示这些测量变量可以有效反映一个共同因素(潜在构念),其评鉴的内容为因素负荷量路径系数均达显著,且因素负荷量的数值要高于0.50,理想状态是0.70以上,因素负荷量(标准化路径系数)应介于 -1.00 至 +1.00 之间。因素负荷量的平方为测量题项的共同性(communality),表示的是测量题项可以被潜在因素解释的变异程度,共同性又称为题项变异的被抽取量,当因素负荷量在 0.71 以上时,潜在共同因素可以解释测量变量的变异量会大于 50.0%,因此潜在变量对测量变量的标准化路径系数高于 0.71,表示因素构念的聚敛效度良好。

教师知识管理能力量表 CFA 模型中,知识取得潜在构念四个测量变量的因素负荷量分别为 0.888、0.905、0.843、0.793,知识储存潜在构念四个测量变量的因素负荷量分别为 0.744、0.824、0.867、0.825,知识应用潜在构念四个测量变量的因素负荷量分别为 0.762、0.813、0.851、0.856,十二个测量变量的因素负荷量均高于 0.71,表示个别潜在构念可以解释测量变量的变异量均大于 50.0%(因素负荷量平方 R^2 介于 0.554 至 0.819 间),就三个潜在构念而言,每个潜在构念(共同因素)的测量指标变量可以有效反映其相对应的潜在特质。

二、平均方差抽取量

平均方差抽取量(average variance extracted;AVE;ρ_v)表示被潜在构念所解释的变异量中有多少来自测量误差,若平均方差抽取量愈大,指标变量被潜在变量构念解释的变异量百分比愈大,相对的测量误差就愈小,一般判别的标准是平均方差抽取量要大于 0.50。平均方差抽取量是潜在变量可以解释其指标变量变异量的比值,是一种聚敛效度的指标,其数值愈大,表示测量指标愈能有效反映其共同因素构念的潜在特质。平均方差抽取量为共同性平均或完全标准化因素负荷量平方的平均值,如果 AVE 值小于 0.50 表示测量模型中潜在因素可以解释指标变量的变异量小于误差项可以解释的变异量,此种结果显示,指标变量反映的共同因素效度不佳。

平均方差抽取量的估算公式如下:

$$\rho_v = \frac{\left(\sum \lambda^2\right)}{\left[\left(\sum \lambda^2\right) + \sum(\theta)\right]} = \frac{\left(\sum \text{标准化因素负荷量}^2\right)}{\left[\left(\sum \text{标准化因素负荷量}^2\right) + \sum(\theta)\right]}$$

教师知识管理能力量表三个潜在构念的平均方差抽取量分别为 0.763 8、0.666 2、0.674 6,均高于临界值 0.500。以知识取得潜在构念为例,其平均方差抽取量为 0.763 8,表示 AX01、AX02、AX03、AX04 四个测量变量的总变异量可以被潜在变量解释的变异量为 76.38%,由其他测量误差解释的变异为 23.62%。由于三个潜在构念的平均方差抽取量均高于 50.0%,表示测量模型的聚敛效度良好。

三、信度

在探索性因素分析中,研究者利用探索性因素分析建构量表的建构效度后(如以专家审核方式建构的效度称为内容效度,有些研究者将之称为专家效度),通常会以内部一致性 α 系数作为各因素构念的信度指标,内部一致性 α 系数愈高,表示各因素构念的信度愈佳。在 CFA 的分析中,量表的信度指标则从测量指标的信度系数及潜在变量的组合信度系数值来判别。

信度(reliability)也是聚敛效度的指标值之一,探索性因素分析中各因素构念的信度通常是采用一致性 α 系数,但 CFA 模型的信度采用的是构念信度(construct reliability;CR),潜在变量的构念信度又称为组合信度(composite reliability)。构念信度为模型内在质量的判别准则之一,组合信度是 SEM 测量模型中用以检验潜在变量(因素构念)的信度质量的指标,若潜在变量的组合信度值在 0.60 至 0.70 中间,表示测量模型的构念信度佳;如果组合信度值在 0.70 中以上,表示测量模型的构念信度良好。构念信度表示的是一组测量指标变量的一致程度,若建构信度系数值愈高,表示这组测量指标变量间的关联程度愈大,即测量指标变量的同构性愈高,测量指标所测得的潜在特质或因素构念的一致性愈高,题项所测得的潜在构念有很高的一致性。

　　上述三个潜在变量的组合信度系数值分别为 0.917 8、0.888 4、0.892 2,潜在构念的组合信度指标值均大于 0.60,表示模型内在质量佳,当组合信度指标值愈大,表示潜在构念同一组的所有测量变量反映的潜在特质或心理行为的同构性愈高,测量变量间的一致性较大,这些测量变量所共同分享的潜在构念愈相似。组合信度公式如下:

$$\rho_c = \frac{\left(\sum \lambda\right)^2}{\left[\left(\sum \lambda\right)^2 + \sum(\theta)\right]} = \frac{\left(\sum 标准化因素负荷量\right)^2}{\left[\left(\sum 标准化因素负荷量\right)^2 + \sum(\theta)\right]}$$

　　上述公式符号中 ρ_c 为组合信度,λ 为指标变量在潜在变量上的标准化参数估计值(因素负荷量;indicator loading),θ 为观察变量的误差方差(indicator error variances)(是 δ 或 ε 的方差)。

第五节　一阶因素模型与二阶因素模型

　　上述教师知识管理能力量表的 CFA 模型一般称为一阶因素模型(first-order factor model),一阶因素模型又称为初阶因素模型,一阶因素模型中的潜在构念为探索性因素分析中萃取的共同因素,测量变量为量表的题项,一个一阶因素模型通常会有两个以上的潜在构念(共同因素),测量模型中可以界定潜在构念的共变关系,如果将潜在构念间的共变关系界定为 0,表示测量模型的潜在构念为直交关系,共同因素间的相关为 0。行为及社会科学领域的量表编制中,同一量表中的因素构念间通常会有某种程度的关联,因而潜在构念间的共变最好让模型自由估计,即将潜在构念间相关界定为被估计的自由参数。此外,一阶因素测量模型中的潜在构念间是种平行关系,彼此间没有上下隶属关系,一阶因素模型表示的是多个测量变量被单一潜在因素解释,这些潜在因素间有共变关系而没有因果关系,每个潜在因素的方差可以估计或加以限定(通常界定为 1.00),潜在构念的阶层属于同一层次。

　　如果研究者假定的一阶测量模型的潜在构念间共同反映一个更高阶的潜在因素,这个高阶的潜在因素位于一阶因素潜在构念之上,此种测量模型称为二阶因素模型(second-order factor model),二阶因素模型又称为高阶因素模型(higher-order factor model),二阶因素模型包含两个阶层的潜在构念。二阶因素模型中高阶潜在因素指向多个一阶因素模型的潜在构念(每个潜在构念又指向多个测量变量),理论上量表的测量模型可以扩展为多元阶层模型。在下面的二阶因素模型中(图 2-16),二阶因素潜在构念为知识管理能力,一阶因素潜在构念为知识取得、知识储存、知识应用。该模型中,一阶潜在构念为“果”变量(箭头所指向的变量),因而均要增列一个预测残差项,“果”变量无法估计方差,因而一阶因素测量模型的个别潜在构念要界定一个测量变量为参照指标变量。

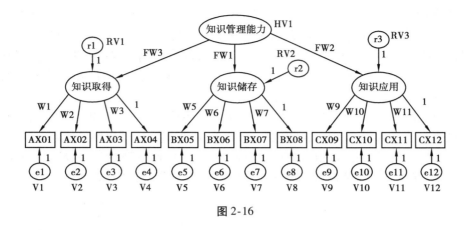

图 2-16

二阶测量模型 CFA 假设模型路径图的估计结果为：模型可以辨识收敛，非标准化估计值模型图中（图 2-17）没有出现负的误差项方差，表示没有违反模型辨认规则。模型整体适配度卡方值为 129.020（显著性 p = 0.000 < 0.05），模型自由度为 51，GFI 值等于 0.957（符合大于 0.900 适配标准），AGFI 值等于 0.934（符合大于 0.900 理想标准），RMR 值等于 0.014（符合小于 0.050 理想标准），RMSEA 值等于 0.056（符合小于 0.060 理想标准），CFI 值等于 0.983（符合大于 0.950 适配标准），NFI 值等于 0.973（符合大于 0.950 适配标准），CN 值等于 261.000（α = 0.05 时，符合大于 200 适配标准）。从适配度各项统计量来看，教师知识管理能力量表的 CFA 假设模型与观察数据可以适配，教师知识管理能力量表的 CFA 模型图可以得到支持。

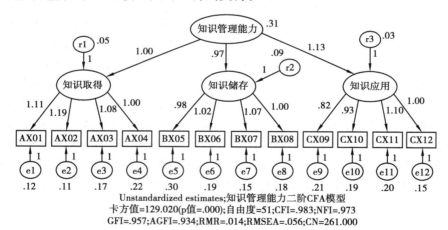

图 2-17

标准化估计值模型图中（图 2-18）没有出现标准化路径系数绝对值大于 1 或接近 1 的情形，表示参数估计值均为可接受的解值。知识取得因素构念四个测量指标的因素负荷量分别为 0.89、0.90、0.84、0.79；知识储存因素构念四个测量指标的因素负荷量分别为 0.74、0.82、0.87、0.82；知识应用因素构念四个测量指标的因素负荷量分别为 0.76、0.81、0.85、0.86。高阶因素知识管理能力对初阶因素知识取得、知识储存、知识应用的标准化路径系数分别为 0.92、0.87、0.97。

Amos 除可直接读取原始 SPSS 数据文件外，也可以读取测量变量的相关矩阵或协方

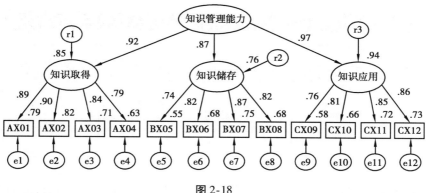

图 2-18

差矩阵,其基本格式如表 2-26:第一列"rowtype_"为字符串变量格式,此变量可以界定观察值人数(N)、相关矩阵(CORR)、协方差矩阵(COV)、平均数(MEAN)与标准差(STDDEV),第二列"varname_"为字符串变量格式,内容为测量变量的名称。

表 2-26

rowtype_	varname_	VA1	VA2	VA3	VA4	VB1	VB2	VB3	VB4	VC1	VC2	VC3	VC4
N		400	400	400	400	400	400	400	400	400	400	400	400
CORR	VA1	1.000	.	.	.	.	.	.	.	.	.	.	.
CORR	VA2	0.798	1.000	.	.	.	.	.	.	.	.	.	.
CORR	VA3	0.785	0.589	1.000	.	.	.	.	.	.	.	.	.
CORR	VA4	0.687	0.650	0.875	1.000	.	.	.	.	.	.	.	.
CORR	VB1	0.352	0.347	0.336	0.301	1.000	.	.	.	.	.	.	.
CORR	VB2	0.336	0.280	0.304	0.288	0.667	1.000	.	.	.	.	.	.
CORR	VB3	0.291	0.294	0.262	0.252	0.658	0.701	1.000	.	.	.	.	.
CORR	VB4	0.303	0.327	0.289	0.345	0.669	0.698	0.705	1.000	.	.	.	.
CORR	VC1	0.422	0.425	0.372	0.343	0.546	0.452	0.356	0.458	1.000	.	.	.
CORR	VC2	0.417	0.372	0.363	0.351	0.456	0.654	0.655	0.658	0.567	1.000	.	.
CORR	VC3	0.423	0.418	0.420	0.353	0.652	0.456	0.559	0.592	0.666	0.702	1.000	.
CORR	VC4	0.298	0.392	0.358	0.524	0.421	0.356	0.328	0.587	0.654	0.569	0.564	1.000
STDDEV		0.990	1.451	1.350	1.340	1.030	0.987	1.110	1.120	1.030	1.120	1.050	1.070

如果研究者在"rowtype_"栏的统计量数关键词输入错误,执行计算估计值程序,Amos 会出现错误信息(图 2-19),如将相关矩阵的关键词"CORR"误键入为"COR",则 Amos 程序会告知使用者群组中有遗漏值发生,模型无法顺利估计。"rowtype_"栏的变量数值只有下列五种:N(有效样本数)、COV(协方差矩阵)、CORR(相关矩阵)、STDDEV(测量变量的标准差)、MEAN(测量变量的平均数)。

中学生学习压力量表一阶 CFA 模型中(图 2-20),三个潜在因素为课业压力、考试压力、同侪压力,因素模型中的成分与初始假定为:①CFA 模型中有三个潜在因素,三个潜

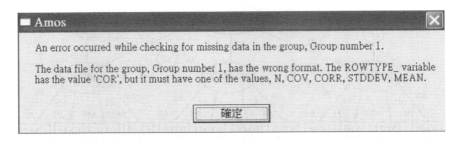

图 2-19

在因素以椭圆形对象表示;②每个潜在因素有内在相关(intercorrelated),彼此间关系以双箭头表示;③整个测量模型有 12 个观察变量,这些变量均以方形对象表示;④三个潜在因素均为反映性测量模型,每个潜在变量只负荷及反映于一个因素;⑤每个观察变量的测量误差(errors of measurement)彼此间没有相关;⑥学习压力量表三个因素与理论建构有关。

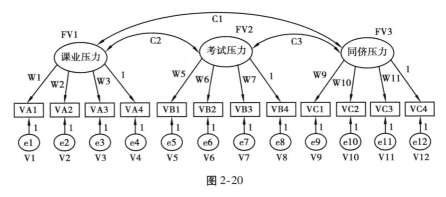

图 2-20

　　学习压力量表题项是根据先前相关的研究及中学生实际的学习状况编制而成,每个测量项目的内容或指向的意义均与中学生学习有密切关系,因而量表 CFA 模型的表面效度(face validity)良好(杨环华,2010)。

学习压力问卷

	非常不符合	少部分符合	一半符合	大部分符合	完全符合
课堂压力构面					
1.学校学习的科目太多,我觉得有压力。	□	□	□	□	□
2.学校的功课太多,我感到压力很大。	□	□	□	□	□
3.课堂上的学习对我而言压力很大。	□	□	□	□	□
4.每科老师所布置的作业花样很多,我感到很吃力。	□	□	□	□	□
考试压力构面					
5.我常担心学业成绩不好。	□	□	□	□	□
6.父母会拿别人小孩的成绩与我比较,我感到压力很大。	□	□	□	□	□

7. 我很担心考试的分数会输给别人。　□ □ □ □ □

8. 我很担心考试未达父母、老师的标准而被处罚。　□ □ □ □ □

同侪压力构面

9. 活动分组时,同学不喜欢和我同一组。　□ □ □ □ □

10. 同学会因我的外表特征而嘲笑我。　□ □ □ □ □

11. 同学会因我的成绩不好而瞧不起我。　□ □ □ □ □

12. 有些同学会欺侮我。　□ □ □ □ □

一、一阶 CFA 模型

学习压力量表一阶 CFA 的假设模型中,误差独特矩阵只有估计误差项方差,所有误差协方差被假定为 0,三个参照指标变量的路径系数被固定为 1,其余潜在构念对观察变量的路径系数为自由参数(被自由估计),测量变量误差项的路径系数被界定为 1。

图 2-21 为学习压力量表一阶 CFA 假设模型的估计结果:模型可以收敛估计,模型中没有出现负的误差方差,表示模型中的参数没有不合理的解值。

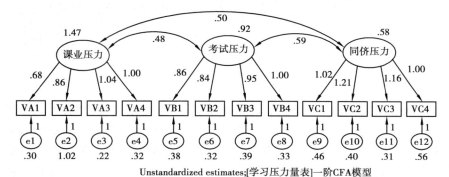

Unstandardized estimates;[学习压力量表]一阶CFA模型

图 2-21

标准化计值模型中(图 2-22)没有出现大于 1 的标准化回归系数或解释变异量大于 1 的数值,表示模型估计的参数均为合理的解值,课业压力因素四个测量变量的因素负荷量分别为 0.83、0.72、0.94、0.91,考试压力因素四个测量变量的因素负荷量分别为 0.80、0.82、0.82、0.86,同侪压力因素四个测量变量的因素负荷量分别为 0.75、0.82、0.84、0.71,十二个测量变量的因素负荷量均高于 0.70,表示因素构念的聚敛效度良好。

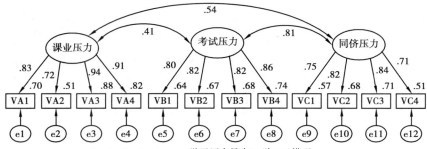

Standardized estimates;[学习压力量表]一阶CFA模型
卡方值=954.241(p值=.000);自由度=51; CFI=.782;NFI=.773
GFI=.752;AGFI=.620;RMR=.087;RMSEA=.211;CN=29.000

图 2-22

二、二阶 CFA 模 型

学习压力量表二阶 CFA 的假设模型中(图 2-23),误差独特矩阵只有估计误差项方差,所有误差协方差被假定为 0,三个参照指标变量的路径系数被固定为 1,其余潜在构念对观察变量的路径系数为自由参数(被自由估计),测量变量误差项的路径系数被界定为 1,测量变量的误差项彼此间没有相关,一阶因素模型中每个测量变量反映其对应的潜在因素的负荷量不为 0,但反映其他两个因素的因素负荷量为 0,三个一阶因素变量的变异完全由二阶因素学习压力变量所解释。

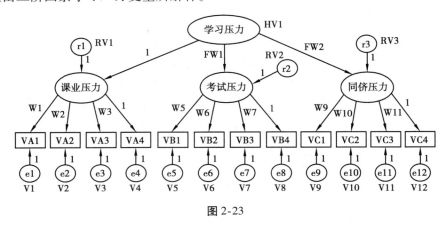

图 2-23

图 2-24 为二阶因素模型的假设模型估计结果:模型可以收敛识别,十二个测量变量的误差项没有出现负的误差方差,但一阶因素同侪压力的残差项"r3"的方差等于 -0.04,其数值为负值,表示此参数为不适当的参数或不合理的解值。此种情形表示模型界定有问题,不论假设模型与观察数据是否适配,假设模型均需要加以修正或重新界定,当模型估计的参数出现不合理解值时,即使假设模型与观察数据可以契合,假设模型也无法合理解释。

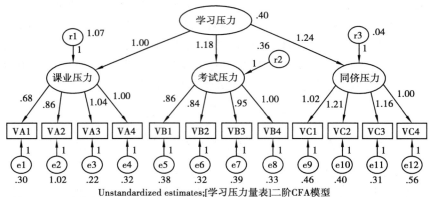

Unstandardized estimates;[学习压力量表]二阶CFA模型
卡方值=954.241(p值=.000); 自由度=51; CFI=.782;NFI=.773
GFI=.752;AGFI=.620;RMR=.087;RMSEA=.211;CN=29.000

图 2-24

当非标准化估计值出现负的误差或残差项方差时,其对应路径系数的标准化回归系数会大于 1。学习压力量表二阶因素 CFA 模型中(图 2-25),二阶因素构念学习压力对一阶因素同侪压力的标准化回归系数为 1.03,二阶因素构念学习压力可以解释一阶因素同侪压力的变异为 107%,这是一个不适当解值。

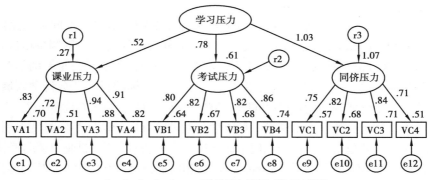

Standardized estimates;[学习压力量表]二阶CFA模型
卡方值=954.241(p值=.000)；自由度=51；CFI=.782;NFI=.773

图 2-25

就学习压力量表一阶 CFA 模型与二阶 CFA 模型比较而言,二阶 CFA 模型估计时由于出现不适当的参数,造成假设模型变量间关系无法合理的解释,因而二阶 CFA 模型是不适当的。

第六节　反映性测量与形成性测量

SEM 的结构模型中,潜在构念间的关系(构念间相关或独立)所代表模型是不同的,如果潜在构念间只有共变关系,表示这些潜在构念均为外因变量。在 Amos 默认的测量模型中,潜在构念间只有共变关系(协方差也可以界定为 0,表示构念间没有相关),此种测量模型的影响路径是潜在构念指向测量变量,此时潜在构念变量为因,测量变量为果,此种测量模型称为反映性测量模型(reflective measurement model);相对地,如果潜在构念变量与测量变量的因果路径相反,测量变量为因,潜在构念变量为果,则该测量模型称为形成性测量模型(formative measurement model)。形成性测量模型的单维度模型图范例如图 2-26,其中的测量变量为原因指标变量(外因变量),潜在变量为效果变量(内因变量):

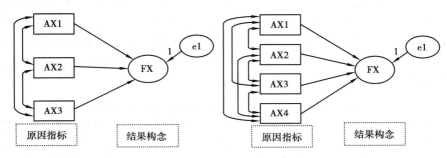

图 2-26

反映性测量理论基于潜在构念对测量变量有直接的影响,且构念解释测量变量的变异时会有误差,测量指标变量不能百分之百反映潜在构念,路径的方向为潜在构念指向测量变量,测量变量的误差项间有某种程度的关联,测量变量测得的潜在特质一致性,通常可用构念效度(construct validity)表示。

反映性测量模型表示的所有指标项目是受到相同潜在构念的影响,同一构念内的测量项目彼此间有很高的相关(若是相关过大会产生多元共线性问题),个别测量项目是内在可改变的变量,反映性测量理论必须满足下列两个要件:一为构念必须有足够的信度;二是为避免模型识别问题的产生,每个构念至少要有三个测量指标项目。社会科学领域中,反映性指标模型是一个优势的测量理论(Bollen,2002),典型的社会科学构念如态度、人格特质、行为意向等都适用于反映性测量模型。形成性测量理论背后的假定为测量变量引发构念,典型的例子是社经地位指数。社经地位指标被视为个人教育程度、职业声望与经济收入的组合,社经地位指数不会引发这些测量指标变量;相对地,教育程度、职业声望与经济收入三个测量变量都是社经地位指数构念的"因"变量,形成性测量理论通常不考虑测量变量间的一致性信度问题,当每个指标变量对潜在构念都是"因"变量时,形成性测量模型会较反映性测量模型适合,由于形成性测量模型的指标变量是一个"因"变量,因而可视为外因变量,外因变量在测量模型中并没有测量误差项,彼此间只有共变关系。形成性测量理论通常需要两个独立的测量变量或外因构念变量作为"因"变量,否则构念作为"果"变量(内因变量)时,模型识别或估计可能有问题(Hair et al.,2010)。

反映性测量模型中每个测量变量被假定为个别反映相同的潜在概念,因而当移除某个测量变量时对于潜在构念意义的影响不大,从反映性测量模型删除某个因素负荷量较低的指标变量对于潜在构念不会造成严重后果(如果潜在构念指标变量的个数足够的话),而当测量变量间有共线性关系时,表示测量变量反映的潜在构念的聚敛效度良好。在形成性测量模型中,测量变量定义潜在构念,因而删除或增列一个测量项目对构念意义会有重大的改变,一个形成性因素被完整的总群体指标变量所影响,构念间没有共同原因变量,测量项目间也不需要任何相关,每个测量变量甚至是独立指标变量,形成性指标的共线性可能会产生显著问题,估计时测量变量间的共线性会使测量变量对构念的负荷量的可靠性降低(类似复回归中多元共线性的影响),如果估计参数不可靠,则测量项目的效度便无法检核。此时,研究者因测量指标变量的共线性而将测量变量删除,会使形成性测量模型的指标变得不完全,但测量变量没有删除会导致估计参数不可靠,这是建构形成性测量模型所应考虑的议题(Diamantopoulos & Siguaw,2006)。

社会科学领域的测量模型传统上多数均采用反映性测量模型,对于个人特质或知觉感受的测量一般使用反映性测量模型而不使用形成性测量模型,不正确的测量模型会误导结果的解释,产生有问题且不正确的结论,测量模型的决定最好根据探究构念的真正本质而定(Jarvis,Mackenzie,& Paksakoff,2003)。反映性构念与形成性构念间的主要差异可以归纳为表 2-27(Hair et al.,2010,p.753):

表 2-27   反映性与形成性构念间的差异比较摘要表

特　性	反映性测量模型	形成性测量模型
构念与项目关系	构念影响测量项目 构念决定指标	构念由测量项目构成 指标组成构念
模型绘图的比较	箭头从潜在构念指向测量变量(效果指标变量)	箭头从测量变量(原因指标变量)指向潜在构念

特　　性	反映性测量模型	形成性测量模型
测量项目间概念关系	所有测量项目概念上是有关系的,因为项目间有共同的原因建构变量	项目与其他项目间没有概念性的连结,每个项目是独立的
项目的领域	代表样本的潜在题项	所有可能题项的探究
项目间的共变	测量项目间期待有共线性	不希望测量项目间有共线性,形成性项目指标若有高度共线性,模型会有问题
内在一致性(信度)	需要	不需要
构念效度的形式	内在效度与外在效度	只有外在效度

SEM 模型分析中,测量模型一般为反映性模型,指标变量为果,潜在构念为因,各指标变量是潜在构念的外显观察变量,因素构念改变会造成测量指标变量的改变,而少数测量指标变量的增删对因素构念的影响程度较低,这是因为测量指标变量为因素构念所决定。由于测量指标变量反映相同的潜在因素特质,因而测量指标变量间有较高的同构性;相对地,形成性测量模型中的"因"变量为测量变量、"果"变量为因素构念,这些测量变量是一组互为独立的变量,测量指标变量的改变会造成因素构念意涵的改变,形成性测量其实是多个观察变量对某个潜在因素构念的路径分析,此种路径分析的模型估计结果多数是无法识别的模型,模型的参数无法估计;此外,形成性测量模型与 EFA 程序量表构念的建构意涵不同,非特殊缘由或理论支持,SEM 模型分析中研究者不宜采用形成性测量模型。如 Bagozzi(2007)指出,形成性测量的运用会受到许多本质与实务上的限制,如单独存在的模型通常是无法识别模型,其参数无法顺利估计,而模型的信效度又不易建立,因而,在使用的范畴上比反映性测量来得狭隘(李茂能,2009)。

一、形成性测量模型范例 Ⅰ

表 2-28　形成性指标范例模型的测量变量的相关矩阵数据文件如下

rowtype_	varname_	AX1	AX2	AX3	AX4	BY1	BY2	BY3	BY4	CY1	CY2	CY3	CY4
N		400	400	400	400	400	400	400	400	400	400	400	400
CORR	AX1	1.000	.	.	.	.	.	.	.	.	.	.	.
CORR	AX2	0.798	1.000	.	.	.	.	.	.	.	.	.	.
CORR	AX3	0.785	0.589	1.000	.	.	.	.	.	.	.	.	.
CORR	AX4	0.687	0.650	0.875	1.000	.	.	.	.	.	.	.	.
CORR	BY1	0.352	0.347	0.336	0.301	1.000	.	.	.	.	.	.	.
CORR	BY2	0.336	0.280	0.304	0.288	0.667	1.000	.	.	.	.	.	.
CORR	BY3	0.291	0.294	0.262	0.252	0.658	0.701	1.000	.	.	.	.	.
CORR	BY4	0.303	0.327	0.289	0.345	0.669	0.698	0.705	1.000	.	.	.	.
CORR	CY1	0.422	0.425	0.372	0.343	0.289	0.452	0.356	0.359	1.000	.	.	.

续表

rowtype_	varname_	AX1	AX2	AX3	AX4	BY1	BY2	BY3	BY4	CY1	CY2	CY3	CY4
CORR	CY2	0.417	0.372	0.363	0.351	0.456	0.393	0.386	0.456	0.567	1.000	.	.
CORR	CY3	0.423	0.418	0.420	0.353	0.358	0.456	0.287	0.398	0.666	0.702	1.000	.
CORR	CY4	0.298	0.392	0.358	0.524	0.421	0.356	0.328	0.326	0.654	0.569	0.564	1.000
STDDEV		0.990	1.451	1.350	1.340	1.030	0.987	1.110	1.120	1.030	1.120	1.050	1.070
MEAN		4.520	3.980	4.510	3.960	2.980	4.010	3.020	2.570	4.670	4.340	3.970	3.790

　　单维度形成性指标测量的模型为低度识别模型,模型通常无法估计。范例图 2-27 中原因测量变量有四个,两个形成性测量模型均为低度识别模型,以第一个形成性测量模型为例,模型的自由度为 - 5,模型无法识别,若让模型可以识别,参数可以估计,至少要增列五个参数限制。

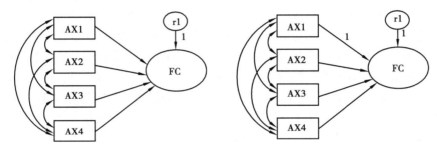

图 2-27

Computation of degrees of freedom(形成性指标)

Number of distinct sample moments： 10

Number of distinct parameters to be estimated： 15

Degrees of freedom 　(10 － 15)： － 5

　　单维度反映性指标测量的模型(图 2-28),如果测量变量在四个以上,测量模型为过度识别模型,模型参数通常可以顺利估计。

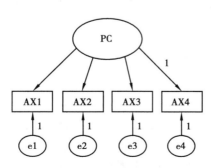

图 2-28　四个测量变量(为指标变量)的反映性测量模型,
模型估计结果的卡方值为 285.727(p = 0.000 <0.05),
模型的自由度为 2

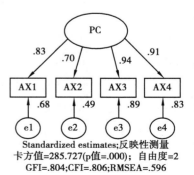

Standardized estimates;反映性测量
卡方值=285.727(p值=.000)； 自由度=2
GFI=.804;CFI=.806;RMSEA=.596

图 2-29

形成性构念所构成的不同假设识别模型范例：

（一）形成性构念包含四个反映性指标

范例图 2-30 中，左边原因指标变量有三个，与潜在构念生活压力构成的测量模型为形成性测量模型；潜在构念生活压力与右边四个结果测量变量构成的测量模型为反映性测量模型，反映性测量模型中的反映指标变量有四个，四个测量变量均要设定测量误差项。

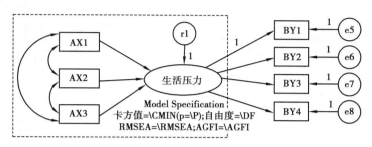

图 2-30

形成性构念中包含四个反映性测量变量（BY1、BY2、BY3、BY4）的假设模型，模型可以收敛识别，标准化估计值模型图 2-31 没有出现大于 1 的标准化回归系数，表示模型的参数均为合理的解值，模型估计的卡方值为 18.282（p ＝ 0.075 ＞ 0.05），自由度为 11，由于卡方值显著性概率值 p ＞ 0.05，表示假设模型与样本数据的适配情形良好。

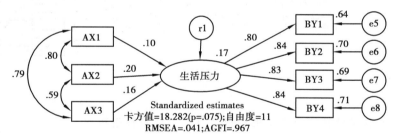

图 2-31

（二）形成性构念结合两个反映性构念模型

图 2-32 的假设模型图中，形成性潜在构念 PX 的三个原因指标变量为 AX1、AX2、AX3，两个反映性测量模型的潜在构念分别为 FY1、FY2，两个反映性构念各有四个测量指标变量。

结合两个反映性构念的形成性构念的因果关系假设模型，模型可以收敛识别，标准化估计值模型图 2-33 没有出现大于 1 的标准化回归系数，表示模型的参数均为合理的解值，模型估计的卡方值为 228.591（p ＜ 0.001），模型的自由度等于 39，模型适配度的 RMSEA 值等于 0.110（未符合小于 0.080 的适配值），CFI 值等于 0.935（未符合大于 0.950 的适配值）。

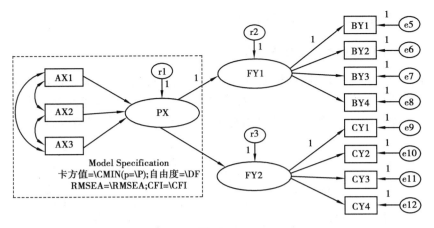

图 2-32

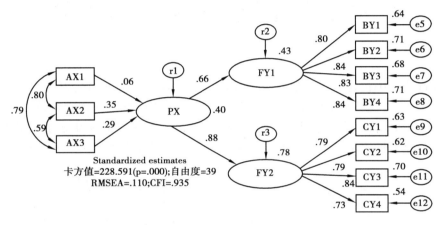

图 2-33

（三）形成性构念结合一个反映性构念与一个反映性指标

第三种假设模型图（图 2-34）为形成性构念结合一个反映性构念与一个反映性指标，反映性构念 FY1 包含四个测量变量，此反映性构念为一个内因潜在变量，另一个内因变量为 CY1，此变量为一个反映性指标（测量变量）。

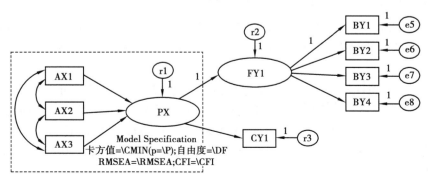

图 2-34

结合一个反映性构念与一个反映性指标的形成性构念的因果关系假设模型,模型可以收敛识别,标准化估计值模型图 2-35 没有出现大于 1 的标准化回归系数,表示模型的参数均为合理的解值,模型估计的卡方值为 44.029(p = 0.000 < 0.05),模型的自由度等于 16,模型适配度的 RMSEA 值等于 0.066(符合小于 0.080 的适配值),CFI 值等于 0.986(符合大于 0.950 的适配值),表示假设因果模型图与观察数据可以契合。

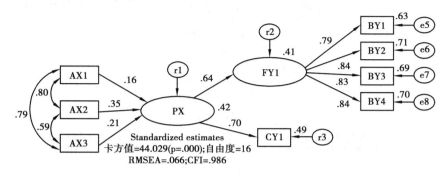

图 2-35

二、形成性指标范例 Ⅱ

图 2-36 中显示结构模型三个潜在构念的测量模型均为反映性构念,测量指标变量为构念变量所决定,同一测量模型中,每个测量指标反映相同的潜在心理特质或潜在构念。假设模型图中 FB 为潜在外因变量,FD、FE 为潜在内因变量。

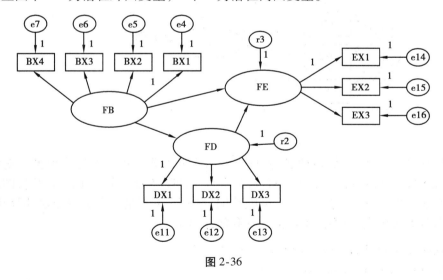

图 2-36

反映性构念建构的因果模型图中,模型估计结果可以识别,标准化估计值模型图 2-37 没有出现大于 1 的标准化回归系数,表示模型参数估计值没有不合理解值。整体模型适配度的卡方值统计量为 108.322(p < 0.001),GFI 值为 0.957,AGFI 值为 0.927,RMR 值为 0.010,RMSEA 值为 0.069,NFI 值为 0.972,CFI 值为 0.980,CN 值为 213.000 都达到模型适配标准,假设模型与样本数据的契合度良好。

在图 2-38 的因果假设模型图中,潜在构念 FB、FE 的测量模型为反映性指标,潜在构念 FD 为形成性指标,建构形成性指标效果构念 FD 的原因指标变量有 DX1、DX2、

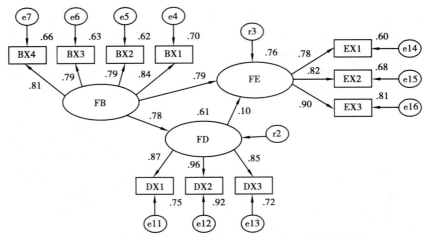

反映性测量；Standardized estimates;卡方值=108.322(p=.000);卡方自由度比=3.385
GFI=.957;AGFI=.927;RMR=.010;RMSEA=.069;NFI=.972;CFI=.980;CN=213.000

图 2-37

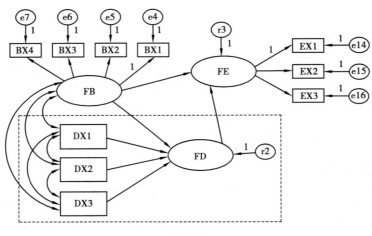

图 2-38

DX3。此种 SEM 模型为结合反映性测量指标与形成性测量指标的混合模型。就观察变量 DX1、DX2、DX3 对潜在构念 FD 而言,其实是一种路径分析模型,此路径分析图内的因变量 FD 为一潜在构念,它不是一个反映性测量模型,也不是一个观察变量,因而模型估计结果通常无法识别,模型的参数无法顺利估计出来。

Computation of degrees of freedom(形成性测量)

　　Number of distinct sample moments：　55

Number of distinct parameters to be estimated：　30

　　Degrees of freedom(55 - 30)：　25

The model is probably unidentified. In order to achieve identifiability, it will
probably be necessary to impose 3 additional constraints.

　　按"计算估计值"工具图像钮,模型中待估计的自由参数有三十个(十一个路径系数、六个协方差、十三个方差),模型的自由度为 25,模型的自由度虽为正值但模型无法识别收敛,若要让假设模型可以识别必须再增列三个参数限制条件。

模型重新界定中(图2-39),将 FW1 的路径系数固定为 1,或将 FW1、FW2、FW3 三条路径系数的估计值界定为相同(FW1 = FW2 = FW3),假设模型还是无法识别,模型中的参数均无法估计。

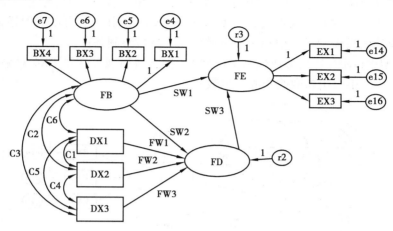

图 2-39

在图 2-40 的因果假设模型图中,潜在构念 FD、FE 的测量模型为反映性指标,潜在构念 FB 为形成性指标,建构形成性指标效果构念 FB 的原因指标变量有 BX1、BX2、BX3、BX4,此种 SEM 模型为结合两个反映性测量指标与一个形成性测量指标的混合模型。就观察变量(自变量)BX1、BX2、BX3、BX4 对潜在构念 FB 而言,其实是一种路径分析模型,此路径分析图内的因变量 FB 为一潜在构念(由于 FB 为因变量,因而形成性模型中须增列预测残差项 r1),它不是一个反映性测量模型,也不是一个观察变量,因而模型估计结果通常无法识别,模型的参数无法顺利估计出来。

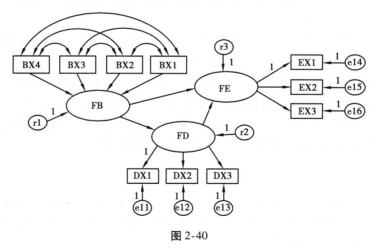

图 2-40

Notes for Model(形成性测量)【模型批注】

Computation of degrees of freedom(形成性测量)

Number of distinct sample moments: 55

Number of distinct parameters to be estimated: 30

Degrees of freedom (55 - 30): 25

The model is probably unidentified. In order to achieve identifiability, it will probably be necessary to impose 2 additional constraints.

按"计算估计值"工具图像钮,模型中待估计的自由参数有三十个(十一个路径系数、六个协方差、十三个方差),模型的自由度为 25,模型的自由度虽为正值但模型无法识别收敛,若是要让假设模型可以识别必须再增列两个参数限制条件。

混合模型中(图 2-41),形成性测量模型 FB 构念增列观察变量 BX4 对果变量 FB 的路径系数值为 1(由自由参数改为固定参数)。

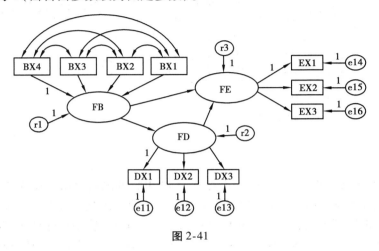

图 2-41

Computation of degrees of freedom(形成性测量)

　　Number of distinct sample moments：　55

Number of distinct parameters to be estimated：　29

　　Degrees of freedom　(55 - 29)：　26

The model is probably unidentified. In order to achieve identifiability, it will probably be necessary to impose 1 additional constraint.

形成性测量模型中,界定观察变量 BX4 对潜在变量 FB 的路径系数值为 1(固定参数)按"计算估计值"工具图像钮,模型中待估计的自由参数有三十个(十个路径系数、六个协方差、十三个方差),模型的自由度为 26,模型的自由度虽为正值但模型无法识别收敛,若是要让假设模型可以识别必须再增列一个参数限制条件。

参考文献

Bentler, P. M. (2005). EQS 6 Structural equations program manual. Encino, CA：Multivariate Software.

Byrne, B. M. (2010). Structural equation modeling with Amos：Basic concepts, application, and programming. New York：Routledge.

Hair, J. F., Black, W. C, Babin, B. J., & Anderson, R. E. (2010). Multivariate data analysis：A Global Perspective. Upper Sadder River, NJ：Prentice-Hall.

West S. G., Finch, J. F., & Curran, P. J. (1995). Structural equation models with nonnormal variables：Problems and remedies. In R. H. Hoyle (Ed.), Structural equation modeling：Concepts, issues, and applications(pp. 56-75). Thousand Oaks, CA：Sage.

杨环华(2010)。中学学生父母期望、学习压力与因应策略之研究。高雄师范大学教育系亲职教育研究所硕士论文(未出版)。

第三章 因素构念的区别效度检验

CFA 测量模型的识别若有问题,研究者应首先检核误差项的界定是否有误。在进行模型检验时,如能遵守因素构念变量至少三指标变量法则,并抽取大样本(最好超过 300 位)作为观察数据,就能避免 Heywood 案例(Heywood cases)。CFA 测量模型效度的评估包括以下几方面(Hair et al. , 2010, p.695; p.713):

(1)因素负荷量估计值要达到统计显著水平($p < 0.05$),如果标准化负荷量绝对值小于 0.50,表示个别题项的质量不佳,质量不佳(低因素负荷量)的题项(指标变量)应优先从模型中删除。

(2)标准化路径系数(因素负荷量)的数值大于 +1.00 或小于 -1.00,均超出统计量数合理范围,表示数据有问题或模型界定有误。

(3)模型估计结果标准化残差绝对值小于 2.5(|2.5|),表示测量模型与样本数据可能适配:

①如果标准化残差绝对值大于 4.0(|4.0|)是较无法被接受的误差项自由度,此种结果可能要删除相对应的不佳题项(指标变量)。

②任何配对题项的标准化残差绝对值介于 2.5 至 4.0 中间,如果模型估计没有其他违反合理性问题,此种题项不必过度关注。

(4)研究者使用修正指标作为唯一模型改善的准则时,必须注意修正模型与理论的结合。

(5)界定搜寻(specification searches)程序完全根据经验法则而来,此种方法与根据理论文献建构的 CFA 或 SEM 模型不符合,模型验证中研究者不应采用。

(6)CFA 结果显示如果采用较多的修正指标进行模型修正,最好以一新的样本数或数据集作为模型评估的数据文件,如果超过 20% 的测量变量被删除,则修正指标建构的模型就不应被视为小幅修正的模型。

(7)量表的构念效度评估:

①标准化负荷量估计值绝对值最少应在 0.50 以上,最佳的指标值是 0.70 以上。

②平均方差抽取量(AVE)指标值应在 0.50 以上,如此因素构念才有良好的聚敛效度。

③两个因素的 AVE 估计值应该高于两个因素构念间相关系数的平方值,如此因素构念间才有良好的区别效度。

④构念信度指标值应高于 0.70,如此量表才有适切的聚敛效度或内部一致性信度。

量表或测验的 CFA 模型,若假设测量模型与观察数据可以适配,研究者应检核假设模型是否具有良好的聚敛效度、区别效度(discriminant validity)与法则效度(nomological validity)。一个多因素的测量模型,若聚敛效度佳,表示测量变量可以有效反映相对应的潜在构念,同一因素构念指标变量所要测得的潜在心理特质的同构性很高,此时,同一因素构念测量变量的内部一致性信度也很高。所谓区别效度是因素构念间所表示的潜在心理特质或行为态度间的差异,若一个多因素测量模型的区别效度不佳,则表示不同因素所代表的潜在心理构念间没有显著不同。此时,多个因素的测量假设模型可以合并为单一因素构念(单维度)的测量模型,单维度的测量模型表示量表所有的指标题项所测得的潜在心理特质或因素构念是相同的,一个区别效度良好的多因素测量模型,因素构念的指标变量所反映的潜在特质间是有显著不同的。法则效度指的是因素构念间的相关、指标变量的因素负荷量与原先量表编制依据的理论架构相符合。

第一节　区别效度的意涵

所谓区别效度是指构面所代表的潜在特质与其他构面所代表的潜在特质间有低度相关或有显著的差异存在;构念间的区别效度指的是个别测量题项应该只反映一个潜在构念,测量模型中应该没有跨因素指标存在,一个测量模型中若有高的跨因素指标存在,则表示测量模型的区别效度不是很好。以一个包含两种因素构念的量表为例,若两个因素构念(潜在变量)的相关系数显著不等于 1,表示两个因素构念间有显著区别效度,测量不同潜在特质的测量指标变量(观察变量)会落在其反映的潜在变量上面。就 Amos 的操作而言,一般采用卡方差异检验法(Chi-square difference test)来判别量表是否具有区别效度,求两个构面或面向间区别效度的简单检验方法,就是利用单群组两个模型的方法,两个模型分别为未限制模型(潜在构念间的协方差不加以限制,潜在构念间的协方差为自由估计参数)与限制模型(潜在构念间的协方差限制为 1,潜在构念间的协方差为固定参数),接着进行两个模型的卡方值差异比较,若卡方值差异量愈大且达到显著水平($\Delta\chi^2 > \chi^2_{(1.05)} = 3.84, p < 0.05$),就有足够证据拒绝虚无假设($H_0: \rho = 1$),接受对立假设($H_1: \rho \neq 1$),表示两个因素构念间的关系不是完全相关(即潜在变量间的相关系数为 1 是错误的),这说明两个因素构念是有区别的;相反地,未限制模型与限制模型的卡方差异值小于 3.84($\Delta\chi^2 < \chi^2_{(1.05)} = 3.84, p > 0.05$),表示没有足够证据拒绝虚无假设($H_0: \rho = 1$),因而须接受虚无假设($H_0: \rho = 1$)、拒绝对立假设($H_1: \rho \neq 1$),表示两个因素构念(潜在变量)间的相关系数为 1,此时由于两个因素构念呈现完全相关,因而两个因素构念间是没有区别的。由于积差相关是两个变量的协方差除以两个变量的标准差(标准差等于方差平方根):$r_{XY} = \dfrac{COV_{XY}}{SD_X \times SD_Y} = \dfrac{COV_{XY}}{\sqrt{VAR_X} \times \sqrt{VAR_Y}}$,因而若将两个变量的方差设定为 1,协方差也设定为 1,则两个变量的相关系数即为 1:$r_{XY} = \dfrac{1}{\sqrt{1} \times \sqrt{1}} = 1$。在 Amos 的操作中,两个潜在变量(因素构念)相关等于 1 的设定,即将两个潜在变量间的协方差固定为 1,而两个潜在变量的个别方差也设定为 1(此时测量变量中不能再界定参照指标变量)。未受限的假设模型图与受限的假设模型图如图 3-1,左边未受限模型图中两个因素构念的方差界定为 1,两个因素构念的协方差参数不加以界定,为一个被估计的自由参数;右边受限模型图中,两个因素构念的方差界定为 1,两个因素构念的协方差界定为固定参数,协方差的数值固定为 1。

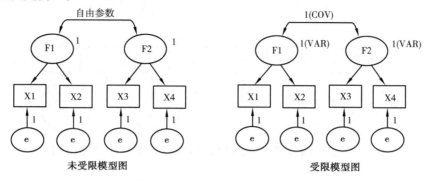

图 3-1

图 3-2 中的测量模型为一个一阶三因素测量模型图,三个潜在构念各有四个测量变量,量表可由三个因素解释,三个因素间彼此间有相关,每个测量变量都有唯一的测量误差或测量独特项。

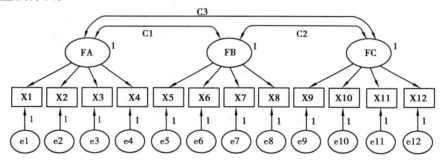

图 3-2　一阶三因素 CFA 模型图

由于测量模型有三个因素构念,因而因素构念间的区别效度必须进行三组未受限模型与受限模型的比较。

一、因素构念 FA 与因素构念 FB 的区别效度分析

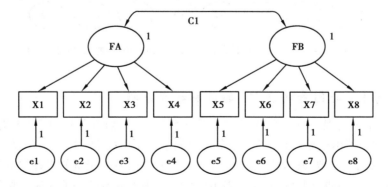

图 3-3　未受限测量模型图(因素构念间的协方差 C1 为自由参数)

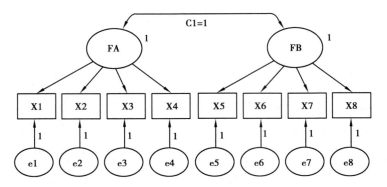

图3-4　受限测量模型图(因素构念间的协方差参数 C1 界定为 1)

二、因素构念 FB 与因素构念 FC 的区别效度分析

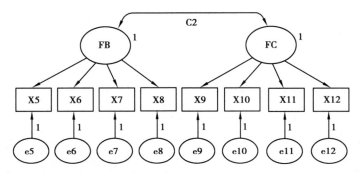

图3-5　未受限测量模型图(因素构念间的协方差 C2 为自由参数)

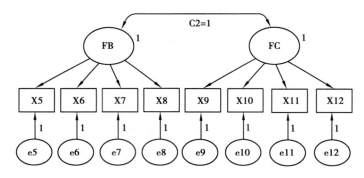

图3-6　受限测量模型图(因素构念间的协方差参数 C2 界定为 1)

三、因素构念 FA 与因素构念 FC 的区别效度分析

在上述三个未受限测量模型中(图3-3、图3-5、图3-7),协方差 C1、C2、C3 均为被估计的自由参数,参数数值由模型自行估计;三个受限测量模型中(图3-4、图3-6、图3-8),协方差 C1、C2、C3 均为固定参数,其数值界定为 1,由于两个潜在因素变量的方差也界定为 1,当把两个潜在因素变量的协方差设为 1 时,表示两个潜在因素变量的相关为完全相关,其相关系数值为 1.00,每对受限模型与未受限模型的估计参数中,被估计的自由参数相差一个,因而受限模型与未受限模型的自由度均相差 1(受限模型 df – 未受限模型 df = Δdf = 1)。

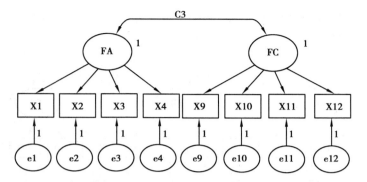

图 3-7　未受限测量模型图（因素构念间的协方差 C3 为自由参数）

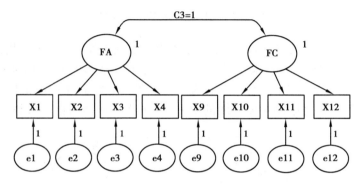

图 3-8　受限测量模型图（因素构念间的协方差参数 C3 界定为 1）

　　一份测验或量表内有多个不同的因素构念,且任何两个因素构念(潜在变量)间的相关系数均显著不等于 1 时(任两个因素构念间均不是完全相关),表示此量表或测验具有良好的区别效度,测量不同潜在特质的测量指标变量(观察变量)会落在其反映的因素构念上。以教师知识管理能力量表为例,如果量表的 CFA 假设模型与观察数据可以适配,则进一步可探究量表的区别效度。

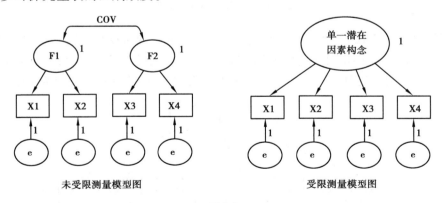

未受限测量模型图　　　　　　　　　　受限测量模型图

图 3-9

　　检验测量模型区别效度的第二种做法是将两个不同个别构念的测量变量合并在一起作为一个潜在变量的指标变量,之后再比较两个个别潜在构念的测量模型卡方值与单维度潜在构念卡方值的差异量。如果两个模型的适配度有显著差异,表示单维度潜在构念的测量变量反映出两个潜在构念;相对地,若单维度潜在构念的测量变量模型与双维度潜在构念的测量变量模型可以适配(两个模型没有差异),表示测量变量可以反映同一个潜在因素构念(Hair et al. , 2010, p. 723)。

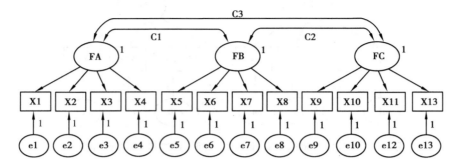

图 3-10   一阶三因素 CFA 模型图

以图 3-10 中的一阶三因素 CFA 测量模型的假设模型图为例,潜在构念 FA、潜在构念 FB 各有四个测量指标变量,未受限模型为两个潜在构念分别指向其对应的测量变量,两个潜在构念的方差界定为 1,此种模型为未受限模型(图 3-11),这个模型为原先 CFA 测量模型的一部分,未受限测量模型图的协方差 C1 为被估计的自由参数。

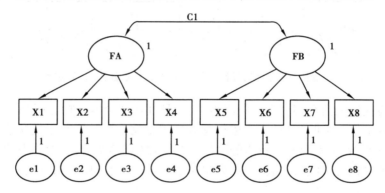

图 3-11   未受限测量模型图

受限模型(图 3-12)为将两个单维度潜在构念的测量变量反映至同一潜在因素,此潜在因素变量名称以“FAB”表示,潜在构念“FAB”的方差界定为 1,此时八个测量变量均为自由参数,不能再界定其中一个测量变量为参照指标变量(路径系数固定为 1)。

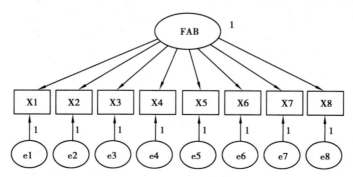

图 3-12   受限测量模型图

如果原先初阶因素模型中第三个因素 FC 也有四个测量变量,则在进行潜在构念 FA 与潜在构念 FC 的区别效度分析时,其未受限测量模型与受限测量模型图如图 3-13 和图 3-14。未受限测量模型图的协方差 C2 为被估计的自由参数;受限模型中潜在构念 FA 的测量变量与潜在构念 FC 的测量变量反映至同一潜在因素,此构念名称设定为"FAC"。

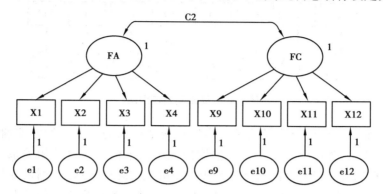

图 3-13　未受限测量模型图

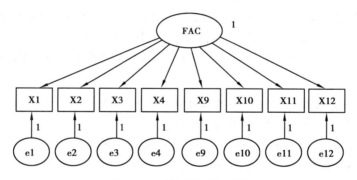

图 3-14　受限测量模型图

潜在构念 FB 与潜在构念 FC 的区别效度分析的未受限测量模型与受限测量模型如图 3-15 和图 3-16,未受限测量模型图的协方差 C3 为被估计的自由参数;受限模型中潜在构念 FB 的测量变量与潜在构念 FC 的测量变量反映至同一潜在因素,构念名称设定为"FBC"。

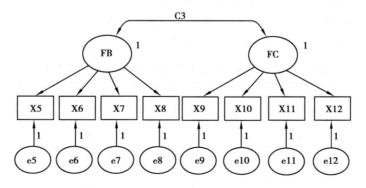

图 3-15　未受限测量模型图

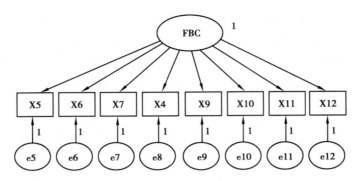

图 3-16   受限测量模型图

第三种检验区别效度更严谨的做法为比较两个构念的个别平均方差抽取值与两个构念间的相关系数,如果两个构念方差抽取值大于两个构念变量的相关系数平方,表示两个构念间有良好的区别效度,其理论基于一个潜在构念被其题项(测量变量)解释的变异量应高于被另一个潜在构念解释的变异量。在上述三种区别效度的检验方法中,以第三种检验方法的效度最佳(Hair et al., 2010, p.710)。

一阶因素测量模型中,若有四个因素构念,四个潜在构念变量为因素 A、因素 B、因素 C、因素 D,四个构念因素的平均方差抽取值分别为 AVE[A]、AVE[B]、AVE[C]、AVE[D],如果量表因素构念变量的 AVE 高于两个因素构念间的内在构念相关平方,则表示量表有良好的区别效度。

- 潜在构念 A 与潜在构念 B 因素间的区别效度:
  $AVE[A] > R^2_{AB}$ 且 $AVE[B] > R^2_{AB}$。
- 潜在构念 A 与潜在构念 C 因素间的区别效度:
  $AVE[A] > R^2_{AC}$ 且 $AVE[C] > R^2_{AC}$。
- 潜在构念 A 与潜在构念 D 因素间的区别效度:
  $AVE[A] > R^2_{AD}$ 且 $AVE[D] > R^2_{AD}$。
- 潜在构念 B 与潜在构念 C 因素间的区别效度:
  $AVE[B] > R^2_{BC}$ 且 $AVE[C] > R^2_{BC}$。
- 潜在构念 B 与潜在构念 D 因素间的区别效度:
  $AVE[B] > R^2_{BD}$ 且 $AVE[D] > R^2_{BD}$。
- 潜在构念 C 与潜在构念 D 因素间的区别效度:
  $AVE[C] > R^2_{CD}$ 且 $AVE[D] > R^2_{CD}$。

表 3-1   四个因素构念相关矩阵及相关系数平方摘要表

因素构念＼因素构念	因素 A	因素 B	因素 C	因素 D
因素 A	AVE[A]	R_{AB}	R_{AC}	R_{AD}
因素 B	R^2_{AB}	AVE[B]	R_{BC}	R_{BD}
因素 C	R^2_{AC}	R^2_{BC}	AVE[C]	R_{CD}
因素 D	R^2_{AD}	R^2_{BD}	R^2_{CD}	AVE[D]

注:对角线数值 AVE 为因素构念的平均方差抽取量;下三角形数值为构念间的相关系数;上三角形为构念间的相关系数平方。

第二节　量表区别效度的操作实务

若 CFA 模型的整体适配度分析显示,假设模型(hypothesized model)与样本数据可以适配,表示根据观察数据计算出的样本协方差矩阵 S 与依据模型推导的隐含总群体协方差矩阵 Σ(θ)相等:S = Σ(θ),研究者进一步要验证的是量表的聚敛效度与区别效度,若量表区别效度不佳,表示量表因素所代表的潜在构念间无法有效区隔,此时,一阶因素中的因素便可合并成单维度的因素。以教师知识管理能力量表三因素的 CFA 模型为例,此假设模型有三个潜在构念:知识取得、知识储存、知识应用,每个潜在构念各有四题指标变量。

一、将一阶因素的协方差界定为 1

在配对潜在变量为知识取得与知识储存的 CFA 假设模型中(图 3-17),是两个潜在变量间的协方差为自由参数(未限定两个潜在变量间的协方差为 1)时,表示模型为未受限模型;当把协方差参数 C2 限制为 1,表示模型为受限模型。

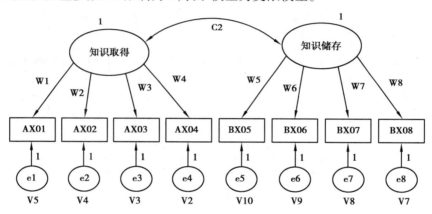

图 3-17

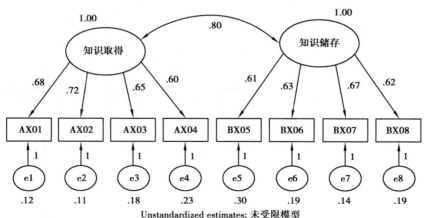

Unstandardized estimates; 未受限模型
卡方值=56.356(p值=.000); 自由度=19; CFI=.987; NFI=.981
GFI=.970; AGFI=.944; RMR=.013; RMSEA=.063; CN=262.000

图 3-18

上述 CFA 模型的未受限模型估计结果为:模型的自由度为 19,模型似然比卡方值统计量为 56.356,两个潜在变量间的相关系数等于 0.80。

上述配对潜在变量为*知识取得*与*知识储存*的 CFA 受限模型估计结果为:模型的自由度为 20,模型似然比卡方值统计量为 356.266,两个潜在变量间的相关系数等于 1.00(当两个变量的方差限定为 1,协方差又限定为固定参数 1 时,表示两个变量的相关系数为 1.00)。

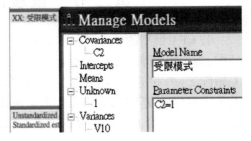

图 3-19

在配对潜在变量为*知识储存*与*知识应用*的 CFA 模型中(图 3-21),当两个潜在变量间的协方差为自由参数(未限定两个潜在变量间的相关为 1)时,表示模型为未受限模型;当把协方差参数 C3 限制为 1,表示模型为受限模型。

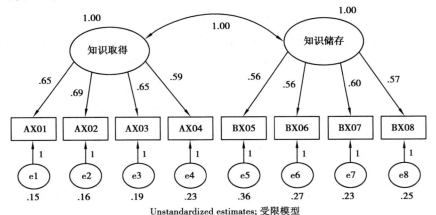

Unstandardized estimates; 受限模型
卡方值=356.266(p值=.000); 自由度=20; CFI=.884; NFI=.879
GFI=.803; AGFI=.645; RMR=.038; RMSEA=.185; CN=44.000

图 3-20

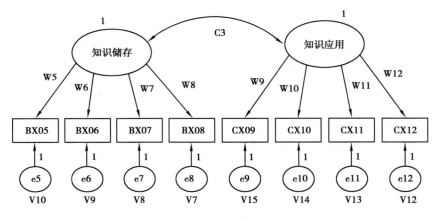

图 3-21

上述 CFA 模型的未受限模型估计结果为:模型的自由度为 19,模型似然比卡方值统计量为 38.141,两个潜在变量间的相关系数等于 0.84。

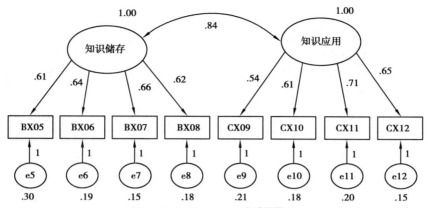

Unstandardized estimates; 未受限模型
卡方值=38.141(p值=.006);自由度=19;CFI=.993;NFI=.986
GFI=.980;AGFI=.962;RMR=.012;RMSEA=.045;CN=387.000

图 3-22

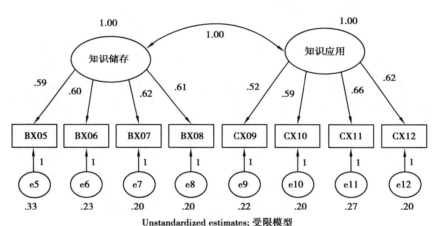

Unstandardized estimates; 受限模型
卡方值=207.979(p值=.000);自由度=20;CFI=.929;NFI=.922
GFI=.879;AGFI=.782;RMR=.028;RMSEA=.139;CN=74.000

图 3-23

上述 CFA 受限模型估计结果为:模型的自由度为 20,模型似然比卡方值统计量为 207.979,两个潜在变量间的相关系数等于 1.00(当两个变量的方差限定为 1,协方差又限定为固定参数 1 时,表示两个变量的相关系数为 1.00)。

在配对潜在变量为知识取得与知识应用的 CFA 假设模型中(图 3-24),当两个潜在变量间的协方差为自由参数(未限定两个潜在变量间的共变为 1)时,表示模型为未受限模型;当把协方差参数 C1 限制为 1,表示模型为受限模型。

上述 CFA 模型的未受限模型估计结果为:模型的自由度为 19,模型似然比卡方值统计量为 72.238,两个潜在变量间的相关系数等于 0.89。

上述 CFA 受限模型估计结果为:模型的自由度为 20,模型似然比卡方值统计量为 192.931,两个潜在变量间的相关系数等于 1.00(当两个变量的方差限定为 1,协方差又限定为固定参数 1 时,表示两个变量的相关系数为 1.00)。

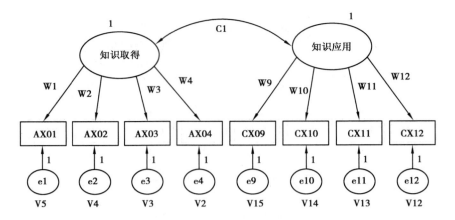

图 3-24

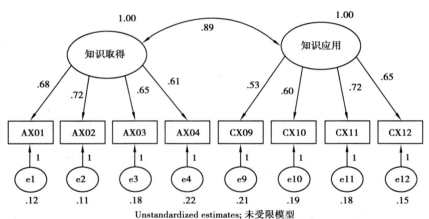

Unstandardized estimates; 未受限模型
卡方值=72.238(p值=.000); 自由度=19; CFI=.983; NFI=.977
GFI=.962; AGFI=.927; RMR=.014; RMSEA=.076; CN=205.000

图 3-25

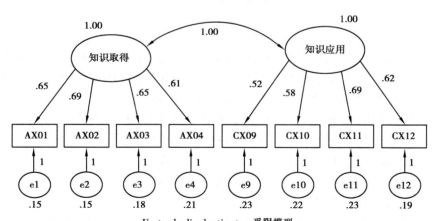

Unstandardized estimates; 受限模型
卡方值=192.931(p值=.000); 自由度=20; CFI=.944; NFI=.939
GFI=.897; AGFI=.815; RMR=.021; RMSEA=.133; CN=80.000

图 3-26

【表格范例】

表 3-2　　教师知识管理能力量表的区别效度检验分析摘要表

模型与统计量 配对潜在变量	受限模型（B） （相关系数固定为1）			未受限模型（A） （相关系数为自由估计）			卡方值差异量 （模型 B – 模型 A）	自由度 差异值
	ρ_2	df	χ^2	ρ_1	df	χ^2	$\Delta\chi^2$	Δdf
知识取得—知识储存	1.00	20	356.266	.80	19	56.356	299.91***	1
知识储存—知识应用	1.00	20	207.979	.84	19	38.14	169.839***	1
知识取得—知识应用	1.00	20	192.931	.89	19	72.238	120.693***	1

注：* 受限模型与未受限模型卡方值差异量（$\Delta\chi^2$）大于 3.841，达 0.05 显著水平。

　　*** 受限模型与未受限模型卡方值差异量（$\Delta\chi^2$）大于 10.827，达 0.001 显著水平。

从教师知识管理能力量表的区别效度检验分析摘要表中可以发现：三个受限模型与非受限模型间的卡方值差异量分别为 364.766、194.971、145.737，均大于临界因素构念的区别效度检验指标值 3.84，表示三个受限模型与非受限模型间的卡方值差异量均达 0.05 显著水平，任何两个配对潜在变量间的相关为完全相关（ρ = 1）的假设均无法成立，量表中三个潜在变量（因素构念）间所表示的潜在特质是有显著区别的，量表具有良好的区别效度。

二、将两个因素的测量指标反映成单一因素

将潜在构念知识取得与潜在构念知识储存两个构念测量模型合并为一个潜在构念（图 3-27），构念名称为取得 & 储存，八个测量指标变量为 AX01、AX02、AX03、AX04、BX05、BX06、BX07、BX08。八个测量指标变量原先反映两个不同潜在构念（未受限模型），受限模型为八个测量指标变量同时反映一个潜在因素构念。

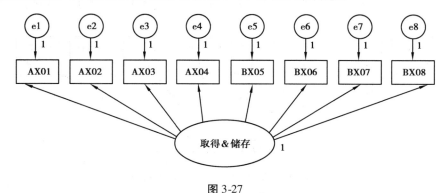

图 3-27

第一个受限模型的测量模型卡方值为 356.266（p = 0.000 < 0.05），模型自由度为 20，标准化估计值模型图中没有出现绝对值大于 1 的不合理解值。

将潜在构念知识取得与潜在构念知识应用两个构念测量模型合并为一个潜在构念（图 3-29），构念名称为取得 & 应用，八个测量指标变量为 AX01、AX02、AX03、AX04、CX09、CX10、CX11、CX12。八个测量指标变量原先反映两个不同潜在构念（未受限模型），受限模型为八个测量指标变量同时反映一个潜在因素构念。

第二个受限模型的测量模型卡方值为 192.931（p = 0.000 < 0.05），模型自由度为 20，标准化估计值模型图中没有出现绝对值大于 1 的不合理解值。

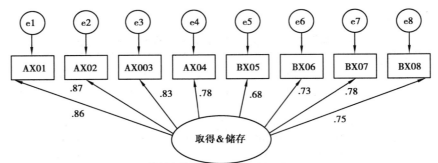

指标合并模型; Standardized estimates
卡方值=356.266(p=.000); 自由度=20; CFI=.884
RMSEA=.185; GFI=.803; 卡方自由度比值=17.813

图 3-28

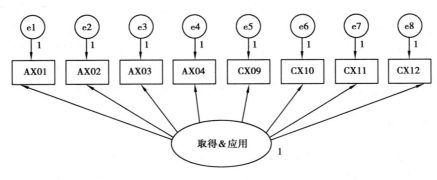

图 3-29

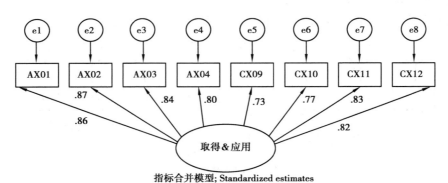

指标合并模型; Standardized estimates
卡方值=192.931(p=.000); 自由度=20;CFI=.944
RMSEA=.133; GFI=.897; 卡方自由度比值=9.647

图 3-30

　　将潜在构念知识储存与潜在构念知识应用两个构念测量模型合并为一个潜在构念（图 3-31），构念名称为储存 & 应用，八个测量指标变量为 BX05、BX06、BX07、BX08、CX09、CX10、CX11、CX12。八个测量指标变量原先反映两个不同潜在构念（未受限模型），受限模型为八个测量指标变量同时反映一个潜在因素构念。

　　第三个受限模型的测量模型卡方值为 207. 979（p ＝0. 000＜0. 05），模型自由度为 20,标准化估计值模型图中没有出现绝对值大于 1 的不合理解值。

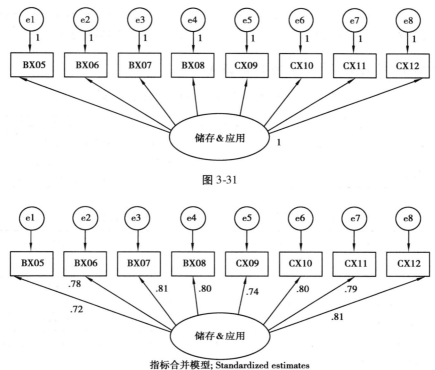

图 3-31

指标合并模型; Standardized estimates
卡方值=207.979(p=.000); 自由度=20; CFI=.929
RMSEA=.139; GFI=.879; 卡方自由度比值=10.399

图 3-32

【表格范例】

表 3-3　教师知识管理能力量表受限模型与未受限模型的模型卡方值、自由度及相关适配度统计量

	模型	χ^2	df	AIC	BCC	BIC	CAIC	ECVI	MECVI
知识取得 & 知识储存	未受限模型	56.356	19	90.356	90.993	161.661	178.661	.185	.186
	受限模型	356.266	20	388.266	388.866	455.377	471.377	.794	.795
	受限-未受限	299.910***	1	297.910	297.873	293.716	292.716	0.609	0.609
知识储存 & 知识应用	未受限模型	38.141	19	72.141	72.778	143.446	160.446	.148	.149
	受限模型	207.979	20	239.979	240.579	307.090	323.090	.491	.492
	受限-未受限	169.838***	1	167.838	167.801	163.644	162.644	0.343	0.343
知识取得 & 知识应用	未受限模型	72.238	19	106.238	106.876	177.543	194.543	.217	.219
	受限模型	192.931	20	224.931	225.531	292.041	308.041	.460	.461
	受限-未受限	120.693***	1	118.693	118.655	114.498	113.498	0.243	0.242

注：* 受限模型与未受限模型卡方值差异量($\Delta\chi2$)大于 3.84($\Delta df = 1$)，达 0.05 显著水平。

　　** 受限模型与未受限模型卡方值差异量($\Delta\chi2$)大于 6.64($\Delta df = 1$)，达 0.01 显著水平。

　　*** 受限模型与未受限模型卡方值差异量($\Delta\chi2$)大于 10.83($\Delta df = 1$)，达 0.001 显著水准。

　　从表 3-3 中可以发现：三个受限模型与非受限模型间的卡方值差异量分别为 299.910、169.838、120.693，均大于临界指标值 10.83，表示三个受限模型与非受限模型间的卡方值差异量均达 0.001 显著水平，任何两个配对潜在变量的测量指标变量合并为单一潜在构念的假设模型均无法成立，量表中同维度个别测量变量反映的潜在构念（因素）的特质是有显著不同的，显示量表具有良好的区别效度。此外，从 AIC、BCC、BIC、

CAIC、ECVI、MECVI 竞争模型选择指标来看,三组受限模型的数值均高于未受限模型的数值,若从竞争模型选择的观点而言,三组未受限模型均较受限模型为佳。

三、个别因素 AVE 与 R^2 因素间的比较法

表 3-4   因素 AVE 与 R^2 间的差异比较摘要表

因素 A	因素 B	因素间相关系数	R^2	因素 A 平均方差抽取量
知识取得	知识储存	0.802	0.643	0.764(知识取得)
知识储存	知识应用	0.843	0.711	0.666(知识储存)
知识应用	知识取得	0.895	0.801	0.675(知识应用)

表 3-5   因素 AVE 与 R^2 间的差异比较摘要表

构念变量＼构念变量	知识取得 AVE = 0.764	知识储存 AVE = 0.666	知识应用 AVE = 0.675
知识取得	1.000	0.643	0.801
知识储存	0.802 ***	1.000	0.711
知识应用	0.895 ***	0.843 ***	1.000

注:对角线数值 1 为构念的方差;下三角形数值为构念间的相关系数;上三角形为构念间的相关系数平方;*** p<0.001。

每个因素的 AVE(average variance extracted)须大于构念间相关系数的平方(R^2)。就知识取得因素构念与知识储存因素构念的区别效度来看,知识取得因素构念的 AVE 为 0.764,知识储存因素构念的 AVE 为 0.666;知识取得因素构念与知识储存因素构念间的相关系数为 0.802,R^2 等于 0.643。两个因素构念的 AVE 值均高于两个因素构念相关的 R^2 值,表示两个因素间的区别效度良好。

就知识储存因素构念与知识应用因素构念的区别效度来看,知识储存因素构念的 AVE 为 0.666,知识应用因素构念的 AVE 为 0.675;知识储存因素构念与知识应用因素构念间的相关系数为 0.843,R^2 等于 0.711。两个因素构念的 AVE 值并未高于两个因素构念相关的 R^2 值(=0.711),表示此两个因素间的区别效度不佳。

就知识取得因素构念与知识应用因素构念的区别效度来看,知识取得因素构念的 AVE 为 0.744,知识应用因素构念的 AVE 为 0.675,知识取得因素构念与知识应用因素构念间的相关系数为 0.895,R^2 等于 0.801。两个因素构念的 AVE 值并未高于两个因素构念相关的 R^2 值(=0.801),表示此两个因素间的区别效度不佳。

两个因素区别效度的判别若采用个别因素构念的 AVE 与因素构念间解释变异(R^2)的数值进行比较,其所得的结果与上述采用受限模型与未受限模型卡方值差异量的判别有些不同,如果因素聚敛效度良好,且因素构念间的相关只呈现中度相关,则三种区别分析方法所得结果会相同。

测量模型中的跨因素指标及测量变量误差间跨因素共变关系也可作为量表区别效度的指标值之一。如果量表的假设测量模型与观察数据适配度良好,且测量模型中没有跨因素的测量指标变量,也没有跨因素的测量变量误差间共变关系,表示每个测量指标变量只反映唯一的潜在因素,此种结果表示量表的测量模型有良好的区别效度。

CFA 模型中另一个效度称为法则效度(nomological),它表示的是因素构念间相关系

数的符号与量表编制的原先理论架构相符合。一个因素构念与其他因素构念间的关系方向若与原先架构相违背,则量表便缺乏法则效度。教师知识管理能力量表中界定三种教师知识管理能力间有正向关系,测量指标变量的分数愈高,反映的知识管理能力愈佳,因而单维度因素构念对测量变量的因素负荷量应为正值,知识取得、知识储存与知识应用三个因素构念的测量指标变量的因素负荷量皆为正数,三个因素构念彼此间呈现显著正相关,测量变量与潜在因素构念间的关系,潜在因素构念间的关系皆与原先理论期望相符合,此结果表示量表有良好的法则效度。

第三节　区别效度解析——以父母期望量表为例

一个测量模型如果是多因素构念的模型,若假定所有测量指标变量间没有构念间误差项协方差,也没有构念内误差项协方差,表示所有测量指标变量的误差项协方差均固定为0,则此测量模型称为相同类型模型。相同类型测量模型(congeneric measurement model)被认为是限制条件最充足,具有最佳测量属性的模型,但此种测量模型也需要有良好的构念效度,并能与实用的测量本质一致。一个良好的测量模型是尽量减少每个因素构念的指标变量(题项)数,但研究者一方面喜爱使用较多的指标变量以完全代表构念特质及有最大的信度,因为若测量指标过少,可能无法完全反映指标变量所要测得的心理特质,降低测量指标变量的信度;另一方面从简约模型观点而言,SEM 理论要求研究者能使用最小的测量指标个数以适切地代表因素构念,愈简约的模型比较能符合实际样本数据特性。较多的题项(测量变量或指标变量)在 CFA 模型中并不是最佳的方式,因为较多的题项虽然可以产生较高信度估计值及推论力,但较多题项的量表也需要更多的样本数,要反映单维度因素构念十分不易。当研究者增加量表的测量题项数(指标变量)来表示单一构念(因素)时,可能无法反映单维度的因素构念,测量题项数愈多反映的潜在心理特质可能是多维度的因素构念,而不再是单维度的因素构念。在实务应用方面,量表的每个单维度构念(个别因素)最少的指标变量应在三题以上,四题较佳,CFA 模型的检验除了评估各潜在构念(单维度因素构面)是否有良好的聚敛效度外,也应评估不同潜在构念间是否有良好的区别效度,如果一个多因素量表缺乏区别效度,表示多个因素构念其实可以整合成单一因素构念,如此整个量表便成为单一维度构念的测量工具(Hair et al., 2010, p.698)。

父母期望量表	从不如此	很少如此	有时如此	经常如此	总是如此
课业期望构面					
1. 父母会鼓励我多阅读课外读物,以帮助提升学业成绩。【AX01】	☐	☐	☐	☐	☐
2. 当我获得良好成绩时,父母会感到很满意。【AX02】	☐	☐	☐	☐	☐
3. 父母会鼓励我向班上成绩优良的同学看齐。【AX03】	☐	☐	☐	☐	☐
4. 当我的成绩未达到父母所定的目标时,父母会督促我再努力。【AX04】	☐	☐	☐	☐	☐

5. 只要有助于提高学业成绩的事情,父母总是热心支持。【AX05】　□　□　□　□　□

升学期望构面

6. 父母对我未来学校的选择要求很高。【BX06】　□　□　□　□　□

7. 父母会跟我说一些高中名校,例如:高雄中学、高雄女中。【BX07】　□　□　□　□　□

8. 父母希望我就读第一志愿的学校。【BX08】　□　□　□　□　□

9. 父母期望我未来能有很高的教育程度(例如研究所、大学)。【BX09】　□　□　□　□　□

行为期望构面

10. 父母会和我的老师联系,以注意我在学校的行为表现。【CX10】　□　□　□　□　□

11. 父母对于我良好的行为表现常给予赞赏。【CX11】　□　□　□　□　□

12. 父母会带我去参观艺文活动 (例如音乐会、美术展览等)。【CX12】　□　□　□　□　□

职业期望构面

13. 父母非常关心我将来的职业成就。【DX13】　□　□　□　□　□

14. 父母会和我讨论将来从事的职业。【DX14】　□　□　□　□　□

15. 父母会为我树立一个理想的职业标准。【DX15】　□　□　□　□　□

16. 父母希望我以后能不要做纯劳力的工作。【DX16】　□　□　□　□　□

注:量表取自杨环华(2010)。

父母期望量表十六个题项(指标变量)间的相关矩阵摘要表如表 3-6,摘要表中的最后两列分别为测量变量的平均数与标准差。

表 3-6　父母期望量表十六个题项(指标变量)的相关矩阵摘要表(N = 240)

A01	A02	A03	A04	A05	B06	B07	B08	B09	C10	C11	C12	D13	D14	D15	D16
1															
.696	1														
.684	.802	1													
.717	.715	.766	1												
.687	.717	.792	.790	1											
.258	.222	.297	.340	.303	1										
.295	.288	.354	.352	.372	.739	1									
.239	.197	.299	.249	.344	.716	.780	1								
.265	.199	.167	.221	.275	.712	.723	.641	1							
.259	.189	.188	.256	.250	.374	.270	.309	.297	1						
.307	.234	.184	.282	.214	.300	.282	.290	.295	.762	1					
.224	.171	.148	.192	.210	.177	.107	.213	.161	.687	.778	1				
.228	.276	.251	.278	.262	.353	.437	.352	.311	.320	.347	.223	1			
.239	.313	.284	.260	.262	.298	.413	.340	.307	.141	.132	.060	.724	1		
.185	.174	.182	.195	.164	.370	.418	.369	.340	.338	.300	.234	.728	.637	1	
.230	.278	.280	.300	.245	.232	.309	.229	.187	.215	.262	.207	.778	.664	.673	1
3.54	3.85	3.98	3.79	3.67	30.05	2.98	2.87	3.14	2.94	3.09	2.88	3.52	3.29	3.27	3.75
1.29	1.24	1.28	1.33	1.33	1.23	1.29	1.34	1.23	1.07	1.08	1.08	1.29	1.17	1.25	1.36

注:相关矩阵摘要表中的最后两列的数值分别为平均数与标准差,题项的全距为4。

一、假设模型的界定

父母期望量表为一个四个因素构念变量的多向度量表,四个因素构念分别为课业期望、升学期望、行为期望、职业期望。课业期望因素构念包含题项 1 至题项 5(观察变量名称为 A01、A02、A03、A04、A05),升学期望因素构念包含题项 6 至题项 9(观察变量名称为 B06、B07、B08、B09),行为期望因素构念包含题项 10 至题项 12(观察变量名称为 C10、C11、C12),职业期望因素构念包含题项 13 至题项 16(观察变量名称为 D13、D14、D15、D16)。

CFA 初始模型假定:

- 四个因素构念间有共变关系,量表因素构念间的关系为斜交模型非直交模型(直交模型表示量表因素构念间彼此独立,因素构念间的协方差为 0)。
- 每个观察变量负荷在唯一的因素构念上。
- 每个观察变量的测量误差项互为独立,测量指标误差项间没有共变关系。

初始假设模型图(图 3-33)可以收敛估计,模型评估结果的参数没有不适当解值,标准化估计值模型图(图 3-34)没有出现大于 1 的不可接受解。整体模型的自由度为 98,模型适配度统计量卡方值为 243.006(p < 0.001),卡方自由度比值为 2.480,RMSEA 值为 0.079,CFI 值为 0.950,GFI 值为 0.892。

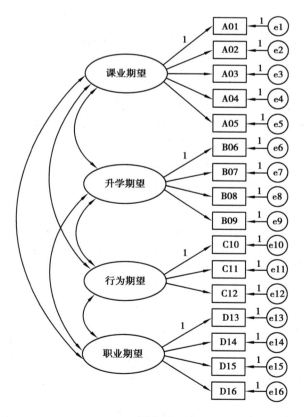

图 3-33

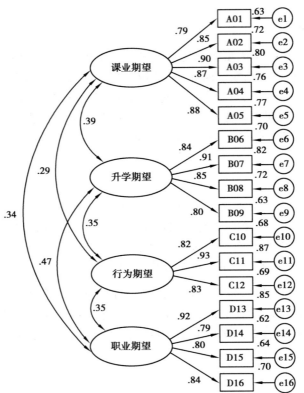

[初始CFA模型]; Standardized estimates; 卡方值=243.006(p=.000)
自由度=98; 卡方自由度比值=2.480; GFI=.892; RMSEA=.079; CFI=.950

图 3-34

　　重新界定父母期望量表的假设模型包含增列自由待估计的协方差参数,根据修正指标修正假设模型时必须考虑释放参数的合理性,以修正指标及期望参数改变量来看,为了使量表有较佳的区别效度,研究者应优先界定同一因素构念的测量变量误差项的共变关系。从表 3-7 中可以看出,当界定测量变量误差项 e2 与测量变量误差项 e3 间有共变关系时,期待参数改变的数值为 0.093,其数值为正,表示两个误差项呈显著正相关,此时模型的卡方值大约可降低 10.185。

表 3-7   Modification Indices(Group number 1-[初始 CFA 模型])
Covariances:(Group number 1-[初始 CFA 模型])

	M. I.	Par Change
e16 < - - >升学期望	13.410	-.179
e14 < - - >行为期望	18.617	-.180
e2 < - - >e3	10.185	.093
e9 < - - >e3	18.175	-.144
e7 < - - >e12	10.486	-.095
e6 < - - >e10	11.320	.108

　　CFA 模型重新界定时,也可增列因素构念对观察变量的路径系数,如此的参数释放表示测量指标变量可能同时反映两个潜在因素特质,测量指标变量具有跨因素属性。从路径系数修正摘要表 3-8 中"行为期望→D14"列的数据来看,增列"行为期望→D14"的

路径系数后,整体模型卡方值统计量约可降低 12.116,期望参数改变量为 -0.206,其数值为负数,表示此条路径系数的估计值与标准化路径系数(因素负荷量)均为负数,当测量模型因素负荷量的正负号不同,表示可能测量指标变量未反向计分,或是此种界定后(参数释放)模型无法解释。

表 3-8　Regression Weights:(Group number 1-[初始 CFA 模型])

	M. I.	Par Change
D14 < – – –行为期望	12.116	-.206
D14 < – – –C12	10.604	-.149
D14 < – – –C11	12.262	-.162
C12 < – – –B07	14.256	-.127
C10 < – – –B06	10.692	.115

二、修正假设模型[1]

在图 3-35 的修正假设模型[1]中,增列同一因素构念课业期望的测量指标变量 A02、A03 的误差项间有共变关系,由于一个参数被释放,表示待估计的自由参数个数增加 1,因而整体模型的自由度会少 1。

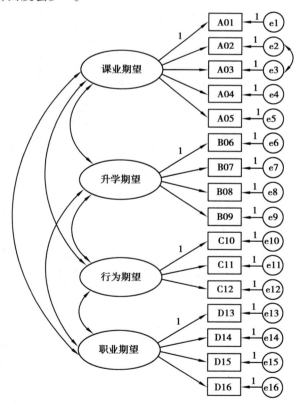

图 3-35

图 3-36 显示,修正假设模型[1]图可以收敛估计,模型评估结果的参数没有不适当解值,标准化估计值模型图没有出现大于 1 的不可接受解。整体模型的自由度为 97,模

型适配度统计量卡方值为 228.848(p < 0.001)，卡方自由度比值为 2.359，RMSEA 值为 0.075，CFI 值为 0.955，GFI 值为 0.896。初始模型[0]的 $\chi^2(98) = 243.006$，修正模型 $[1]\chi^2(97) = 228.848$，两个模型卡方值的差异量为 $\Delta\chi^2(1) = 14.158$（p < 0.001，当显著水平 α 为 0.001 时, $\chi^2(1) = 10.827$)。

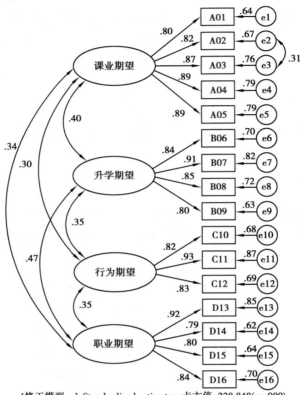

[修正模型一]; Standardized estimates; 卡方值=228.848(p=.000)
自由度=97;卡方自由度比值=2.359; GFI =.896; RMSEA=.075;CFI=.955

图 3-36

修正指标表 3-9 中，误差项协方差释放均为因素构念间误差共变，而非是同一因素构念内误差共变，因而这些误差项协方差都不予释放。

表 3-9   Modification Indices(Group number 1-[修正模型一])
Covariances：(Group number 1-[修正模型一])

	M. I.	Par Change
e16 < - - >升学期望	13.485	- .179
e14 < - - >行为期望	18.528	- .179
e5 < - - >e11	11.713	- .090
e9 < - - >e3	18.931	- .144
e7 < - - >e12	10.477	- .095
e6 < - - >e10	11.292	.107

在路径系数修正指标表 3-10 中，释放"行为期望→D14"的路径，虽可降低卡方值 12.100的差异量，但期望参数改变的数值为 - 0.205，表示此条路径反映的因素负荷量为负值，此种结果无法有效解释整个测量模型，因而此路径不予释放。

表 3-10 Regression Weights：(Group number 1-[修正模型一])

	M. I.	Par Change
D14 <－－－行为期望	12.100	－.205
D14 <－－－C12	10.589	－.149
D14 <－－－C11	12.244	－.162
C12 <－－－B07	14.268	－.127
C10 <－－－B06	10.687	.114

根据标准化路径系数表 3-11 可以求出各因素构念的平均方差抽取量及构念信度（组合信度），表中的数据可作为量表因素构念是否具有良好聚敛效度的评估指标。

表 3-11 Standardized Regression Weights：(Group number 1-[修正模型一])

	Estimate
B06 <－－－升学期望	.840
B07 <－－－升学期望	.906
B08 <－－－升学期望	.846
B09 <－－－升学期望	.797
A01 <－－－课业期望	.797
A02 <－－－课业期望	.818
A03 <－－－课业期望	.872
A04 <－－－课业期望	.886
A05 <－－－课业期望	.889
C10 <－－－行为期望	.822
C11 <－－－行为期望	.934
C12 <－－－行为期望	.829
D13 <－－－职业期望	.921
D14 <－－－职业期望	.788
D15 <－－－职业期望	.799
D16 <－－－职业期望	.839

从表 3-12 可知，因素构念变量间的协方差估计值均达 0.001 显著水平，表示父母期望量表四个因素构念间的相关均达显著，此外，课业期望构念测量变量 A02、A03 两个误差项 e2、e3 间的协方差也达 0.001 显著水平。

表 3-12 Covariances：(Group number 1-[修正模型一])

	Estimate	S. E.	C. R.	P	Label
升学期望 <－－>课业期望	.428	.084	5.105	＊＊＊	
升学期望 <－－>行为期望	.314	.070	4.503	＊＊＊	
行为期望 <－－>职业期望	.359	.079	4.548	＊＊＊	
升学期望 <－－>职业期望	.575	.097	5.902	＊＊＊	
课业期望 <－－>行为期望	.270	.068	3.968	＊＊＊	
课业期望 <－－>职业期望	.409	.092	4.451	＊＊＊	
e2 <－－>e3	.139	.041	3.376	＊＊＊	

表 3-13 显示，量表中课业期望因素构念变量与升学期望、行为期望、职业期望因素构念变量间的相关分别为 0.402、0.299、0.336，升学期望因素构念变量与行为期望、职业期

望因素构念变量间的相关分别 0.346、0.470，行为期望因素构念变量与职业期望因素构念变量间的相关为 0.345，父母期望量表四个因素构念间的相关为中低度关系。

表 3-13　Correlations：（Group number 1-[修正模型一]）

	Estimate
升学期望 < - - > 课业期望	.402
升学期望 < - - > 行为期望	.346
行为期望 < - - > 职业期望	.345
升学期望 < - - > 职业期望	.470
课业期望 < - - > 行为期望	.299
课业期望 < - - > 职业期望	.336
e2　　　< - - > e3	.313

三、CFA 模型区别效度评估一

　　父母期望量表有四个因素构念，当量表的因素构念有两个以上时，表示量表为多因素构念测量工具，或称多构面的量表，既然是多构面的量表，表示这些构面所表示的潜在特质或潜在行为与其他构面间应有所不同。若因素构念间所代表的潜在心理特质相同，那量表细分为多个因素构念就没有实质意义；两个因素构念间所代表的潜在特质如果有显著的不同，表示两个因素构念间有良好的区别效度，测量指标变量所反映的潜在心理特质或潜在行为间是有显著不同的，一个良好的量表除了要有良好的聚敛效度外，也要有不错的区别效度。CFA 模型中因素构念间区别效度的检验方法有三种，前两种方法为求出因素构念间未受限模型与受限模型的卡方值差异量，若两个模型卡方值的差异量很大，并达到 0.05 或 0.01 显著水平，表示两个因素构念间有良好的区别效度（当自由度为 1 时，显著水平 α 为 0.05 时，卡方值为 3.841；显著水平 α 为 0.01 时，卡方值为 6.635；显著水平 α 为 0.001 时，卡方值为 10.827）。

【范例一】

　　范例一进行课业期望因素构念与升学期望因素构念的区别效度检核。

　　在未受限模型的模型图中（图 3-37），两个因素构念间的协方差不加以界定（协方差

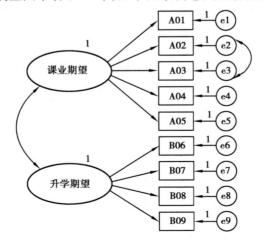

图 3-37

为待估计的自由参数），两个因素构念潜在变量的方差参数固定为1，个别因素构念没有界定参照指标变量。

图3-38显示，未受限模型估计结果模型的自由度为25，模型适配度的卡方值为81.303（p＜0.001），课业期望构念变量与升学期望构念变量间的相关系数为0.40。

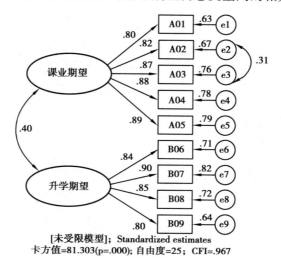

图 3-38

在受限模型的模型图中（图3-39），两个因素构念间的协方差固定为常数1，协方差由待估计的自由参数改为固定参数，两个潜在因素构念变量的方差参数固定为1，个别因素构念没有界定参照指标变量，因为两个潜在因素构念变量的方差也固定为1，因而两个因素构念间的相关系数为1.00。当两个构念变量的相关为1，表示九个测量变量或指标变量是反映同一个潜在因素构念，而不是两个不同的因素构念。

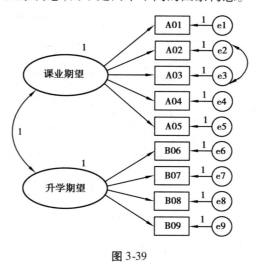

图 3-39

图3-40显示，受限模型估计结果模型的自由度为26，模型适配度的卡方值为634.805（p＜0.001），受限模型与未受限模型卡方值的差异量为634.805 － 81.303 ＝ 553.502，模型相差的自由度为1，$\Delta\chi^2_{(1)} = 553.502 > \chi^2_{(1,.001)} = 10.827$，表示受限模型与

未受限模型有显著的不同。当两个模型卡方值的差异值: $\chi^2_{(受限模型)} - \chi^2_{(未受限模型)}$ 或 $\chi^2_{(B\,模型)} - \chi^2_{(A\,模型)}$ 达到 0.05 显著水平,表示两个模型有显著不同,两个因素构念间有良好的区别效度,九个测量变量(题项)反映的是两个不同的因素构念,即九个测量变量(题项)受到两个潜在构念变量的影响。

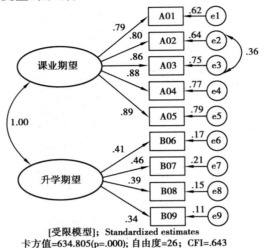

[受限模型]; Standardized estimates
卡方值=634.805(p=.000); 自由度=26; CFI=.643

图 3-40

【范例二】

范例二进行行为期望因素构念与职业期望因素构念的区别效度检核。

在未受限模型的模型图中(图 3-41),行为期望潜在构念与职业期望潜在构念两个因素构念间的协方差不加以界定(协方差为待估计的自由参数而非固定参数),两个因素构念潜在变量的方差参数固定为 1,个别因素构念变量没有界定参照指标变量。

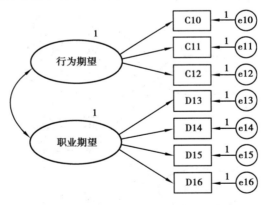

图 3-41

图 3-42 显示,未受限模型估计结果模型的自由度为 13,模型适配度的卡方值为 35.777(p<0.01),CFI 值为 0.979,行为期望构念变量与职业期望构念变量间的相关系数为 0.35,两个潜在构念变量间有显著正相关,程度为低度相关,两个潜在构念变量间互为解释的变异量为 12.25%($r^2 = 0.1225$)。

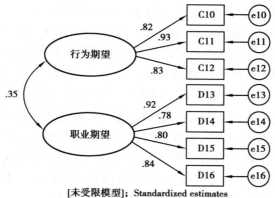

[未受限模型]；Standardized estimates
卡方值=35.777(p=.001)；自由度=13；CFI=.979

图 3-42

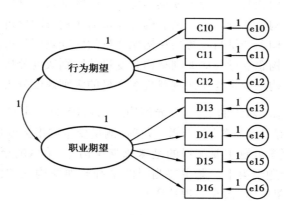

图 3-43

在受限模型的模型图中（图 3-44），两个因素构念间的协方差固定为常数 1，协方差由待估计的自由参数改为固定参数，两个潜在因素构念变量的方差参数固定为 1，个别因素构念没有界定参照指标变量，因为两个潜在因素构念变量的方差也固定为 1，因而两个因素构念间的相关系数为 1.00。当两个构念变量的相关为 1，表示七个测量变量或指标

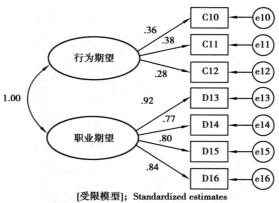

[受限模型]；Standardized estimates
卡方值=434.590(p=.000)；自由度=14；CFI=.617

图 3-44

变量是反映同一个潜在因素构念,而不是两个不同的因素构念。

图 3-44 显示,受限模型估计结果模型的自由度为 14 ,模型适配度的卡方值为 434.590(p < 0.001),CFI 值为 0.617,受限模型与未受限模型卡方值的差异量为434.590 − 35.777 ＝ 398.813,模型相差的自由度 14 − 13 ＝ 1,$\Delta\chi^2_{(1)} = 553.502 > \chi^2_{(1,.001)} =$ 10.827,受限模型与未受限模型有显著的不同。当两个模型卡方值的差异值:$\chi^2_{(\text{受限模型})} -$ $\chi^2_{(\text{未受限模型})}$ 或 $\chi^2_{(B \text{ 模型})} - \chi^2_{(A \text{ 模型})}$ 达到 0.05 显著水平(严格的显著水平可将 α 设为 0.001), 表示两个模型有显著不同,两个因素构念间有良好的区别效度,七个测量变量(题项)反 映的是两个不同的因素构念,即七个测量变量(题项)受到两个潜在构念变量的影响。

父母期望量表中有四个构念变量,采用受限模型(模型 B)与未受限模型(模型 A)的 卡方值差异检验需要求出六组的 $\Delta\chi^2_{(1)}$,六个配对的组别为:

- 课业期望构念变量与升学期望构念变量的区别效度分析。
- 课业期望构念变量与行为期望构念变量的区别效度分析。
- 课业期望构念变量与职业期望构念变量的区别效度分析。
- 升学期望构念变量与行为期望构念变量的区别效度分析。
- 升学期望构念变量与职业期望构念变量的区别效度分析。
- 行为期望构念变量与职业期望构念变量的区别效度分析。

如果六个潜在构念配对组的 $\Delta\chi^2_{(1)}$ 差异值均达到 0.05 显著水平,表示父母期望量表 四个因素构念间有良好的区别效度,十六个题项(测量变量或指标变量)反映出四个不同 的因素构念,第一题至第五题主要测得的是课业期望构念、第六题至第九题主要测得的 是升学期望构念、第十题至第十二题主要测得的是行为期望构念、第十三题至第十六题 主要测得的是职业期望构念(潜在心理特质)。

四、CFA 模型区别效度评估二

【范例一】

范例一进行课业期望因素构念与升学期望因素构念的区别效度检核。

在未受限模型中(图 3-45),课业期望 、升学期望两个潜在因素构念变量间的协方差 为待估计自由参数,两个因素构念的测量变量中有一个为参照指标变量,其路径系数固 定为 1。

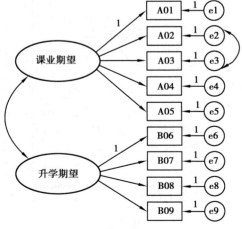

图 3-45

图 3-46 显示，未受限模型估计结果模型的自由度为 25，模型适配度的卡方值为 81.303（p < 0.001），CFI 值为 0.967，课业期望、升学期望两个因素构念间的相关为 0.40，两个潜在因素构念变量间互为解释的变异量为 16%（$r^2 = 0.16$）。

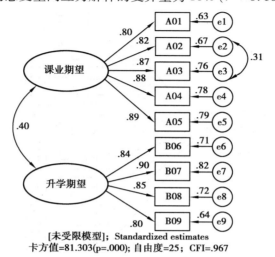

[未受限模型]；Standardized estimates
卡方值=81.303(p=.000)；自由度=25；CFI=.967

图 3-46

在受限模型中（图 3-47）课业期望、升学期望两个潜在因素构念变量的九个测量指标变量同时只反映一个潜在因素构念（构念名称为课业升学期望），表示九个测量变量或指标变量只由一个潜在构念变量所影响，两个因素构面的测量模型变为单构面测量模型（unidimensional measures），单构面测量模型中九个指标变量没有被两个以上因素构念所决定，因而测量模型中没有跨因素负荷。

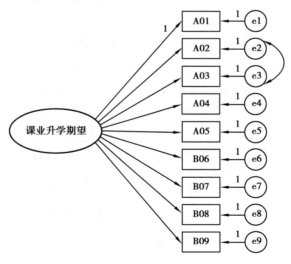

图 3-47

图 3-48 显示，单构面测量受限模型的（九个指标变量测得同一个潜在心理特质）估计结果为：模型的自由度为 26，整体模型适配度卡方值统计量为 634.805（p < 0.001），CFI 值为 0.643。受限模型（模型 B）与未受限模型（模型 A）的自由度差异值为 26 − 25 = 1，卡方值差异量

$\Delta\chi^2_{(1)}=634.805-81.303=553.502,\Delta\chi^2_{(1)}>\chi^2_{(1.001)}=10.827$,受限模型与未受限模型有显著不同,九个测量变量(指标变量)建构的单维度因素构念模型显著与两个因素构念模型较不适配,表示九个题项(测量变量/指标变量)所反映的两个因素构念变量间有显著不同。

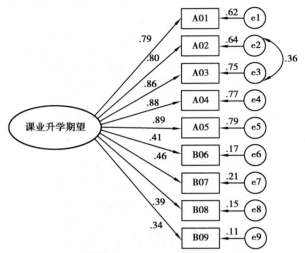

[受限模型];Standardized estimates
卡方值=634.805(p=.000);自由度=26;CFI=.643

图 3-48

【范例二】

范例二进行行为期望因素构念与职业期望因素构念的区别效度检核。

在未受限模型中(图 3-49),行为期望、职业期望两个潜在因素构念变量间的协方差为待估计自由参数,两个因素构念的测量变量中有一个为参照指标变量,其路径系数固定为 1。

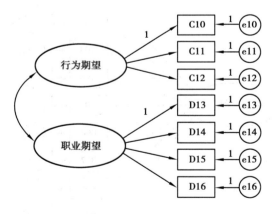

图 3-49

图 3-50 显示,未受限模型估计结果模型的自由度为 13,模型适配度的卡方值为 35.777(p<0.01),CFI 值为 0.979,行为期望与职业期望两个因素构念间的相关为 0.35,两个潜在因素构念变量间互为解释的变异量为 12.25%($r^2=0.1225$)。

在受限模型中(图 3-51),行为期望、职业期望两个潜在因素构念变量的七个测量指标变量同时只反映一个潜在因素构念(构念名称为课业升学期望),表示七个测量变量或

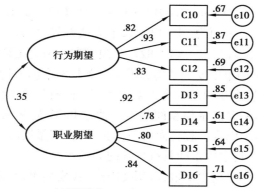

[未受限模型]；Standardized estimates
卡方值=35.777(p=.001)；自由度=13；CFI=.979

图 3-50

指标变量只由一个潜在构念所解释,两个因素构面的测量模型变为单构面测量模型
（unidimensional measures）,单构面测量模型中七个指标变量没有被两个以上因素构念所
决定,七个指标变量所测得的潜在心理特质是相同的,此潜在心理特质的因素构念名称
命名为行为职业期望。

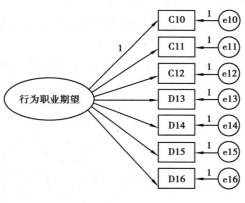

图 3-51

图 3-52 显示,单构面测量受限模型的估计结果为:模型的自由度为 14,整体模型适

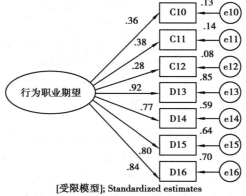

[受限模型]；Standardized estimates
卡方值=434.590(p=.000)；自由度=14；CFI=.617

图 3-52

配度卡方值统计量为 434.590($p < 0.001$),CFI 值为 0.617。受限模型(模型 B)与未受限模型(模型 A)的自由度差异值为 14 − 13 = 1,卡方值差异量 $\Delta\chi^2_{(1)} = 434.590 - 35.777 = 398.813$,$\Delta\chi^2_{(1)} = 398.813 > \chi^2_{(1,.001)} = 10.827$,受限模型与未受限模型有显著不同,七个测量变量(指标变量)建构的单维度因素构念模型显著较两个因素构念模型差,表示七个题项(测量变量/指标变量)所反映的两个因素构念变量间有显著不同。当单维度因素构念测量模型与二维度因素构念测量模型间的卡方值达 0.05 显著水平,表示二维度因素构念的测量模型不能将两个因素构念合而为一,七个测量变量所测得的潜在心理特质是两个不同的构念因素,两个构念因素间具有良好的区别效度。

父母期望量表中有四个构念变量,采用受限模型(模型 B)与未受限模型(模型 A)的卡方值差异检验需要求出六个配对组的 $\Delta\chi^2_{(1)}$,这六个配对的组别为:

- 课业期望构念变量与升学期望构念变量的区别效度分析。
- 课业期望构念变量与行为期望构念变量的区别效度分析。
- 课业期望构念变量与职业期望构念变量的区别效度分析。
- 升学期望构念变量与行为期望构念变量的区别效度分析。
- 升学期望构念变量与职业期望构念变量的区别效度分析。
- 行为期望构念变量与职业期望构念变量的区别效度分析。

其余四个因素构念变量配对组的区别效度的未受限模型与受限模型估计结果如下:

1. 课业期望构念与行为期望构念的区别效度

图 3-53 显示,课业期望构念与行为期望构念未受限测量模型的卡方值为 34.537($p < 0.001$),自由度为 18,CFI 值为 0.989。

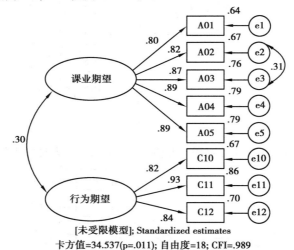

[未受限模型]; Standardized estimates
卡方值=34.537(p=.011); 自由度=18; CFI=.989

图 3-53

指标变量反映同一个因素构念的测量模型为单维度构面模型,测量模型由两个因素构念合并为单一因素构念的模型为受限模型。图 3-54 显示,课业期望构念与行为期望构念受限测量模型的卡方值为 444.519($p < 0.001$),自由度为 19,CFI 值 0.706(未受限模型的卡方值为 34.537,自由度为 18,CFI 值为 0.989,受限模型与未受限模型的自由度相差 1)。

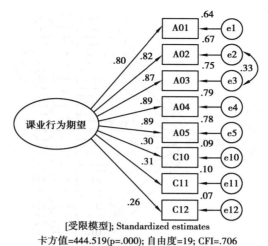

[受限模型]; Standardized estimates
卡方值=444.519(p=.000); 自由度=19; CFI=.706

图 3-54

2. 课业期望构念与职业期望构念区别效度

图 3-55 显示,课业期望构念与职业期望构念未受限测量模型的卡方值为 27.618（p>0.05）,自由度为 25,CFI 值为 0.998。升学期望构念与职业期望构念变量间的相关为 0.34。

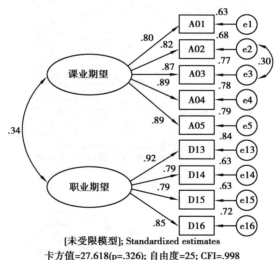

[未受限模型]; Standardized estimates
卡方值=27.618(p=.326); 自由度=25; CFI=.998

图 3-55

图 3-56 显示,课业期望构念与职业期望构念受限测量模型的卡方值为 577.546（p<0.001）,自由度为 26,CFI 值为 0.658。

3. 升学期望构念与行为期望构念区别效度

图 3-57 显示,升学期望构念与行为期望构念未受限测量模型的卡方值为 48.630（p<0.001）,自由度为 13,CFI 值为 0.969。升学期望构念与行为期望构念变量间的相关为 0.35。

图 3-58 显示,升学期望构念与行为期望构念受限测量模型的卡方值为 443.106（p<0.001）,自由度为 14,CFI 值为 0.624。

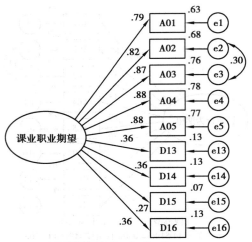

[未受限模型]; Standardized estimates
卡方值=577.546(p=.000); 自由度=26; CFI=.658

图 3-56

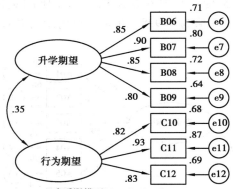

[未受限模型];Standardized estimates
卡方值=48.630(p=.000); 自由度=13; CFI=.969

图 3-57

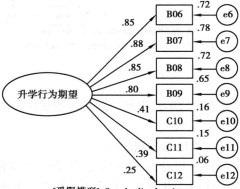

[受限模型]; Standardized estimates
卡方值=443.106(p=.000); 自由度=14; CFI=.624

图 3-58

4. 升学期望构念与职业期望构念区别效度

图 3-59 显示,升学期望构念与职业期望构念未受限测量模型的卡方值为 35.371（p<0.05）,自由度为 19,CFI 值为 0.988,升学期望构念与职业期望构念变量间的相关为 0.47。

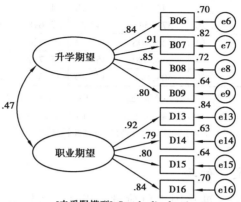

[未受限模型]; Standardized estimates
卡方值=35.371(p=.013); 自由度=19; CFI=.988

图 3-59

图 3-60 显示,升学期望构念与职业期望构念受限测量模型的卡方值为 508.060（p < 0.001）,自由度为 20,CFI 值为 0.630。

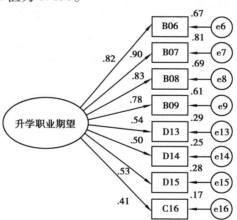

[受限模型]; Standardized estimates
卡方值=508.060(p=.000); 自由度=20; CFI=.630

图 3-60

【表格范例】

表 3-14 "父母期望量表"因素构念间的区别效度分析摘要表

模型与统计量 潜在变量	受限模型（B） （单维度构念 测量模型）		未受限模型（A） （相关系数自 由参数）			卡方值差异量 （模型 B－模 型 A）	自由度 差异值
配对潜在变量	df	χ^2	ρ	df	χ^2	χ^2	Δdf
课业期望－升学期望	26	634.805	.40	25	81.303	553.502***	1

续表

模型与统计量 潜在变量		受限模型（B） （单维度构念 测量模型）	未受限模型（A） （相关系数自 由参数）			卡方值差异量 （模型 B－模 型 A）	自由度 差异值
课业期望－行为期望	19	444.519	.30	18	34.537	409.982***	1
课业期望－职业期望	26	577.546	.34	25	27.618	549.928***	1
升学期望－行为期望	14	443.106	.35	13	48.630	394.476***	1
升学期望－职业期望	14	434.590	.35	13	35.777	398.813***	1
行为期望－职业期望	20	508.060	.47	19	35.371	472.689***	1

注：*** 受限模型与未受限模型卡方值差异量（$\Delta\chi^2$）大于 10.83，达 0.001 显著水平；

受限模型（模型 B）的指标变量（题项）只反映一个因素构念变量；

非受限模型（模型 A）的指标变量反映其理论建构的因素构念变量。

五、CFA 模型区别效度评估三

根据参数估计结果的标准化因素负荷量可以计算各因素构念的平均方差抽取量（AVE）与构念信度（CR）。

【表格范例】

表 3-15   父母期望量表测量指标变量的因素负荷量、
因素构念的平均方差抽取量与构念信度摘要表

测量变量	课业期望	升学期望	行为期望	职业期望
A01	.797			
A02	.818			
A03	.872			
A04	.886			
A05	.889			
B06		.840		
B07		.906		
B08		.846		
B09		.797		
C10			.822	
C11			.934	
C12			.829	
D13				.921
D14				.788
D15				.799
D16				.839
AVE	.728	.719	.745	.703
CR	.930	.911	.897	.904

表 3-16　父母期望量表因素构念间相关系数与平均方差抽取量摘要表

因素构念	课业期望	升学期望	行为期望	职业期望
课业期望	.728(AVE)	.162(r^2)	.089(r^2)	.113(r^2)
升学期望	.402***	.719(AVE)	.12(r^2)	.221(r^2)
行为期望	.299***	.346***	.745(AVE)	.119(r^2)
职业期望	.336***	.470***	.345***	.703(AVE)

注:对角线为因素构念平均方差抽取量(AVE 符号);

下三角形为因素构念间的相关系数、上三角形为因素构念间相关系数平方。

从表 3-16 因素构念间相关系数与平均方差抽取量摘要表中可以发现:

- 课业期望因素构念的 AVE 值为 0.728,升学期望因素构念的 AVE 值为 0.719,课业期望因素构念变量与升学期望因素构念变量间的相关系数为 0.402,r^2 值为 0.162。两个因素构念的 AVE 值均高于两个因素构念间的 r^2 值,表示两个因素构念间有良好的区别效度。

- 课业期望因素构念的 AVE 值为 0.728,行为期望因素构念的 AVE 值为 0.745,课业期望因素构念变量与行为期望因素构念变量间的相关系数为 0.299,r^2 值为 0.089。两个因素构念的 AVE 值均高于两个因素构念间的 r^2 值,表示两个因素构念间有良好的区别效度。

- 课业期望因素构念的 AVE 值为 0.728,职业期望因素构念的 AVE 值为 0.703,课业期望因素构念变量与行为期望因素构念变量间的相关系数为 0.336,r^2 值为 0.113。两个因素构念的 AVE 值均高于两个因素构念间的 r^2 值,表示两个因素构念间有良好的区别效度。

- 升学期望因素构念的 AVE 值为 0.719,行为期望因素构念的 AVE 值为 0.745,升学期望因素构念变量与行为期望因素构念变量间的相关系数为 0.346,r^2 值为 0.120。两个因素构念的 AVE 值均高于两个因素构念间的 r^2 值,表示两个因素构念间有良好的区别效度。

- 升学期望因素构念的 AVE 值为 0.719,职业期望因素构念的 AVE 值为 0.703,升学期望因素构念变量与职业期望因素构念变量间的相关系数为 0.470,r^2 值为 0.221。两个因素构念的 AVE 值均高于两个因素构念间的 r^2 值,表示两个因素构念间有良好的区别效度。

- 行为期望因素构念的 AVE 值为 0.745,职业期望因素构念的 AVE 值为 0.703,行为期望因素构念变量与职业期望因素构念变量间的相关系数为 0.345,r^2 值为 0.119。两个因素构念的 AVE 值均高于两个因素构念间的 r^2 值,表示两个因素构念间有良好的区别效度。

从表中的数值显示:任何两个因素构念的 AVE 估计值均高于两个因素构念间内在构念相关系数的平方值,此种指标检验数据显示父母期望量表 CFA 模型有良好的区别效度,指标变量所反映的因素构念间有显著不同,同一因素构念的指标变量所测得的潜在心理特质与其他指标变量所测得的潜在心理特质有显著的不同。

第四章　潜在变量路径分析

完全潜在变量模型(full latent variable model；LV)除测量模型外,也允许界定潜在变量间的回归关系,研究者可假定某个潜在变量受到模型中另一个潜在变量的直接影响。完全模型(full/complete model)是指假设模型中包含测量模型与结构模型:测量模型在于说明潜在变量与测量模型中观察变量的连结关系,结构模型在于说明模型中所有潜在构念的关系。假设模型与样本数据的关系为:样本数据 ＝ 假设模型 ＋ 残差,假设模型的建构通常根据相关理论、实证研究或经验法则;样本数据是根据抽取样本在测量工具(观察变量)上的分数测量值来表示,如果假设模型与观察数据的差异很小,表示残差值很小,此时假设模型与样本数据的适配度(goodness-of-fit)愈佳;相对地,如果残差值很大,表示假设模型与样本数据的适配度愈差。

每个测量模型的假定如下:

- 每个观察变量只反映在一个相对应的潜在变量上,测量指标变量没有跨两个因素构念的情形。
- 每个观察变量的测量误差项间彼此互为独立,没有共变关系。
- 因素构念(潜在变量)与观察变量的测量误差项彼此互为独立,没有共变关系。

第一节　Amos 的操作流程

一、绘制假设模型图

研究者利用浮动工具列图像钮或菜单选项绘制下列假设模型图。在假设模型图 4-1 中指标变量(显性变量/观察变量/测量变量)误差项的路径系数默认值为 1,测量模型中潜在变量(因素/无法观察变量)对指标变量的路径系数中要设定其中一个为 1(此为 Amos 的默认值),被设定为 1 者称为固定指标参数,未界定的指标变量称为自由指标参数。范例中外因潜在变量的五个指标变量中界定为固定参数者为知识取得观察变量,内因潜在变量界定为固定参数者为班级常规;此外,在因果模型图中作为因变量(内因观察变量或内因潜在变量)者必须增列一个预测残差项,残差项的路径系数与测量模型的误差项一样,要界定其路径系数为 1。

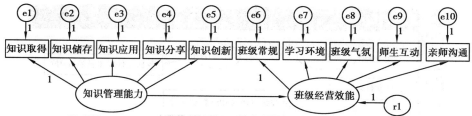

Model Specification; 卡方值=\CMIN(p=\P); 卡方自由度比=\CMINDF、GFI=\GFI
AGFI=\AGFI、RMR=\RMR、RMSEA=\RMSEA、NFI=\NFI、RFI=\RFI、TLI=\TLI、CN=\HFIVE

图 4-1

假设模型图的绘制要使用到界面窗口的工具列图像钮,工具列图像钮的功能简介摘要表如图 4-2,假设模型图的绘制、修改与模型估计,可使用工具图像钮较为便利与快速。

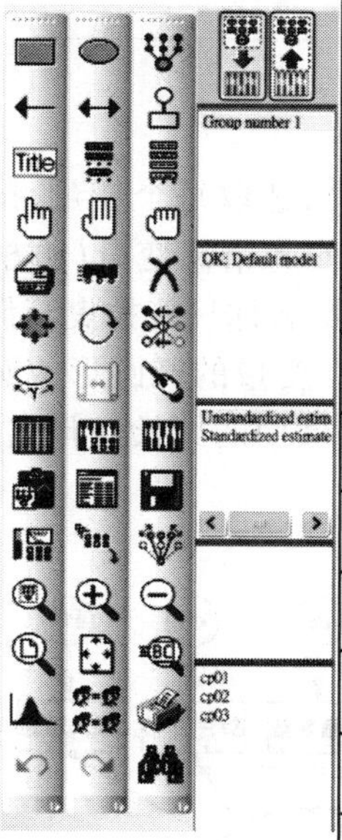

描绘观察变量	描绘无法观察变量 (描绘潜在变量)	描绘潜在变量或增加潜在变量的指标变量
描绘单向箭头的因果路径	描绘双向箭头的共变关系	在已有的变量(内因变量)增列一个误差变量
设定假设模型的标题内容	开启模式中所有变量的对话视窗	开启数据文件所有观察变量的对话视窗
一次选取一个对象	一次选取所有对象	取消所有选取的对象
复制对象	移动对象	删除对象
变更对象形状的大小(调整对象大小)	旋转潜在变量的指标变量(一次90度)	映射潜在变量之指标变量
移动对象参数的位置	重新调整路径图在屏幕中的位置	对象最后排列
选择分析的数据文件	开启分析属性的对话视窗	计算估计值
复制路径图到剪贴簿中	浏览文字(开启文件视窗)	储存目前的路径图(存档)
开启对象性质视窗	复制对象格式到其他对象	测量模型对称性的保留
扩大选取的区域	将路径图放大显示(实际大小不变)	将路径图缩小显示(实际大小不变)
将路径图整页显示于屏幕中	配合绘图视窗重新调整路径图的大小	以放大镜模式检视路径图
贝氏估计	多群组分析	打印目前的路径图
还原先前的改变	重做先前改变的程序	模型界定的搜寻

图 4-2

二、开启数据文件

点选"选择数据文件"(Select data files)工具图像钮,出现"数据文件"(Data Files)对话窗口,按"File Name"(文件名称)钮选取数据文件,范例图 4-3 中为"知管. sav"→按"OK"(确定)钮(范例中的有效样本数有 600 位)。在尚未选取数据文件前,"数据文件"对话窗口中第二栏"File"(文件)下的地方会呈现"＜working＞"的信息,第一栏"Group Name"(群体名称)为之前设定的群体,若进行多群体分析,则每个群体均要选取数据文件,默认的群组名称为"Group number 1"。

三、选取指标变量(观察变量)

点选"列出数据组内的变量名称"(List variables in data set)工具图像钮,出现

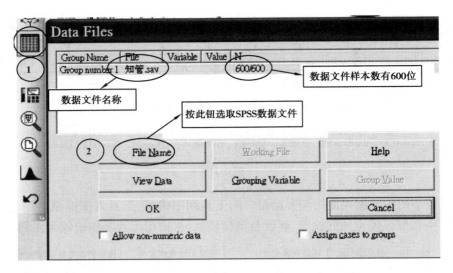

图 4-3

"Variables in Dataset"（数据组中的变量）的对话窗口（图 4-4），选取每个变量，按住鼠标左键不放，直接拉曳至观察变量方框中。在 Amos 的操作中，作为指标变量（方框内的变量）必须出现于 SPSS 数据文件中，SPSS 数据文件中的所有变量名称只能拉曳至假设模型图的方框对象内（正方形或长方形对象），不能拉曳至表示潜在变量的椭圆形或圆形对象内，椭圆形或圆形对象内设定的变量名称不能与 SPSS 数据文件中的原始变量名称相同，否则执行计算估计值时会出现错误的信息。

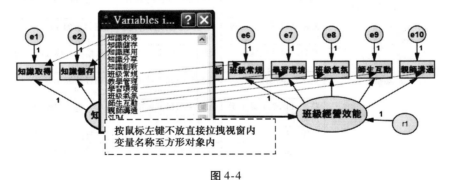

图 4-4

四、设定潜在变量

无法观察变量（潜在变量）包括外因潜在变量、内因潜在变量、各测量模型指标变量的误差项（假设模型中所有椭圆形的对象均为潜在变量/无法观察的变量），个别设定方法为在椭圆形的图示上（图 4-5）按右键或连按左键鼠标两下，选取"对象性质"（Object Properties...）快速选单，出现"Object Properties"（对象属性）对话窗口，切换到"Text"（文字）卷标对话窗口，在"Variable name"（变量名称）方盒键入潜在变量的名称，如知识管理能力、班级经营效能、e1、e2 等。快速设定方法为：按功能列"Plugins"（增列），选取"Name Unobserved Variables"（命名无法观察之变量）次功能列，其默认的潜在变量的变量名称为 F1、F2、F3……误差项或残差项的潜在变量默认的变量名称为 e1、e2、e3……

Amos18 软件的"Object Properties"（对象属性）对话窗口的"Colors"（颜色）卷标对话

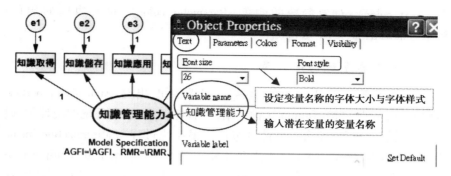

图 4-5

窗口可以设定对象背景中的渐层颜色,按"Fill color"(填充颜色)方盒中的颜色可以开启"Color Gradient"次对话窗口(图 4-6),"Color1"下选项可以选取第一种颜色、"Color2"下选项可以选取第二种颜色(研究者可以拉曳中间的各颜色钮的位置,也可以设定颜色)。

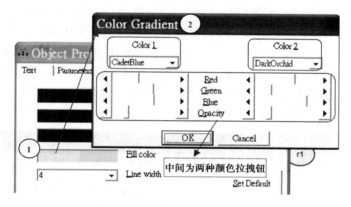

图 4-6

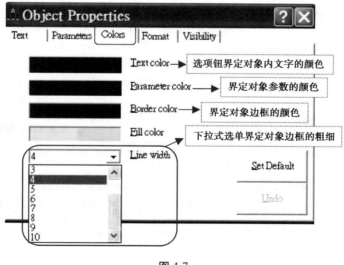

图 4-7

"Colors"(颜色)卷标对话窗口除可以设定对象背景中的渐层颜色外,也可以设定文字的颜色(Text color)、对象参数的颜色(Parameter color)、对象边框的颜色(Border color)、对象边框的粗细(Line width)。

五、设定文字报表要呈现的统计量

点选"分析的性质"(Analysis Properties)工具图像钮,出现"Analysis Properties"(分析属性)对话窗口(图4-8),按"Output"(输出结果)标签钮,勾选要呈现的统计量,研究者可根据模型图所需加以选取,输出的统计量包括:"最小化过程"(Minimization history)、"标准化估计值"(Standardized estimates)、"多元相关的平方"(Squared multiple estimates)、"间接效果、直接效果与总效果值"(Indirect, direct & total effects)、"观察样本协方差矩阵"(Sample moments)、"隐含协方差矩阵"(Implied moments)、"所有隐含协方差矩阵"(All implied moments)、"残差协方差矩阵"(Residual moments)、"修正指标"(Modification indices)、"检验正态性与极端值"(Tests for normality and outliers)、"因素分数加权值"(Factor score weights)、"估计协方差"(Covariances of estimates)、"估计相关系数"(Correlations of estimates)、"差异临界比值"(Critical ratios for difference)。勾选要输出的统计量数后,按"Analysis Properties"对话窗口右上角的窗口关闭钮"×"。本范例的输出统计量勾选以下几个:"Standardized estimates"(标准化估计值)、"Modification indices"(修正指标)(默认的修正指标临界值为4)、"Squared multiple estimates"(多元相关系数平方)、"Tests for normality and outliers"(正态性及极端值检验)、"Indirect, direct & total effects"(间接效果、直接效果与总效果)等选项。

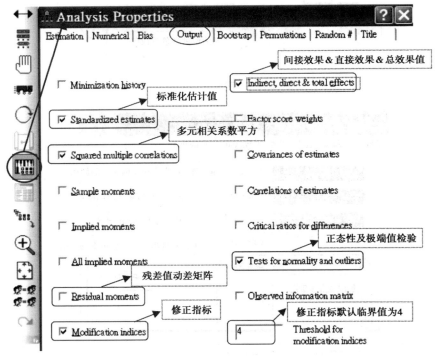

图 4-8

"Analysis Properties"(分析属性)对话窗口中,按"Estimation"(估计)标签钮,可选取模型估计的方法(图4-9),在"Discrepancy"下的方盒中有五种模型估计方法:"Maximum likelihood"（最大似然法,简称为 ML 法,ML 法为 Amos 模型估计的默认选项）、"Generalized least squares"（一般化最小平方法,简称为 GLS 法）、"Unweighted least squares"（无加权最小平方法,简称 ULS 法）、"Scale-free least squares"（尺度自由最小平方法,简称为 SFLS 法）、"Asymptotically distribution-free"（渐近分配自由法,简称 ADF 法）。当潜在变量路径分析的数据分布不符合多变量正态性假定时,一般采用 ADF 法；相对地,如果变量的数据分布符合多变量正态性的假定,模型参数的估计一般采用默认的 ML 法。Amos 模型估计时,模型估计的参数不包括变量平均数与截距项,其默认的参数为协方差、路径系数与方差,若要增列模型中变量的平均数与截距项参数,必须先勾选"Estimate means and intercepts"（估计平均数与截距项）选项。

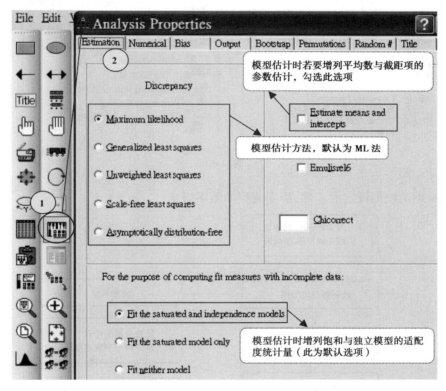

图 4-9

六、储存假设模型图与计算估计值

点选"储存目前的路径图"（Save the current path diagram）工具图像钮,将假设模型图存盘,其存盘类型为"Input file(∗ . amw)",存档后的扩展名为" ∗ . amw"→点选"计算估计值"（Calculate estimates）工具图像钮估计假型模型图的统计量。

如果假设模型图可以收敛估计,则"检视输出路径图"（View the output path diagram）钮会由灰色变成明亮（图 4-10）,"Computation summary"（计算摘要）方盒会出现迭代次数、卡方值及模型自由度；相对地,如果模型无法收敛估计,表示模型无法识别,此时模型的自由参数无法估计,"Computation summary"（计算摘要）方盒不会出现迭代次数、卡方值及模型自由度,"检视输出路径图"（View the output path diagram）钮还是呈现灰色（灰色表示无选取）。

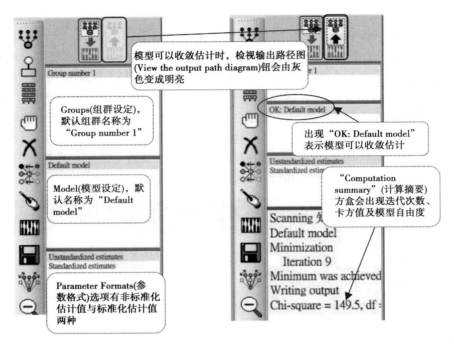

图 4-10

Amos 理论模型设定的步骤,简要流程如图 4-11:

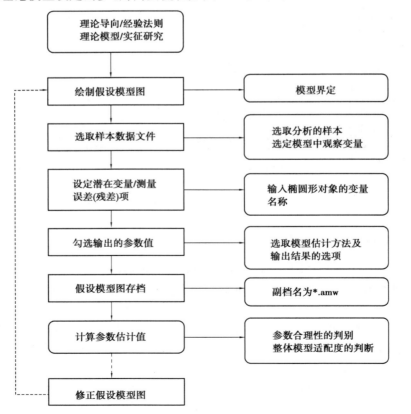

图 4-11

七、呈现估计值模型图

若假设模型图无法辨识收敛，则模型的卡方值无法估计，此时"Computation summary"（计算摘要）方盒中会出现以下信息：

Default model（预设模型）

Minimization（最小化方程）

Iteration 1（迭代次数等于 1）

Writing output

如果模型可以辨识收敛，则"Computation summary"（计算摘要）方盒中会出现模型适配度的卡方值及模型的自由度，迭代运算次数会大于 1。模型可以收敛估计只表示模型中待估计的自由参数可以计算出来，这些参数是否全部为合理或可解释的参数，研究者必须再加以判别，模型中不合理或无法解释的参数如方差为负数（统计学上方差的最小值为 0，若出现负的方差，表示此方差参数是不合理的），标准化估计值模型图的路径系数大于 1.00（标准化回归系数绝对值必须小于 1），外因变量对内因变量的解释变异量 R^2 大于 100.0%，协方差矩阵无法正定等。

在"Parameter Formats"（参数格式）选项中选取"Unstandardized estimates"（未标准化估计值）选项，再按"检视输出结果路径图"图像钮（View the output path diagram），可呈现非标准化估计值模型图（图 4-12）。非标准化估计模型图中的参数包括外因潜在变量（知识管理能力）、误差项（e1 至 e10）、残差项（r1）的方差，各测量模型中潜在变量对观察变量的路径系数（非标准化回归系数），其中路径系数数值 1.00 者为"参照指标"，外因潜在变量知识管理能力对内因潜在变量的路径系数（B = 0.48）。

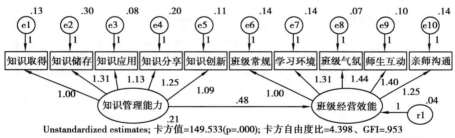

Unstandardized estimates; 卡方值=149.533(p=.000); 卡方自由度比=4.398、GFI=.953
AGFI=.924、RMR=.014、RMSEA=.075、NFI=.958、RFI=.944、TLI=.956、CN=195.000

图 4-12

在"Parameter Formats"（参数格式）选项中选取"Standardized estimates"（标准化估计值）选项，再按"检视输出结果路径图"图像钮（View the output path diagram），可呈现标准化估计值模型图（图 4-13）。测量模型中潜在变量对各观察变量的标准化路径系数为因素负荷量，因素负荷量的平方为指标变量的信度系数，一个可以有效反映潜在变量的指标变量其信度系数必须在 0.500 以上（即因素负荷量的数值要高于 0.700），外因潜在变量对内因潜在变量的标准化回归系数 β 为直接效果值（β = 0.74），多元相关系数平方为外因变量（自变量）对内因变量（因变量）联合的解释变异量。

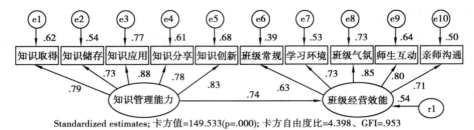

Standardized estimates; 卡方值=149.533(p=.000); 卡方自由度比=4.398、GFI=.953
AGFI=.924、RMR=.014、RMSEA=.075、NFI=.958、RFI=.944、TLI=.956、CN=195.000

图 4-13

第二节　界定参照指标的路径系数

在知识管理能力对知识储存的路径对象(单向箭号)上按鼠标右键或连按二次鼠标左键选取或开启"Object Properties"(对象属性)对话窗口(图 4-14),按"Parameters"卷标钮,会出现对象相对应的参数名称,范例中的参数为"Regression weight"(路径系数),路径系数下的方盒中没有数值表示此参数为自由参数,若界定为某个数值(一般为1),表示此路径系数参数为固定参数,在测量模型中界定为1的路径系数称为参照指标。

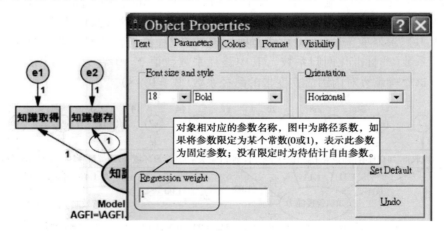

图 4-14

每个测量模型只能界定一个参照指标,之前将知识管理能力潜在变量对知识储存的路径系数界定为1,则原先知识管理能力潜在变量对知识取得的路径系数1必须删除。在"Object Properties"(对象属性)对话窗口中(图 4-15),按"Parameters"标签钮,将"Regression weight"(路径系数)下的数值1删除,此时知识管理能力潜在变量对知识取得的路径系数由固定参数变为自由参数(已经不是参照指标)。

在图 4-16 假设模型图中,知识管理能力潜在变量五个指标变量中参照指标为潜在变量对指标变量知识储存的路径系数,此路径系数值为固定参数,其数值界定为1,其余四条路径系数为自由参数;班级经营效能潜在变量五个指标变量中参照指标为潜在变量对指标变量班级气氛的路径系数,此路径系数值为固定参数,其数值界定为1,其余四条路径系数为自由参数。

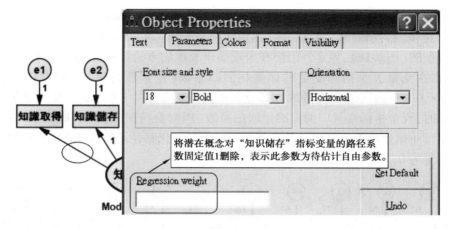

图 4-15

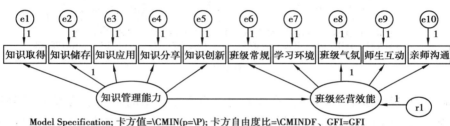

图 4-16

在"Parameter Formats"（参数格式）选项中选取"Unstandardized estimates"（未标准化估计值）选项，再按"检视输出结果路径图"图像钮（View the output path diagram），呈现非标准化估计值模型图（图4-17）。外因潜在变量知识管理能力测量模型五个观察变量的路径系数（非标准化回归系数）分别为0.76、1.00（参照指标变量为知识储存）0.86、0.95、0.83，内因潜在变量测量模型五个观察变量的路径系数（非标准化回归系数）分别为0.70、0.91、1.00（参照指标变量为班级气氛）、0.97、0.87。在回归分析中，由于自变量的测量尺度并非完全相同，原始数值的基础点并不一样，因而以非标准化回归系数（原始估计的路径系数）作为影响因变量重要性的判断参数会有很大的偏误，此时若将自变量的回归系数进行标准化转换，则自变量的起始点与测量尺度会相同，原始回归系数标准化转换后的参数称为标准化路径系数。标准化估计值模型中呈现的路径系数即为标准化回归系数。

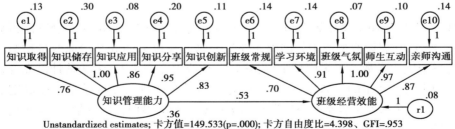

图 4-17

在"Parameter Formats"(参数格式)选项中选取"Standardized estimates"(标准化估计值)选项,再按"检视输出结果路径图"图像钮(View the output path diagram),呈现标准化估计值模型图(图 4-18),界定外因潜在变量知识管理能力的观察变量知识储存为参照指标时,此潜在变量五个指标变量的标准化回归系数(因素负荷量)分别为 0.79、0.73、0.88、0.78、0.83;内因潜在变量班级经营效能的指标变量中,界定观察变量班级气氛为参照指标时,五个指标变量中的标准化回归系数(因素负荷量)分别为 0.63、0.73、0.85、0.80、0.71,知识管理能力对班级经营效能影响的标准化路径系数为 0.74(直接效果值),解释变异量为 0.54。

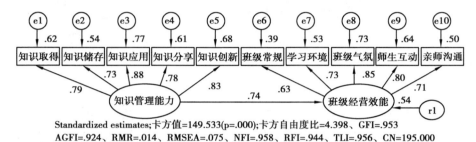

图 4-18

Amos 的测量模型中,要界定潜在变量对一个观察变量的路径系数值为 1,路径系数被界定为 1 者为固定参数,没有被界定为某一数值者均为自由参数;第二种界定方法是潜在变量若为外因变量(自变量),可以直接界定外因潜在变量的方差为 1,此时测量模型的观察变量不用再界定参照指标(图 4-19)。

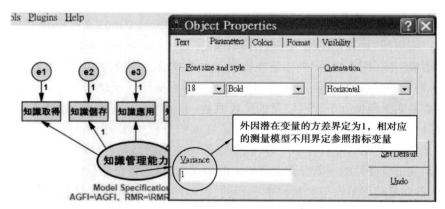

图 4-19

外因潜在变量知识管理能力的方差界定为 1 时,潜在变量的观察变量不能再界定参照指标。图 4-20 假设模型图中外因潜在变量知识管理能力的五个指标变量均为自由参数,没有界定固定参数。因果模型中作为因变量(或中介变量者)无法估计潜在变量的方差,所以内因潜在变量的参数没有方差,此时内因潜在变量的测量模型不能界定潜在变量的方差为 1,必须界定观察变量的路径系数中有一个为参照指标变量,此参照指标变量为固定参数。

非标准化估计值模型图 4-21 中,外因潜在变量知识管理能力的方差界定为 1.00,测

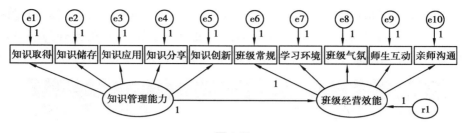

图 4-20

量模型五个观察变量的路径系数(非标准化回归系数)分别为 0.45、0.60、0.51、0.57、0.50,知识管理能力外因变量对班级经营效能内因变量的回归系数为 0.22。估计值浏览文件显示,知识管理能力潜在变量五个观察变量的路径系数值分别为 0.453、0.596、0.514、0.569、0.496,如果以第一个路径系数估计值为参照点,五个路径系数值分别除以 0.453,则五个观察变量的路径系数分别为 1.000、1.315、1.133、1.254、1.093,表示将知识取得路径系数界定为 1.000(固定参数),知识储存、知识应用、知识分享、知识创新四个观察变量(自由参数)的路径系数分别为 1.315、1.133、1.254、1.093,测量模型中观察变量路径系数(未标准化回归系数)间的比值是相同。

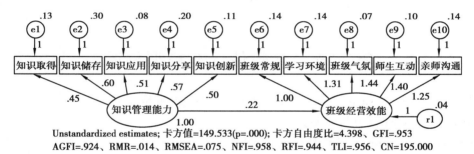

Unstandardized estimates; 卡方值=149.533(p=.000); 卡方自由度比=4.398、GFI=.953
AGFI=.924、RMR=.014、RMSEA=.075、NFI=.958、RFI=.944、TLI=.956、CN=195.000

图 4-21

在"Parameter Formats"(参数格式)选项中选取"Standardized estimates"(标准化估计值)选项,再按"检视输出结果路径图"图像钮(View the output path diagram),呈现标准化估计值模型图(图 4-22),当界定外因潜在变量知识管理能力的方差为 1 时,此潜在变量五个指标变量的标准化回归系数(因素负荷量)分别为 0.79、0.73、0.88、0.78、0.83;内因潜在变量班级经营效能五个指标变量的标准化回归系数(因素负荷量)分别为 0.63、0.73、0.85、0.80、0.71,知识管理能力对班级经营效能影响的标准化路径系数为 0.74(直接效果值),解释变异量 R^2 为 0.54。

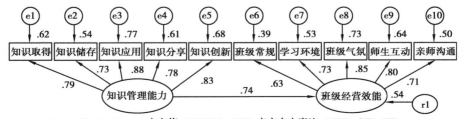

Standardized estimates; 卡方值=149.533(p=.000); 卡方自由度比=4.398、GFI=.953
AGFI=.924、RMR=.014、RMSEA=.075、NFI=.958、RFI=.944、TLI=.956、CN=195.000

图 4-22

按"View Text"（检视文字）工具图像钮,可开启"Amos Output"（Amos 输出）对话窗口（图 4-23）,此对话窗口为模型估计后所有的批注说明与参数,窗口的排列为纲要式的条列,其界面与操作类似文件总管,左边为大纲项目,右边为大纲项目的内容。

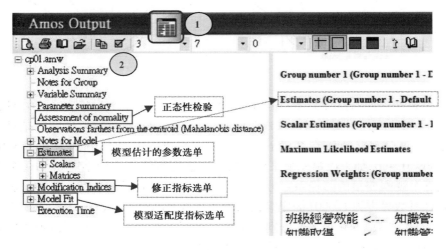

图 4-23

第三节　参数估计与模型检验

"Amos Output"（Amos 输出）对话窗口内相关参数的解析如下:

Analysis Summary【分析摘要】

The model is recursive.【模型是递归的】

Sample size ＝ 600【有效样本个数为 600 位】

Variable Summary（Group number 1）【变量摘要】

Your model contains the following variables（Group number 1）【群组 1 的模型包含下列变量】

Observed，endogenous variables【观察内因变量——十个观察变量】

知识取得

知识储存

知识应用

知识分享

知识创新

班级常规

学习环境

班级气氛

师生互动

亲师沟通

Unobserved，endogenous variables【潜在内因变量——因变量】

班级经营效能

Unobserved，exogenous variables【潜在外因变量，包含知识管理能力、十个误差项及残差项】

知识管理能力

e1

e2

e3

e4

e5

e6

e7

e8

e9

e10

r1

测量模型中所有指标变量(观察变量)均为内因变量(endogenous variables)。测量模型中的潜在变量如作为因变量(效标变量)，则称为潜在内因变量(unobserved endogenous variables)；潜在变量如作为自变量(解释变量)，则称为潜在外因变量(unobserved exogenous variables)。范例中教师知识管理能力为潜在外因变量(或称外因潜在变量或外衍变量)，班级经营效能为潜在内因变量(或称内因潜在变量或内衍变量)。测量模型中每个观察变量可以直接由其相对应的潜在变量来预测，因而每个观察变(长方形对象)均为内因变量(内衍变量)，每个观察变量的误差项(ε 项或 δ 项)(以椭圆形对象表示)为外因变量(外衍变量)，班级经营效能变量的残差项(以椭圆形对象表示)亦为外因变量(外衍变量)。

Variable counts(Group number 1)【变量个数】

　Number of variables in your model：(模型中变量的个数)23

　Number of observed variables：(观察变量的个数)10

　Number of unobserved variables：(无法观察变量的个数)13

　Number of exogenous variables：(外因变量的个数)12

　Number of endogenous variables：(内因变量的个数)11

模型中的变量总共有 23 个，观察变量(指标变量/测量变量)有 10 个(10 个指标变量)、无法观察变量(椭圆形对象)有 13 个，包括观察变量的误差项 10 个、知识管理能力、班级经营效能 2 个、潜在变量及班级经营效能的残差项(r1)；外因变量的个数有 12 个，包括观察变量的误差项 10 个、残差项(r1)1 个、模型的自变量知识管理能力 1 个；内因变量的个数有 11 个，包括 10 个指标变量及 1 个效标变量班级经营效能。

表 4-1 显示，模型中共有 22 个参照指标项、10 个误差变量、1 个残差变量，其路径参数值固定值为 1。待估计的协方差参数有 0 个、待估计的方差参数有 12 个(1 个是外因潜在变量知识管理能力的方差、10 个是观察变量的测量误差项变量的方差、1 个是残差项的方差)，因而待估计参数有 9 +0 + 12 =21 个，这 21 个待估计的参数均未命名(因为测量模型中没有设定参数标签名称)，加上 13 个固定回归系数，全部的参数有 21 + 13 =34 个。

表 4-1   Parameter summary（Group number 1）【参数摘要】

	Weights（路径系数）	Covariances（协方差）	Variances（方差）	Mea（平均数）	Intercepts（截距项）	Total
Fixed（固定参数）	13	0	0	0	0	13
Labeled（加注标签名称）	0	0	0	0	0	0
Unlabeled（未加注标签名称）	9	0	12	0	0	21
Total（全部参数）	22	0	12	0	0	34

SEM 的分析程序中,若数据分布属极端分布,即严重偏离正态性数据,则不宜采用默认的最大似然估计法（Maximum likelihood estimates;简称 ML 法）或一般化最小平方法（Generalized least squares;简称 GLS 法）,此时应改用渐进自由分配法（Asymptotically distribution-free）。估计方法的选取操作程序:点选"Analysis properties"（分析属性）工具列图像钮,切换到"Estimation"（估计）次对话窗口,内有五种统计量估计方法,默认选项为 ML 法。渐进自由分配估计法适用于数据非多元正态分布的情形,但使用此方法时样本数必须为大样本,否则会影响模型估计结果的正确性。

正态性评估选项可以就观察变量的分布情形进行判断。在表 4-2 中,第一栏为观察变量名称、第二栏为最小值、第三栏为最大值、第四栏为偏态系数、第五栏为偏态系数的显著性检验、第六栏为峰度系数、第七栏为峰度系数的显著性检验。以观察变量亲师沟通为例,其数据最小值为 1.750,最大值为 5,偏态系数值为 - 0.305,偏态系数临界比值为 - 3.052,峰度系数值为 0.717,峰度系数临界比值为 3.583,其绝对值小于 1.96。在正态分布下,偏态系数值与峰度系数值应接近 0,其系数显著性检验应未达 0.05 显著水平,若达 0.05 显著水平,表示数据分布的偏态系数值或峰度系数值显著不等于 0,说明数据偏离正态分布。变量的偏态系数绝对值若大于 3、峰度系数绝对值若大于 10（较严格标准为 7 或 8）,表示数据分布可能不是正态;若峰度系数绝对值大于 20,则偏离正态的情形可能较为严重。表中十个指标变量的偏度系数值介于 - 0.722 至 - 0.238 之间,其绝对

表 4-2   Assessment of normality（Group number 1）【正态性评估】

Variable（指标变量）	min（最小值）	max（最大值）	skew（偏态系数）	c. r.（临界比）	kurtosis（峰度系数）	c. r.（临界比值）
亲师沟通	1.750	5.000	- .305	- 30.052	.717	3.583
师生互动	1.000	5.000	- .516	- 5.164	1.918	9.591
班级气氛	2.000	5.000	- .315	- 3.146	.698	3.491
学习环境	1.750	5.000	- .344	- 3.440	.460	2.301
班级常规	1.750	5.000	- .238	- 2.378	1.297	6.486
知识创新	1.333	5.000	- .629	- 6.293	1.181	5.905
知识分享	1.000	5.000	- .531	- 5.307	.425	2.126
知识应用	1.333	5.000	- .722	- 7.222	1.778	8.889
知识储存	1.000	5.000	- .577	- 5.767	.091	.457
知识取得	1.500	5.000	- .678	- 6.781	1.504	7.518
最大系数值			- 0.238	1.918		
最小系数值			- 0.722	0.091		
Multivariate					26.403	20.873

值小于1;峰度系数介于0.091至1.918之间,其绝对值小于2,表示数据符合正态分布,因而采用最大似然法作为模型各参数统计量的估计法较为适宜。当观察变量的数据严重偏离正态分布,模型估计的方法应改用渐近自由分配法(ADF法),在大样本情况下,即使观察变量的数据分布不符合多变量正态性假定,只要数据偏离正态分布的情形不严重,采用最大似然估计法(ML法)进行模型参数估计时所得的参数也不会有所偏误。

Notes for Model(Default model)【模型的批注】

Computation of degrees of freedom(Default model)

      Number of distinct sample moments:55

      Number of distinct parameters to be estimated:21

      Degrees of freedom(55－21):34

从表4-1参数摘要表可以发现:模型内固定参数的个数有13个,待估计的路径系数有9个,待估计的方差有12个,全部待估计的自由参数共有21个,"number of distinct parameters to be estimated"列为待估计的独特参数个数,此列的数值为模型中待估计的自由参数。测量模型中有10个观察变量,模型参数可以提供的信息点共有55个,信息点的个数55＝10×(10＋1)÷2,由于模型中独特样本矩样本点个数(number of distinct sample moments)有55个,待估计的个别自由参数有21个,模型的自由度为55－21＝34。如果模型的自由度为负数,则模型会出现无法识别(unidentified)的提示语,这表示模型的自由参数无法被估计出来,此时必须修改假设模型。

Result(Default model)

Minimum was achieved

Chi－square ＝ 149.533

Degrees of freedom ＝ 34

Probability level ＝ .000

模型估计若可以收敛,此时便能求出模型适配度的卡方值,范例中整体模型适配度的卡方值为149.533,模型的自由度为34,显著性概率水平 p＝0.000。就SEM统计量而言,χ^2值是一个不佳的适配度测量值(badness of fit measure),因为似然比χ^2值统计量非常敏感,此统计量受到样本大小的影响非常大,当样本数扩大时,似然比χ^2值统计量也会跟着膨胀变大,显著性 p 值会跟着变得很小,此时所有虚无假设都会被拒绝,而得出多数假设模型与样本数据无法适配的结论:样本数据推算的协方差矩阵与假设模型推导的协方差矩阵(θ)显著不相等,因此在进行整体模型适配度的判别时,若遇大样本的情况,似然比χ^2值只作为一个参考指标,不要作为唯一的判别指标。

路径系数为采用最大似然法所估计的未标准化回归系数,在表4-3中"知识管理能力－－－>知识取得""班级经营效能－－－>班级常规"的未标准化回归系数参数为固定参数,其数值为1,所以这两个参数不需要进行路径系数显著性检验,其标准误(S.E.)、临界比(C.R.)、显著性 p 值栏的数值均为空白。临界比(critical ratio)值等于参数估计值(Estimate)与估计值标准误(the standard error of estimate)的比值,相当于 t 检验值。如果此比值绝对值大于1.96,则参数估计值达到0.05显著水平;临比值绝对值大于2.58,则参数估计值达到0.01显著水平。显著性的概率值若是小于0.001,显著性 p 值栏会以"＊＊＊"符号表示;显著性的概率值如果大于0.001,则p值栏会直接呈现其数值大小。路径系数估计值检验在于判别回归路径系数估计值是否等于0,如果达到显著水平(p<0.05),表示回归系数显著不等于0。上述10个观察变量的路径系数除两个参照指标外,其余8个路径系数均达0.05显著水平,表示这些路径系数参数均显著不等于0;结构模型的路径系数值为0.482,估计值标准误为0.037,显著性p值小于0.001,亦达0.05显著水平,表示知识管理能力外因变量(外衍变量)影响班级经营效能内因变量(内衍变量)的路径系数显著不等于0。

表 4-3   Maximum Likelihood Estimates【最大似然估计法】

Regression Weights:(Group number 1-Default model)【路径系数】

	Estimate (估计值)	S. E. (标准误)	C. R. (临界比值)	P (显著性)	Label
班级经营效能 < − − −知识管理能力	.482	.037	13.017	＊＊＊	
知识取得 < − − −知识管理能力	1.000				参照指标
知识储存 < − − −知识管理能力	1.315	.069	19.102	＊＊＊	
知识应用 < − − −知识管理能力	1.133	.047	23.884	＊＊＊	
知识分享 < − − −知识管理能力	1.254	.061	20.681	＊＊＊	
知识创新 < − − −知识管理能力	1.093	.049	22.105	＊＊＊	
班级常规 < − − −班级经营效能	1.000				参照指标
学习环境 < − − −班级经营效能	1.314	.090	14.589	＊＊＊	
班级气氛 < − − −班级经营效能	1.436	.088	16.295	＊＊＊	
师生互动 < − − −班级经营效能	1.397	.089	15.648	＊＊＊	
亲师沟通 < − − −班级经营效能	1.255	.088	14.340	＊＊＊	

表 4-4"Standardized Regression Weights"为标准化回归系数值,在测量模型中观察变量的标准化路径系数又称为因素加权值(factor weights)或因素负荷量(factor loading),标准化路径系数代表的是共同潜在因素对观察变量的影响。以"知识管理能力 − − − >知识取得"为例,其标准化的回归系数值为0.788,表示潜在因素构念对观察变量(指标变量)知识取得的直接效果值为0.788,其预测力(解释变异量)R^2 为 $0.788 \times 0.788 = 0.622$($R^2$ 为测量模型的观察变量的信度指标值)。标准化回归系数是由变量转化为标

表 4-4   Standardized Regression Weights:(Group number 1-Default model)【标准化路径系数】

	Estimate
班级经营效能 < − − −知识管理能力	.735
知识取得 < − − −知识管理能力	.788
知识储存 < − − −知识管理能力	.735
知识应用 < − − −知识管理能力	.879
知识分享 < − − −知识管理能力	.783
知识创新 < − − −知识管理能力	.826
班级常规 < − − −班级经营效能	.627
学习环境 < − − −班级经营效能	.726
班级气氛 < − − −班级经营效能	.853
师生互动 < − − −班级经营效能	.800
亲师沟通 < − − −班级经营效能	.709

准分数(z 分数)后,计算出来的估计值,从因素负荷量的数值可以了解观察变量(指标变量)在各潜在因素的相对重要性。因素负荷量系数值愈大,表示指标变量能被构念解释的变异愈大,指标变量能有效反映其要测得的潜在构念特质,因素负荷量的大小可以作为评估量表聚敛效度(converge validity)的指标值。在结构模型中的标准化回归系数为外因变量影响内因变量的直接效果值,范例中知识管理能力外因变量影响班级经营效能的标准化路径系数为 0.735,解释变异量 R^2 为 0.541。

方差摘要表 4-5 包括十个观察变量的误差项方差、一个结构模型的残差项方差、一个外因潜在变量(外衍潜在变量)知识管理能力的方差,前者即十个观察变量的测量误差(measured error/residual)。模型中十二个变量的方差均为正数且达到 0.05 显著水平,其方差标准误估计值均很小,其数值介于 0.005 至 0.020,表示无模型界定错误的问题,估计参数中没有出现负的误差方差且方差估计值的标准误数值均很小,显示模型的基本适配度良好。SEM 模型检验结果若出现负的误差方差,会出现以下的警告信息:"The following variances are negative."(下列的方差为负值),方差中出现负值表示模型界定有问题(因为统计参数中的方差为标准差的平方值,不应出现负数),此时的假设模型应重新界定,尤其是参数的限制部分可能要放宽,或将某些限制参数取消。

表 4-5　Variances:(Group number 1-Default model)【方差】

	Estimate (估计值)	S. E. (估计标准误)	C. R. (临界比)	P (显著性)	Label (参数标签名称)
知识管理能力	.206	.018	11.250	* * *	
r1	.041	.005	7.558	* * *	
e1	.125	.009	14.627	* * *	
e2	.303	.020	15.406	* * *	
e3	.077	.007	11.708	* * *	
e4	.203	.014	14.715	* * *	
e5	.114	.008	13.778	* * *	
e6	.136	.009	15.919	* * *	
e7	.137	.009	14.900	* * *	
e8	.068	.006	11.470	* * *	
e9	.097	.007	13.400	* * *	
e10	.138	.009	15.122	* * *	

表 4-7 显示的是观察变量(测量变量)多元相关的平方,它与复回归中的 R^2 性质相同,表示个别观察变量(测量指标)被其潜在变量解释的变异量,此解释变异量的数值也就是个别测量变量的信度系数。以测量指标亲师沟通为例,其 R^2 值等于 0.503,表示潜在变量(因素构念)班级经营效能可以解释观察变量亲师沟通 50.3%的变异量(班级经营效能→亲师沟通),无法解释的变异量(误差变异量)为 1 - 0.503 = 0.497。模型中各误差变量除具有误差方差成分外,也包含了随机误差(random error),因而多元相关平方值被视为信度的最小界限估计值。测量模型中个别观察变量的信度值若高于 0.50,表示模型的内在质量检验良好,SEM 的各测量模型(measured model)中,指标变量因素负荷量的平方即为各指标变量(观察变量)的信度系数。内因潜在变量(潜在内衍变量)的 R^2 为外因潜在变量(潜在外衍变量)可以解释的变异部分,由于模型中只有一个外因潜在变量知识管理能力,因而班级经营效能的 R^2(= 0.541),为知识管理能力变量可以解释的

变异量（54.1%），外因潜在变量无法解释的变异量为 45.9%（ = 1 – 54.1%）。

表 4-6   两个因素构念变量测量模型的测量指标变量的因素负荷量及信效度检验摘要表

因素构念	测量指标	因素负荷量	信度系数	测量误差	组合信度	平均方差抽取值
教师知识管理能力	知识取得	0.735	0.540	0.460	0.889 3	0.617 4
	知识储存	0.788	0.621	0.379		
	知识应用	0.735	0.540	0.460		
	知识分享	0.879	0.773	0.227		
	知识创新	0.783	0.613	0.387		
班级经营效能	班级常规	0.627#	0.393#	0.607#	0.862 0	0.558 1
	学习环境	0.726	0.527	0.473		
	班级气氛	0.853	0.728	0.272		
	师生互动	0.800	0.640	0.360		
	亲师沟通	0.709	0.503	0.497		
	适配标准值	>.700	>.500	<.500	>.600	>.500

注：#表示未达最低标准值，因素负荷量<0.70，信度系数<0.50，组合信度<0.600，平均方差抽取值<0.500。

表 4-7   Squared Multiple Correlations：(Group number 1-Default model)【多元相关系数的平方】

	Estimate
班级经营效能	.541
亲师沟通	.503
师生互动	.641
班级气氛	.728
学习环境	.527
班级常规	.393
知识创新	.682
知识分享	.614
知识应用	.773
知识储存	.540
知识取得	.622

表 4-8"Standardized Total Effects"中的数据为总效果值，总效果值等于直接效果值加上间接效果值。

表 4-8   Standardized Total Effects (Group number 1-Default model)

	知识管理能力	班级经营效能
班级经营效能	.735	.000
亲师沟通	.522	.709
师生互动	.588	.800
班级气氛	.627	.853
学习环境	.534	.726
班级常规	.461	.627
知识创新	.826	.000
知识分享	.783	.000
知识应用	.879	.000
知识储存	.735	.000
知识取得	.788	.000

表 4-9"Standardized Direct Effects"中的数据为直接效果值,就测量模型而言,潜在变量对观察变量的直接效果值为因素负荷量(标准化路径系数),以教师知识管理能力潜在变量的测量模型为例,潜在因素构念对知识创新、知识分享、知识应用、知识储存、知识取得的标准化路径系数(因素负荷量)分别为 0.826、0.783、0.879、0.735、0.788,因素负荷量数值即为直接效果值;就结构模型而言,外因潜在变量对内因潜在变量直接影响路径的标准化路径系数即为直接效果值,范例中知识管理能力外因变量对班级经营效能内因变量的标准化路径系数为 0.735,因而直接效果值为 0.735。

表 4-9　Standardized Direct Effects(Group number 1-Default model)

	知识管理能力	班级经营效能
班级经营效能	.735	.000
亲师沟通	.000	.709
师生互动	.000	.800
班级气氛	.000	.853
学习环境	.000	.726
班级常规	.000	.627
知识创新	.826	.000
知识分享	.783	.000
知识应用	.879	.000
知识储存	.735	.000
知识取得	.788	.000

表 4-10"Standardized Indirect Effects"中的数据为间接效果值,所谓间接效果值是指自变量(解释变量)对因变量(效标变量)的影响路径是通过中介变量而产生的。假设模型图中,外因变量知识管理能力对内因变量班级经营效能的影响并没有探究借由中介变量的影响情形,因而间接效果值为 0.000。知识管理能力(外因变量)对内因潜在变量班级经营效能五个观察变量影响的间接效果值分别为 0.522、0.588、0.627、0.534、0.461。间接效果值乃是外因变量对中介变量的直接效果值乘于中介变量对效标变量的直接效果值,以班级常规观察变量为例,外因潜在变量知识管理能力对其影响的间接效果值 =0.735(知识管理能力→班级经营效能)×0.627(班级经营效能→班级常规)=0.461;再以亲师沟通观察变量为例,外因潜在变量知识管

表 4-10　Standardized Indirect Effects(GROUP NUMBER 1-DEFAULT MODEL)

	知识管理能力	班级经营效能
班级经营效能	.000	.000
亲师沟通	.522	.000
师生互动	.588	.000
班级气氛	.627	.000
学习环境	.534	.000
班级常规	.461	.000
知识创新	.000	.000
知识分享	.000	.000
知识应用	.000	.000
知识储存	.000	.000
知识取得	.000	.000

理能力对其影响的间接效果值 = 0.735(知识管理能力→班级经营效能)×0.709(班级经营效能→亲师沟通) = 0.522。潜在变量的路径分析中,研究者关注的是结构模型间的因果关系,因而只要是探究外因潜在变量对内因潜在变量的直间接效果及总效果值,外因潜在变量对内因潜在变量各观察变量的间接效果并不是分析的重点所在。

当模型无法适配时,多数使用 Amos 统计软件进行模型检验的研究者通常会根据 Amos 提供的修正指标值(Modification Indices)进行假设模型的修正,Amos 提供的修正指标值包括增列变量间协方差(Covariances)、增列变量的路径系数(Regression Weights)、增列变量的方差(Variances)估计,假设模型修正程序中最常使用者为增列变量间的相关(协方差)或增列变量间的影响路径,Amos 提供的修正指标值的计算是隐含假设所有增列的所有参数原先的数值均为 0,其中也包含某些参数明确界定为 0 或不是 0 的数值,当修正指标增列的指标值由原先参数为 0 改为修正指标数值时,整体模型检验的 χ^2 值统计量可能降低多少数值,当 χ^2 值统计量变得愈小时,其余的整体模型适配度指标值会愈接近适配标准。"M. I."(modification index)栏呈现的数值为模型卡方值降低的差异量,"Par Change"(estimated parameter change)栏为估计参数改变量值,此数值如果为正,则参数的数值会增加;若此数值为负,则参数的数值会减少,如果原先的协方差估计值为 0,"Par Change"栏的数值为正,表示增列变量间的协方差呈现正相关;若是原先的协方差估计值为 0,"Par Change"栏的数值为负,表示增列变量间的协方差呈现负相关。

由于 Amos 提供的修正指标值中增列变量协方差或增列变量路径系数时,并没有考虑此种修正是否违反 SEM 的假定,或修改后的假设模型的意涵是否具有实质意义,因而研究者不能只根据 Amos 提供的所有修正指标值进行假设模型修正的参考,因为其中某些修正指标值是不具意义的,那研究者又会质疑:"既然某些修正指标值提供的协方差或路径不具意义,为何 Amos 又要提供这些修正指标值呢?"研究者心中的疑惑是可以理解的,这也是统计软件应用的限制所在,Amos 提供的修正指标只是将所有可以有效降低 χ^2 值统计量的方法告知使用者,至于要如何取舍及如何进行模型的修正,则必须根据理论文献与假设模型而定,其中最重要的是所增列的变量间关系要有实质意义,修正后的假设模型可以合理的解读与诠释,且修正后的假设模型的变量间关系不能违反 SEM 的基本假定。

以表 4-11 中的误差项 e9 和知识管理能力列的修正指标为例,修正指标值 5.944 数值的文字说明为:

If you repeat the analysis treating the covariance between e9 and 知识管理能力 as a free parameter, the discrepancy will fall by at least 5.944.

如果将 e9 和知识管理能力间的协方差界定为自由参数,则大约可降低卡方值 5.944 的差异量。

表 4-11   Modification Indices(Group number 1-Default model)【修正指标】

Covariances:(Group number 1-Default model)

	M. I.	Par Change
e9 < − − >知识管理能力	5.944	− .016
e9 < − − >r1	8.469	.010
e8 < − − >e9	11.310	.014
e6 < − − >e8	5.203	− .011

续表

	M. I.	Par Change
e6 < − − > e7	7.541	.017
e5 < − − > r1	15.772	.014
e4 < − − > r1	8.412	− .014
e4 < − − > e7	4.635	− .017
e4 < − − > e5	7.348	.020
e3 < − − > e10	4.171	− .011
e3 < − − > e4	11.002	− .021
e2 < − − > r1	10.235	− .018
e2 < − − > e10	4.840	.020
e2 < − − > e9	18.480	− .035
e2 < − − > e5	15.962	− .035
e2 < − − > e4	14.748	.044
e2 < − − > e3	5.760	.018
e1 < − − > e5	4.085	− .012

期望参数改变的数值 −0.016 的说明为：

If you repeat the analysis treating the covariance between e9 and 知识管理能力 as a free parameter, its estimate will become smaller by approximately 0.016 than it is in the present analysis.

如果将 e9 和知识管理能力间的协方差界定为自由参数，协方差的估计值大约会比目前估计分析结果的数值估计值小 0.016。（期望参数改变的数值若为正，则表示修正假设模型估计值会比目前分析结果所得的估计值为大）。

再以误差项 e2 与误差项 e9 列的协方差为例，修正指标值 18.480 与期望参数改变估计值 −0.035 的说明为：

If you repeat the analysis treating the covariance between e2 and e9 as a free parameter, the discrepancy will fall by at least 18.480.

如果将 e2 和 e9 两个误差项间的协方差界定为自由参数，则大约可降低卡方值 18.480的差异量。

If you repeat the analysis treating the covariance between e2 and e9 as a free parameter, its estimate will become smaller by approximately 0.035 than it is in the present analysis.

如果将 e2 和 e9 两个误差项间的协方差界定为自由参数，协方差的估计值大约会比目前估计分析结果的数值估计值小 0.035。

表 4-12　Variances：(Group number 1-Default model)【方差修正指标】

	M. I.	Par Change

方差分析的修正指标没有呈现，表示如果增列变量的方差后，卡方值的差异量没有超过默认的数值 4（If no modification indices are displayed, this means that none exceed the specified threshold.），修正指标数值 4 为默认值，研究者也可以修改。

表 4-13   Regression Weights：(Group number 1-Default model)【路径系数修正指标】

	M. I.	Par Change
师生互动 ＜ － － 知识管理能力	5.944	－ .080
师生互动 ＜ － － 知识分享	7.893	－ 0.055
师生互动 ＜ － － 知识储存	20.103	－ .078
师生互动 ＜ － － 知识取得	7.270	－ .066
学习环境 ＜ － － 班级常规	4.297	.071
知识创新 ＜ － － 班级经营效能	5.875	.132
知识创新 ＜ － － 师生互动	4.988	.066
知识创新 ＜ － － 班级气氛	6.969	.081
知识创新 ＜ － － 学习环境	6.053	.070
知识创新 ＜ － － 班级常规	5.177	.073
知识创新 ＜ － － 知识储存	6.779	－ .049
知识分享 ＜ － － 师生互动	5.052	－ .086
知识分享 ＜ － － 学习环境	6.754	－ .096
知识分享 ＜ － － 知识储存	6.219	.061
知识储存 ＜ － － 师生互动	14.318	－ .173
知识储存 ＜ － － 班级气氛	5.620	－ .112
知识储存 ＜ － － 知识创新	4.256	－ .081
知识储存 ＜ － － 知识分享	5.018	.073

If you repeat the analysis treating the regression weight for using 知识储存 to predict 师生互动 as a free parameter, the discrepancy will fall by at least 20.103.

如果模型图中增列知识储存对师生互动预测的路径系数为自由参数,则大约可降低卡方值 20.103 的差异量。

If you repeat the analysis treating the regression weight for using 知识储存 to predict 师生互动 as a free parameter, its estimate will become smaller by approximately 0.078 than it is in the present analysis.

如果模型图中增列知识储存对师生互动预测的路径系数为自由参数,则其估计值会比目前估计分析结果的数值估计值小 0.078(由于原先知识储存对师生互动预测的路径系数为 0,新的路径系数估计值比 0 小,表示增列假设模型中此条路径的路径系数值为负数)。

在输出报表中默认的修正指标值的界限值为 4,范例中修正指标临界值为 10。若假设模型与样本数据无法适配,研究者要对假设模型进行模型修正,可根据修正指标值的变更数值进行模型的简化。模型修正应与理论或经验法则相契合,或重新抽取一组样本施测,以重新检验修正后新模型的适配情形。当参数的修正指标值较大,表示可进行变量间的释放或路径系数的删除,不论是进行变量间的参数释放(建立变量间的协方差),或变量间的因果关系路径删除,均不能违反 SEM 的假定或与理论模型假定相矛盾。

增列变量间的协方差或因果路径包含了饱和模型中所有参数,且这些参数原先为 0,当这些参数估计显著不等于 0 时,卡方值减少的差异量会被呈现出来。以协方差为例,如果期望参数改变的数值为负数,则增列的两个变量间的相关为负;若期望参数改变的数值为正数,则增列的两个变量间的相关为正,以下列的残差项 r1 与误差项 e5 的协方差为例,原先模型这两个变量没有共变关系,若增列它们的协方差(两个变量有相关),则整体模型大约可减少 15.772 的卡方值,估计期望参数变化为两者呈正相关。

	M. I.	Par Change
e5 < − − > r1	15.772	.014

增列残差项 r1 与误差项 e5 间的协方差的假设模型图如图 4-24。

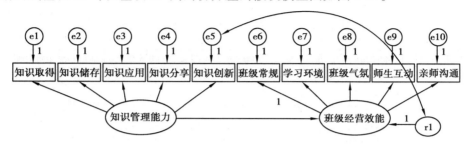

图 4-24

该假设模型图的估计结果为,模型可以收敛估计,标准化估计值模型图 4-25 显示:残差项 r1 与误差项 e5 间的相关系数为 0.22,卡方值为 132.152,原先未修正模型的整体模型适配度卡方值为 149.533,卡方值差异量为 17.381,原先修正指标栏预估的卡方值差异量为 15.772。

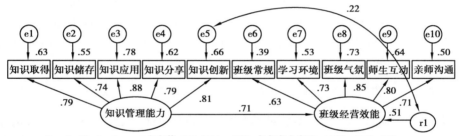

Standardized estimates; 卡方值=132.152(p=.000); 卡方自由度比=4.005、GFI=.958
AGFI=.931、RMR=.013、RMSEA=.071、NFI=.963、RFI=.949、TLI=.961、CN=215.000

图 4-25

再以路径系数提供的修正指标为例,其中增列观察变量知识储存对师生互动直接路径,约可降低卡方值 20.103 的差异量,估计参数改变值为负,表示增列的路径系数估计值为负数。

	M. I.	Par Change
师生互动 < − − − 知识储存	20.103	− .078

增列观察变量知识储存对师生互动直接路径的假设模型图如图 4-26。

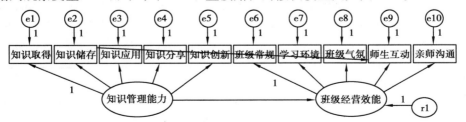

图 4-26

　　该假设模型图的估计结果为,模型可以收敛估计,标准化估计值模型图 4-27 显示:知识储存预测师生互动变量的标准化路径系数为 - 0.19,卡方值为 117.773,原先未修正模型的整体模型适配度卡方值为 149.533,卡方值差异量为 32.152,原先修正指标栏预估的卡方值差异量为 20.103。

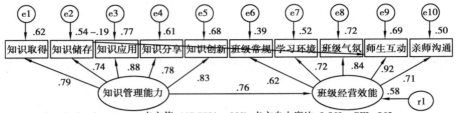

图 4-27

　　上述两种修正指标值的确可以降低卡方值的数值,在模型整体适配度检验时,卡方值愈小,其余适配度指标值愈会达到模型适配标准,因而修正的假设模型愈容易得到支持。但研究者增列的两种修正指标值是没有意义的,以第一种修正指标为例,界定观察变量误差项与潜在变量残差项间有相关(有共变关系)是违反 SEM 的假定;就第二种修正指标为例,界定测量模型的观察变量对另一观察变量的路径是没有实质意义的。潜在变量路径分析中,研究者要探究的是结构模型内潜在变量间的关系,此外,还可以增列的是观察变量误差项间的协方差。

　　独特样本矩元素的数目即样本数据点数目,其数值 $= \frac{1}{2}k(k+1) = \frac{1}{2}(10)(10+1) = 55$,其中 k 为假设模型中观察变量的个数(范例中观察变量的个数为 10),饱和模型表示模型中所有的参数都要估计,因而待估计的自由参数等于样本数据点数目;表 4-14 显示,模型中待估计的自由参数共有 21 个,模型的自由度等于 55 - 21 = 34,卡方值等于 149.533(CMIN 栏数值),显著性概率值 p = 0.000 < 0.05,拒绝虚无假设,表示观察数据所导出的方差协方差 S 矩阵与假设模型导出的方差协方差矩阵相等的假设无法获得支持,即假设模型图与观察数据无法适配。由于卡方值易受样本数大小的影响,当样本数很大时,所有假设模型的卡方值的显著性 p 值几乎都会达到 0.05 显著水平(p < 0.05),此时,若单以卡方检验的估计值作为模型适配度的检验指标,则研究者所提的假设模型可能都无法获得支持。因此若样本数很大时,卡方检验估值只能作为假设模型的参考指

表 4-14　Model Fit Summary【模型适配度摘要表】

CMIN

Model	NPAR (待估计的自由参数)	CMIN (卡方值)	DF (自由度)	P (显著性)	CMIN/DF (卡方自由度比值)
Default model (默认模型)	21	149.533	34	.000	4.398
Saturated model (饱和模型)	55	.000	0		
Independence model (独立模型)	10	3 542.846	45	.000	78.730

标即可。卡方自由度比值（CMIN/DF）为 4.398，卡方自由度比值的判别标准为其数值小于 3.000，卡方自由度比值由于是以卡方检验估计值作为分母，以模型的自由度作为分子，因而受样本数大小的影响较小，一般判别标准为此数值若小于 3.000（较为严格要求为卡方自由度比值小于 2.000），表示假设模型的适配度良好。

模型摘要表除呈现假设模型整体适配度统计量外，也增列饱和模型（Saturated model）与独立模型（Independence model）两个模型整体适配度统计量，这两个模型是一种比较性的架构，以一个模型连续体为例，假设模型为界于二个极端模型（饱和模型与独立模型）中的一个模型，假定连续体的左边为饱和模型，连续体的右边为独立模型，研究者界定的假设模型则界于这两个模型之间。所谓独立模型是模型中所有变量均完全独立，所有变量间均没有关系（所有变量的相关都假定为 0），此种模型是最严格模型，由于此种模型实际上不可能存在，因而独立模型又称为虚无模型（null model）；相对地，饱和模型中界定所有变量都有相关，因而被估计的自由参数个数等于观察数据样本点的个数，其自由度为 0，饱和模型为一种正好识别模型，也是一种限制最少的模型；假设模型由于只界定某些变量间有关系，某些变量的关系为独立，因而模型是界于独立模型与饱和模型之间。三种模型在连续体的关系，如图 4-28 所示：

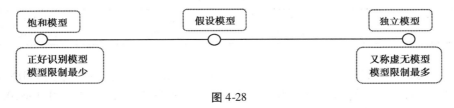

图 4-28

表 4-15 显示，模型适配度指标中的 RMR 值等于 0.014 < 0.050 适配指标值，GFI 值等于 0.953 > 0.900 适配指标值，AGFI 值等于 0.924 > 0.900 适配指标值，PGFI 值等于 0.589 > 0.500 适配指标值，均达模型可以适配的标准（表格中将饱和模型与独立模型的适配度统计量删除）。

表 4-15 RMR, GFI

Model	RMR	GFI	AGFI	PGFI
Default model	.014	.953	.924	.589

Amos 输出的基准线比较适配统计量包括 NFI、RFI、IFI、TLI、CFI 五种，五种适配指标值若大于 0.900，表示假设模型与样本数据可以契合。表 4-16 中的 NFI 值等于 0.958 > 0.900，RFI 值等于 0.944 > 0.900，IFI 值等于 0.967 > 0.900，TLI 值等于 0.956 > 0.900，CFI 值等于 0.967 > 0.900，均符合模型适配标准，表示假设理论模型与观察数据的整体适配度佳。一般的判别标准为上述指标值若大于 0.90，表示假设模型是个可接受的模型（acceptably close fit）；如果基准线比较适配统计量数值大于 0.95，表示假设模型的适配度良好（excellent fit）。

表 4-16 Baseline Comparisons

Model	NFI Delta1	RFI rho1	IFI Delta2	TLI rho2	CFI
Default model	.958	.944	.967	.956	.967

表 4-17"简约调整后的测量值"（Parsimony-Adjusted Measures）摘要表中的 PRATIO 栏为"简约比"（parsimony ratio），此数值可进一步估算"简约 NFI"值与"简约 CFI"值，PRATIO 栏的值等于"预设模型"的自由度除以"独立模型"的自由度。表中的 PNFI 值等于 0.724 > 0.500，PCFI 值等于 0.731 > 0.500，均大于模型可接受的要求值 0.500。在模型适配度判别方面，基本简约指标值（PGFI、PNFI、PCFI）若大于 0.500，表示假设模型与样本数据可以适配。

表 4-17   Parsimony-Adjusted Measures

Model	PRATIO	PNFI	PCFI
Default model	.756	.724	.731

NCP 为非中心性参数（Noncentrality parameter），是评量估计参数偏离程度的指标。非集中化的参数值愈大，则模型的适配情形愈不理想。表 4-18 中的 NCP 值为 115.533，其 90% 的置信区间为[81.370,157.248]，区间值未包含 0，表示 NCP 估计值未达 0.10 的显著水平。

表 4-18   NCP

Model	NCP	LO 90	HI 90
Default model	115.533	81.370	157.248

FMIN 为最小差异值函数（minimum discrepancy function）。表 4-19 中的 FMIN 值等于 0.250，此值为最小差异值，F0 为总体差异函数值，其 90% 的置信区间为[0.136,0.263]，FMIN 估计量的数值愈接近 0 表示理论模型与实际数据的适配度愈佳。

表 4-19   FMIN

Model	FMIN	F0	LO 90	HI 90
Default model	.250	.193	.136	.263

RMSEA 为渐进残差均方和平方根（root mean square error of approximation），其值愈小，表示模型的适配度愈佳，表 4-20 中的 RMSEA 值等于 0.075，小于 0.08 模型可以接受的标准。RMSEA 值 90% 的置信区间为[0.063,0.088]。RMSEA 值的判别标准为 RMSEA < 0.05 时表示模型适配度佳，RMSEA < 0.08 时表示模型适配度尚可，所以假设模型是个可以被接受的模型。

表 4-20   RMSEA

Model	RMSEA	LO 90	HI 90	PCLOSE
Default model	.075	.063	.088	

AIC 为 Akaike 信息效标（Akaike information criterion），其值愈小表示模型的适配度愈佳且愈精简。AIC 估计值主要用于判断理论模型所要估计的参数数目是否符合精简的指标，常用于数个模型的比较。四个类似的 AIC 指标值（AIC = 191.533、BCC = 192.319、BIC = 283.869、CAIC = 304.869）通常用于多个模型的跨效度（cross-validate）或复核效度的比较，若作为单一模型适配度的判别，则模型的 AIC 指标值要小于饱和模型与独立模型的 AIC 指标值。多个模型的竞争比较时，AIC 指标值愈小的假设模型，其与样本数据

的适配情形会愈佳。

表 4-21　AIC

Model	AIC	BCC	BIC	CAIC
Default model	191.533	192.319	283.869	304.869

ECVI 为期望跨效度指数（expected cross-validation index），其 90% 的置信区间为 [0.263,0.389]。ECVI 指标值通常用于数个模型的竞争比较，如果进行多个模型的竞争比较或选替模型时，则应挑选 ECVI 值较小的模型，较能与观察数据契合，ECVI 摘要表 4-22 中呈现两个适配度指标值 ECVI（=0.320）、MECVI（=0.321）。AIC 与 ECVI 值较常适用于单群组数个竞争模型的选择。

表 4-22　ECVI

Model	ECVI	LO 90	HI 90	MECVI
Default model	.320	.263	.389	.321

表 4-23 显示的是 HOELTER 适配度指标值，在 0.05 显著水平时，CN 值 = 195 < 200；于 0.01 显著水平时，CN 值 = 225 > 200。CN 值的判别指标为 HOELTER 的数值大于 200，当 HOELTER 的数值大于 200 时，表示假设模型适配情形良好。

表 4-23　HOELTER

Model	HOELTER 0.05	HOELTER .01
Default model	195	225

Amos 输出的整体模型适配度指标中没有 SRMR 指标值，SRMR 为标准化均方根残差（standardized root mean square residual），其数值介于 0 至 1 之间，其数愈接近 0 表示假设模型的适配度愈佳，假设模型要获得支持的判别指标值为 SRMR < 0.05。

若要输出 SRMR 适配度指标值，其操作如图 4-29：

- 执行功能列"Plugins"（增列）/"Standardized RMR"（标准化 RMR 值）程序，开启"Standardized RMR"（标准化 RMR 值）对话窗口，此时窗口内没有数值。

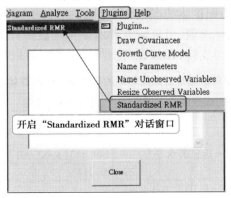

图 4-29

- 在"Standardized RMR"(标准化 RMR 值)窗口开启之下,按工具列"Calculate estimates"(计算估计值)图像钮,若模型可以识别收敛,则 SRMR 值会出现于原先开启的"Standardized RMR"窗口内。范例中,校长教学领导量表一阶三因素斜交模型适配度的 SRMR 值等于 0.378。

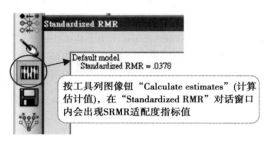

图 4-30

表 4-24   教师知识管理对班级经营效能影响的因果模型图的基本适配度检验摘要表

评鉴项目	检验结果数据	模型适配判断
误差方差是否没有出现负数	均为正数	是
因素负荷量是否介于 0.5 至 0.95 之间	0.735 ~ 0.879 0.627 ~ 0.853	是
参数估计值是否没有出现很大的标准误	路径系数标准误介于 0.037 至 0.090 间。 潜在变量方差标准误介于 0.005 至 0.018 间。	是

从表 4-25 可知,在整体模型适配度指标值的诊断方面(共十六个判别指标值),除卡方值、卡方自由度比值$\left(\dfrac{\chi^2}{df} = 4.398 > 3.000\right)$及 CN 值未符合模型适配标准外,其余十三个指标皆符合模型适配标准值(如果增值适配度统计采用较严格标准,RFI 值未达模型适配标准,七个绝对适配度指标有五个达到适配标准,五个增值适配度指标有四个达到适配标准;三个简约适配度指标均达到适配标准),由于卡方值易受到样本数大小而波动,在大样本的情况下卡方值几乎均会达 0.05 显著水平,所有假设模型都可能被拒绝,因而在大样本的情况下,适配度卡方值最好只作为参考用。排除卡方值,整体模型的适配度统计量只有三个未达标准值,可见研究者所建构的教师知识管理能力影响班级经营效能的因果模型图可以获得支持,即假设模型与样本数据可以契合。

表 4-25   教师知识管理对班级经营效能影响的因果模型图的整体模型适配度检验摘要表

统计检验量	适配的标准或临界值	检验结果数据	模型适配判断
自由度		34	
绝对适配度指数			
χ^2值	p > 0.05(未达显著水平)	149.533(p < 0.001)	适配指标参考统计量
RMR 值	< 0.05	0.014	是
RMSEA 值	< 0.08(若 < 0.05 优良; < 0.08 良好)	0.075	是
SRMR	< 0.05	0.038	是

续表

统计检验量	适配的标准或临界值	检验结果数据	模型适配判断
GFI 值	>0.90 以上	0.953	是
AGFI 值	>0.90 以上	0.924	是
CN 值	> 200	195	否
χ^2 自由度比	<3.00	4.398	否
增值适配度指数			
NFI 值	>0.95 以上	0.958	是
RFI 值	>0.95 以上	0.944	否(<0.95)/是(>0.90)
IFI 值	>0.95 以上	0.967	是
TLI 值(NNFI 值)	>0.95 以上	0.956	是
CFI 值	>0.95 以上	0.967	是
简约适配度指数			
PGFI 值	>0.50 以上	0.589	是
PNFI 值	>0.50 以上	0.724	是
PCFI 值	>0.50 以上	0.731	是

　　研究者如果要进行多群组分析,以验证假设模型的跨群组效度,假设模型必须增列参数标签名称,若只进行单群组分析/单一样本数据,或多群组分析不进行参数不变性或参数等同性限制模型的检验,则假设模型可以不用增列对象的参数卷标名称。增列参数标签的操作为:执行功能列"Plugins"(增列)/"Name Parameters"(参数命名)程序,开启"Amos Graphics"对话窗口(图4-31),对话窗口中可以界定五种参数名称:协方差(默认起始字母为C)、路径系数(默认起始字母为W)、方差(默认起始字母为V)、平均数(默认起始字母为M)、截距项(默认起始字母为I),平均数与截距项参数标签的配列,必须先在"分析属性"(Analysis Properties)对话窗口的"Estimation"(估计)次窗口中勾选"Estimate means and intercepts"(估计平均数与截距项)选项,否则假设模型不会估计平均数与截距项。

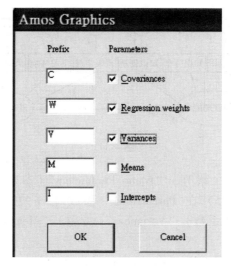

图 4-31

　　增列参数卷标的假设模型图如图4-32:路径系数(默认起始字母为W)的参数标签名

称依序为 W1、W2、W3、……;协方差(默认起始字母为 C)的参数标签名称依序为 C1、C2、C3、……;方差(默认起始字母为 V)的参数标签名称依序为 V1、V2、V3、……。由于假设模型中没有协方差参数,因而没有出现协方差的参数标签名称。

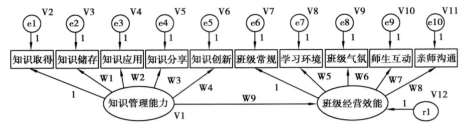

图 4-32

在"Analysis Properties"(分析属性)对话窗口的"Estimation"(估计)标签钮中勾选"Estimates means and intercepts"(估计平均数与截距项)选项后,增列的参数卷标名称的假设模型图如图 4-33:

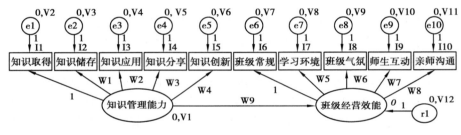

图 4-33

若假设模型图没有增列参数标签名称,则会呈现潜在变量平均数估计值的预设数值 0。

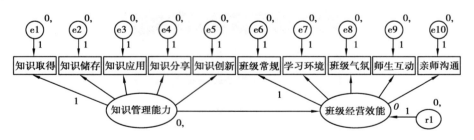

图 4-34

执行功能列"Plugins"(增列)/"Name Parameters"(参数命名)程序,开启"Amos Graphics"对话窗口(图 4-35),在"Parameters"(参数)栏下勾选"Covariances"(协方差)、"Regression weights"(路径系数)、"Variances"(方差)、"Means"(平均数)、"Intercepts"(截距项)。

非标准化估计值模型图 4-36 显示,增列估计潜在变量的平均数与截距项参数,整体模型适配度各项统计量均与原先相同,测量模型各原始路径系数也与原先相同。知识管理能力五个观察变量的平均数分别为 3.88、3.55、3.90、3.54、3.88;班级经营效能五个观

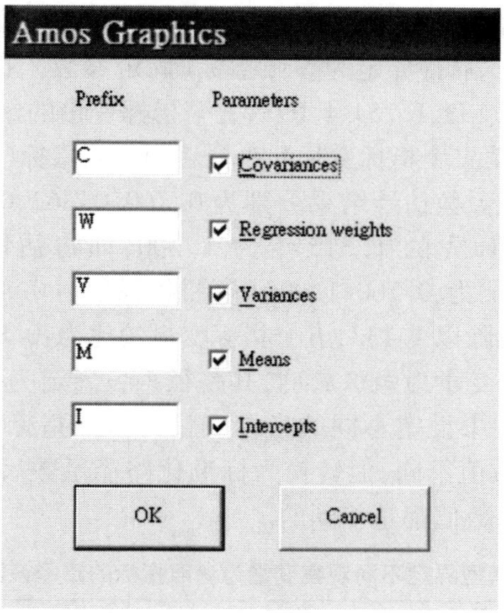

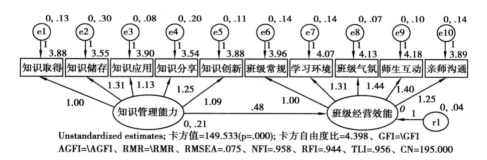

图 4-35

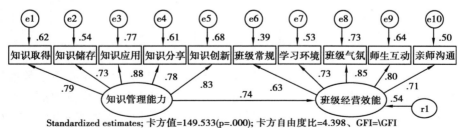

图 4-36

察变量的平均数分别为 3.96、4.07、4.13、4.18、3.89。

　　标准化估计值模型图 4-37 显示,增列估计潜在变量的平均数与截距项参数,测量模型的标准化路径系数与原先相同,知识管理能力测量模型五个观察变量的因素负荷量分别为 0.79、0.73、0.88、0.78、0.83;班级经营效能测量模型五个观察变量的因素负荷量分别为 0.63、0.73、0.85、0.80、0.71,结构模型的标准化路径系数 β 等于 0.74。

图 4-37

　　测量模型中界定不同观察变量为参照指标时,模型估计所得的标准化路径系数均是相同的,不同的是非标准化路径系数的数值,以知识管理能力潜在变量五个观察变量为例表 4-26,将指标变量知识取得界定为参照指标(固定参数),四个指标变量的路径系数估计结果分别为 1.315、1.133、1.254、1.093,五个指标变量的比为:1.000:1.315:1.133:1.254:1.093,此时,若改第二个指标变量知识储存为参照指标(路径系数值为 1.000),则其余四个指标变量的路径系数估计结果分别为 0.760、0.862、0.954、0.831,知识储存参照指标的路径系数值由原先的 1.315 变为 1.000,即将估计值除以 1.315(分母为 1.315),五个指标变量的比为:0.760:1.000(参照指标值):0.862:0.954:0.831,如果原先五个路径系数估计值改除以 1.133,五个指标变量的比为:0.883:1.161:1.000:1.107:0.965,此时参照指标观察变量为知识应用(其路径系数界定为 1.000),其余四个观察变量为自由参数。测量模型中设定不同的指标变量为参照指标变量,虽然原始路径系数(非标准化回归系数)的数值不同,但转换为标准化路径系数后,测量模型及结构模型中所有路径的标准化路径系数值都是相同的。

表 4-26   测量模型界定不同观察变量为参照指标的路径系数估计值摘要表

潜在变量	观察变量	路径系数估计值	路径系数估计值	路径系数估计值	路径系数估计值	路径系数估计值
知识管理能力	知识取得	1.000(参照指标)	0.760	0.883	0.797	0.915
	知识储存	1.315	1.000(参照指标)	1.161	1.049	1.203
	知识应用	1.133	0.862	1.000(参照指标)	0.904	1.037
	知识分享	1.254	0.954	1.107	1.000(参照指标)	1.147
	知识创新	1.093	0.831	0.965	0.872	1.000(参照指标)
班级经营效能	班级常规	1.000(参照指标)	0.761	0.696	0.716	0.797
	学习环境	1.314	1.000(参照指标)	0.915	0.941	1.047
	班级气氛	1.436	1.093	1.000(参照指标)	1.028	1.144
	师生互动	1.397	1.063	0.973	1.000(参照指标)	1.113
	亲师沟通	1.255	0.955	0.874	0.898	1.000(参照指标)

知识管理能力潜在变量的测量模型的参照指标为知识储存(界定路径系数值为 1),班级经营效能潜在变量的测量模型的参照指标为学习环境(界定路径系数值为 1),模型估计结果的非标准化估计值模型图中的观察变量路径系数摘要表如表 4-27,其中外因变量知识管理能力对内因变量班级经营效能的路径系数为 0.482,临界比值为 13.954(p = 0.000 < 0.05)。

表 4-27　Regression Weights:(Group number 1-Default model)

	Estimate	S. E.	C. R.	P	Label
班级经营效能 < － － －知识管理能力	.482	.035	13.954	＊＊＊	
知识取得　 < － － －知识管理能力	.761	.040	19.102	＊＊＊	
知识储存　 < － － －知识管理能力	1.000				参照指标
知识应用　 < － － －知识管理能力	.862	.040	21.367	＊＊＊	
知识分享　 < － － －知识管理能力	.954	.050	18.975	＊＊＊	
知识创新　 < － － －知识管理能力	.831	.041	20.059	＊＊＊	
班级常规　 < － － －班级经营效能	.761	.052	14.589	＊＊＊	
学习环境　 < － － －班级经营效能	1.000				参照指标
班级气氛　 < － － －班级经营效能	1.093	.055	19.710	＊＊＊	
师生互动　 < － － －班级经营效能	1.064	.057	18.608	＊＊＊	
亲师沟通　 < － － －班级经营效能	.955	.058	16.517	＊＊＊	

　　知识管理能力潜在变量的测量模型的参照指标为知识应用(界定路径系数值为 1),班级经营效能潜在变量的测量模型的参照指标为班级气氛(界定路径系数值为 1),模型估计结果的非标准化估计值模型图中的观察变量路径系数摘要表如表 4-28,其中外因变量知识管理能力对内因变量班级经营效能的路径系数为 0.611,临界比值为 17.822(p = 0.000 < 0.05)。

表 4-28　Regression Weights:(Group number 1-Default model)

	Estimate	S. E.	C. R.	P	Label
班级经营效能 < － － －知识管理能力	.611	.034	17.822	＊＊＊	
知识取得　 < － － －知识管理能力	.883	.037	23.884	＊＊＊	
知识储存　 < － － －知识管理能力	1.160	.054	21.367	＊＊＊	
知识应用　 < － － －知识管理能力	1.000				参照指标
知识分享　 < － － －知识管理能力	1.107	.047	23.640	＊＊＊	
知识创新　 < － － －知识管理能力	.965	.037	25.813	＊＊＊	
班级常规　 < － － －班级经营效能	.696	.043	16.295	＊＊＊	
学习环境　 < － － －班级经营效能	.915	.046	19.710	＊＊＊	
班级气氛　 < － － －班级经营效能	1.000				参照指标
师生互动　 < － － －班级经营效能	.973	.043	2.526	＊＊＊	
亲师沟通　 < － － －班级经营效能	.874	.046	19.114	＊＊＊	

　　知识管理能力潜在变量的测量模型的参照指标为知识分享(界定路径系数值为 1),班级经营效能潜在变量的测量模型的参照指标为师生互动(界定路径系数值为 1),模型估计结果的非标准化估计值模型图中的观察变量路径系数摘要表如表 4-29,其中外因变量知识管理能力对内因变量班级经营效能的路径系数为 0.537,临界比值为 15.615(p = 0.000 < 0.05)。

　　知识管理能力潜在变量的测量模型的参照指标为知识创新(界定路径系数值为 1),班级经营效能潜在变量的测量模型的参照指标为亲师沟通(界定路径系数值为 1),模型估计结果的非标准化估计值模型图中的观察变量路径系数摘要表如表 4-30,其中外因变量知识管理能力对内因变量班级经营效能的路径系数为 0.554,临界比值为 14.734(p = 0.000 < 0.05)。

表 4-29   Regression Weights：(Group number 1-Default model)

	Estimate	S. E.	C. R.	P	Label
班级经营效能 < − − −知识管理能力	.537	.034	15.615	* * *	
知识取得　 < − − −知识管理能力	.797	.039	20.681	* * *	
知识储存　 < − − −知识管理能力	1.048	.055	18.975	* * *	
知识应用　 < − − −知识管理能力	.903	.038	23.640	* * *	
知识分享　 < − − −知识管理能力	1.000				参照指标
知识创新　 < − − −知识管理能力	.872	.040	21.910	* * *	
班级常规　 < − − −班级经营效能	.716	.046	15.648	* * *	
学习环境　 < − − −班级经营效能	.940	.051	18.608	* * *	
班级气氛　 < − − −班级经营效能	1.028	.046	22.526	* * *	
师生互动　 < − − −班级经营效能	1.000	.050	18.101	* * *	
亲师沟通　 < − − −班级经营效能	.898				参照指标

表 4-30   Regression Weights：(Group number 1-Default model)

	Estimate	S. E.	C. R.	P	Label
班级经营效能 < − − −知识管理能力	.554	.038	14.734	* * *	
知识取得　 < − − −知识管理能力	.915	.041	22.105	* * *	
知识储存　 < − − −知识管理能力	1.203	.060	20.059	* * *	
知识应用　 < − − −知识管理能力	1.036	.040	25.813	* * *	
知识分享　 < − − −知识管理能力	1.147	0.052	21.910	* * *	
知识创新　 < − − −知识管理能力	1.000				参照指标
班级常规　 < − − −班级经营效能	.797	.056	14.340	* * *	
学习环境　 < − − −班级经营效能	1.047	.063	16.517	* * *	
班级气氛　 < − − −班级经营效能	1.144	.060	19.114	* * *	
师生互动　 < − − −班级经营效能	1.113	.062	18.101	* * *	
亲师沟通　 < − − −班级经营效能	1.000				参照指标

第五章 模型界定与模型修正

一项以警察人员为研究对象,探究警察人员的婚姻态度、亲子关系与幸福感受关系的研究中,研究者采用分层随机取样方法,从北、中、南各抽取样本,回收问卷中有效样本数有538位。测量工具包含婚姻态度量表、亲子关系量表、幸福感受量表,每个量表经探索性因素分析结果各萃取三个构面(因素)(三个量表个别探索性因素分析程序,萃取的共同因素个数,因素构向为测量模型的高阶因素构念变量的观察变量)。

● 婚姻态度量表:三个构面名称为责任承诺、情感亲密、体谅支持。
● 亲子关系量表:三个构面名称为相互信任、情感交流、民主沟通。
● 幸福感受量表:三个构面名称为人际关系、身心健康、工作调适。

九个测量变量(各构面为观察变量)及量表平均得分的描述性统计量如表5-1。

表中各构面(因素)为单题平均分数,因而最小值为1,最大值为5,最大值若没有超过5,表示文件没有偏离值出现。

表 5-1 测量模型九个观察变量的描述性统计量摘要表

观察变量	个数	范围	最小值	最大值	平均数	标准差	方差
责任承诺	538	4.00	1.00	5.00	3.709 7	.645 47	.417
情感亲密	538	4.00	1.00	5.00	3.759 8	.714 98	.511
体谅支持	538	4.00	1.00	5.00	3.909 4	.646 43	.418
相互信任	538	4.00	1.00	5.00	3.320 0	.842 06	.790
情感交流	538	4.00	1.00	5.00	3.701 9	.705 42	.498
民主沟通	538	4.00	1.00	5.00	3.449 2	.797 52	.636
人际关系	538	4.00	1.00	5.00	3.426 6	.755 30	.553
身心健康	538	4.00	1.00	5.00	3.394 7	.812 53	.660
工作调适	538	4.00	1.00	5.00	3.426 6	.755 30	.570

九个观察变量的相关系数摘要表5-2显示:观察变量间均呈显著正相关,尤其是相关系数皆为正数,因而变量间的协方差也均为正数。相关系数与协方差间的关系为:$r_{XY} = \dfrac{COV_{XY}}{SD_X \times SD_Y} = \dfrac{COV_{XY}}{\sqrt{VAR_X} \times \sqrt{VAR_Y}}$,$COV_{XY} = \sqrt{VAR_X} \times \sqrt{VAR_Y} \times r_{XY}$。由于方差的平方根(标准差)为正值,因而协方差的正负值符号会与相关系数正负值符号相同,因而若两个变量间有共变关系,表示两个变量间有相关存在(Amos非标准化估计值模型图呈现的是两个变量间的协方差,标准化估计值模型图呈现的是两个变量间的相关系数)。以指标变量

责任承诺与指标变量情感亲密为例,两个指标变量的方差估计值分别为 0.417、0.511,两个指标变量的标准差分别为 0.645、0.715,两个观察变量的协方差估计值为 0.325,两个指标变量间的相关系数为 $r_{XY} = \dfrac{COV_{XY}}{\sqrt{VAR_X} \times \sqrt{VAR_Y}} = \dfrac{0.325}{\sqrt{0.417} \times \sqrt{0.498}} = \dfrac{0.325}{\sqrt{0.645} \times \sqrt{0.715}} = 0.705$。

表 5-2　测量模型九个观察变量间的相关矩阵摘要表

变量名称	统计量数	责任承诺	情感亲密	体谅支持	相互信任	情感交流	民主沟通	人际关系	身心健康	工作调适
责任承诺	Pearson 相关	1								
	协方差	.417								
情感亲密	Pearson 相关	.705***	1							
	协方差	.325	.511							
体谅支持	Pearson 相关	.742***	.722***	1						
	协方差	.310	.334	.418						
相互信任	Pearson 相关	.604***	.535***	.437***	1					
	协方差	.328	.322	.238	.709					
情感交流	Pearson 相关	.700***	.657***	.614***	.699***	1				
	协方差	.319	.332	.280	.415	.498				
民主沟通	Pearson 相关	.704***	.606***	.515***	.839***	.811***	1			
	协方差	.362	.346	.266	.564	.456	.636			
人际关系	Pearson 相关	.638***	.574****	.531***	.811***	.705***	.773***	1		
	协方差	.306	.305	.255	.508	.370	.459	.553		
身心健康	Pearson 相关	.621***	.532****	.522***	.638***	.592***	.657***	1		
	协方差	.325	.309	.274	.437	.339	.426	.660		
工作调适	Pearson 相关	.679***	.580***	.541***	.799***	.727***	.789***	.732***	.684***	1
	协方差	.331	.313	.264	.508	.387	.475	.411	.420	.570

*** p < 0.001。

第一节　模型的测量模型与结构模型

婚姻态度潜在变量理论建构的一般测量模型(measurement model)如图 5-1,e 为测量误差项(error term)的简称,测量模型的误差项符号为 δ 或 ε。

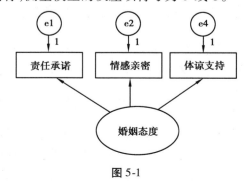

图 5-1

幸福感受潜在变量理论建构的测量模型如图 5-2。

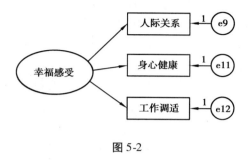

图 5-2

亲子关系潜在变量理论建构的测量模型如图 5-3。

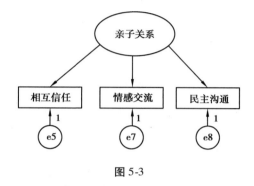

图 5-3

三个因素构念的测量模型均为反映性测量模型,指标变量(观察变量)为反映性指标而非形成性指标。结构模型(structural model)图 5-4 中两个外因潜在变量为婚姻态度、亲子关系,内因潜在变量为幸福感受,内因变量类似回归分析程序的因变量(dependent variables)或结果变量(outcome variables),结构模型的内因变量都要增列一个残差项(residual terms),在 Amos 的视窗操作中,残差项的路径系数要界定为 1。

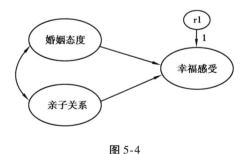

图 5-4

一、Amos 视窗模型界定

Amos 的验证性因素分析(confirmatory factor analysis;CFA)程序,测量模型中潜在变量(因素构念/因素/构念/潜在因素)对观察变量的路径系数要界定一个参照指标变量,其路径系数要固定为 1。测量模型被界定为固定系数的个数为模型中待估计所有参数的最少数目,固定参数的系数界定为比 1 大的数值也可以,但这样的界定很容易影响到误差项的方差,可能使误差项的方差变为负值。CFA 检验的目的在于检验假设模型(hypothesized model)是否与观察数据(observed data)适配。婚姻态度潜在因素的测量模型中固定系数有 4 个,其中包含 3 个误差项的路径系数、1 个参照指标路径系数,测量模型中单因素构念所有指标变量的路径系数如果都界定为 1,或三条路径系数参数标签名称的数值界定为相同,且都等于常数 1(如 W1 = W2 = W3 = 1),表示因素构念变量对指标变量的影响相同,其路径系数估计值(非标准化负荷量)的数值都相同。

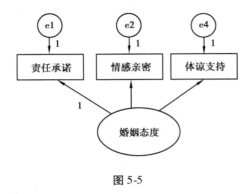

图 5-5

幸福感受潜在因素的测量模型中固定系数有 4 个,其中包含 3 个误差项的路径系数、1 个参照指标路径系数,参照指标变量为人际关系。

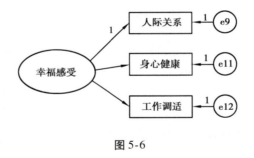

图 5-6

亲子关系潜在因素的测量模型中固定系数有 4 个,其中包含 3 个误差项的路径系数、1 个参照指标路径系数,参照指标变量为相互信任。

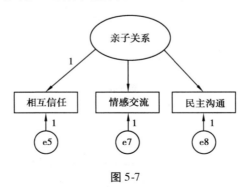

图 5-7

三个测量模型组合而成的假设结构方程模型图 5-8 显示:两个外因潜在变量为婚姻态度、亲子关系,内因潜在变量为幸福感受,两个外因潜在变量没有直接因果关系或没有隐含直接效果,因而以双箭号符号连结两个潜在因素,表示两个潜在因素间只有共变关系。结构方程模型是潜在构念变量间关系的界定,作为因变量的构念称为外因变量、作为果项的构念称为内因变量,各潜在构念变量建构的测量模型包括潜在变量与观察变量的关系,统计分析除探究潜在变量对观察变量的直接影响效果外,更探究潜在变量(因素构念)彼此间的关系,结构方程模型关注的是建立一个有意义的模型,模型的参数可以顺利估计,建构的模型能反映潜在共变结构的程度。

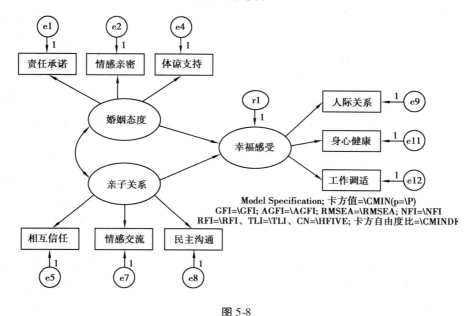

图 5-8

上述结构方程模型的假设模型图绘制于 Amos 界面视窗中,增列参数标签名称的假设模型图如图 5-9。假设模型图中待估计的参数(自由参数)标签名称如果一样,表示两

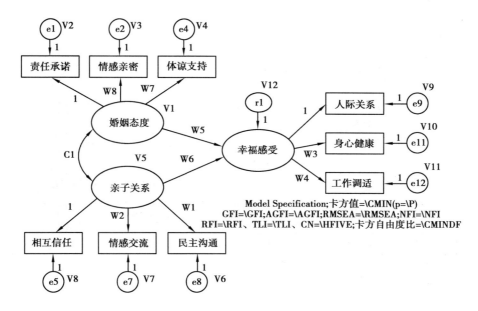

图 5-9

个参数值界定为相同,初始建构的假设模型图不应直接界定有两个以上的估计系数的参数标签名称相同,因初始建构的假设模型与样本数据是否适配尚未检验,将模型限定为严苛形式是不恰当的。一个模型中待估计的参数愈少,模型的自由度愈大,表示模型较为简约;相对地,模型中待估计的参数愈多,模型的自由度愈小,表示模型较为复杂。就同一假设模型而言,模型愈复杂,整体模型适配度卡方值会愈小,但理论模型较无法反映真正的情境。

图 5-10 显示,初始建构的假设模型估计结果为:模型可以辨识收敛,非标准化估计值模型图中没有出现负的误差方差,表示没有违反模型辨认规则。模型整体适配度卡方值为 274.597(显著性 p = 0.000 < 0.05),卡方自由度比值等于 11.442(未符合小于 3.00 理想标准),GFI 值等于 0.897(未符合大于 0.900 适配标准),AGFI 值等于 0.807(未符合大于 0.900 理想标准),RMSEA 值等于 0.139(未符合小于 0.080 理想标准),NFI 值等于 0.938(符合大于 0.900 适配标准),RFI 值等于 0.907(符合大于 0.900 适配标准),TLI 值等于 0.915(符合大于 0.900 适配标准),CN 值等于 72(未符合大于 200 理想标准)。整体而言,假设模型与样本数据的契合度不佳,研究者建构的结构方程模型的假设模型图无法获得支持(范例结果显示,在大样本情况下如果增值适配度指标门槛值定在 0.90 以上,会发生增值适配度值均达到模型适配标准,但 RMSEA、GFI 等主要适配度指标未达适配指标门槛值的歧异现象,因而在大样本情况下,研究者最好将 CFI 等增值适配度指标值的适配门槛值设定为 0.95 以上,此种适配度统计量检验较为保守)。

标准化估计值模型图 5-11 显示:两个外因潜在变量婚姻态度与亲子关系间的相关为 0.79(协方差为 0.34),外因潜在变量婚姻态度对内因潜在变量幸福感受的原始路径系数为 0.15,标准化回归系数为 0.14;外因潜在变量亲子关系对内因潜在变量幸福感受的原始路径系数为 0.74,标准化回归系数为 0.87,表示两个外因潜在变量对内因潜在变量幸福感受的影响均为正向(β 值均为正向),两个外因潜在变量对内因潜在变量幸福感受的联合解释变异量(R^2)为 98.0%。

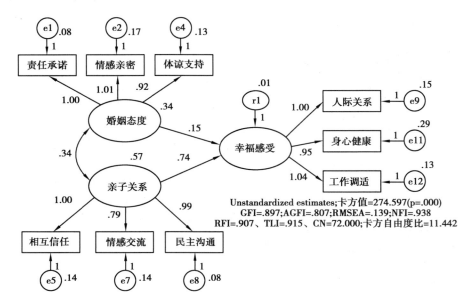

Unstandardized estimates;卡方值=274.597(p=.000)
GFI=.897;AGFI=.807;RMSEA=.139;NFI=.938
RFI=.907、TLI=.915、CN=72.000;卡方自由度比=11.442

图 5-10

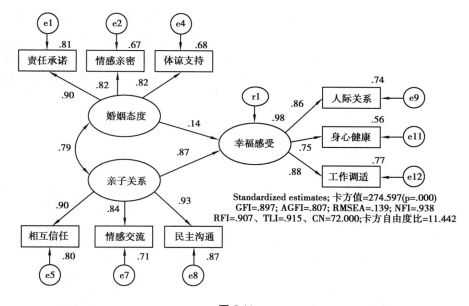

图 5-11

二、无法识别模型

在图 5-12 所示的另一假设模型中,婚姻态度变量对亲子关系变量有直接影响效果,婚姻态度变量对幸福感受变量也有直接影响效果;亲子关系变量对幸福感受变量有直接影响效果。就亲子关系变量而言,其性质是一个中介变量,其对婚姻态度变量而言,它是单箭号所指向的变量,因而是一个"果"变量,"果"变量即为内因潜在变量(因变量),婚姻态度变量为外因潜在变量(自变量);就亲子关系变量对幸福感受变量的影响而言,它是单箭号起始变量,因而是一个"因"变量,"因"变量即为外因潜在变量(自变量),幸福感受变量为内因潜在变量(因变量);婚姻态度变量对幸福感受变量除假定直接影响效果外,也有间接影响效果,间接效果为婚姻态度外因变量,通过中介变量亲子关系影响到内因变量幸福感受(结构模型图的粗线单箭号顺序为间接效果项),结构模型中 FX1 对 FY2 的直接效果路径为 "FX1→FY2", FX1 对 FY2 的间接效果路径为 "FX1→FY1→FY2"。

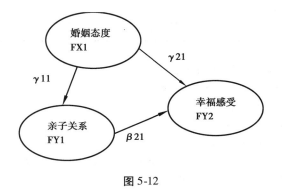

图 5-12

婚姻态度、亲子关系、幸福感受三个变量间的因果假设模型图如图 5-13。假设模型图中作为中介变量或结果变量(有内因变量性质者)均要增列预测残差项,残差项的路径系数要固定为 1。结构模型的预测残差项的路径系数如果没有界定为 1,模型估计结果通常会出现无法识别并增加参数限制的文字。两个内因变量亲子关系、幸福感受的预测残差项的路径系数没有界定为 1 的假设模型图估计结果的参数摘要表及模型注解为:

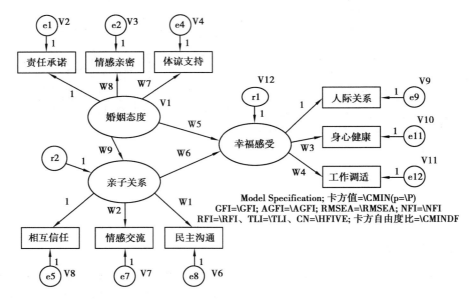

图 5-13

参数摘要表 5-3 显示,固定参数有 12 个,12 个均为路径系数,待估计的自由参数有 23 个,包括 11 个路径系数、12 个方差,11 个待估计的路径系数中有两个未增列参数标签名称,这两个即为内因变量预测残差项 r1、r2,模型全部的参数有 35 个。

表 5-3   Parameter summary(警察群组)【参数摘要表】

	Weights 路径系数	Covariances 协方差	Variances 方差	Means 平均数	Intercepts 截距项	Total 参数总和
Fixed(固定参数)	12	0	0	0	0	12
Labeled(参数标签)	9	0	12	0	0	21
Unlabeled(无参数标签)	2	0	0	0	0	2
Total(参数总和)	23	0	12	0	0	35

Notes for Model(Default model)【模型注解】

Computation of degrees of freedom(Default model)

Number of distinct sample moments: 45

Number of distinct parameters to be estimated: 22

Degrees of freedom(45 − 22): 23

The model is probably unidentified. In order to achieve identifiability, it will probably be necessary to impose 2 additional constraints.

模型注解显示:模型中独特样本矩个数为 45,待估计的独特参数个数有 22 个,模型的自由度为 23(=45 − 22),模型的自由度虽然为正,但模型却无法识别(identifiability),

假设模型中可能需要增列两个限制参数(固定参数)。由于模型无法识别,因而所有路径系数估计值、路径系数估计值标准误、临界比值等参数均无法估计。

路径系数摘要表 5-4 中,由于残差项 r1 对潜在变量幸福感受的路径系数无法识别,残差项 r2 对潜在变量亲子关系的路径系数无法识别,使得模型中所有路径系数均无法估计,包括路径系数估计值、估计值标准误、临界比值、显著性等参数均无法估算出来。

表 5-4 Regression Weights:(警察群组-Default model)【路径系数估计值】

亲子关系 < − − − 婚姻态度	
亲子关系 < − − − r2	unidentified
幸福感受 < − − − 婚姻态度	
幸福感受 < − − − 亲子关系	
幸福感受 < − − − r1	unidentified
民主沟通 < − − − 亲子关系	
情感交流 < − − − 亲子关系	
相互信任 < − − − 亲子关系	
人际关系 < − − − 幸福感受	
身心健康 < − − − 幸福感受	
工作调适 < − − − 幸福感受	
体谅支持 < − − − 婚姻态度	
情感亲密 < − − − 婚姻态度	
责任承诺 < − − − 婚姻态度	

方差分析摘要表 5-5 显示:残差项 r1、r2 无法识别,因而模型中外因潜在变量婚姻态度,三个测量模型九个观察变量的误差项、残差项 r1、r2 的方差均无法估算。

表 5-5 Variances:(警察群组-Default model)

婚姻态度	
r1	unidentified
r2	unidentified
e1	
e2	
e4	
e8	
e7	
e5	
e9	
e11	
e12	

模型适配度摘要表 5-6 中的卡方值,只显示饱和模型与独立模型的卡方值、自由度、卡方自由度比值,并没有呈现默认模型名称的卡方值、自由度、卡方自由度比值,当模型无法识别时,模型中的路径系数、方差、协方差、标准化路径系数、多元相关系数平方及整体模型适配度统计量等均无法估算。

表 5-6   CMIN

Model	NPAR	CMIN	DF	P	CMIN/DF
Saturated model	45	.000	0		
Independence model	9	4436.378	36	.000	123.233

图 5-14 显示,初始建构的假设模型估计结果为:模型可以辨识收敛(模型界定正确,两个内因潜在变量有增列残差项,残差项的路径系数限定为1),非标准化估计值模型图中没有出现负的误差方差,表示没有违反模型辨认规则。模型整体适配度卡方值为274.597(显著性 p=0.000<0.05),卡方自由度比值等于 11.442(未符合小于 3.00 理想标准),GFI 值等于 0.897(未符合大于 0.900 适配标准),AGFI 值等于 0.807(未符合大于0.900 理想标准),RMSEA 值等于 0.139(未符合小于 0.080 理想标准),NFI 值等于0.938(符合大于 0.900 适配标准),RFI 值等于 0.907(符合大于 0.900 适配标准),TLI 值等于0.915(符合大于 0.900 适配标准),CN 值等于 72(未符合大于 200 理想标准)。整体而言,假设模型与样本数据的契合度不佳,研究者建构的结构方程模型的假设模型图无法获得支持。婚姻态度变量对亲子关系变量影响的原始路径系数值为 1.02(非标准化路径系数绝对值可能大于1),婚姻态度变量对幸福感受变量影响的原始路径系数值为0.15,亲子关系变量对幸福感受变量影响的原始路径系数值为 0.74。

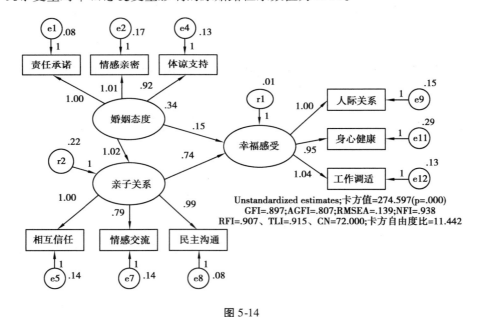

图 5-14

标准化估计值模型图 5-15 显示:外因潜在变量婚姻态度对亲子关系变量间的标准化路径系数为 0.79,对内因潜在变量幸福感受的标准化回归系数为 0.14;中介变量亲子关系对内因潜在变量幸福感受的标准化回归系数为 0.87,婚姻态度、亲子关系两个变量对内因潜在变量幸福感受的影响均为正向(β 值均为正向),两个变量对内因潜在变量幸福感受的联合解释变异量(R^2)为 98.0%,婚姻态度外因变量对亲子关系变量的影响亦为正向,其预测变异量(R^2)为 62.0%。

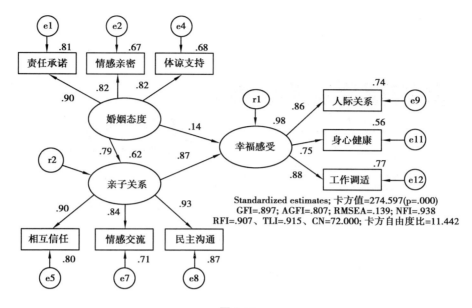

图 5-15

三、界定错误的模型

在结构方程模型中,界定不同的结构模型时,多数结构模型的路径系数及估计的适配度指标值会不一样,少数情况下的路径系数或估计的参数会相同。结构方程模型通常是一种理论导向,也是一种验证性程序(confirmatory technique),它结合了多元回归分析与验证性因素分析,少数 SEM 也作为一种探索性目的,与 CFA 相较之下,它重视的是潜在变量间的关系,潜在变量间的关系即结构模型的界定。结构模型的辨认中,首先必须检核外因变量对内因变量的路径系数是否显著($p < 0.05$);其次是标准化路径系数是否出现大于 1 的不合理参数解值(因为标准化回归系数绝对值必须小于 1.00);最后是外因变量对内因变量影响的情形是否与理论建构的模型相符合,如假设模型假定外因变量对内因变量影响为正向,但模型估计结果的路径系数符号却为负值,此种情形表示模型估计结果与假设模型中变量影响的因果关系情形不同。

在结构模型的界定中,一般研究者常犯的错误是没有界定"结果"变量(endogenous variables,内因变量)的预测残差项,内因变量可能为无法观察变量(内因潜在变量),也可能是观察变量(内因观察变量),结构模型中只要是单箭号所指向的变量(可能为内因变量或中介变量),这些变量均要增列一个预测残差项。在下面范例中幸福感受潜在变量为一个内因变量,模型图绘制中没有增列预测残差项,按"Calculate estimates"(计算估计值)工具图像钮,会出现"Amos Warnings"(Amos 警告)提示视窗(图 5-16):"The following variables are endogenous, but have no residual(error)variables. ＊幸福感受",该信息显示:"幸福感受变量是内因变量,但模型图中没有增列残差变量(误差变量)",如果研究者点击"Proceed with the analysis"(继续分析程序),表示强迫估计模型程序继续执行,模型估计结果也可能可以收敛辨识,模型的卡方值及所有参数均可以估计出来,但此估计结果所得的参数部分是错误的。Amos 执行程序若出现"Amos Warnings"(Amos 警告)提示视窗,研究者最好按"Cancel the analysis"(取消分析程序)钮,重新检查模型的界定或对象是否有误,这样才能获得正确的结果。

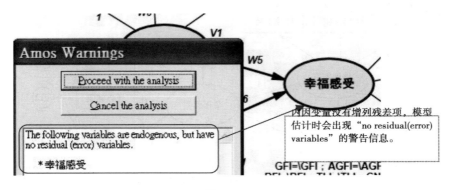

图 5-16

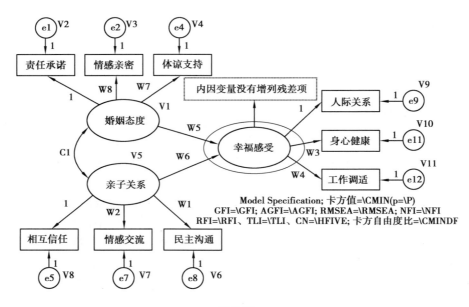

图 5-17

结构模型界定的第二个常见错误,为研究者没有直接利用工具图像钮"Add a unique variable to an existing variable"(在已有变量中增列一个独特变量)来绘制残差项,而是利用椭圆形对象(描绘无法观察变量)及单箭号对象绘制残差变量,但却没有将单箭号对象的路径系数界定为 1。研究者若利用前者来绘制残差项,则残差项默认的路径系数值为 1;如果是利用后者自行绘制椭圆形对象(描绘无法观察变量)及单箭号对象,则残差项的路径系数值要开启"对象属性"对话视窗的"参数"标签钮自行输入。当内因观察变量幸福感受的预测残差变量的路径系数没有界定为 1 时,模型估计结果为模型无法识别,进而测量模型的参数均无法估计,此时,结构模型的路径系数也无法估计出来。

Notes for Model(Default model)【模型注解】

Computation of degrees of freedom(Default model)

Number of distinct sample moments: 45

Number of distinct parameters to be estimated: 22

Degrees of freedom(45 − 22)：　23

The model is probably unidentified. In order to achieve identifiability, it will probably be necessary to impose 1 additional constraint.

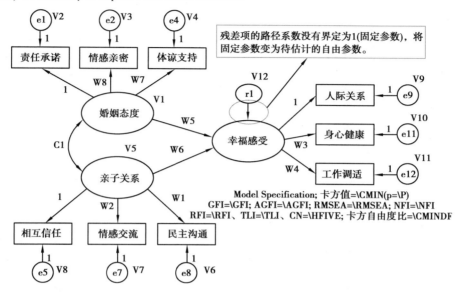

图 5-18

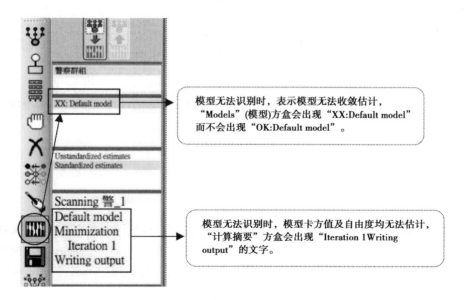

图 5-19

　　模型注解显示:模型中独特样本矩个数为45,待估计的独特参数个数有22个,模型的自由度为23(=45 −22),模型的自由度虽然为正,但模型却无法识别(identifiability),假设模型中可能需要增列一个限制参数(固定参数)。由于模型无法识别,因而所有路径系数估计值、路径系数估计值标准误、临界比值等参数均无法估计。

表 5-7   Regression Weights：（警察群组-Default model）【路径系数估计值】

幸福感受 < − − − 婚姻态度	
幸福感受 < − − − 亲子关系	
幸福感受 < − − − r1	unidentified
民主沟通 < − − − 亲子关系	
情感交流 < − − − 亲子关系	
相互信任 < − − − 亲子关系	
人际关系 < − − − 幸福感受	
身心健康 < − − − 幸福感受	
工作调适 < − − − 幸福感受	
体谅支持 < − − − 婚姻态度	
情感亲密 < − − − 婚姻态度	
责任承诺 < − − − 婚姻态度	

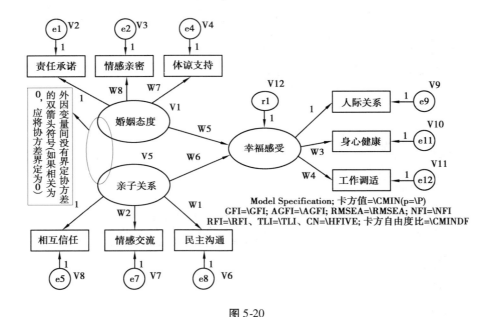

图 5-20

结构模型图中作为外因潜在变量者，由于其间没有直间接因果关系存在，因而必须以双箭号绘制两个潜在变量的协方差，如果假设模型图没有绘制外因潜在变量间的协方差，则按"Calculate estimates"（计算估计值）工具图像钮，会出现"Amos Warnings"（Amos警告）提示视窗（图 5-21）。

"Amos Warnings"（Amos 警告）提示视窗内显示："Amos will require the following pairs of variables to be uncorrelated：＊婚姻态度 < ＞亲子关系"，表示 Amos 视窗模型图中需要将两个没有相关的成对变量界定其间关系。此时，研究者应按"Cancel the analysis"（取消分析程序）钮，中断模型参数的估计，否则所得的参数估计结果是错误的。

四、不可接受解的模型

高中生生活压力、自我焦虑、忧郁倾向的结构方程模型图中，外因潜在变量为生活压力、中介潜在变量为自我焦虑、忧郁倾向为内因潜在变量；生活压力因素构念两个指标变

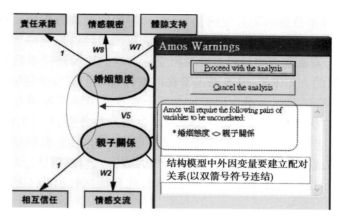

图 5-21

量为学校压力、家庭压力,自我焦虑因素构念三个指标变量为身体焦虑、恐慌焦虑、主观焦虑,忧郁倾向因素构念两个指标变量为情绪低落、紧张担忧。三个变量间因果关系的结构模型与测量模型如图5-22,结构模型中的外因潜在变量忧郁倾向的预测残差变量为r1、中介潜在变量自我焦虑的预测残差变量为r2,每个测量模型中观察变量的测量误差变量简称为e(e 表示 error variables),残差变量及误差变量的路径系数均要界定为1(固定参数)。

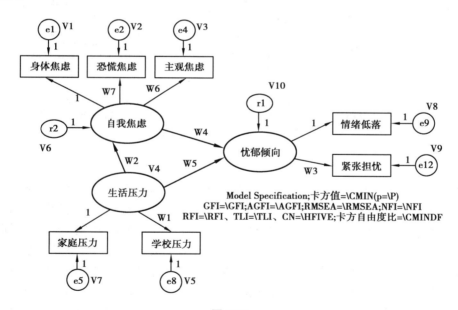

图 5-22

图 5-23 显示,初始建构的假设模型估计结果为:模型可以辨识收敛。模型整体适配度卡方值为 84.174(显著性 p = 0.000 < 0.05),卡方自由度比值等于 7.652(未符合小于 3.00 理想标准),GFI 值等于 0.975(符合大于 0.900 适配标准),AGFI 值等于 0.936(符合大于 0.900 理想标准),RMSEA 值等于 0.083(未符合小于 0.080 理想标准)、NFI 值等于 0.976(符合大于 0.900 适配标准),RFI 值等于 0.953(符合大于 0.900 适配标准),TLI 值等于 0.959(符合大于 0.900 适配标准),CN 值等于 226(符合大于 200 理想标准)。整体

而言,假设模型与样本数据的契合度尚佳,研究者建构的结构方程模型的假设模型图可以获得支持。生活压力外因变量对自我焦虑变量及忧郁倾向影响的原始路径系数值为分别为 0.08、0.09,自我焦虑变量对忧郁倾向变量影响的原始路径系数值为 1.75。从测量模型的误差变量的方差来看,自我焦虑潜在因素构念三个观察变量的误差项方差分别为 2.88、5.82、3.78,忧郁倾向潜在因素构念两个观察变量的误差项方差分别为 12.04、4.78,生活压力潜在因素构念两个观察变量的误差项方差分别为 −20.54、34.09,在七个观察变量误差项方差中,家庭压力观察变量误差项方差为负值,此种结果显示模型估计出现不合理的参数或无法解释的估计值(不适当的解值),当模型估计时观察变量误差项方差出现负值,表示模型估计违反基本辨认准则,此参数估计值为不适当解值或不可接受的解。

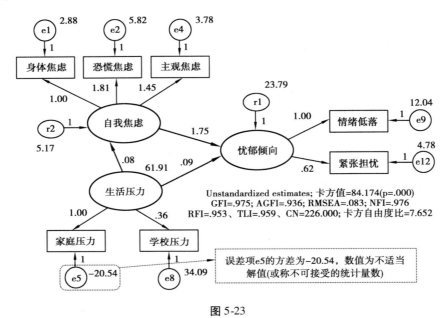

图 5-23

标准化估计值模型图 5-24 显示:生活压力外因变量对自我焦虑变量及忧郁倾向影响的标准化路径系数值为分别为 0.26、0.11,自我焦虑变量对忧郁倾向变量影响的标准化路径系数值为 0.63,生活压力及自我焦虑两个潜在变量对忧郁倾向内因潜在变量联合解释变异量为 44%($R^2 = 0.44$),生活压力外因潜在变量对自我焦虑潜在变量的解释变异为 7%($R^2 = 0.07$)。结构模型的标准化回归系数的正负号与原先建构的假设模型符合。自我焦虑潜在因素构念三个观察变量的因素负荷量分别为 0.81、0.87、0.87,忧郁倾向潜在因素构念两个观察变量的因素负荷量分别为 0.88、0.88,这两个测量模型的信度良好;至于生活压力潜在因素构念两个观察变量的因素负荷量分别为 1.22($R^2 = 1.50$)、0.44($R^2 = 0.19$)。测量模型中的因素负荷量为标准化回归系数(β),标准化回归系数与相关系数值一样,其数值于 −1.00 至 +1.00 之间,若标准化回归系数绝对值大于或等于 1,表示模型估计的参数有不合理或不适当的解值。若 SEM 模型估计结果有不适当的解值或不合理的参数,即使假设模型整体适配度良好,假设模型也应修正或重新界定,因为模型估计本身已经违反辨认准则,在此情况下(表示模型中有不合理的参数存在)进行假设模型与样本数据的检验是没有意义的。

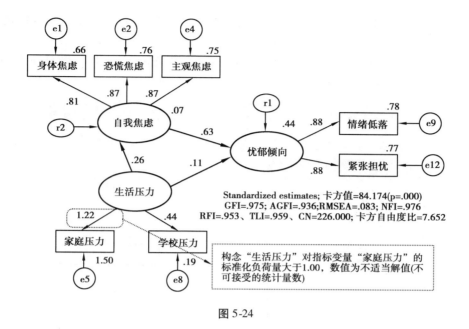

图 5-24

第二节　限定特殊群体为分析样本数据

SEM 的分析除可以用全体有效样本作为分析单位（单一样本数据），也可以挑选某个特殊群体来检验假设模型与此群体样本数据是否适配，此种分析的观察数据并非是全部有效样本，而是有效样本中某个独特的群体。以家庭结构离散变量为例，此变量为二分离散变量，数值 1 为完整家庭群组、数值 2 为单亲家庭群组。研究者所要检验的是：高中生生活压力、自我焦虑、忧郁倾向的假设模型图是否与单亲家庭群组样本数据适配，此时观察数据为单亲家庭群组，观察样本数据没有包含完整家庭群组。分析程序按"Select data files"（选择文件）工具图像钮，开启"Data Files"（数据文件）对话视窗（图 5-25），按

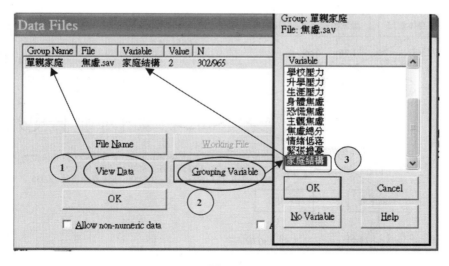

图 5-25

"File Name"(文件名称)钮选取 SPSS 文件,按"Grouping Variable"(分组变量)钮选取群组变量"家庭结构"(离散变量),按"Group Value"(群组数值)钮选取单亲家庭的数值编码2(图 5-26)。范例中"N"栏出现"302/965",表示"焦虑. sav"文件有效样本数有 965位,家庭结构变量中数值编码为 2 的样本(单亲家庭)有 302 位。

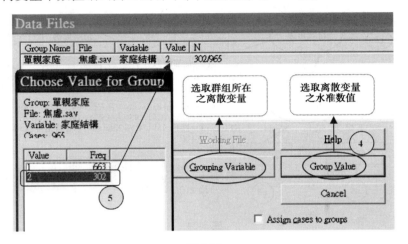

图 5-26

表 5-8   Regression Weights:(单亲家庭-Default model)【结构模型路径系数估计值】

	Estimate	S. E.	C. R.	P	Label
自我焦虑 < − − −生活压力	.135	.044	3.094	.002	W2
忧郁倾向 < − − −自我焦虑	1.756	.215	− .012	8.171	* * *
忧郁倾向 < − − −生活压力	− .012	.070	− .171	.864	W5

以单亲家庭群体观察数据为例,图 5-27 显示,初始建构的假设模型估计结果为:模型可以辨识收敛,测量模型观察变量的误差项方差没有出现负值,表示没有违反模型辨认

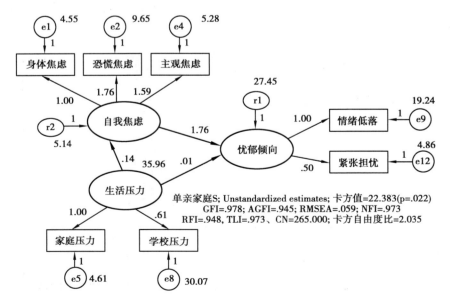

图 5-27

准则。模型整体适配度卡方值为 22.383(显著性 p = 0.022 < 0.05),卡方自由度比值等于 2.035(符合小于 3.00 理想标准),GFI 值等于 0.978(符合大于 0.900 适配标准),AGFI 值等于 0.945(符合大于 0.900 理想标准),RMSEA 值等于 0.059(符合小于 0.080 理想标准),NFI 值等于 0.973(符合大于 0.900 适配标准),RFI 值等于 0.948(符合大于 0.900 适配标准),TLI 值等于 0.973(符合大于 0.900 适配标准),CN 值等于 265(符合大于 200 理想标准)。整体而言,假设模型与单亲家庭群组的样本数据适配度良好,研究者建构的结构方程模型的假设模型图可以获得支持。生活压力外因变量对自我焦虑变量及忧郁倾向影响的原始路径系数值为分别为 0.14、-0.01,自我焦虑变量对忧郁倾向变量影响的原始路径系数值为 1.76。

标准化估计值模型图 5-28 显示:生活压力外因变量对自我焦虑、忧郁倾向的标准化回归系数分别为 0.34(p = 0.002 < 0.05)、-0.01(p = 0.864 > 0.05),自我焦虑变量对忧郁倾向的标准化回归系数为 0.63(p = 0.000 < 0.05),表示外因潜在变量生活压力对内因潜在变量忧郁倾向的直接效果不显著,但对自我焦虑变量的直接效果显著;此外自我焦虑中介变量对内因潜在变量忧郁倾向的直接效果也显著,生活压力外因变量对忧郁倾向内因变量的间接效果也显著。

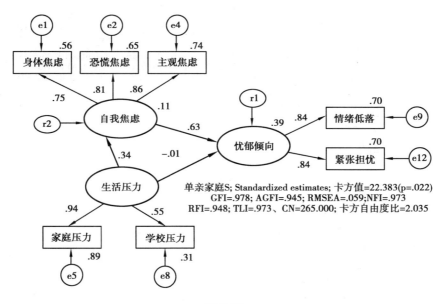

图 5-28

如果研究分析的目标群组为完整家庭(背景变量为家庭结构,数值编码 1 为完整家庭样本),分析程序按"Select data files"(选择文件)工具图像钮,开启"Data Files"(数据文件)对话视窗(图 5-29),按"File Name"(文件名称)钮选取 SPSS 文件,按"Grouping Variable"(分组变量)钮选取群组变量"家庭结构"(离散变量),按"Group Value"(群组数值)钮选取完整家庭的数值编码 1。范例中"N"栏出现"663/965",表示"焦虑.sav"文件有效样本数有 965 位,家庭结构变量中数值编码为 1 的样本(完整家庭)有 663 位。

由于非标准化估计值模型图中出现负的误差项方差,标准化估计值模型图中相对应的标准化回归系数值绝对值会大于 1(此时 R 平方也会大于 1.00),范例图 5-30 中生活压力测量模型的观察变量家庭压力的标准化回归系数为 1.52,生活压力因素构念可以解

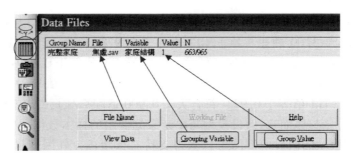

图 5-29

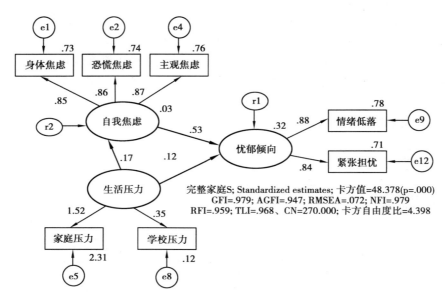

图 5-30

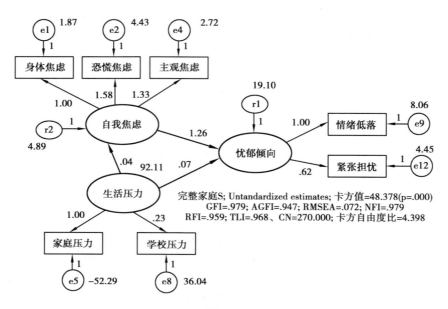

图 5-31

释家庭压力观察变量的变异高达 231% ,这两个参数均是不可接受的解或不合理的参数,此种结果可能是假定模型界定不适切,或假设模型与样本数据的数据差异值太大导致。

就完整家庭群组而言,假设模型图估计结果违反模型辨认准则,因为生活压力测量模型中,观察变量家庭压力的误差项方差等于 – 52.29,误差项方差负值为不合理的参数,表示模型界定有问题。整体模型适配度的卡方值为 48.378(p < 0.001),卡方自由度比值为 4.398。当参数估计值出现不适当解值时,即使假设模型适配度良好也是没有意义的,此时,研究者应重新界定假设模型,或进行模型的简约。

在“Models”(模型)方盒中连按两下,可开启“Manage Models”(管理模型)对话视窗(图 5-32),此视窗的左边选项为假设模型图中增列的参数标签名称,包含六大项:协方差(Covariances)、截距项(Intercepts)、平均数(Means)、自订(不在其余五大项参数中的标签)、方差(Variances)、路径系数(Weights);右边选项的上半部为模型名称的增列或修改,“Model Name”(模型命名)下的方盒为预设模型名称“Default model”,右边选项的下半部可以界定各种参数关系,如界定测量模型中潜在因素构念间的协方差相同(C1 = C2,或 C1 = C2 = C3),或界定同一测量模型观察变量的误差项方差相同(V1 = V2 = V3 = V4),或界定两个群组相对应路径系数(或平均数或截距项)相同,或将某个参数界定为某个固定数值(通常为 0 或 1),范例中“Parameter Constraints”(参数限制)方盒中将路径系数 W5 的系数值界定为 1(婚姻态度外因变量对幸福感受的路径系数固定为 1)。

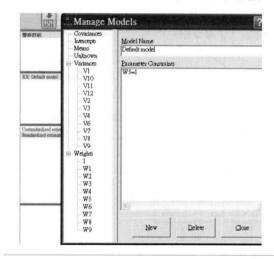

图 5-32

结构模型图中,界定婚姻态度外因变量对幸福感受内因变量的路径系数为 1。标准化估计值模型图 5-33 显示:婚姻态度外因变量对幸福感受内因变量的标准化路径系数为 0.70,婚姻态度外因变量对亲子关系内因变量的标准化路径系数为 0.86,亲子关系中介变量对幸福感受内因变量的标准化路径系数为 0.30,标准化回归系数绝对值没有出现大于 1.00 的不合理解值。

结构模型图中,界定婚姻态度外因变量对幸福感受内因变量的路径系数为 1。非标准化估计值模型图 5-34 显示:婚姻态度外因变量对幸福感受内因变量的路径系数为 1.00(此路径系数由原先自由参数改为固定参数),婚姻态度外因变量对亲子关系内因变量的路径系数为 1.29,亲子关系中介变量对幸福感受内因变量的路径系数为 0.29,整体模型

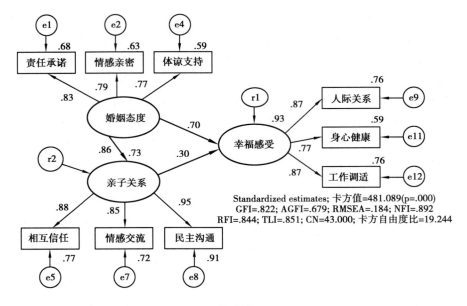

图 5-33

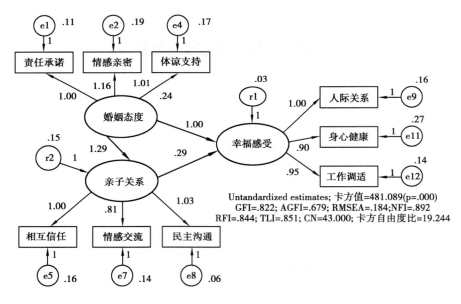

图 5-34

适配度的卡方值为 481.089(p=0.000<0.05),卡方自由度比值为 19.244。

结构模型图中,界定亲子关系内因变量对幸福感受内因变量的路径系数为 1。标准化估计值模型图图 5-35 显示:婚姻态度外因变量对幸福感受内因变量的标准化路径系数为 -0.05,婚姻态度外因变量对亲子关系内因变量的标准化路径系数为 0.82,亲子关系中介变量对幸福感受内因变量的标准化路径系数为 1.04,婚姻态度与亲子关系对幸福感受内因变量的解释变异高达 99%,模型估计结果所得的标准化回归系数绝对值大于 1 或解释变异量接近 100%,都是不适当的解值或不合理的参数。

结构模型图中,界定亲子关系内因变量对幸福感受内因变量的路径系数为 1。非标

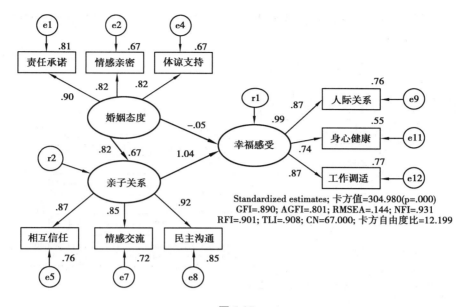

图 5-35

准化估计值模型图 5-36 显示:婚姻态度外因变量对幸福感受内因变量的路径系数为
−0.05,婚姻态度外因变量对亲子关系内因变量的路径系数为 0.99,亲子关系中介变量
对幸福感受内因变量的路径系数为 1.00(限定为固定参数,路径系数限定为 1),整体模
型适配度的卡方值为 304.980(p < 0.001),卡方自由度比值为 12.199。

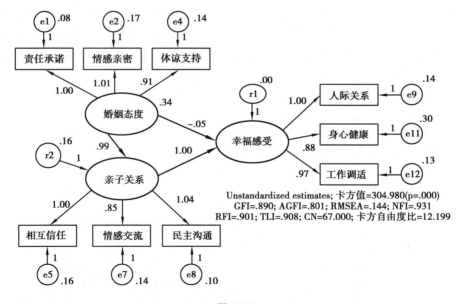

图 5-36

　　结构模型图中,界定婚姻态度外因变量对亲子关系内因变量的路径系数为 1,此条路
径参数由待估计自由参数改为固定参数。非标准化估计值模型图 5-37 显示:婚姻态度外
因变量对幸福感受内因变量的路径系数为 0.15,婚姻态度外因变量对亲子关系内因变量
的路径系数为 1.00(限定为固定参数,路径系数限定为 1),亲子关系中介变量对幸福感

受内因变量的路径系数为 0.74,整体模型适配度的卡方值为 274.811(p<0.001),卡方自由度比值为 10.992。

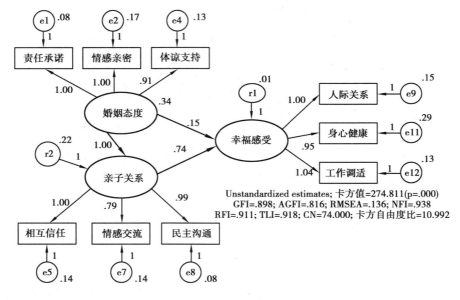

图 5-37

结构模型图中,界定婚姻态度外因变量对亲子关系内因变量的路径系数为 1。标准化估计值模型图 5-38 显示:婚姻态度外因变量对幸福感受内因变量的标准化路径系数为 0.14,婚姻态度外因变量对亲子关系内因变量的标准化路径系数为 0.78,亲子关系中介变量对幸福感受内因变量的标准化路径系数为 0.87,婚姻态度与亲子关系对幸福感受内因变量的解释变异为 98%,结构模型中内因变量被外因变量共同解释的变异为 98% (R^2 =0.98)可能也是一个不适当的解值或不合理的参数。

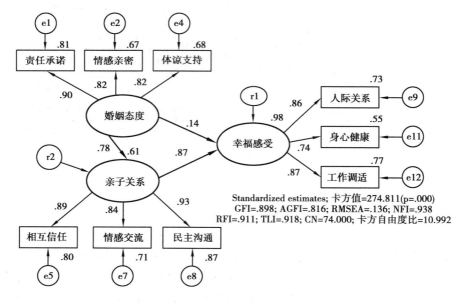

图 5-38

表5-9 结构模型路径系数不当界定的参数估计结果摘要表

路径系数及卡方值	婚姻态度→亲子关系	婚姻态度→幸福感受	亲子关系→幸福感受
原始路径系数	1.29	1.00	.29
标准化路径系数	.86	.70	.30
$\chi^2 = 481.089$			
原始路径系数	.99	$-.05$	1.00
标准化路径系数	.82	$-.05$	1.04
$\chi^2 = 304.980$			
原始路径系数	1.00	.15	.74
标准化路径系数	.78	.14.	.87
$\chi^2 = 274.811$			

结构模型探究的是潜在变量间的因果关系,每个潜在变量可能是一个测量模型,也可能是单一观察变量(潜在变量只有一个指标变量),Amos 的测量模型估计中,潜在因素构念对观察变量的路径系数中要界定一个为参照指标,参照指标为固定参数,其路径系数固定为 1,但在结构模型中,模型估计的重点在于外因变量对内因变量的路径系数是否显著,即检验是否有直接效果,若直接效果值显著,会进一步检核是否有间接效果。结构模型变量间的路径系数不能界定一个影响路径为固定参数,因为这样的界定是没有意义的,这会造成结构模型无法被合理解释。以范例图 5-39 为例,潜在变量的参数估计在"参数限制"方盒中界定下列三种参数限制均是没有意义的:W1 = 1 或 W2 = 1 或 W3 = 1。

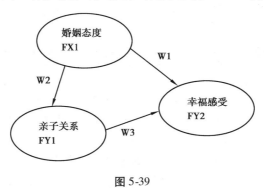

图 5-39

若初始模型的估计结果,为潜在变量间的三条路径系数均达显著(p < 0.05),且假设模型整体适配度与观察数据可以适配,研究者才可以进一步就潜在变量间的路径系数加以限定。以婚姻态度、亲子关系、幸福感受变量的因果关系为例(图 5-40),如果初始假设模型得

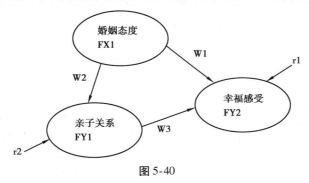

图 5-40

到支持,而 W1、W2、W3 三条直接效果值均达显著,研究者可进一步就下列潜在变量间的关系加以检验:假定婚姻态度外因变量对内因变量亲子关系、幸福感受的影响中,其路径系数是相同的,此种假定的结构模型的参数限制为 W1 = W2(结构模型中 r1、r2 为预测残差项)。

结构模型的参数标签若为参数标签名称,表示两个路径系数是独立自由估计的路径系数估计值,如果结构模型增列参数标签名称,并把参数标签名称命名相同,表示其参数限制相同,若将婚姻态度外因变量对内因变量亲子关系的路径系数 W2、婚姻态度外因变量对内因变量幸福感受的路径系数 W1,这两个路径系数限定为相同,结构模型的假设模型图也可以界定为(图 5-41):

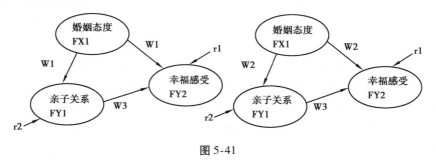

图 5-41

上述两种结构模型的界定均表示婚姻态度构念变量对亲子关系、幸福感受两个构念变量影响的路径系数相同(路径系数相同表示非标准化路径系数估计值一样,由于各构念尺度或单位不同,标准化路径系数参数值大小不一定相同)。

第三节　模型的修正或再界定

在婚姻态度、亲子关系与幸福感受的结构方程模型中,外因潜在变量为婚姻态度、内因潜在变量为亲子关系与幸福感受。"婚姻态度量表"经探索性因素分析萃取三个因素构面:责任承诺、情感亲密、体谅支持。"亲子关系量表"经探索性因素分析萃取三个因素构面:相互信任、情感交流、民主沟通。"幸福感受量表"经探索性因素分析萃取三个因素构面:人际关系、身心健康、工作调适。婚姻态度、亲子关系与幸福感受的结构方程模型的假设模型图如图 5-42:

假设模型图中三个测量模型的参照指标变量分别为责任承诺、相互信任、人际关系,三个参照指标变量的路径系数固定为 1,两个预测残差项的路径系数与九个观察变量误差项的路径系数均限定为 1。初始假设模型中,测量模型的误差项间彼此独立没有共变关系,而 SEM 本身的假定为各测量模型的潜在变量与误差项间也彼此独立,二阶潜在因素与观察变量(构面)的误差项间没有共变关系。

一、假设初始模型

图 5-43 显示,初始建构的假设模型估计结果为:模型可以辨识收敛,非标准化估计值模型图中没有出现负的误差方差,表示没有违反模型辨认规则。模型整体适配度卡方值为 274.597(显著性 p = 0.000 < 0.05),模型自由度为 24,卡方自由度比值等于 11.442(未符合小于 3.00 理想标准),GFI 值等于 0.897(未符合大于 0.900 适配标准),AGFI 值

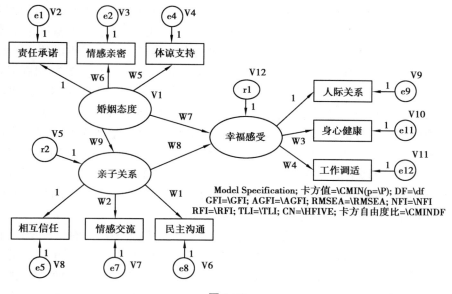

Model Specification; 卡方值=\CMIN(p=\P); DF=\df
GFI=\GFI; AGFI=\AGFI; RMSEA=\RMSEA; NFI=\NFI
RFI=\RFI; TLI=\TLI; CN=\HFIVE; 卡方自由度比=\CMINDF

图 5-42

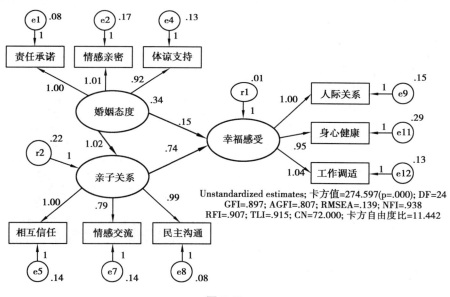

Unstandardized estimates; 卡方值=274.597(p=.000); DF=24
GFI=.897; AGFI=.807; RMSEA=.139; NFI=.938
RFI=.907; TLI=.915; CN=72.000; 卡方自由度比=11.442

图 5-43

等于 0.807(未符合大于 0.900 理想标准),RMSEA 值等于 0.139(未符合小于 0.080 理想标准),NFI 值等于 0.938(符合大于 0.900 适配标准),RFI 值等于 0.907(符合大于 0.900 适配标准),TLI 值等于 0.915(符合大于 0.900 适配标准),CN 值等于 72(未符合大于 200 理想标准)。整体而言,假设模型与样本数据的契合度不佳,研究者建构的结构方程模型的假设模型图无法获得支持。婚姻态度变量对亲子关系变量影响的原始路径系数值为 1.02,婚姻态度变量对幸福感受变量影响的原始路径系数值为 0.15,亲子关系变量对幸福感受变量影响的原始路径系数值为 0.74。

　　当假设模型与观察样本无法适配时,Amos 会提供修正指标值(Modification Indices),根据修正指标值摘要表的修正指标与期望参数改变值可作为假设模型修正的参考。

Amos 提供的修正指标值包括增列变量间协方差（Covariances）、增列变量的路径系数（Regression Weights）、增列变量的方差（Variances）估计，假设模型修正程序中最常使用者为增列变量间的相关（协方差）或增列变量间的影响路径，Amos 提供的修正指标值的计算是隐含假设增列的所有参数原先的数值均为 0，其中也包含某些参数明确界定为 0 或不是 0 的数值，当修正指标增列的指标值由原先参数为 0 改为修正指标数值时（估计值不为 0 时），整体模型检验的 χ^2 值统计量可能降低多少数值，由于 χ^2 值的大小是模型适配度主要的判别指标值，当 χ^2 值统计量变得愈小时，其余的整体模型适配度指标值会愈接近适配标准。由于 Amos 提供的修正指标值中增列变量协方差或增列变量路径系数时，并没有考量此种修正是否违反 SEM 的假定，或修改后的假设模型意涵是否具有实质意义，因而研究者不能只根据 Amos 提供的所有修正指标值进行假设模型修正的参考，因为其中某些修正指标值是不具意义的（吴明隆，2010）。

其中有一点应该注意的是，原先初始模型的构念变量均为多构面测量模型，多构面观察变量指的是潜在构念有两个以上的观察变量（最佳的测量模型是有三个以上的观察变量），Amos 假定所有观察变量的误差项间均没有关系，如果将同一潜在构念变量的观察变量误差项界定有共变关系，通常可以使整体适配度统计量 χ^2 值下降，因而研究者在初始模型建构之初便界定了同一潜在构念的观察变量误差项间有共变关系，其图示如图 5-44：

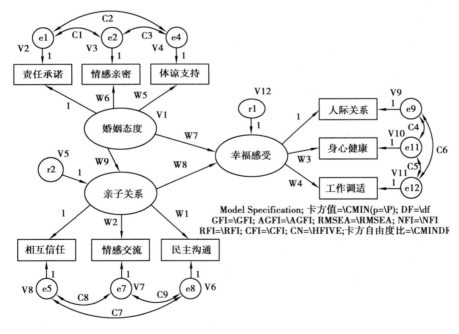

图 5-44

上述假设模型界定并不适切，原因在于：首先，待估计的自由参数变多，模型自由度变小，表示界定的假设模型变得更复杂，此种模型的界定并不符合 SEM 模型简约原则；其次，模型的界定违反多构面观察变量模型的假定；最后，同一潜在变量的观察变量误差项间并非都有显著相关（$p < 0.05$）。因而此种初始假设模型的界定是不适切的。

在结构方程模型中，研究者可以增删的路径系数为潜在变量间的因果关系。如果外因潜在变量对内因潜在变量的路径系数不显著（γ 系数值，$p > 0.05$），或内因潜在变量间关系的路径系数不显著(β系数值，p > 0.05)，则这些不显著的直接效果路径可以删除；若增列潜在变量间某条直接效果路径，模型χ^2值会变小，则此路径系数可以增列，但如果增加的路径系数正负号与原先理论文献或经验法则相反，则此直接效果路径就不应增列。在协方差的增列方面，预测残差项与任何变量间不能增列协方差，误差项与潜在变量间也不能增列协方差，因为此种共变关系是违反 SEM 假定且没有实质意义的。就协方差的修正指标而言，研究者应首先考量增列同一测量模型的观察变量误差项间的协方差，其次考量增列同为外因潜在变量不同测量模型的观察变量误差项间的协方差，对于外因潜在变量的观察变量误差项间与内因潜在变量的观察变量误差项间的协方差，若没有必要不应增列，因为此种共变关系的解释较不合理。两个变量间有共变关系，表示两个变量间有相关，就同一测量模型而言，观察变量误差项间有共变关系，表示观察变量（量表向度）间有相关，同一量表中向度（或构面或因素）间有某种程度相关是合理的，因为这些一阶因素构念同时反映相同的二阶因素构念（高阶构念）。

表 5-10 显示，在路径系数显著性检验方面，除三个参照指标变量外，其余路径系数值均达 0.001 显著水平(p < 0.001)，路径系数估计值标准误介于 0.028 至 0.052 之间。

表 5-10　Regression Weights:(警察群组-Default model)【路径系数估计值】

	Estimate	S. E.	C. R.	P	Label
亲子关系 < － － － 婚姻态度	1.023	.052	19.791	＊＊＊	W9
幸福感受 < － － － 婚姻态度	.153	.045	3.431	＊＊＊	W5
幸福感受 < － － － 亲子关系	.740	.040	18.503	＊＊＊	W6
民主沟通 < － － － 亲子关系	.985	.028	34.654	＊＊＊	W1
情感交流 < － － － 亲子关系	.789	.029	27.568	＊＊＊	W2
相互信任 < － － － 亲子关系	1.000				参照指标变量
人际关系 < － － － 幸福感受	1.000				参照指标变量
身心健康 < － － － 幸福感受	.950	.046	20.858	＊＊＊	W3
工作调适 < － － － 幸福感受	1.038	.038	27.415	＊＊＊	W4
体谅支持 < － － － 婚姻态度	.918	.038	24.456	＊＊＊	W7
情感亲密 < － － － 婚姻态度	1.007	.042	24.114	＊＊＊	W8
责任承诺 < － － － 婚姻态度	1.000				参照指标变量

表 5-11　Variances:(警察群组-Default model)【方差估计值】

	Estimate	S. E.	C. R.	P	Label
婚姻态度	.336	.026	12.937	＊＊＊	V1
r2	.215	.020	10.619	＊＊＊	V5
r1	.010	.006	1.529	.126	V12
e1	.080	.009	9.103	＊＊＊	V2
e2	170	.013	12.863	＊＊＊	V3
e4	.134	.011	12.656	＊＊＊	V4
e8	.085	.133	10.431	＊＊＊	V6
e7	.144	.008	14.234	＊＊＊	V7
e5	.141	.010	12.771	＊＊＊	V8
e9	.146	.011	13.437	＊＊＊	V9
e11	.293	.019	15.205	＊＊＊	V10
e12	.133	.010	12.740	＊＊＊	V11

从表 5-11 可知,方差估计值没有出现负值,表示模型中的参数没有出现不合理的解值,方差估计值的显著性检验除预测残差项 r1 的估计值未达显著外(临界比值 = 1.529,p = 0.126 > 0.05),其余均达 0.001 显著水平,方差估计值的标准误介于 0.006 至 0.026之间,标准误的数值均非常接近 0。

输出结果摘要表若要显示修正指标,需在"Analysis Properties"(分析)对话视窗中,按"Output"标签钮,勾选修正指标选项"☑ Modification indices",在修正指标临界值(Threshold for modification indices)前的方盒输入某个内阀值,如 20,"20"的意思为修正指标摘要表中"M. I."列卡方值差异量大于 20 以上者的修正指标才显示出来。卡方值差异量小于 20 的修正指标(包含增列变量的协方差、增列变量的方差、增列变量的路径系数)不会呈现,Amos 默认输出的修正指标临界值为 4。

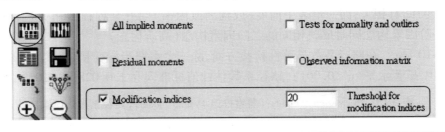

图 5-45

表 5-12   Modification Indices(警察群组-Default model)【修正指标】
Covariances:(警察群组-Default model)【协方差修正指标】

	M. I.	Par Change
e5 < − − > r1	45.673	.035
e5 < − − > e9	40.615	.047
e7 < − − > r2	32.012	− .053
e7 < − − > e5	39.093	− .045
e4 < − − > r2	30.631	− .051
e4 < − − > e5	22.938	− .035
e4 < − − > e7	22.975	.034

从表 5-12 可知,初始假设模型的修正指标临界值设定为 20,因而"M. I."栏的数值均大于 20。M. I. 协方差修正指标栏第一列表示的是增列协方差的两个变量,第二列(M. I.)为模型 χ^2 值减少的差异量,第三列为参数改变量。由于原先假定两个变量间没有共变关系(表示两个变量间的相关系数为 0),当参数改变量为正值时,表示界定两个变量有共变关系时,参数改变量较目前估计值增加,当参数改变量增加,即两个变量间的协方差为正值(即两个变量间的相关为正相关);当参数改变量为负值时,表示界定两个变量有共变关系时,参数改变量较目前估计值减少(目前的估计值协方差参数或相关系数为 0),当参数改变量减少,即两个变量间的协方差为负值(即两个变量间的相关为负相关)。协方差最大的修正指标值为增列误差项 e5 与预测残差项 r1 间的协方差,当假设模型增列这两者间的协方差时,模型卡方值减少的差异量约为 45.673,参数改变量值约为 0.035,其数值为正,表示误差项 e5 与预测残差项 r1 间为正相关(相关系数大于 0);相对地,输出的协方差修正指标表的期望参数改变值为负,表示增列界定两个变量间的相

关为负相关。

表 5-13 显示,方差修正指标中没有大于 20 者。路径系数修正指标中,最大卡方值差异量为增列观察变量体谅支持对情感交流的直接效果路径,增列此条因果路径时,模型的卡方值约降低 31.626,参数改变的路径系数为 0.152,其数值为正值,表示体谅支持对情感交流有直接正向的影响效果。

表 5-13　Variances:(警察群组-Default model)【增列方差修正指标】

	M. I.	Par Change

Regression Weights:(警察群组-Default model)【增列路径系数修正指标】

	M. I.	Par Change
相互信任 < – – –体谅支持	24.271	– .138
情感交流 < – – –体谅支持	31.626	.152
情感交流 < – – –情感亲密	24.407	.121
体谅支持 < – – –相互信任	21.174	– .096

二、修正模型[1]

修正模型[1]增列误差项 e5 与预测残差项 r1 间的协方差。

第一次修正假设模型图 5-46 中为增列误差项 e5 与预测残差项 r1 间的协方差,因为在初始假设模型提供的修正指标中,增列这两者间的协方差,模型卡方值减少的差异值最大(约为 45.673)。

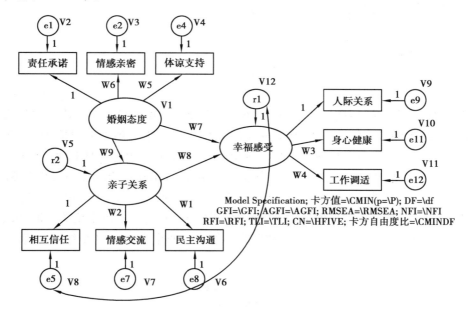

图 5-46

第一次修正假设模型的估计结果为:模型可以辨识收敛,非标准化估计值模型图中没有出现负的误差方差,表示没有违反模型辨认规则。标准化估计值模型图 5-47 中的标准化回归系数绝对值没有出现大于 1 的不合理解值,模型参数中没有出现大于 100% 或接近 100% 的数值。模型整体适配度卡方值为 193.096（显著性 p ＜ 0.001），模型自由度为 23，卡方自由度比值等于 8.395（未符合小于 3.00 理想标准），GFI 值等于 0.923（符合大于 0.900 适配标准），AGFI 值等于 0.850（未符合大于 0.900 理想标准），RMSEA 值等于 0.117（未符合小于 0.080 理想标准），NFI 值等于 0.956（符合大于 0.900 适配标准），RFI 值等于 0.932（符合大于 0.900 适配标准），TLI 值等于 0.939（符合大于 0.900 适配标准），CN 值等于 98（未符合大于 200 理想标准）。婚姻态度变量对亲子关系变量影响的标准化路径系数值为 0.29，婚姻态度变量对幸福感受变量影响的标准化路径系数值为 0.78，亲子关系变量对幸福感受变量影响的标准化路径系数值为 0.71，误差项 e5 与预测残差项 r1 间的相关为 0.75。

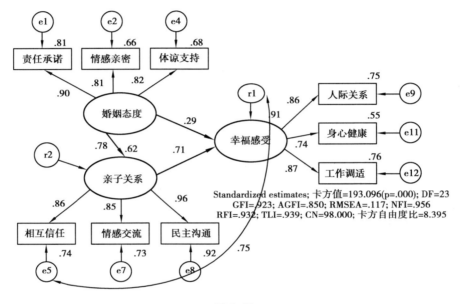

图 5-47

初始假设模型的模型估计结果的卡方值为 274.597（DF = 24），第一次修正假设模型的模型估计结果的卡方值为 193.096（DF = 23），两个模型卡方值的差异值为 81.501，当卡方值数值变小时，其余模型适配度统计量也会改变，其中 GFI 值、AGFI 值、NFI 值、RFI 值、TLI 值、CN 值等均会变大，而卡方自由度比值、RMR、RMSEA、SRMR 值等均会变小。

第一次修正假设模型提供的修正指标表 5-14 中，增列误差项 e4 与预测残差项 r2 间的协方差，卡方值减少的差异值最大，估计约可降低 34.554，参数改变值为 − 0.052，与目前协方差参数 0 比较，参数值会减少，数值为负值表示两个变量的协方差为负值，表明两个变量呈负相关。

表 5-14   Modification Indices（**警察群组**-Default model）

Covariances：（**警察群组**-Default model）

	M. I.	Par Change
e7 < − − > r2	32.738	− 0.050
e4 < − − > r2	34.554	− 0.052
e4 < − − > e7	25.793	.035
e4 < − − > e8	31.779	− .034

表 5-15　Regression Weights：(**警察群组**-Default model)

	M. I.	Par Change
情感交流 < － － －体谅支持	34. 414	. 155
情感交流 < － － －情感亲密	23. 806	. 116

三、修正模型[2]

修正模型[2]增列误差项 e4 与预测残差项 r2 间的协方差。

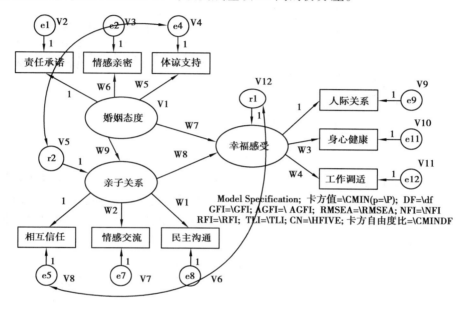

图 5-48

第二次修正模型图 5-48 为增列误差项 e4 与预测残差项 r2 间的协方差。

图 5-49 显示,模型估计结果可以识别收敛。与第一次修正假设模型图相较之下,模型整体适配度卡方值由 193.096 降为 136.046($\Delta \chi^2 = 57.050$),模型自由度为 22($\Delta DF = 1$),卡方自由度比值由 8.395 降为 6.184,GFI 值由 0.923 增加为 0.947,AGFI 值由 0.850 增加为 0.891,RMSEA 值由 0.117 降为 0.098,NFI 值由 0.938 变为 0.969,RFI 值由 0.907 变为 0.950、TLI 值由 0.932 变为 0.958,CN 值由 98 增加为 134。婚姻态度变量对亲子关系变量影响的标准化路径系数值为 0.83,婚姻态度变量对幸福感受变量影响的标准化路径系数值为 0.32,亲子关系变量对幸福感受变量影响的标准化路径系数值为 0.66,误差项 e5 与预测残差项 r1 间的相关为 0.75,误差项 e4 与预测残差项 r2 间的相关为 － 0.58(原先参数改变量的数值为负值,因而两个变量间的协方差与相关系数值均为负值)。

表 5-16　Modification Indices(**警察群组**-Default model)

Covariances：(**警察群组**-Default model)

	M. I.	Par Change
e7 < － － >r2	23. 471	－ . 041

Amos 提供的修正指标表 5-17 中,"M. I."栏数值最大者为增列观察变量体谅支持对

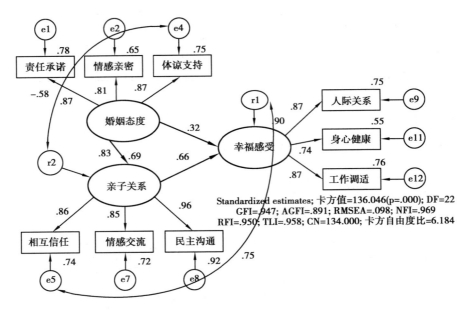

图 5-49

观察变量情感交流的直接路径,原先观察变量体谅支持对观察变量情感交流的直接路径系数值为 0(没有直接效果值),若增列两个变量间的直接影响路径,模型卡方值约可降低 42.003 的差异量,此外,参数改变量值为正,表示观察变量体谅支持对观察变量情感交流有正向直接的影响,路径系数值为正数。

表 5-17   Regression Weights:(**警察群组**-Default model)

	M. I.	Par Change
情感交流 < － － －体谅支持	42.003	.172
情感交流 < － － －情感亲密	23.385	.116

四、修正模型[3]

修正模型[3]增列观察变量体谅支持对观察变量情感交流的直接路径。

第三次修正假设模型图 5-50 为增列观察变量体谅支持对观察变量情感交流的直接路径,修正后的假设模型图中观察变量体谅支持对观察变量情感交流有直接的影响效果。

图 5-51 显示,模型估计结果可以识别收敛。第三次修正假设模型图与第二次修正假设模型图相较之下,模型整体适配度卡方值由 136.046 降为 67.537(p < 0.001),$\Delta\chi^2 =$ 68.509,模型自由度为 21(ΔDF = 1),卡方自由度比值由 6.184 降为 3.216,GFI 值由0.947增加为 0.974,AGFI 值由 0.891 增加为 0.945,RMSEA 值由 0.098 降为 0.064,NFI 值由 0.969 变为 0.985,RFI 值由 0.950 变为 0.974,TLI 值由 0.958 变为 0.982,CN 值由 134 增加为 260。婚姻态度变量对亲子关系变量影响的标准化路径系数值为 0.81,婚姻态度变量对幸福感受变量影响的标准化路径系数值为 0.35,亲子关系变量对幸福感受变量影响的标准化路径系数值为 0.64,误差项 e5 与预测残差项 r1 间的相关为 0.76,误差项 e4 与预测残差项 r2 间的相关为 -0.58,观察变量体谅支持对观察变量情感交流的标准化路径系数为 0.24,表示观察变量体谅支持对观察变量情感交流的直接影响效果为正向。

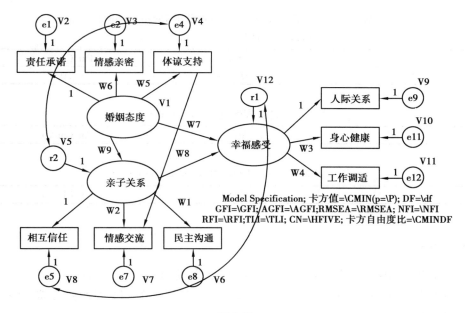

图 5-50

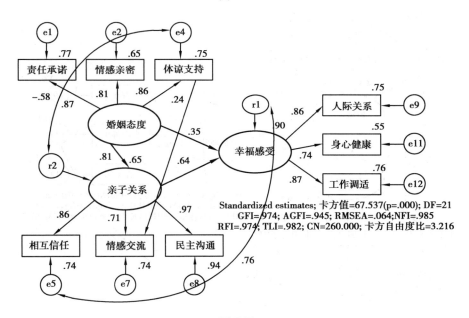

图 5-51

Amos 提供的修正指标表 5-18 中,增列误差项 e5 与误差项 e11 的协方差(将两者的协方差参数设为自由参数),则模型估计结果约可减少卡方值 10.209,估计参数改变量值为 -0.029,表示将误差项 e5 与误差项 e11 间的协方差设为自由参数,则新的估计值会比目前分析的估计值小 0.029,由于目前两个变量间协方差估计值为 0,因而小 0.029 的估计量,表示新的协方差估计值为负数,误差项 e5 与误差项 e11 间为负相关。表中没有提示增列方差参数估计值及增列路径系数路径修正指标值。

表 5-18   Modification Indices（**警察群组**-Default model）

Covariances：（**警察群组**-Default model）

	M. I.	Par Change
e5 < - - > e11	10.209	- .029

Variances：（**警察群组**-Default model）

	M. I.	Par Change

Regression Weights：（**警察群组**-Default model）

	M. I.	Par Change

五、修正模型［4］

修正模型［4］增列误差项 e5 与误差项 e11 间的协方差。

第四次修正假设模型图 5-52 为增列误差项 e5 与误差项 e11 间的协方差，待估计的协方差参数增加为 1。

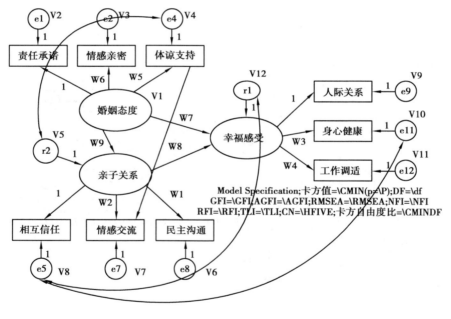

图 5-52

图 5-53 显示，模型估计结果可以识别收敛，两个误差项间的相关为 - 0.18。第四次修正假设模型图与第三次修正假设模型图相较之下，模型整体适配度卡方值由 67.537 降为52.101（p = 0.000 < 0.05），$\Delta\chi^2$ = 15.431，模型自由度为 20（ΔDF = 1），卡方自由度比值由3.216降为 2.605，GFI 值由 0.974 增加为 0.980，AGFI 值由 0.945 增加为 0.954，RMSEA 值由 0.064 降为 0.055，NFI 值由 0.985 变为 0.988，RFI 值由 0.974 变为 0.979，TLI 值由0.982变为 0.987，CN 值由 260 增加为 324，除卡方值外，其余适配度统计量均达到模型可以适配指标值。婚姻态度变量对亲子关系变量影响的标准化路径系数值为 0.81，婚姻态度变量对幸福感受变量影响的标准化路径系数值为 0.35，亲子关系变量对

幸福感受变量影响的标准化路径系数值为 0.65,误差项 e5 与预测残差项 r1 间的相关为 0.86,误差项 e4 与预测残差项 r2 间的相关为 −0.58,观察变量体谅支持对观察变量情感交流的标准化路径系数为 0.24,表示观察变量体谅支持对观察变量情感交流的直接影响效果为正向。

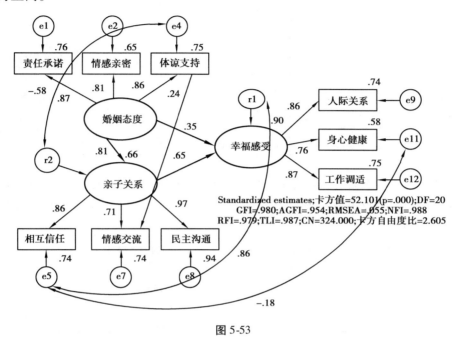

图 5-53

模型中相关参数显著性检验如表 5.19:

表 5-19　Parameter summary(警察群组)【参数摘要表】

	Weights 路径系数	Covariances 协方差	Variances 方差	Means 平均数	Intercepts 截距	Total
Fixed 固定参数	14	0	0	0	0	14
Labeled(有参数标签)	9	0	12	0	0	21
Unlabeled(无参数标签)	1	3	0	0	0	4
Total(参数总和)	24	3	12	0	0	39

在参数摘要表中显示:固定参数有 14 个,待估计的自由参数有 25 个,模型中全部的参数有 39 个。待估计的自由参数中路径系数有 10 个、协方差有 3 个、方差有 12 个,参数中没有增列参数标签名称者有 4 个,包含 1 个路径系数、3 个协方差,4 个没有增列参数标签的参数为四次修正指标中分别增列变量间关系为自由参数者。

表 5-20 显示,10 个待估计的路径系数自由参数估计值均达 0.001 显著水平,路径系数估计值标准误介于0.031 至 0.056 之间,没有出现大的估计值标准误。

表 5-20　Regression Weights:(警察群组-Default model)【路径系数估计值】

	Estimate	S. E.	C. R.	P	Label
亲子关系 < − − − 婚姻态度	1.035	.056	18.532	* * *	W9
幸福感受 < − − − 婚姻态度	.391	.044	8.936	* * *	W7

续表

	Estimate	S. E.	C. R.	P	Label
幸福感受 < − − − 亲子关系	.572	.035	16.305	＊＊＊	W8
体谅支持 < − − − 婚姻态度	.990	.039	25.289	＊＊＊	W5
民主沟通 < − − − 亲子关系	1.074	.034	31.861	＊＊＊	W1
情感交流 < − − − 亲子关系	.694	.033	21.356	＊＊＊	W2
相互信任 < − − − 亲子关系	1.000				参照指标变量
人际关系 < − − − 幸福感受	1.000				参照指标变量
身心健康 < − − − 幸福感受	.966	.045	21.301	＊＊＊	W3
工作调适 < − − − 幸福感受	1.024	.037	27.512	＊＊＊	W4
情感亲密 < − − − 婚姻态度	1.024	.042	24.260	＊＊＊	W6
责任承诺 < − − − 婚姻态度	1.000				参照指标变量
情感交流 < − − − 体谅支持	.260	.031	8.524	＊＊＊	

表 5-21 显示，三个协方差估计值分别为 −0.080、0.076、−0.042，协方差估计值标准误分别为 0.010、0.009、0.010，临界比值分别为 −8.155、8.529、−4.080，协方差估计值均达 0.001 显著水平。

表 5-21   Covariances：(警察群组-Default model)【协方差估计值】

	Estimate	S. E.	C. R.	P	Label
e4 < − − > r2	−.080	.010	−8.155	＊＊＊	
e5 < − − > r1	.076	.009	8.529	＊＊＊	
e5 < − − > e11	−.042	.010	−4.080	＊＊＊	

表 5-22 显示，外因潜在变量婚姻态度、两个预测残差项、九个观察变量误差项的方差估计值均为正数，没有出现负的方差，表示模型参数没有不合理的解值，十二个待估计方差的标准误介于 0.008 至 0.025 间，方差估计值均达 0.001 显著水平。

表 5-22   Variances：(警察群组-Default model)【方差估计值】

	Estimate	S. E.	C. R.	P	Label
婚姻态度	.318	.025	12.533	＊＊＊	V1
r2	.179	.019	9.353	＊＊＊	V5
e4	.105	.010	10.260	＊＊＊	V4
r1	.042	.008	5.190	＊＊＊	V12
e1	.098	.008	11.610	＊＊＊	V2
e2	.177	.013	13.994	＊＊＊	V3
e8	.036	.009	3.942	＊＊＊	V6
e7	.129	.009	14.475	＊＊＊	V7
e5	.187	.014	13.284	＊＊＊	V8
e9	.145	.011	13.810	＊＊＊	V9
e11	.279	.019	14.651	＊＊＊	V10
e12	.143	.011	13.550	＊＊＊	V11

婚姻态度、亲子关系与幸福感受的结构方程模型经四次模型修正，整体模型适配度检验结果，修正后的假设模型与观察数据适配度良好，模型的内在品质检验也良好，重要的是模型参数均没有违反辨认准则，研究者由此提出"修正后假设模型可以获得支持"。

然而,这样的结论与模型修正检验,表面上看似合理,其实整个模型修正与模型检验是不合理的,重要的是它违反 SEM 的基本假定,模型变量间的界定是没有实质意义的,修正后的假设模型虽然与样本数据可以适配,但此假设模型变量间的关系是无法合理诠释的。

六、同时释放多个参数的模型修正

完整 SEM 模型包含测量模型与结构模型,此种完整 SEM 模型即潜在变量的路径分析,潜在变量的路径分析探究的重点在于潜在变量间的因果关系。就 SEM 的基本假定而言,下列五种情形的变量间没有因果关系或共变关系:

- 外因潜在变量(外衍潜在变量 ξ)与内因潜在变量(内衍潜在变量 η)的观察变量间没有直接因果关系。
- 内因潜在变量(内衍潜在变量 η)与外因潜在变量(外衍潜在变量 ξ)的观察变量间没有直接因果关系。
- 外因潜在变量(外衍潜在变量 ξ)的观察变量与内因潜在变量(内衍潜在变量 η)的观察变量间没有直接因果关系。
- 潜在变量(ξ 或 η)与内因潜在变量(η)的预测残差项(ζ)没有共变关系。
- 观察变量与所有观察变量的误差项(δ 或 ε)间没有共变关系。

上述五种变量间的因果关系或共变关系的增列,就 SEM 模型的界定而言是没有实质意义的,就范例的修正假设模型图来看,第一次模型修正增列误差项 e5 与预测残差项 r1 间的协方差,第二次模型修正增列误差项 e4 与预测残差项 r2 间的协方差,这两种模型修正是违反 SEM 的基本假定:内因潜在变量的预测残差项与其他变量间没有共变或因果关系,因而即使将估计协方差参数释放成自由参数,可大大减少模型的卡方值差异量,此种模型界定或参数释放也是没有意义的;第三次模型修正增列观察变量体谅支持对观察变量情感交流的直接路径,增列潜在变量的观察变量间的因果关系也是违反 SEM 的基本假定:外因潜在变量的观察变量与内因潜在变量的观察变量间没有直接因果关系(或内因潜在变量的观察变量与内因潜在变量的观察变量间没有直接因果关系),因而模型修正时将外因潜在变量婚姻态度的观察变量体谅支持对内因潜在变量亲子关系的观察变量情感交流的直接影响路径系数界定为自由参数,此种将两个观察变量界定为有直接因果关系也是没有实质意义的。

根据 Amos 提供的修正指标,增列变量间的直接因果关系或共变关系后,若修正后的假设模型无法合理解释或与 SEM 的理论界定相违背,即使卡方值的差异量(M. I.)很大,此种参数也不应释放(即将原先为固定参数改为自由参数,模型中新增加一个待估计的自由参数,模型的自由度会减少一个),此时应选择次大的修正指标值,作为模型修正的参考。此外,在进行模型修正时,每次只能释放一个参数,否则模型修正结果可能会有过度修正的可能。同时包含测量模型及结构模型的潜在变量路径分析模型,有关修正指标参数的释放方面,研究者应注意以下原则:

- 先就结构模型中潜在变量间影响的直接路径加以增删,因为潜在变量路径分析模型关注的重点是结构模型而非测量模型,结构模型探究的是外因潜在变量对内因潜在变量影响的路径系数是否显著(γ 系数),或内因潜在变量对内因潜在变量影响的路径系数是否显著(β 系数),路径系数的正负号是否与原先理论建构相符合。

- 同一测量模型中观察变量误差项间的协方差可优先界定,因为测量模型中各指标变量所反映的高阶因素构念(潜在心理特质或潜在行为感受)是一样的,因而这些一阶构念向度变量间通常会有某种程度的相关,将同一测量模型的观察变量误差项间界定有共变关系,表示这两个观察变量间有某种相关存在。

- 第三个考量释放为自由参数者是界定两个同为外因潜在变量的观察变量误差项间有共变关系,两个不同测量模型的观察变量误差项间有共变关系,表示这两个反映不同潜在因素构念的向度间有某种关系存在。

在表 5-23 的修正指标中(设定 M.I. 的临界值为 15),研究者优先要考量的是同一测量模型的观察变量误差间的协方差,对于不同测量模型的观察变量误差间的协方差参数不予释放为自由参数。从协方差修正指标摘要表中可知,同一测量模型的观察变量误差间有共变关系者为:测量误差项 e7 与测量误差项 e5 间的共变关系(M.I. = 39.093、PH = −0.045),测量误差项 e8 与测量误差项 e5 间的共变关系(M.I. = 15.594、PH = 0.024),测量误差项 e2 与测量误差项 e4 间的共变关系(M.I. = 17.492、PH = 0.033)。界定三组测量误差项间有相关,M.I. 的数值均大于 15,而估计参数改变值是一个大的改变量(估计参数改变值的绝对值愈大,两个变量间的相关系数绝对值也愈大),研究者同时释放三个参数,修正后假设模型的自由度将一次减少 3 个。

表 5-23   Modification Indices(警察群组-Default model)
Covariances:(警察群组-Default model)

	M.I.	Par Change
e5 < − − >r2	19.254	.042
e5 < − − >r1	45.673	.035
e5 < − − >e9	40.615	.047
e7 < − − >婚姻态度	16.417	.043
e7 < − − >r2	32.012	−.053
e7 < − − >e5	39.093	−.045
e8 < − − >e7	15.594	.024
e4 < − − >r2	30.631	−.051
e4 < − − >e5	22.938	−.035
e4 < − − >e7	22.975	.034
e4 < − − >e8	15.638	−.025
e2 < − − >e4	17.492	.033

修正模型同时释放三个参数,待估计的自由参数增加 3,相对地,模型的自由度减少 3。

同时释放三个固定协方差参数为自由参数的修正后假设模型图如图 5-54,与初始模型不同的是,修正后的假设模型图增列测量误差项 e7 与测量误差项 e5 间的协方差,测量误差项 e8 与测量误差项 e5 间的协方差,测量误差项 e2 与测量误差项 e4 间的协方差。

图 5-55 显示,修正后的假设模型图的模型估计结果可以辨识收敛,标准化估计值模型图中没有出现绝对值大于 1 的路径系数,表示估计参数没有不适当的解值。模型整体适配度似然比卡方值从 274.597 降为 187.137(显著性 p = 0.000 < 0.05),$\Delta\chi^2 = 87.460$,模型自由度从 24 变为 21(因为待估计的自由参数增加 3 个),卡方自由度比值从 11.442 变为 8.911,GFI 值从 0.897 变为 0.931,AGFI 值从 0.807 变为 0.852,RMSEA 值从0.139

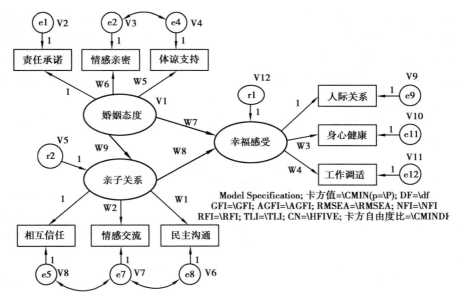

图 5-54

降为 0.121，NFI 值从 0.938 变为 0.958，RFI 值从 0.907 变为 0.928，TLI 值从 0.915 变为 0.935，CN 值等于 72 变为 94。模型修正后，两个模型自由度的差异值大于 2，表示与原先假设模型相较之下，修正后假设模型中待估计的自由参数个数比原先模型多两个以上，显示研究者释放估计的参数在一个以上，这与模型修正原则：每次只能将一个参数释放为自由参数原则不符合，此种模型修正的程序是不适切的。

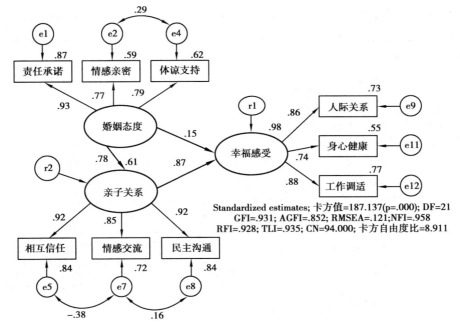

图 5-55

界定不同测量模型的观察变量误差项间有相关并不违反 SEM 的假定,但界定两个不同测量模型的观察变量误差项间有相关必须要有其合理性。在初始假设模型的修正指标中,研究者除增列同一测量模型的观察变量误差项间有相关外,也释放不同测量模型的观察变量误差项间的协方差参数为自由参数,其中增列婚姻态度潜在变量的测量误差项 e4 间与潜在变量亲子关系的测量误差项 e5、e7、e8 间的协方差。

表 5-24 显示,根据协方差修正指标值一次释放六个参数,模型中待估计的自由参数增加 6 个,模型的自由度减少 6。

表 5-24   Modification Indices (警察群组-Default model)

Covariances:(警察群组-Default model)

	M. I.	Par Change
e5 < − − > r2	19. 254	.042
e5 < − − > r1	45. 673	.035
e5 < − − > e9	40. 615	.047
e7 < − − > 婚姻态度	16. 417	.043
e7 < − − > r2	32. 012	− .053
e7 < − − > e5	39. 093	− .045
e8 < − − > e7	15. 594	.024
e4 < − − > r2	30. 631	− .051
e4 < − − > e5	22. 938	− .035
e4 < − − > e7	22. 975	.034
e4 < − − > e8	15. 638	− .025
e2 < − − > e4	17. 492	.033

修正的假设模型路径图 5-56 显示,一次释放六个协方差参数,因为待估计的自由参数增加 6 个,因而整个模型的自由度会减少 6,初始模型的自由度为 24,修正后假设模型的自由度为 24 − 6 = 18。

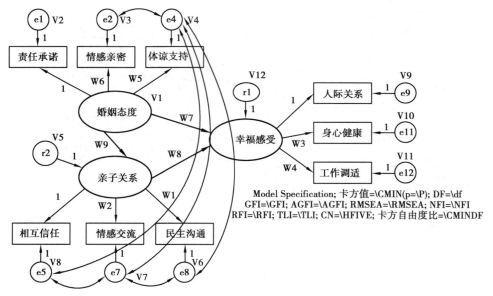

图 5-56

图 5-57 显示,修正后的假设模型图的模型估计结果可以辨识收敛,标准化估计值模型图中没有出现绝对值大于 1 的路径系数,表示估计参数没有不适当的解值。模型整体适配度似然比卡方值从 274.597 降为 134.866(显著性 $p < 0.001$),$\Delta\chi^2 = 139.731$,模型自由度从 24 变为 18(因为待估计的自由参数增加 6 个,因而模型的自由度减少 6),卡方自由度比值从 11.442 变为 7.493,GFI 值从 0.897 变为 0.950,AGFI 值从 0.807 变为 0.875,RMSEA 值从 0.139 降为 0.110,NFI 值从 0.938 变为 0.970,RFI 值从 0.907 变为 0.939,TLI 值从 0.915 变为 0.947,CN 值等于 72 变为 115。修正后新的假设模型路径图的自由度与初始假设模型路径图的自由度相差 6,表示两个模型待估计的自由参数相差六个,此种同时释放六个协方差参数为自由参数的模型修正策略有可能造成模型的过度修正。

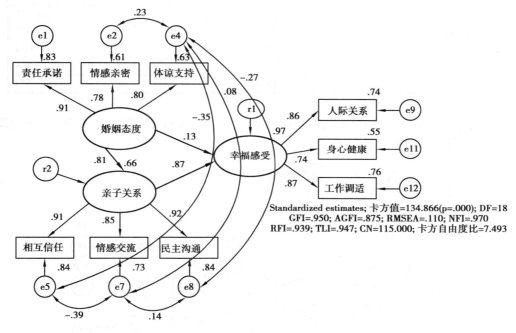

图 5-57

七、可接受性的模型修正

初始模型提供的修正指标表 5-25 中,最大的修正指标为释放测量误差项 e5 与预测残差项 r1 间的协方差(M.I. =45.673),但将此协方差参数释放为自由参数不符合 SEM 的假定,协方差参数的释放不合理;次大的修正指标为释放测量误差项 e5 与测量误差项 e9 间的协方差(M.I. =40.615),测量误差变量 e5 为内因潜在变量亲子关系的观察变量相互信任的测量误差项,测量误差变量 e9 为内因潜在变量幸福感受的观察变量人际关系的测量误差项,两个测量误差项属不同测量模型(此两个测量模型的潜在变量均为内因变量),因而这两个测量指标误差项的协方差参数不予释放(若这两个测量误差项所属的测量模型的潜在变量均为外因变量,则测量误差项间协方差参数的释放较有意义);第三大的修正指标为释放测量误差项 e5 与测量误差项 e7 间的协方差(M.I. =39.093),当增列这两个测量误差项间的协方差至少可减少卡方值统计量 39.093(39.093 为理论上估计值,实际减少的卡方值通常会大于 M.I. 栏中的数值),由于测量误差项 e5 与测量误差项 e7 同属内因潜在变量亲子关系观察变量的测量误差变量,因而研究者先将此两者的协方差释放。

表 5-25　Covariances：(警察群组-Default model)

	M. I.	Par Change
e5 < − − > r2	19. 254	. 042
e5 < − − > r1	45. 673	. 035
e5 < − − > e9	40. 615	. 047
e7 < − − > 婚姻态度	16. 417	. 043
e7 < − − > r2	32. 012	− 0. 053
e7 < − − > e5	39. 093	− . 045
e8 < − − > e7	15. 594	. 024
e4 < − − > r2	30. 631	− 0. 051
e4 < − − > e5	22. 938	− . 035
e4 < − − > e7	22. 975	. 034
e4 < − − > e8	15. 638	− . 025
e2 < − − > e4	17. 492	. 033

　　增列观察变量相互信任测量误差项 e5 与观察变量情感交流测量误差项 e7 间的协方差的假设模型路径图如图 5-58。

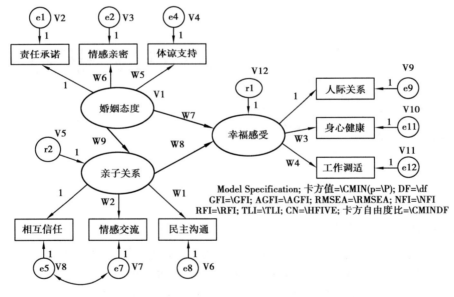

图 5-58

　　图 5-59 显示,上述假设模型路径图的模型估计可以辨识收敛,标准化估计值模型图中没有出现绝对值大于 1 的标准化回归系数,表示没有违反模型辨认规则。模型整体适配度卡方值为 216. 727(显著性 p =0. 000 < 0. 05),模型自由度为 23,卡方自由度比值等于 9. 423(未符合小于 3. 00 理想标准),GFI 值等于 0. 920(符合大于 0. 900 适配标准),AGFI 值等于 0. 844(未符合大于 0. 900 理想标准),RMSEA 值等于 0. 125(未符合小于 0. 080理想标准),NFI 值等于 0. 951(符合大于 0. 900 适配标准),RFI 值等于 0. 924(符合大于 0. 900 适配标准),TLI 值等于 0. 931(符合大于 0. 900 适配标准),CN 值等于 88(未符合大于 200 理想标准)。从适配度统计量来看,修正后的假设模型与观察数据的适配

度不佳,假设模型路径图还须进一步修正。Amos 提供的修正指标如表 5-26:

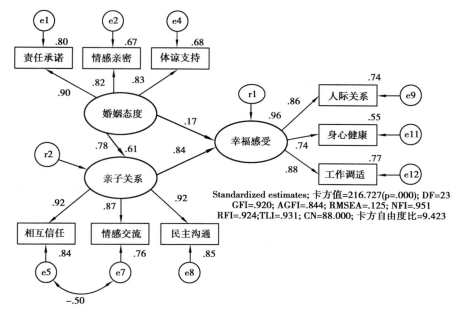

图 5-59

表 5-26　Covariances:(警察群组-Default model)

	M. I.	Par Change
e5 < − − > e9	23. 328	.033
e4 < − − > r2	28. 589	− 0. 050
e2 < − − > e4	15. 948	.031
e1 < − − > e8	18. 366	.023

　　在修正指标中,需要释放同一测量模型误差项间的协方差,即将测量误差项 e2 与测量误差项 e4 间的协方差加以释放(M. I. =15.948)。当增列这两个测量误差项间的协方差时,至少可减少卡方值统计量 15.948(15.948 为理论上估计值,实际减少的卡方值通常会大于 M. I. 栏中的数值),期望参数改变值为 0.031,表示释放测量误差项 e2 与测量误差项 e4 间的协方差后,两者间的协方差估计值比目前估计值增加 0.031,两个误差项间呈正相关,由于测量误差项 e2 与测量误差项 e4 同属外因潜在变量婚姻态度观察变量的测量误差变量,因而第二次模型修正为增列此两个误差项间的协方差。如果研究者认为不同测量模型观察变量的测量误差变量并非独立,则也可以释放测量误差项 e5 与测量误差项 e9 间的协方差(M. I. =23.328),当增列这两个测量误差项间的协方差时,至少可减少卡方值统计量 23.328,两个误差项间的协方差为正值。

　　增列观察变量情感交流测量误差项 e2 与观察变量体谅支持测量误差项 e4 间的协方差的假设模型路径图如图 5-60。

　　图 5-61 显示,上述假设模型路径图的模型估计可以辨识收敛,标准化估计值模型图中没有出现绝对值大于 1 的标准化回归系数,表示没有违反模型辨认规则。模型整体适配度卡方值为 190.451(显著性 p =0.000 <0.05),模型自由度为 22,卡方自由度比值等于 8.657(未符合小于 3.00 理想标准),GFI 值等于 0.930(符合大于 0.900 适配标准),

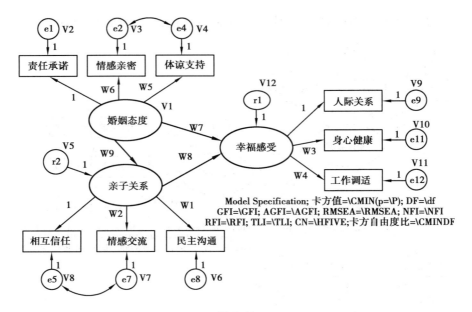

Model Specification; 卡方值=\CMIN(p=\P); DF=\df
GFI=\GFI; AGFI=\AGFI; RMSEA=\RMSEA; NFI=\NFI
RFI=\RFI; TLI=\TLI; CN=\HFIVE;卡方自由度比=\CMINDF

图 5-60

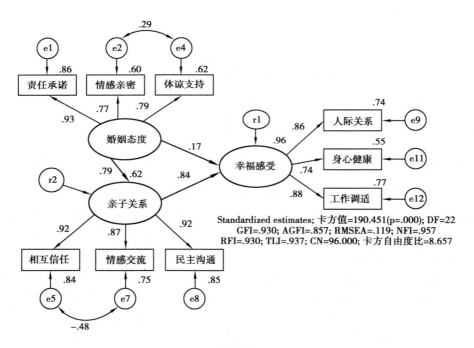

Standardized estimates; 卡方值=190.451(p=.000); DF=22
GFI=.930; AGFI=.857; RMSEA=.119; NFI=.957
RFI=.930; TLI=.937; CN=96.000; 卡方自由度比=8.657

图 5-61

AGFI 值等于 0.857(未符合大于 0.900 理想标准),RMSEA 值等于 0.119(未符合小于 0.080理想标准),NFI 值等于 0.957(符合大于 0.900 适配标准),RFI 值等于 0.930(符合大于 0.900 适配标准),TLI 值等于 0.937(符合大于 0.900 适配标准),CN 值等于 96(未符合大于 200 理想标准)。从适配度统计量来看,修正后的假设模型与观察数据的适配度不佳,修正后的假设模型路径图无法获得支持。Amos 提供的修正指标如表 5-27:

表 5-27　Covariances:(警察群组-Default model)

	M. I.	Par Change
e5 < − − > r2	15.028	.035
e5 < − − > r1	14.197	.018
e5 < − − > e9	24.790	.034
e7 < − − > r1	10.341	−.015
e4 < − − > r2	16.366	−.037
e4 < − − > e5	11.450	−.023
e4 < − − > e8	10.646	−.019
e2 < − − > r2	16.166	.042
e1 < − − > e5	12.719	−.022
e1 < − − > e8	16.067	.021

　　当释放两个测量误差项的协方差后,估计模型卡方值减少的差异值不大,此时再增列释放两个测量误差项的协方差参数为自由参数对模型适配度的帮助不大,研究者可考虑简化模型,所谓简化模型即将某个测量变量与其他多数变量间有共变关系的观察变量删除,如此可简化整个假设模型的路径图。上述协方差参数修正指标表中,观察变量体谅支持的误差项 e4 与残差项 r2、误差项 e5、误差项 e8 间均有共变关系存在,如果研究者在初始假设模型中假定不同构念变量的观察变量误差项间彼此互为独立没有相关存在,则增列不同测量模型观察变量误差项间的协方差参数均不予释放,研究者直接将导致误差项 e4 来源的观察变量体谅支持从假设模型中删除。

　　图 5-62 显示的是删除婚姻态度构念变量的观察变量体谅支持后,婚姻态度构念变量剩下的两个观察变量:责任承诺、情感亲密。根据理论建构的假设模型图若理论法则或经验法则不完备,界定的模型可能会有错误或不是十分适切,删除反映性测量模型中的一个观察变量后,反映性测量模型与之前反映性模型不同,因而整个假设模型图也会不一样,这是不适切假设模型的重新界定,删除反映性测量模型中的观察变量后,反映性测

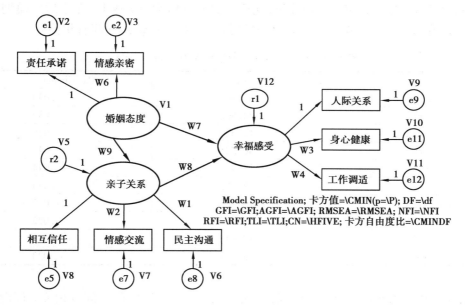

图 5-62

量模型的构念变量至少有三个观察变量为佳。范例中,婚姻态度构念变量剩下两个观察变量并不是一个良好的测量模型。

图 5-63 显示,删除婚姻态度构念变量的观察变量体谅支持后,整体模型估计为模型可以收敛,模型的自由度为 17,模型的整体适配度卡方值为 185.536(p < 0.001),RMSEA 值为 0.136,AGFI 值为 0.834,CN 值为 80.000,卡方自由度比值为 10.914 等适配指标值均未达适配门槛,修正的假设模型的适配度情形不佳。

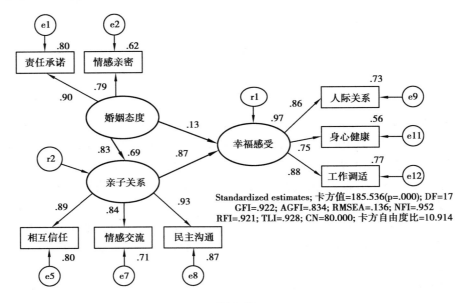

图 5-63

在协方差修正指标摘要表 5-28 中,同一潜在构念的观察变量误差项间的协方差参数里,界定误差项 e7(观察变量为相互信任)与误差项 e5(观察变量为情感交流)间的协方差,约可减少卡方值 37.868 的差异量,期望参数改变值为 - 0.044。在之后的模型修正中,增列潜在构念变量亲子关系的观察变量误差项 e7 与误差项 e5 间有相关。

表 5-28   Covariances:(警察群组-Default model)

	M. I.	Par Change
e5 < - - > r2	17.664	.039
e5 < - - > r1	44.506	.035
e5 < - - > e12	12.320	.025
e5 < - - > e9	40.225	.047
e7 < - - > r2	24.459	- .044
e7 < - - > e5	37.868	- .044
e8 < - - > r1	15.852	- .017
e8 < - - > e7	13.663	.022
e2 < - - > e7	22.614	.040
e1 < - - > e5	22.291	- .033

增列潜在构念变量亲子关系的观察变量误差项 e7 与误差项 e5 间有相关的假设模型图如图 5-64,与之前假设模型图相较之下最大的不同是,之前模型中误差项 e7 与误差项

e5 间的相关为 0,修订的假设模型图中误差项 e7 与误差项 e5 间的相关不为 0(参数变为待估计的自由参数)。

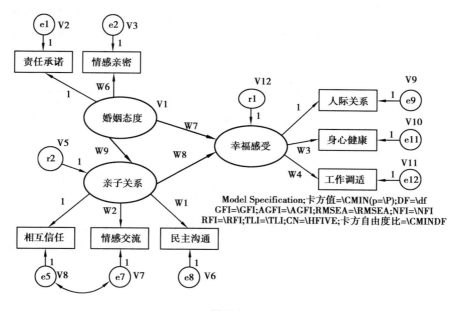

图 5-64

图 5-65 显示,增列误差项 e7 与误差项 e5 间有相关后,整体模型估计可以收敛,模型的自由度为 16,模型的整体适配度卡方值为 130.319(p < 0.001),RMSEA 值为 0.115,AGFI 值为 0.875,CN 值为 109.000,卡方自由度比值为 8.145,误差项 e7 与误差项 e5 间相关为 −0.48。与前一个模型比较之下,修正模型的适配度较佳,但从整体适配指标值来评估,修正的假设模型与样本数据的契合度仍然不佳,模型需要再重新修正或界定。

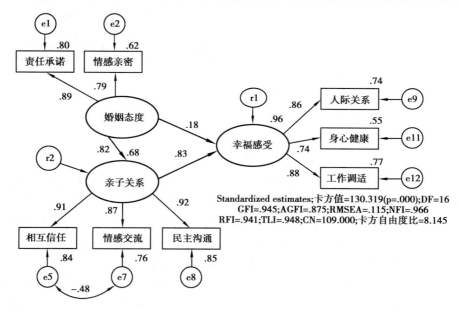

图 5-65

在协方差参数修正指标表 5-29 中,观察变量相互信任的误差项 e5 与残差项 r2、残差项 r1、误差项 e9 间均有共变关系存在,如果研究者建构的假设模型中,假定不同构念变量的观察变量误差项间彼此互为独立没有相关存在,则增列不同测量模型的观察变量误差项间的协方差参数均不予释放,研究者直接将导致误差项 e5 来源的观察变量相互信任从假设模型中删除。

表 5-29   Covariances:(**警察群组**-Default model)

	M. I.	Par Change
e5 < − − > r2	14. 147	. 033
e5 < − − > r1	14. 100	. 018
e5 < − − > e9	24. 664	. 034
e2 < − − > e7	18. 094	. 034
e1 < − − > e5	23. 894	− . 033

图 5-66 显示的是删除潜在构念变量亲子关系的观察变量相互信任后,新界定的假设模型:潜在构念变量亲子关系的观察变量由三个变为两个,两个指标变量为情感交流、民主沟通。

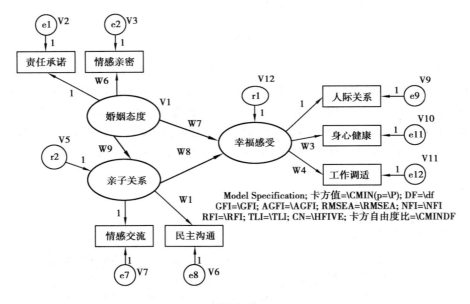

图 5-66

图 5-67 显示,修正的假设模型可以收敛识别,标准化估计值模型图没有出现大于标准化回归系数绝对值大于 1 的不适当解值。模型的自由度为 11,模型的整体适配度卡方值为 48. 347(p < 0. 001),RMSEA 值为 0. 080,GFI 值为 0. 976,AGFI 值为 0. 938,CN 值为 219. 000,NFI 值为 0. 984,RFI 值为 0. 969,TLI 值为 0. 976,卡方自由度比值为 4. 395,SRMR 值为 0. 019 3,修正的假设模型与样本数据的适配度尚可。

Amos 修正指标所提供的数据可作为模型是否有界定错误的检核,如果某列 M. I. 值栏的数值很大,且期望参数改变的数据也很大,则此列的数据可作为模型再界定的参考,但重要的是参数释放(将参数变为待估计的自由参数)要有实质意义。就测量模型而言,如果某个测量误差协方差的 M. I. 数值显著高于其他列的 M. I. 数值,表示模型中有界定

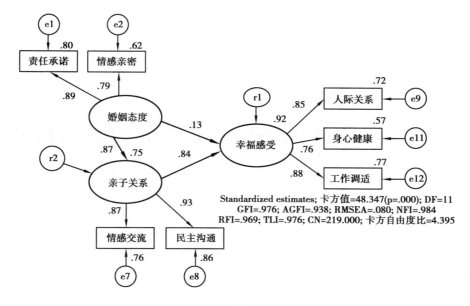

图 5-67

不当的误差协方差存在。在题项反映中，测量误差协方差表示的是系统测量误差（systematic measurement error）而非随机测量误差（random measurement error），它们来自受试者对题项（测量变量）特定的回应，这些参数反映题项间某些特性，隐含着另类的因素结构。如果假设模型与样本数据无法适配，某些合理性修正指标值的 M. I. 栏的数值很大，表示初始假设模型的界定不正确，根据模型的合理性与逻辑性，研究者可以针对初始探索模型进行模型的修正（模型的再界定），进一步探究修正模型的适配变动情形。模型的再界定包括相关误差项的增列等，其中有一点必须考量的就是参数释放必须有其实质意义或经验法则的合理性（Byrne，2010，p. 111）。

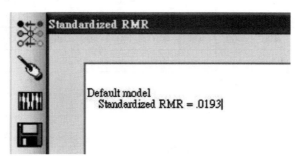

图 5-68

参考文献

Byrne, B. M. (2010). Structural equation modeling with Amos: Basic concepts, application, and programming. New York: Routledge.

吴明隆（2009）。结构方程模型——方法与实务应用。高雄：丽文。

第六章　因果结构效度的检验

完整 SEM 包含测量模型与结构模型,这是完整的结构方程模型(full SEM)。假设模型的目的在于检验因果结构的关系,完整 SEM 也是一种验证性本质,因而假设模型中所有变量的因果关系都必须根据理论、实证研究,或合理性经验法则来界定。模型检验的重点在于界定结构模型中变量的因果关系效度,此即为因果结构效度(validity of causal structures)的检验。

第一节　混合测量模型的因果结构分析

测量模型包含形成性指标与反映性指标两种模型,期刊论文常见的测量模型为反映性指标,如果研究者要在假设模型中融入形成性指标要特别谨慎,因为包含形成性指标的因果模型在进行模型估计时常发生模型无法识别情形,若模型可以识别收敛,整体模型适配度的检验不易达到门坎值,因而建构因果模型的假设模型图最好少用形成性指标。

表 6-1　测量指标的相关矩阵与描述性统计量摘要表

rowtype_	varname_	身体焦虑	恐慌焦虑	主观焦虑	其他焦虑	家庭压力	学校压力	健康因素	经济因素	情绪低落	紧张担忧	职场因素
N		400	400	400	400	400	400	400	400	400	400	400
CORR	身体焦虑	1.000										
CORR	恐慌焦虑	0.638	1.000									
CORR	主观焦虑	0.785	0.647	1.000								
CORR	其他焦虑	0.687	0.650	0.875	1.000							
CORR	家庭压力	0.352	0.347	0.336	0.301	1.000						
CORR	学校压力	0.336	0.280	0.304	0.288	0.789	1.000					
CORR	健康因素	0.291	0.294	0.262	0.252	0.658	0.701	1.000				
CORR	经济因素	0.303	0.327	0.289	0.345	0.557	0.605	0.467	1.000			
CORR	情绪低落	0.422	0.425	0.372	0.343	0.289	0.452	0.356	0.359	1.000		
CORR	紧张担忧	0.417	0.372	0.363	0.351	0.456	0.393	0.386	0.456	0.567	1.000	
CORR	职场因素	0.423	0.418	0.420	0.353	0.405	0.456	0.287	0.398	0.666	0.702	1.000
STDDEV		0.990	1.451	1.350	1.340	1.030	0.987	1.110	1.120	1.030	1.120	1.050
MEAN		4.520	3.980	4.510	3.960	2.980	4.010	3.020	2.570	4.670	4.340	3.970

假设模型图 6-1 中三个潜在构念变量名称分别为生活压力、自我焦虑、忧郁倾向,自我焦虑与忧郁倾向构念为反映性测量模型,自我焦虑构念三个效果指标变量为身体焦虑、恐慌焦虑、主观焦虑;忧郁倾向构念两个效果指标变量为情绪低落、紧张担忧;生活压力构念为一混合测量模型,同时包含形成性指标与反映性指标,就形成性测量模型而言,三个原因指标变量为健康因素、经济因素、职场因素;就反映性测量模型而言,生活压力潜在构念两个效果指标变量为家庭压力、学校压力,生活压力潜在构念包含形成性指标与反映性指标两种不同指标模型。

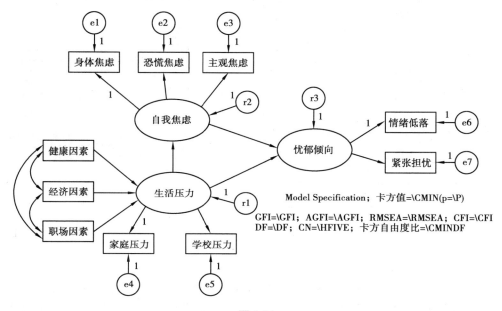

图 6-1

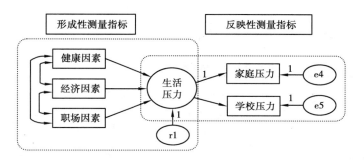

图 6-2

家庭压力观察变量与学校压力观察变量反映生活压力潜在构念,就反映性测量模型而言,两个观察变量为生活压力潜在构念的效果指标变量,两个观察变量为"果",生活压力构念变量为"因";影响受试者生活压力的三个原因指标为健康因素、经济因素、职场因素等观察变量,这三个观察变量为因,生活压力构念变量为果。生活压力构念同时包含反映性指标与形成性指标,因而就测量模型的性质来看,它是一个混合测量模型。

图 6-3 显示了初始假设模型的估计结果:模型可以识别收敛,就非标准化估计值模型图来看,误差项或残差项方差均为正数,表示模型参数估计值没有出现不适当解值。就

整体模型适配度来看,模型的自由度为 29,卡方值为 394.200(p < 0.001),GFI 值为 0.859,AGFI 值为 0.733,RMSEA 值为 0.178,CFI 值为 0.847,CN 值为 44.000,卡方自由度比值为 13.593,适配度统计量均未符合模型适配的门槛值,假设模型与样本数据的适配情形不佳。

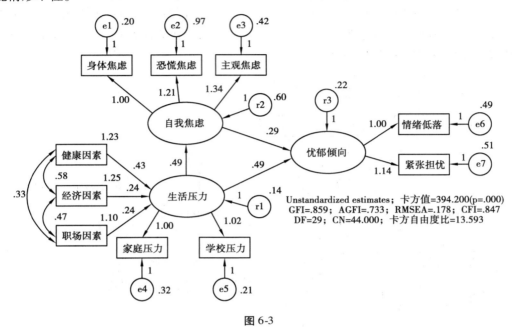

图 6-3

就标准化估计值模型图 6-4 来看,没有出现绝对值大于 1 的标准化回归系数。就三个构念反映性测量模型的信度来看,生活压力两个效果指标变量的因素负荷量分别为 0.84、0.89,自我焦虑三个效果指标变量的因素负荷量分别为 0.89、0.73、0.88,忧郁倾向

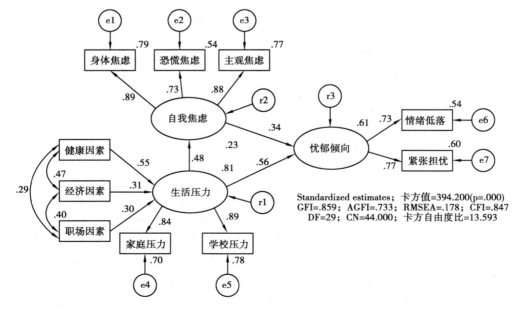

图 6-4

两个效果指标变量的因素负荷量分别为 0.73、0.77,潜在构念对效果指标变量的因素负荷量绝对值均大于 0.70,潜在构念对效果指标变量的解释变异量介于 0.54 至 0.79,其数值均高于 50.0%,表示三个反映性测量模型有良好的信度与聚敛效度。就结构模型而言,潜在构念变量生活压力对潜在构念自我焦虑的直接效果值为 0.48,其解释变异量为 23%;潜在构念变量生活压力与自我焦虑对内因潜在变量忧郁倾向影响的标准化路径系数分别为 0.34、0.56,联合解释变异量为 61%,潜在变量间影响的直接效果值均达显著。就形成性测量模型而言,健康因素、经济因素、职场因素三个原因指标变量对潜在构念生活压力影响的标准化路径系数分别为 0.55、0.31、0.30,三个原因指标变量共可解释潜在构念生活压力 81% 的变异量,模型中所有待估计的参数都达 0.05 显著水平。从测量模型来看,三个反映性测量模型的信度与聚敛效度佳,形成性测量模型的原因指标变量对潜在构念的共同解释变异高达 81%,潜在构念间的结构模型的路径系数估计值除达 0.05 显著水平外,路径系数正负号与理论建构时相同,这样的假设模型理论上是个可以接受的因果模型,但整体适配度统计量检验结果却显示,假设模型的适配度不佳,假设模型与样本数据的契合度很差,表示假设模型无法得到支持。

表 6-2　Modification Indices(**全体样本**-Default model)
Covariances:(**全体样本**-Default model)

	M. I.	Par Change
r2 < -- > 职场因素	30.374	.221
r2 < -- > r1	10.822	− .069
r3 < -- > 职场因素	113.981	.346
r3 < -- > 健康因素	11.124	− .110
r3 < -- > r1	56.970	− .127
e4 < -- > 职场因素	10.529	− 0.98
e4 < -- > r3	23.222	− .102
e5 < -- > r2	11.574	− .078
e5 < -- > r3	16.497	− .075
e5 < -- > e4	23.502	.080
e7 < -- > 职场因素	36.387	.244
e7 < -- > r1	27.256	− .111
e7 < -- > e5	45.538	− .157
e6 < -- > 职场因素	36.904	.232
e6 < -- > r1	11.255	− .067
e6 < -- > e4	55.131	− .186

　　从修正指标值协方差摘要表 6-2 来看,误差协方差卡方值变化最大的两个分别为误差项 e7 与误差项 e5 间的相关、误差项 e6 与误差项 e4 间的相关。将协方差参数由 0 改为待估计的自由参数后,两个误差协方差参数分别可降低的 χ^2 值差异量为 45.538、55.131。

一、修正模型[1]

第一次修正假设模型图 6-5 为界定误差项 e6 与误差项 e4 两个变量间的协方差,其协方差参数由 0 改为待估计的自由参数。

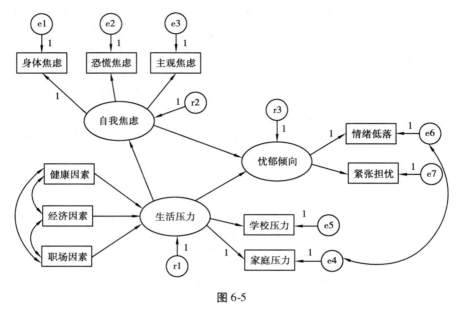

图 6-5

就标准化估计值模型图 6-6 来看,没有出现绝对值大于 1 的标准化回归系数,表示模型参数估计值没有出现不适当解值。就整体模型适配度来看,模型的自由度为 28,卡方值为 325.970(p < 0.001),GFI 值为 0.877,AGFI 值为 0.758,RMSEA 值为 0.163,CFI 值为 0.875,CN 值为 51.000,卡方自由度比值为 11.642,适配度统计量均未符合模型适配的门坎值,修正的假设模型与样本数据的适配情形不佳。

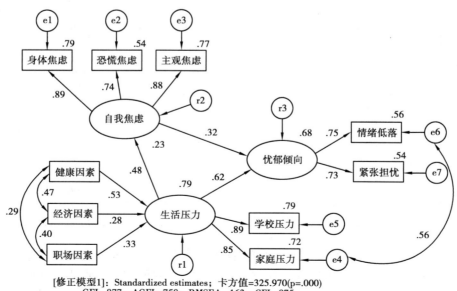

[修正模型1]: Standardized estimates;卡方值=325.970(p=.000)
GFI=.877; AGFI=.758; RMSEA=.163; CFI=.875
DF=28; CN=51.000; 卡方自由度比=11.642

图 6-6

根据修正指标值协方差摘要表6-3来看,误差协方差卡方值变化最大的为界定误差项 e7 与误差项 e5 间的相关,将两个误差项协方差参数由 0 改为待估计的自由参数后,模型 χ^2 值降低的差异量约为 37.386。

表6-3　Modification Indices(**全体样本-[修正模型1]**)
Covariances:(**全体样本-[修正模型1]**)

	M. I.	Par Change
r2 < -- > 职场因素	26.381	.206
r2 < -- > r1	12.031	− .072
r3 < -- > 职场因素	102.839	.326
r3 < -- > 健康因素	12.679	− .117
r3 < -- > r1	26.746	− .083
e5 < -- > 职场因素	20.574	− .116
e5 < -- > r2	12.078	− .078
e5 < -- > r3	21.610	− .081
e5 < -- > r4	13.395	.052
e7 < -- > 职场因素	39.278	.253
e7 < -- > r1	46.607	− .144
e7 < -- > e5	37.386	− .138
e6 < -- > 职场因素	27.429	.183
e2 < -- > e5	11.627	− .095

二、修正模型[2]

第二次修正假设模型图为界定误差项 e7 与误差项 e5 两个变量间的协方差,其协方差参数由 0 改为待估计的自由参数。

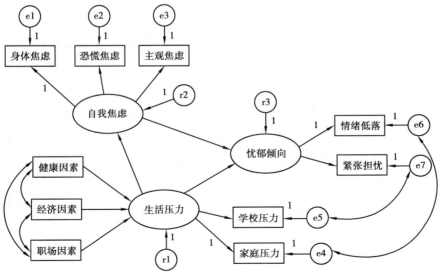

图 6-7

就标准化估计值模型图 6-8 来看,没有出现绝对值大于 1 的标准化回归系数,表示模型参数估计值没有出现不适当解值。就整体模型适配度来看,模型的自由度为 27,卡方值为 262.109(p < 0.001),GFI 值为 0.883,AGFI 值为 0.761,RMSEA 值为 0.148,CFI 值为 0.902,CN 值为 62.000,卡方自由度比值为 9.708,适配度统计量均未符合模型适配的门坎值,修正的假设模型与样本数据的适配情形不理想。

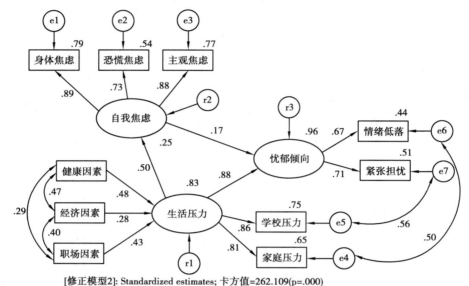

[修正模型2]: Standardized estimates; 卡方值=262.109(p=.000)
GFI=.883; AGFI=.761; RMSEA=.148; CFI=.902
DF=27; CN=62.000; 卡方自由度比=9.708

图 6-8

从表 6-4 可知,修正模型[3]增列原因指标变量职场因素对潜在构念忧郁倾向的影响路径,此路径系数参数估计值由原先 0 变为待估计自由参数后,模型 χ^2 的差异量约为 45.499,当修正模型与原先模型的 χ^2 的差异量很大时,表示原先模型可能有不当界定的参数。

表 6-4   Regression Weights:(全体样本-[修正模型 3])

	M. I.	Par Change
自我焦虑 <---职场因素	11.269	.133
忧郁倾向 <---职场因素	45.499	.186
忧郁倾向 <---健康因素	12.259	− .092
学校压力 <---自我焦虑	13.456	− .115
学校压力 <---情绪低落	12.070	− .088
学校压力 <---主观焦虑	11.963	− .067
学校压力 <---恐慌焦虑	25.777	− .092
紧张担忧 <---职场因素	18.493	.156
情绪低落 <---职场因素	13.913	.130

从表6-5可知,修正模型[4]增列原因指标变量职场因素对潜在构念自我焦虑的影响路径,此路径系数参数估计值由原先0变为待估计自由参数后,模型 χ^2 的差异量约为29.516。

表6-5 Regression Weights:(**全体样本-[修正模型4]**)

自我焦虑 <---职场因素	29.516	.220
学校压力 <---自我焦虑	11.190	-.100
学校压力 <---恐慌焦虑	22.817	-.082

如果研究者根据路径系数修正指标逐一增列原因指标变量职场因素对潜在构念忧郁倾向的影响路径(修正模型3)、增列原因指标变量职场因素对潜在构念自我焦虑的影响路径(修正模型4),则最后修正模型的模型适配度的卡方值为57.056($p < 0.001$),模型的自由度为25,GFI值为0.974,AGFI值为0.944,RMSEA值为0.057,CFI值为0.987,CN值为264.000,卡方自由度比值为2.282。除卡方值外,其余模型适配度统计量均符合模型适配的门坎值,表示最后修正的假设模型与样本数据可以适配。最后修正的假设模型如图6-9:

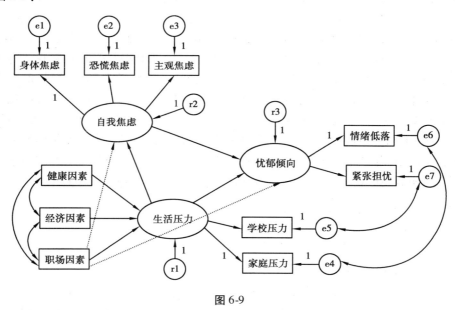

图6-9

从表6-6可知,模型中待估计的自由参数有30个(包含12个路径系数、5个协方差、13个方差),模型适配度的卡方值为57.056($p < 0.001$),模型的自由度为25,卡方自由度比值为2.282(小于3.000适配标准值)。

表6-6 Model Fit Summary【适配度统计量摘要表】
CMIN【卡方值】

Model	NPAR 自由参数	CMIN 卡方值	DF 自由度	P	CMIN/DF 卡方值自由度
[修正模型4]	30	57.056	25	.000	2.282

表 6-7 显示了五个增值适配度统计量 NFI 值、RFI 值、IFI 值、TLI 值、CFI 值分别为 0.977、0.958、0.987、0.976、0.987，均高于 0.950 适配门坎值。

表 6-7   Baseline Comparisons【基线比较适配度统计量】

Model	NFI Delta1	RFI rho1	IFI Delta2	TLI rho2	CFI
［修正模型 4］	.977	.958	.987	.976	.987

表 6-8 显示的 RMSEA 值为 0.057（小于 0.080 适配门坎值）。主要适配度统计量均符合适配标准，表示修正的假设模型［4］与样本数据可以适配。

表 6-8   RMSEA

Model	RMSEA	LO90	HI90	PCLOSE
［修正模型 4］	.057	.037	.076	.264

标准化估计值模型图 6-10 显示，所有估计路径系数均达显著，且路径系数的符号与理论建构时相同，职场因素外因变量对自我焦虑内因潜在变量的标准化路径系数为 0.37，职场因素外因变量对忧郁倾向内因潜在变量的标准化路径系数为 0.70。健康因素、经济因素、职场因素三个观察变量对潜在构念生活压力影响的标准化路径系数分别为 0.56、0.32、0.20，联合解释变异量为 75%；职场因素观察变量与生活压力潜在变量对自我焦虑内因潜在变量影响的标准化路径系数分别 0.37、0.25，联合解释变异量为 29%；职场因素观察变量、生活压力潜在变量与自我焦虑潜在变量对忧郁倾向内因潜在变量影响的标准化路径系数分别为 0.70、0.32、0.12，联合解释变异量为 94%。从标准化估计值模型图可以发现：变量间因果关系的路径系数符号与相关矩阵中相关系数的符号相同，表示变量间的影响与研究者原先界定的操作性定义相符合；其次是原因指标观察变量职场因素对忧郁倾向潜在构念的直接影响（β=0.70）大于对生活压力潜在构念的直接影响（β=0.20）。

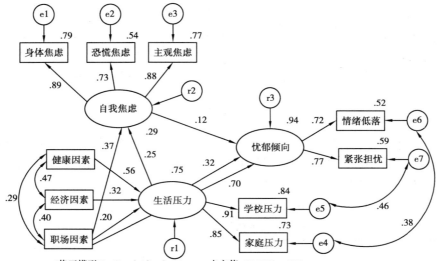

［修正模型4］：Standardized estimates; 卡方值=57.056(p=.000)
GFI=.974; AGFI=.944; RMSEA=.057; CFI=.987
DF=25; CN=264.000; 卡方自由度比=2.282

图 6-10

从表6-9可知,在十五个路径系数估计值中,除三个参照指标变量外,其余十二个待估计自由参数的路径系数估计值均达显著,标准化路径系数估计值为变量对变量影响的直接效果值。

表6-9 全体样本(全体样本-[修正模型4])

Regression Weights 与 Standardized Regression Weights:(全体样本-[修正模型4])

	未标准化路径系数				标准化路径系数	
	Estimate	S. E.	C. R.	P	Estimate	
生活压力 <---健康因素	.445	.030	15.032	***	生活压力 <---健康因素	.563
生活压力 <---经济因素	.254	.028	8.971	***	生活压力 <---经济因素	.325
自我焦虑 <---职场压力	.166	.028	5.834	***	生活压力 <---职场因素	.199
自我焦虑 <---生活因素	.256	.057	4.501	***	自我焦虑 <---生活压力	.255
忧郁倾向 <---职场焦虑	.306	.045	6.746	***	自我焦虑 <---职场因素	.365
忧郁倾向 <---自我压力	.105	.038	2.722	.006	忧郁倾向 <---自我焦虑	.124
忧郁倾向 <---生活因素	.268	.043	6.228	***	忧郁倾向 <---生活压力	.315
忧郁倾向 <---职场因素	.497	.037	13.548	***	忧郁倾向 <---职场因素	.703
情绪低落 <---忧郁倾向	1.000			参照指标变量	情绪低落 <---忧郁倾向	.723
紧张担忧 <---忧郁倾向	1.157	.073	15.836	***	紧张担忧 <---忧郁倾向	.768
主观焦虑 <---自我焦虑	1.349	.065	20.910	***	主观焦虑 <---自我焦虑	.879
恐慌焦虑 <---自我焦虑	1.211	.072	16.869	***	恐慌焦虑 <---自我焦虑	.734
身体焦虑 <---自我焦虑	1.000			参照指标变量	身体焦虑 <---自我焦虑	.888
学校压力 <---生活压力	1.033	.043	24.047	***	学校压力 <---生活压力	.915
家庭压力 <---生活压力	1.000			参照指标变量	家庭压力 <---生活压力	.853

变量影响忧郁倾向潜在构念的直接路径有三个:"生活压力→忧郁倾向""自我焦虑→忧郁倾向""职场因素→忧郁倾向";变量影响忧郁倾向潜在构念的间接路径有以下几条路径:

- 生活压力→自我焦虑→忧郁倾向
- 健康因素→生活压力→自我焦虑→忧郁倾向
- 经济因素→生活压力→自我焦虑→忧郁倾向
- 职场因素→生活压力→自我焦虑→忧郁倾向
- 职场因素→自我焦虑→忧郁倾向
- 健康因素→生活压力→忧郁倾向
- 经济因素→生活压力→忧郁倾向
- 职场因素→生活压力→忧郁倾向

变量影响自我焦虑潜在构念的直接路径有两个:"生活压力→自我焦虑""职场因素→自我焦虑";变量影响自我焦虑潜在构念的间接路径有以下几条路径:

- 健康因素→生活压力→自我焦虑
- 经济因素→生活压力→自我焦虑
- 职场因素→生活压力→自我焦虑

模型变量影响的直接效果值与间接效果值如表 6-10,以职场因素原因指标变量对自我焦虑观察变量为例,其标准化路径系数为 0.365,因而直接效果值为 0.365(模型图的数值 0.37 为四舍五入的数据)。

表 6-10　Standardized Direct Effects(全体样本-[修正模型 4])【直接效果】

	职场因素	经济因素	健康因素	生活压力	自我焦虑	忧郁倾向
生活压力	.199	.325	.563	.000	.000	.000
自我焦虑	.365	.000	.000	.255	.000	.000
忧郁倾向	.703	.000	.000	.315	.124	.000
家庭压力	.000	.000	.000	.853	.000	.000
学校压力	.000	.000	.000	.915	.000	.000
紧张担忧	.000	.000	.000	.000	.000	.768
情绪低落	.000	.000	.000	.000	.000	.723
主观焦虑	.000	.000	.000	.000	.879	.000
恐慌焦虑	.000	.000	.000	.000	.734	.000
身体焦虑	.000	.000	.000	.000	.888	.000

形成性指标中,三个原因指标变量职场因素、经济因素、健康因素对生活压力构念的直接效果值分别为 0.199、0.325、0.563;外因潜在构念变量生活压力对内因潜在构念变量自我焦虑、忧郁倾向的直接效果值分别为 0.255、0.315;自我焦虑潜在构念变量对内因潜在构念变量忧郁倾向的直接效果值分别为 0.124。

以职场因素原因指标变量对自我焦虑观察变量为例,其间接效果路径为"职场因素→生活压力→自我焦虑",间接效果值为"职场因素→生活压力"直接效果值(=0.199)×"生活压力→自我焦虑"直接效果值(=0.255)=0.199×0.255=0.05。职场因素原因指标变量对忧郁倾向观察变量的间接效果路径有三条:第一条为"职场因素→生活压力→自我焦虑→忧郁倾向"、第二条为"职场因素→自我焦虑→忧郁倾向"、第三条为"职场因素→生活压力→忧郁倾向"。

第一条间接效果值为:"职场因素→生活压力"×"生活压力→自我焦虑"×"自我焦虑→忧郁倾向"=0.199×0.255×0.124=0.006。

第二条间接效果值为:"职场因素→自我焦虑"×"自我焦虑→忧郁倾向"=0.365×0.124=0.045。

第三条间接效果值为:"职场因素→生活压力"×"生活压力→忧郁倾向"=0.199×0.315=0.063。

职场因素原因指标变量对忧郁倾向构念变量的间接效果值为 0.006+0.045+0.063=0.114。

职场因素原因指标变量对忧郁倾向构念变量的直接效果值图示如图 6-11:

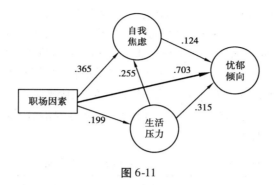

图 6-11

　　职场因素原因指标变量对忧郁倾向构念变量的三条间接效果路径图：第一条"职场因素→生活压力→自我焦虑→忧郁倾向"的间接路径图为图 6-12：

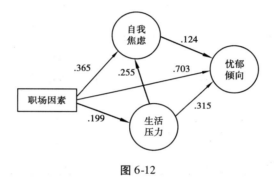

图 6-12

　　第二条"职场因素→自我焦虑→忧郁倾向"的间接路径图为图 6-13：

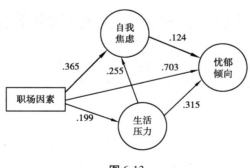

图 6-13

　　第三条"职场因素→生活压力→忧郁倾向"的间接路径图为 6-14：

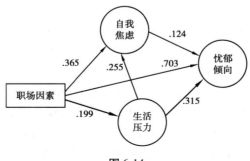

图 6-14

从表 6-11 可知,健康因素原因指标变量对生活压力、自我焦虑、忧郁倾向潜在构念变量的间接效果值分别为 0.000、0.144、0.195;经济因素原因指标变量对生活压力、自我焦虑、忧郁倾向潜在构念变量的间接效果值分别为 0.000、0.083、0.113;职场因素原因指标变量对生活压力、自我焦虑、忧郁倾向潜在构念变量的间接效果值分别为 0.000、0.051、0.114;生活压力潜在构念变量对自我焦虑、忧郁倾向内因潜在构念变量间接效果值分别为 0.000、0.032,自我焦虑潜在构念变量对忧郁倾向内因潜在构念变量间接效果值为 0.000,直接效果值为 0.124。

表 6-11　Standardized Indirect Effects(**全体样本-[修正模型 4]**)**【间接效果】**

	职场因素	经济因素	健康因素	生活压力	自我焦虑	忧郁倾向
生活压力	.000	.000	.000	.000	.000	.000
自我焦虑	.051	.083	.144	.000	.000	.000
忧郁倾向	.114	.113	.195	.032	.000	.000
家庭压力	.170	.277	.481	.000	.000	.000
学校压力	.182	.297	.515	.000	.000	.000
紧张担忧	.627	.087	.150	.266	.095	.000
情绪低落	.591	.081	.141	.251	.090	.000
主观焦虑	.366	.073	0.126	.224	.000	.000
恐慌焦虑	.305	.061	.105	.187	.000	.000
身体焦虑	.369	.073	.127	.226	.000	.000

第二节　退休教师生活满意的因果模型分析

在一项中小学退休教师生涯规划、自我意向、个人调适与生活满意关系的因果模型探究中,研究者根据相关理论文献提出相关假设如下:

一、测量模型的假设

- 生涯规划为外因潜在变量,其观察变量有健康维持、理财规划、服务规划,三个测量指标变量为受试者在"生涯规划量表"上相对应题项加总后的分数,三个观察变量为生涯规划潜在构念的三个向度(构面),三个构面变量为经探索性因素分析萃取的共同因素,因而潜在构念变量为高阶因素生涯规划,潜在构念变量的指标变量为初阶因素。
- 自我意向为内因潜在变量,其观察变量有人生意向、价值意向、活动意向等三个,三个测量指标变量为受试者在"自我意向量表"上相对应题项加总后的分数,三个观察变量为自我意向潜在构念的三个向度。
- 个人调适为内因潜在变量,其观察变量有生理调适、心理调适、人际调适、活动调适等四个,四个测量指标变量为受试者在"个人调适量表"上相对应题项加总后的分数,四个观察变量为个人调适潜在构念的四个向度。
- 生活满意为内因潜在变量,其观察变量有健康状态、经济稳定、日常活动、自我实现等四个,四个测量指标变量为受试者在"生活满意量表"上相对应题项加总后的分数,四个观察变量为生活满意潜在构念的四个向度。

各观察变量(各向度)中所包含的题项个数并未完全相同。十四个指标变量的描述性统计量摘要表如表6-12,由于各向度(观察变量)所包含的题项数不同,因而虽采用李克特五点量表,各向度变量的最大值并不一样,若将各向度转化为单题平均数,则单题平均数的数值介于1至5之间,有效样本数为739位。

表6-12　十四个指标变量的描述性统计量摘要表(N=739)

测量变量	个数	最小值	最大值	平均数	标准差	方差	题项数
健康维持	739	10	30	22.87	3.80	14.44	6
理财规划	739	6	30	20.17	3.97	15.78	6
服务规划	739	3	15	11.68	2.02	4.06	3
人生意向	739	7	20	16.39	2.00	4.00	4
价值意向	739	12	25	19.65	2.51	6.32	5
活动意向	739	12	30	23.14	3.26	10.62	6
生理调适	739	13	25	19.96	2.22	4.93	5
心理调适	739	8	20	15.26	2.27	5.17	4
人际调适	739	9	20	15.61	2.05	4.20	4
活动调适	739	11	25	19.79	2.36	5.58	5
健康状态	739	14	25	20.27	2.49	6.19	5
经济稳定	739	12	25	19.73	2.62	6.85	5
日常活动	739	12	25	19.52	2.61	6.82	5
自我实现	739	12	25	20.72	2.59	6.70	5

二、结果模型的假设

- 生涯规划变量直接影响自我意向、个人调适与生活满意三个变量。
- 自我意向变量直接影响个人调适与生活满意两个变量。
- 个人调适变量直接影响生活满意变量。

四个潜在变量间的结构模型关系如图6-15,路径图旁加注"+"号表示变量间的影响为正向,若外因潜在变量对内因潜在变量的影响为负向,则可在路径图旁加注"-"号以示区别。

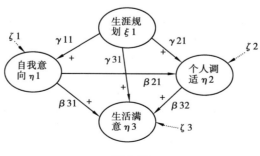

图 6-15

四个测量模型如图 6-16(潜在构念对观察变量的路径系数界定为 1 者,表示此路径系数为固定参数或参照指标变量),结构模型四个潜在构念变量的测量模型均为反映性测量模型。

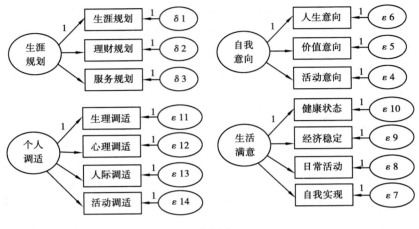

图 6-16

三、初始假设模型的假设

- 每一个观察变量皆反映其原先唯一的潜在构念,观察变量没有跨潜在变量的情形。
- 指标变量(观察变量)与指标变量(观察变量)间的测量误差(error)间没有关联,即十四个测量误差项间彼此独立没有协方差关系,测量误差相关(correlated error)系数值为 0。
- 潜在变量与潜在变量间的预测残差项(residual)间彼此独立没有协方差关系。
- 潜在变量间的预测残差项与指标变量的测量误差项间彼此独立没有协方差关系。

从相关矩阵摘要表 6-13 中发现,四个潜在变量间的相关系数介于 0.446 至 0.772 之间,均达到 0.05 显著水平,相关系数值均为正数,表示四个潜在变量彼此间呈中度显著正相关,其中整体自我意向、整体个人调适与整体生活满意度的相关较为密切,相关系数分别为 0.772、0.761。

表 6-13   整体生涯规划、自我意向、个人调适与生活满意间的相关矩阵摘要表

变量名称	生涯规划总分	自我意向总分	个人调适总分	生活满意总分
生涯规划总分	1			
自我意向总分	.455 ***	1		
个人调适总分	.446***	.716***	1	
生活满意总分	.458***	.772***	.761***	1

***p < 0.001。

四、初始假设模型图

三个内因潜在变量自我意向、个人调适、生活满意均要增列一个估计残差项(残差项分别为 r1、r2、r3)。Amos 绘制的初始假设模型图如图 6-17：

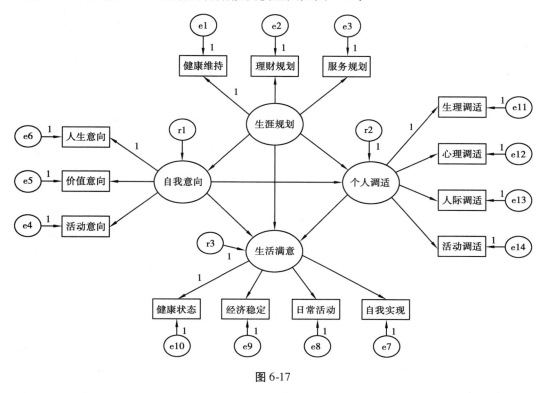

图 6-17

从数据结构正态性检验摘要表 6-14 中发现：十四个观察变量的偏态系数介于 -0.326 至 0.115 之间，偏态系数的绝对值没有大于正态偏离临界值 3，峰度系数介于 -0.158 至 1.180 之间，峰度系数的绝对值也没有大于正态偏离临界值 7，可见数据结构大致符合正态分布，由于数据样本来自多变量正态分布总体，因而采用最大似然法(ML)作为模型估计方法(若数据结构变量的偏态与峰度检验严重偏离正态分布，而样本又够大时，可采用渐进自由分布法 ADF 法——Asymptoticallydistribution-free)。采用 ADF 法通常需要极大的样本数(1 000 至 5 000 位样本)，如果样本数没有超过 1 000 个以上，则假设模型估计时最少的样本数需求为被估计自由参数的 10 倍以上，否则 ADF 估计的参数会有偏误。

表 6-14　Assessment of normality (Group number 1)【正态性的检验】

Variable 测量变量	min 最小值	max 最大值	skew 偏态	c.r. 临界比值	kurtosis 峰度	c.r. 临界比值
活动调适	11	20	0.086	0.952	0.512	2.841
人际调适	9	20	0.069	0.761	0.274	1.522
心理调适	8	20	-0.175	-1.942	0.395	3.190

续表

Variable 测量变量	min 最小值	max 最大值	skew 偏态	c. r. 临界比值	kurtosis 峰度	c. r. 临界比值
生理调适	13	25	-0.019	-0.212	0.510	2.828
健康状态	14	25	0.115	1.278	-0.119	-0.661
经济稳定	12	25	-0.126	-1.397	-0.069	-0.385
日常活动	12	25	0.077	0.853	0.030	0.168
自我实现	12	25	-0.028	-0.314	-0.158	-0.879
人生意向	7	20	-0.185	-2.057	1.180	6.548
价值意向	12	25	0.018	0.204	0.041	0.226
活动意向	12	30	0.019	0.215	0.164	0.913
服务规划	3	15	-0.324	-3.600	0.251	1.396
理财规划	6	30	-0.326	-3.623	0.682	3.787
健康维持	10	30	-0.118	-1.311	-0.027	-0.148
Multivariate					69.003	44.312
最高值	14	30	0.115	1.278	1.180	6.548
最低值	3	15	-0.326	-3.623	-0.158	-0.879

在假设模型图中增列适配度参数的操作为：按工具图像钮"Title"（Figurecaptions），在"Figure Caption"（图像标题）对话窗口的方盒内键入下列文字：

\MODEL;\FORMAT;卡方值 = \CMIN(p = \P);卡方自由度比 = \CMINDF;GFI = \GFI;AGFI = \AGFI;RMSEA = \RMSEA;CFI = \CFI;TLI = \TLI;CN = \HFIVE

图 6-18 显示的模型估计结果为，初始假设模型可以识别收敛，非标准化估计值模型图中没有出现负的误差方差，表示参数没有不适当解值。模型整体适配度卡方值为 506.279（显著性 p < 0.001），卡方自由度比值等于 7.131（未符合小于 3.00 适配标准），GFI 值等于 0.910（符合大于 0.900 适配标准），AGFI 值等于 0.866（未符合大于 0.900 适配标准），RMSEA 值等于 0.091（未符合小于 0.080 适配标准），CFI 值等于 0.940（符合大于 0.900 适配标准），TLI 值等于 0.922（符合大于 0.900 适配标准），CN 值等于 134（未符合大于 200 适配标准），其中卡方自由度比值、AGFI 值、RMSEA 值、CN 值等适配度指标均未达到模型适配标准，整体而言，初始假设模型与样本数据的契合度并不是很好，假设模型应再修正简化。

标准化估计值模型图 6-19 中，结构模型间影响的标准化路径系数均为正数，表示潜在变量间影响为正向，此结果与原先理论文献与相关矩阵摘要表结果相符合。其中外因变量生涯规划对自我意向、个人适应、生活满意三个内因变量的标准化回归系数分别为 0.53、0.17、0.04，内因中介变量自我意向对个人适应、生活满意两个内因变量的标准化回归系数分别 0.72、0.53，内因中介变量个人适应对生活满意内因变量的标准化回归系数 0.41。

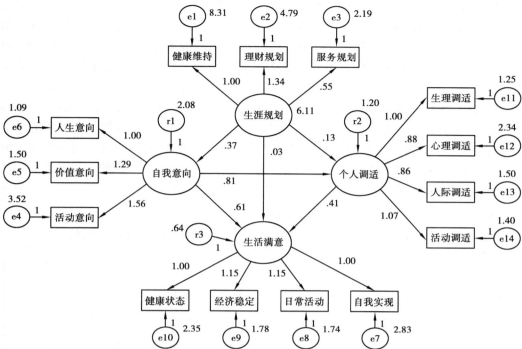

[初始假设模型]；Unstandardized estimates；卡方值=506.279(p=.000); 卡方自由度比=7.131
DF=71；GFI=.910；AGFI=.866；RMSEA=.091；CFI=.940；TLI=.922；CN=134.000

图 6-18

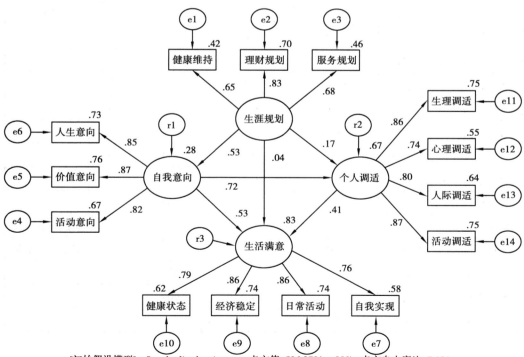

[初始假设模型]；Standardized estimates；卡方值=506.279(p=.000); 卡方自由度比=7.131
DF=71；GFI=.910；AGFI=.866；RMSEA=.091；CFI=.940；TLI=.922；CN=134.000

图 6-19

从表 6-15 可知,在所有路径系数显著性的检验中,外因潜在变量生涯规划对内因潜在变量生活满意间的路径系数估计值为 0.028,估计标准误等于 0.025,显著性临界比值(t 值)为 1.158,显著性 p 值 = 0.247 > 0.05,表示此直接效果影响路径未达显著水平,第一次修正模型中,将此未达显著的路径系数删除(因此路径系数的直接效果不显著,表示外因变量生涯规划对内因变量生活满意没有显著的直接影响作用)。完整 SEM 假设模型的检验中,研究者应先检核整个模型中是否有不合理的解值,若有不适当的估计值参数,表示模型界定有问题,此时应重新界定假设模型;其次是检核结构模型中外因变量对内因变量或中介内因变量对内因变量的路径系数是否显著,路径系数的正负号是否与原先理论相符合,如果路径系数不显著(p > 0.05),表示变量间因果关系间未有显著的直接效果,此条路径系数可以考虑删除;若路径系数的正负号与原先理论相反,表示模型界定可能也有问题,研究者最好再重新界定假设模型。

表 6-15   Regression Weights:(Group number 1-初始模型)【路径系数估计值】

	Estimate 估计值	S. E. 估计值标准误	C. R. 临界比值	P	Label
自我意向 <---生涯规划	.366	.033	11.105	***	
个人调适 <---生涯规划	.131	.029	4.442	***	
个人调适 <---自我意向	.809	.046	17.596	***	
生活满意 <---自我意向	.609	.058	10.531	***	
生活满意 <---个人调适	.414	.050	8.241	***	
生活满意 <---生涯规划	.028	.025	1.158	.247	未达统计显著
健康维持 <---生涯规划	1.000				参照指标变量
理财规划 <---生涯规划	1.339	.086	15.514	***	
服务规划 <---生涯规划	.552	.038	14.600	***	
活动意向 <---自我意向	1.562	.058	26.911	***	
价值意向 <---自我意向	1.287	.043	29.791	***	
人生意向 <---自我意向	1.000				
自我实现 <---生活满意	1.005	.045	22.250	***	
日常活动 <---生活满意	1.151	.044	26.177	***	
经济稳定 <---生活满意	1.151	.044	26.069	***	
健康状态 <---生活满意	1.000				参照指标变量
生理调适 <---个人调适	1.000				参照指标变量
心理调适 <---个人调适	.876	.037	23.626	***	
人际调适 <---个人调适	.856	.032	26.764	***	
活动调适 <---个人调适	1.066	.035	30.417	***	

从表 6-16 可知,当整体适配度的增值适配度指标临界值设定为 >0.95 以上时,五个增值适配度指标值均达标准,此外,RMSEA 值为 0.091>0.08,表示假设模型与样本数据的适配度不佳,此种假设模型的检验较为严谨,若研究者将增值适配度指标值临界点设为 >0.90 以上,常会出现增值适配度指标值符合适配标准,但模型的 RMSEA 值未符合适配的情形(数值 >0.08);相对地,将增值适配度指标临界点设为 0.95 以上,若假设模型与观察数据可以适配,则 CFI 值与 RMSEA 值一般也会符合良好适配度标准。

【表格范例】

表 6-16 退休教师生活满意影响路径初始模型的整体适配度指标统计量摘要表(N=739)

统计检验量	适配的标准或临界值	检验结果数据	模型适配判断
自由度		71	
绝对适配度指数			
χ^2 值	p>0.05(未达显著水平)	506.279(p=0.000)	参考指标
RMR 值	<0.05	0.283	否
RMSEA 值	<0.08	0.091	否
SRMR	<0.05	0.042	是
GFI 值	>0.90 以上	0.910	是
AGFI 值	>0.90 以上	0.866	是
CN 值	>200	134	否
χ^2 自由度比	<3.00	7.131	否
增值适配度指数			
NFI 值	>0.95 以上(一般适配 >0.90)	0.931	否
RFI 值	>0.95 以上(一般适配 >0.90)	0.911	否
IFI 值	>0.95 以上(一般适配 >0.90)	0.940	否
TLI 值(NNFI 值)	>0.95 以上(一般适配 >0.90)	0.922	否
CFI 值	>0.95 以上(一般适配 >0.90)	0.940	否
简约适配度指数			
PGFI 值	>0.50 以上	0.615	是
PNFI 值	>0.50 以上	0.726	是
PCFI 值	>0.50 以上	0.733	是

从 15 个适配度指标值来看,绝对适配度指标值中的 RMR 值、RMSEA 值、AGFI 值、CN 值、卡方自由度比值;增值适配度指标值中的 NFI 值、RFI 值、IFI 值、TLI 值、CFI 值等均未达模型适配标准,因而假设模型推估的方差协方差矩阵(θ)与观察数据计算所得的方差协方差显著不相同 $\sum(\theta)\neq\sum$,假设模型与样本数据无法契合,教师退休生活满意影响路径的初始模型图无法得到支持。

第三节   未符合模型简约原则的修正

第一次修正模型图中主要将外因潜在变量生涯规划对内因潜在变量生活满意的直接影响路径删除。修正模型的结构模型如图 6-20：

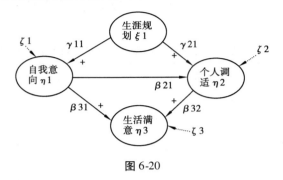

图 6-20

一、修正模型 [1]

修正后完整的假设模型图如图 6-21：

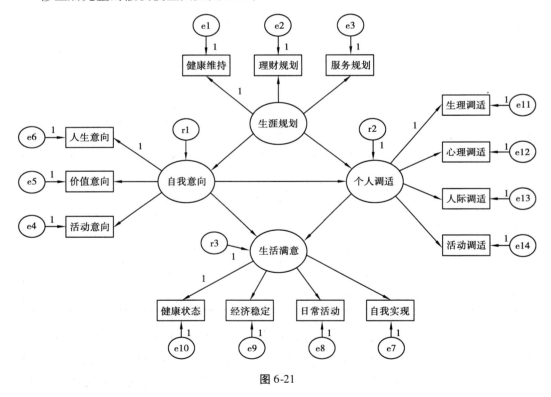

图 6-21

图 6-22 显示，第一次修正假设模型的估计结果为，模型可以辨识收敛，非标准化估计值模型图中没有出现负的误差方差，表示模型估计的参数没有不适当的解值。模型整体适配度卡方值为 507.579（显著性 p = 0.000 < 0.05），模型的自由度为 72，卡方自由度比

值等于 7.050(未符合小于 3.00 理想标准),GFI 值等于 0.909(符合大于 0.900 适配标准),AGFI 值等于 0.867(未符合大于 0.900 理想标准),RMSEA 值等于 0.091(未符合小于 0.080 理想标准),CFI 值等于 0.939(未符合大于 0.950 适配标准),TLI 值等于 0.923(未符合大于 0.950 适配标准),CN 值等于 135(未符合大于 200 理想标准)。整体而言,第一次修正模型与初始假设模型相比,整体模型适配度的改善情形不大,第一次修正模型与样本数据的契合度不佳,模型需要进一步的修正。

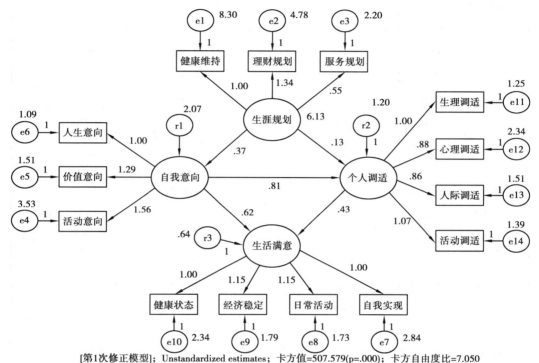

[第1次修正模型];Unstandardized estimates;卡方值=507.579(p=.000);卡方自由度比=7.050
DF=72;GFI=.909;AGFI=.867;RMSEA=.091;CFI=.939;TLI=.923;CN=135.000

图 6-22

表 6-17 显示,第一次修正模型图中,结构模型五条直接效果的路径系数均达显著,路径系数估计值介于 0.131 至 0.807 之间,估计标准误介于 0.030 至 0.057 之间,临界比值(t 值)介于 4.434 至 17.514 之间,路径系数估计值显著性 p = 0.000,均小于 0.001 显著水平,表示结构模型五个路径系数估计值均显著不等于 0。此外,潜在变量路径系数均为正数,表示潜在变量间直接影响效果为正向,此结果与理论架构与文献结果一致,在结构模型中如果潜在构念变量间因果关系的正向或负向影响情形与理论或经验法则不同,研究者应检核潜在构念变量的观察变量的计分或操作性定义是否有误,否则结构模型与理论架构或经验法则是无法契合的。

表 6-17　Regression Weights:(Group number 1-[第一次修正模型])

	Estimate	S. E.	C. R.	P	Label
自我意向 <---生涯规划	.369	.033	11.238	***	
个人调适 <---生涯规划	.131	.030	4.434	***	

续表

	Estimate	S. E.	C. R.	P	Label
个人调适 < --- 自我意向	.807	.046	17.514	***	
生活满意 < --- 自我意向	.620	.057	10.813	***	
生活满意 < --- 个人调适	.428	.049	8.710	***	
健康维持 < --- 生涯规划	1.000				
理财规划 < --- 生涯规划	1.339	.086	15.518	***	
服务规划 < --- 生涯规划	.550	.038	14.596	***	
活动意向 < --- 自我意向	1.561	.058	26.921	***	
价值意向 < --- 自我意向	1.285	.043	29.786	***	
人生意向 < --- 自我意向	1.000				参照指标变量
自我实现 < --- 生活满意	1.002	.045	22.235	***	
日常活动 < --- 生活满意	1.151	.044	26.255	***	
经济稳定 < --- 生活满意	1.148	.044	26.080	***	
健康状态 < --- 生活满意					参照指标变量
生理调适 < --- 个人调适					参照指标变量
心理调适 < --- 个人调适	.876	.037	23.627	***	
人际调适 < --- 个人调适	.855	.032	26.713	***	
活动调适 < --- 个人调适	1.067	.035	30.445	***	

从 Amos 提供的协方差修正指标表 6-18 中（表中修正指标值临界值设定为 10）可以看出界定误差项 e7 与其他误差项的协方差均可以使模型卡方值大幅减少，如果直接界定测量误差项 e7 与测量误差项 e11 间的协方差（释放误差协方差参数），可以改善整体模型的适配度（M. I. 改变值 =41.128），由于研究者在原先模型假定时，界定测量误差项间彼此互为独立，因而上述误差项协方差参数不予释放，而是直接将潜在变量生活满意的观察变量自我实现从修正模型中删除，以简化模型。研究者若要直接根据修正指标值与参数改变值修正假设模型，一次只能释放一组参数，上述修正指标值改变最大者为增列测量误差项 e7 与测量误差项 e11 间的协方差，之后再根据新的修正指标值释放参数，当修正模型界定测量误差项 e7 与测量误差项 e11 间的协方差时，期望参数改变值为0.537，原先参数估计值为 0，当参数改变值为正数时，表示两个测量误差项间的协方差为正，两个测量误差项有正向的相关。

表 6-18   Modification Indices（Group number 1-[第一次修正模型]）

Covariances：（Group number 1-[第一次修正模型]）

	M. I.	Par Change
e13 < -- > 生涯规划	18.122	- .571
e13 < -- > r1	17.109	.322
e13 < -- > r3	14.330	- .208

续表

	M. I.	Par Change
e10 < -- > r1	10.138	.305
e10 < -- > r2	10.403	-.264
e10 < -- > e12	13.774	-.360
e9 < -- > r2	14.885	-.291
e9 < -- > e13	10.257	-.236
e8 < -- > r2	10.932	.247
e8 < -- > e14	13.848	.276
e8 < -- > e11	10.831	-.230
e7 < -- > 生涯规划	11.971	.622
e7 < -- > r1	14.425	-.396
e7 < -- > r2	13.977	.333
e7 < -- > e13	28.122	-.461
e7 < -- > e11	41.128	.537
e7 < -- > e9	11.321	.327
e6 < -- > e12	12.626	-.250
e6 < -- > e11	14.833	.216
e5 < -- > e11	10.544	-.220
e5 < -- > e10	32.130	.490
e5 < -- > e7	20.144	-.422
e4 < -- > e13	21.897	.472
e3 < -- > e12	34.780	-.565
e3 < -- > e11	21.488	.353
e3 < -- > e7	34.283	.620
e3 < -- > e6	16.369	.286
e3 < -- > e5	15.776	-.340
e2 < -- > e12	18.206	.733
e1 < -- > e11	13.290	-.533

二、修正模型[2]

如果研究者假定指标变量的测量误差项间可能并非彼此互为独立,假设模型允许测量误差项间有某种程度相关,可以根据修正指标值的数据进行模型的修正,进行参数释放时必须掌握一个原则,此释放的参数必须是有意义的参数。根据第一次修正模型的修正指标值,第二次修正模型中增列指标变量自我实现测量误差项 e7 与指标变量生理调适测量误差项 e11 间的协方差。第二次修正假设模型图如图 6-23:

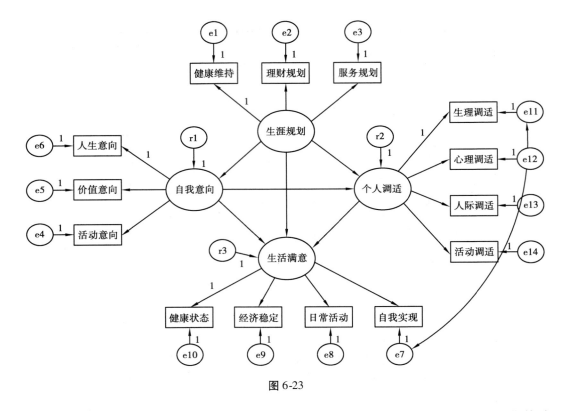

图 6-23

图 6-24 显示,第二次修正假设模型的估计结果为,模型可以辨识收敛,非标准化估计值模型图中没有出现负的误差方差,表示模型估计的参数没有不适当的解值。模型整体适配度卡方值为 464.357,显著性 p = 0.000 < 0.05(第一次修正模型的卡方值为507.579),模型的自由度为 71(被估计的自由参数增加 1 个,模型的自由度少 1),卡方自由度比值等于 6.540(未符合小于 3.00 理想标准),GFI 值等于 0.917(符合大于 0.900 适配标准),AGFI 值等于 0.877(未符合大于 0.900 理想标准),RMSEA 值等于 0.087(未符合小于 0.080 理想标准),CFI 值等于 0.945(未符合大于 0.950 适配标准),TLI 值等于0.930(未符合大于 0.950 适配标准),CN 值等于 146(未符合大于 200 理想标准)。整体而言,第二次修正模型与第一次修正模型相比,整体模型适配度的卡方值有显著降低,但修正的假设模型与样本数据仍无法契合,模型需要进一步修正。增列指标变量自我实现测量误差项 e7 与指标变量生理调适测量误差项 e11 间的协方差,两者协方差的参数估计值为 0.56,在之前期望参数改变量值为 0.537,通常模型修正后的参数实际估计值会大于模型修正的期望参数改变值,但期望参数改变值的符号会与实际估计的参数估计值符号相同。

第二次修正假设模型提供的修正指标值摘要表 6-19 中,界定测量误差项 e5 与测量误差项 e10 间的协方差时,M. I. 改变值最大(M. I. = 31.444),期望参数改变量值为0.484,因而在之后的假设模型修正中,释放测量误差项 e5 与测量误差项 e10 间的协方差为被估计的自由参数。

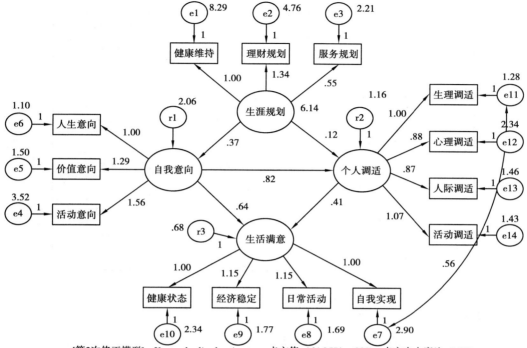

[第2次修正模型]；Unstandardized estimates；卡方值=464.357(p=.000)；卡方自由度比=6.540
DF=71；GFI=.917；AGFI=.877；RMSEA=.087；CFI=.945；TLI=.930；CN=146.000

图 6-24

表 6-19　Covariances：(Group number 1-[第二次修正模型])

	M. I.	Par Change
e13 < -- >生涯规划	18.328	− .568
e13 < -- >r1	13.519	.282
e13 < -- >r3	13.519	− .190
e10 < -- >e12	15.424	− .380
e9 < -- >r2	13.504	− .273
e9 < -- >e13	11.091	− .242
e8 < -- >r2	16.034	.293
e8 < -- >e14	10.918	.246
e7 < -- >生涯规划	11.137	.583
e7 < -- >r1	13.596	− .372
e7 < -- >e14	14.804	.334
e7 < -- >e13	14.020	− .312
e7 < -- >e9	14.991	.365
e6 < -- >e12	13.318	− .258
e6 < -- >e11	16.860	.224

续表

	M. I.	Par Change
e5 < -- > e10	31.444	.484
e5 < -- > e7	12.647	− .324
e4 < -- > e13	20.358	.449
e3 < -- > e12	31.249	− .537
e3 < -- > e11	11.381	.250
e3 < -- > e7	24.396	.508
e3 < -- > e6	17.028	.293
e3 < -- > e5	15.086	− .332
e2 < -- > e12	18.687	.743
e1 < -- > e11	13.848	− .528

三、修正模型[3]

第三次修正后的假设模型图如图 6-25：

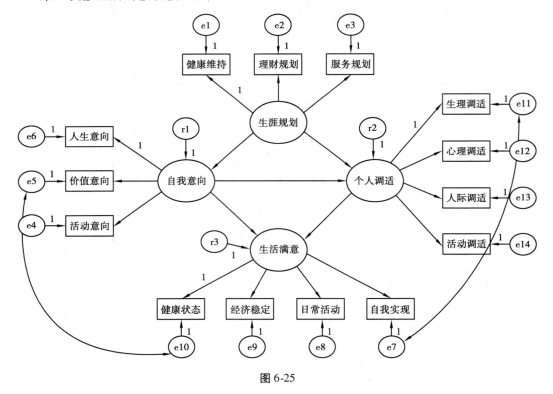

图 6-25

图 6-26 显示,第三次修正假设模型的估计结果为,模型可以辨识收敛,非标准化估计值模型图中没有出现负的误差方差,表示模型估计的参数没有不适当的解值。模型整体适配度卡方值为 431.500(第二次修正模型的模型适配度卡方值为 464.357,两个模型卡

方值的差异达到显著),显著性 p = 0.000 < 0.05,模型的自由度为 70(被估计的自由参数增加 1 个,模型的自由度减少 1),卡方自由度比值等于 6.164(未符合小于 3.00 理想标准),GFI 值等于 0.923(符合大于 0.900 适配标准),AGFI 值等于 0.885(未符合大于 0.900 理想标准),RMSEA 值等于 0.084(未符合小于 0.080 理想标准),CFI 值等于 0.950(未符合大于 0.950 适配标准),TLI 值等于 0.935(未符合大于 0.950 适配标准),CN 值等于 155(未符合大于 200 理想标准)。整体而言,第三次修正模型与第二次修正模型相比,整体模型适配度的卡方值有显著降低,但修正的假设模型与样本数据的适配度不佳,假设模型无法获得支持。

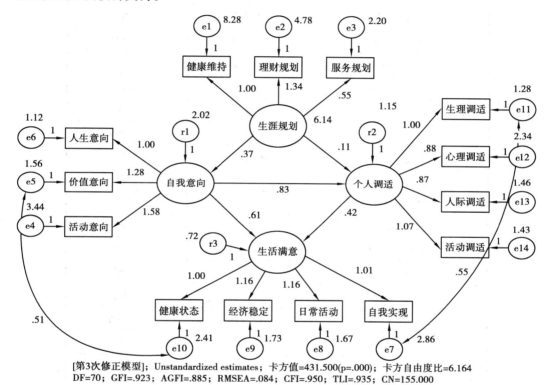

[第3次修正模型];Unstandardized estimates;卡方值=431.500(p=.000);卡方自由度比=6.164
DF=70;GFI=.923;AGFI=.885;RMSEA=.084;CFI=.950;TLI=.935;CN=155.000

图 6-26

第三次修正假设模型提供的修正指标值摘要表 6-20 显示,界定测量误差项 e3 与测量误差项 e12 间的协方差时,M. I. 改变值最大(M. I. = 31.767),期望参数改变量值为 -0.540,因而在之后的假设模型修正中,释放测量误差项 e3 与测量误差项 e12 间的协方差为被估计的自由参数(修正指标中潜在变量与指标变量测量误差间的协方差参数,或内因潜在变量残差项与指标变量测量误差间的协方差参数均为无意义的参数,这些参数均不能释放)。

表 6-20　Covariances:(Group number 1-[第三次修正模型])

	M. I.	Par Change
e13 < -- > 生涯规划	18.340	- .569
e13 < -- > r1	13.714	.283
e13 < -- > r3	11.943	- .187

续表

	M. I.	Par Change
e10 < -- > e12	14.645	− .363
e9 < -- > r2	17.519	− .309
e9 < -- > e13	10.838	− .238
e8 < -- > r2	12.914	.263
e8 < -- > e14	10.542	.242
e7 < -- > 生涯规划	10.392	.561
e7 < -- > r1	12.378	− .352
e7 < -- > e14	14.322	.327
e7 < -- > e13	13.804	− .308
e7 < -- > e9	11.623	.319
e6 < -- > e12	15.512	− .280
e6 < -- > e11	16.601	.224
e6 < -- > e10	14.682	.271
e4 < -- > e13	20.478	.448
e3 < -- > e12	31.767	.540
e3 < -- > e11	11.344	.249
e3 < -- > e7	23.639	.498
e3 < -- > e6	15.824	.285
e3 < -- > e5	12.498	− .296
e2 < -- > e12	18.607	.741
e1 < -- > e11	13.880	− .528

四、修正模型[4]

第四次修正后之假设模型图如图 6-27：

图 6-28 显示,第四次修正假设模型的估计结果为,模型可以辨识收敛,非标准化估计值模型图中没有出现负的误差方差,表示模型估计的参数没有不适当的解值,测量误差项 e3 与测量误差项 e12 间的协方差估计值为 −0.55。模型整体适配度卡方值为398.229 (第三次修正模型的模型适配度卡方值为 431.500,两个模型卡方值的差异达到显著),显著性 p = 0.000 < 0.05,模型的自由度为 69(被估计的自由参数增加 1 个,模型的自由度减少 1),卡方自由度比值等于 5.771(未符合小于 3.00 适配标准),GFI 值等于 0.929(符合大于 0.900 适配标准),AGFI 值等于 0.891(未符合大于 0.900 适配标准),RMSEA 值等于 0.080(未符合小于 0.080 适配标准),CFI 值等于 0.954(符合大于 0.950 适配标准),TLI 值等于 0.940(未符合大于 0.950 适配标准),CN 值等于 166(未符合大于 200 适配标准)。整体而言,第四次修正模型与第三次修正模型相比,整体模型适配度的卡方值有显

著降低,修正的假设模型整体适配度指标值 CFI 已达模型适配标准,但 RMSEA 值并未小于 0.080,假设模型与样本数据的适配度未臻理想,假设模型无法获得支持。

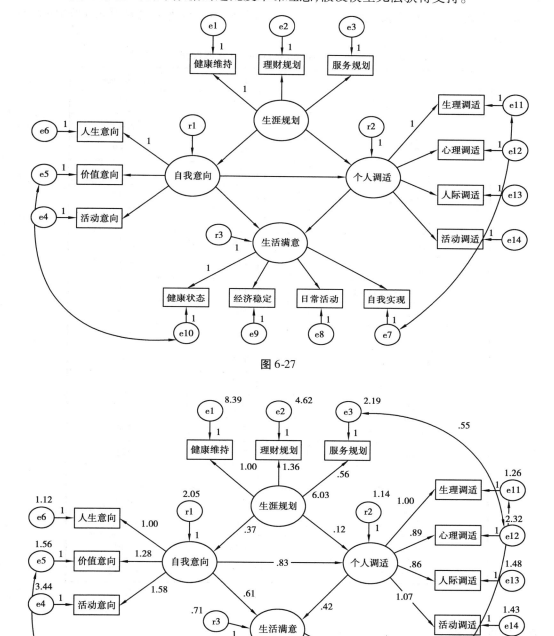

图 6-27

[第4次修正模型];Unstandardized estimates;卡方值=398.229(p=.000);卡方自由度比=5.771
DF=69;GFI=.929;AGFI=.891;RMSEA=.080;CFI=.954;TLI=.940;CN=166.000

图 6-28

第四次修正假设模型提供的修正指标值摘要表 6-21 显示,界定测量误差项 e3 与测量误差项 e7 间的协方差时,M. I. 改变值最大(M. I.= 27.384),期望参数改变量值为 0.524,因而在之后的假设模型修正中,释放测量误差项 e3 与测量误差项 e7 间的协方差为被估计的自由参数。

表 6-21   Covariances:(Group number 1-[第四次修正模型])

	M. I.	Par Change
e13 < -- > 生涯规划	18.840	− .572
e13 < -- > r1	14.583	.294
e13 < -- > r3	11.977	− .188
e10 < -- > e12	16.864	− .381
e9 < -- > r2	17.672	− .310
e9 < -- > e13	11.096	− .242
e8 < -- > r2	11.865	.252
e8 < -- > e14	11.421	.252
e7 < -- > 生涯规划	11.148	.574
e7 < -- > r1	12.760	− .359
e7 < -- > e14	11.732	.296
e7 < -- > e13	15.741	− .331
e7 < -- > e9	11.225	.313
e6 < -- > e12	10.932	− .230
e6 < -- > e11	15.554	.216
e6 < -- > e10	14.796	.272
e4 < -- > e13	20.550	.451
e3 < -- > e7	27.384	.524
e3 < -- > e5	12.613	− .290
e1 < -- > r2	10.828	− .503
e1 < -- > e11	12.096	− .492

五、修正模型[5]

第五次修正后之假设模型图如图 6-29:

图 6-29 显示,第五次修正假设模型的估计结果为,模型可以辨识收敛,非标准化估计值模型图中没有出现负的误差方差,表示模型估计的参数没有不适当的解值,测量误差项 e3 与测量误差项 e7 间的协方差估计值为 0.54。模型整体适配度卡方值为 369.509(第四次修正模型的模型适配度卡方值为 398.229,两个模型卡方值的差异达到显著),显著性 p = 0.000 < 0.05,模型的自由度为 68(被估计的自由参数增加 1 个,模型的自由度减少 1),卡方自由度比值等于 5.434(未符合小于 3.00 适配标准),GFI 值等于 0.934(符合

大于 0.900 适配标准),AGFI 值等于 0.898(未符合大于 0.900 适配标准),RMSEA 值等于 0.078(符合小于 0.080 适配标准),CFI 值等于 0.958(符合大于 0.950 适配标准),TLI 值等于 0.944(未符合大于 0.950 适配标准),CN 值等于 177(未符合大于 200 适配标准)。修正的假设模型整体适配度主要指标值 CFI 及 RMSEA 值均达到模型适配标准,第五次修正的假设模型与样本数据的适配度较为理想,修正的假设模型可以获得支持。

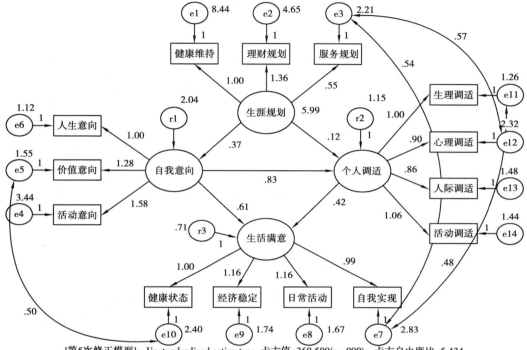

[第5次修正模型];Unstandardized estimates;卡方值=369.509(p=.000);卡方自由度比=5.434
DF=68;GFI=.934;AGFI=.898;RMSEA=.078;CFI=.958;TLI=.944;CN=177.000

图 6-29

第五次修正假设模型提供的修正指标值摘要表 6-22 显示,界定测量误差项 e4 与测量误差项 e13 间的协方差时,M.I. 改变值最大(M.I.=20.197),期望参数改变量值为 0.447,因而在之后的假设模型修正中,释放测量误差项 e4 与测量误差项 e13 间的协方差为被估计的自由参数。

表 6-22　Covariances:(Group number 1-[第五次修正模型])

	M. I.	Par Change
e13 < -- > 生涯规划	17.767	- .553
e13 < -- > r1	14.409	.291
e13 < -- > r3	10.575	- .177
e10 < -- > e12	16.099	- .371
e9 < -- > r2	16.830	- .304
e9 < -- > e13	11.753	- .250
e8 < -- > r2	11.457	.248

续表

	M. I.	Par Change
e8 < -- > e14	10. 953	. 346
e7 < -- > e14	14. 209	. 320
e7 < -- > e13	10. 766	− . 268
e6 < -- > e12	10. 130	− . 221
e6 < -- > e11	16. 529	. 224
e6 < -- > e10	14. 999	. 274
e4 < -- > e13	20. 197	. 447
e3 < -- > e11	14. 040	. 266
e3 < -- > e6	12. 154	. 239
e1 < -- > r2	11. 005	− . 508
e1 < -- > e11	14. 281	− . 539

六、修正模型[6]

第六次修正后的假设模型图如图 6-30：

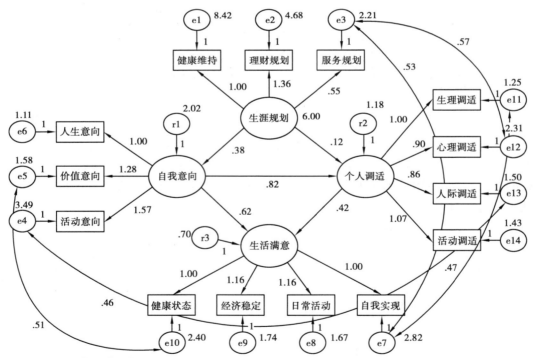

[第6次修正模型]；Unstandardized estimates；卡方值=348.758(p=.000)；卡方自由度比=5.205
DF=67；GFI=.937；AGFI=.902；RMSEA=.075；CFI=.961；TLI=.947；CN=185.000

图 6-30

图 6-30 显示,第六次修正假设模型的估计结果为,模型可以辨识收敛,非标准化估计值模型图中没有出现负的误差方差,表示模型估计的参数没有不适当的解值,测量误差项 e4 与测量误差项 e13 间的协方差估计值为 0.46。模型整体适配度卡方值为 348.758(第五次修正模型的模型适配度卡方值为 369.509,两个模型卡方值的差异达到显著),显著性 $p = 0.000 < 0.05$,模型的自由度为 67(被估计的自由参数增加 1 个,模型的自由度减少 1),卡方自由度比值等于 5.205(未符合小于 3.00 理想标准),GFI 值等于 0.937(符合大于 0.900 适配标准),AGFI 值等于 0.902(符合大于 0.900 理想标准),RMSEA 值等于 0.075(符合小于 0.080 理想标准),CFI 值等于 0.961(符合大于 0.950 适配标准),TLI 值等于 0.947(未符合大于 0.950 适配标准),CN 值等于 185(未符合大于 200 理想标准)。修正的假设模型整体适配度主要指标值 CFI 及 RMSEA 值均达到模型适配标准,此外,GFI 值及 AGFI 值也多达到模型适配标准,第六次修正的假设模型与样本数据的适配度佳,此假设模型可以获得支持。

【表格范例】

表 6-23　退休教师生活满意影响路径第六次修正模型的整体适配度指标统计量摘要表(N = 739)

统计检验量	适配的标准或临界值	检验结果数据	模型适配判断
自由度		67	
绝对适配度指数			
χ^2 值	p > 0.05(未达显著水平)	348.758(p = 0.000 < 0.05)	参考指标
RMR 值	< 0.05	0.263	否
RMSEA 值	< 0.08	0.075	是
SRMR	< 0.05	0.036	是
GFI 值	> 0.90 以上	0.937	是
AGFI 值	> 0.90 以上	0.902	是
CN 值	> 200	185	否
χ^2 自由度比	< 3.00	5.205	否
增值适配度指数			
NFI 值	> 0.90 以上	0.952	是
RFI 值	> 0.90 以上	0.935	否
IFI 值	> 0.90 以上	0.961	是
TLI 值(NNFI 值)	> 0.90 以上	0.941	否
CFI 值	> 0.90 以上	0.961	是
简约适配度指数			
PGFI 值	> 0.50 以上	0.598	是
PNFI 值	> 0.50 以上	0.701	是
PCFI 值	> 0.50 以上	0.707	是

从表 6-23 可知,在整体模型适配度的检验中,绝对适配度指标的 RMR 值、CN 值、卡方自由度比值等三个未达模型适配标准;五个增值适配度指标值的 RFI 值、TLI 值等两个未达模型适配标准(采严格良好适配临界值)。就学者提出的 15 个适配度指标值而言,有 10 个达到模型适配标准,5 个未符合模型适配标准,整体而言,第六次修正假设模型的因果模型图与观察数据的契合度尚可,第六次修正的因果关系假设模型可以得到支持。

第四节　模型简化修正图

一、第二次修正模型图

第二次修正模型图 6-31 主要将潜在变量生活满意的观察变量自我实现从原修正模型中删除(测量误差项 e7 相对应的观察变量为自我实现)。与之前的假设模型图相比,第二次修正模型图中内因潜在变量生活满意的观察变量由原先的四个变为三个,潜在变量生活满意的测量变量为健康状态、经济稳定、日常活动。

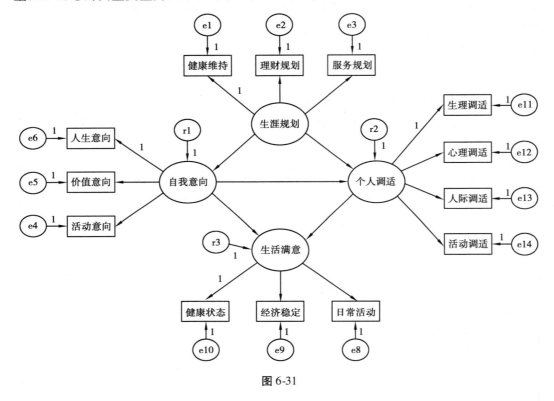

图 6-31

图 6-32 显示,第二次修正假设模型的估计结果为,模型可以辨识收敛,标准化估计值模型图中没有出现标准化回归系数绝对值大于 1 的不适当解值,表示模型估计结果没有不合理的参数出现。模型整体适配度卡方值为 373. 820(显著性 p = 0. 000 < 0. 05),卡方自由度比值等于 6. 230(未符合小于 3. 00 理想标准),GFI 值等于 0. 929(符合大于0. 900适配标准),AGFI 值等于 0. 892(未符合大于 0. 900 适配标准),RMSEA 值等于 0. 084(未符合小于 0. 080 适配标准),CFI 值等于 0. 952(符合大于 0. 950 适配标准),TLI 值等于0. 937(符合大于 0. 900 普通适配标准),CN 值等于 157(未符合大于 200 适配标准),RMR 值等于 0. 263(未符合小于 0. 050 适配标准)。整体而言,第二次修正模型与第一次修正假设模型相比,整体模型适配度有明显的改善,主要适配度指标值 CFI 虽然大于0. 950适配标准,但 RMSEA 适配度指标值却未符合小于 0. 080 适配标准。

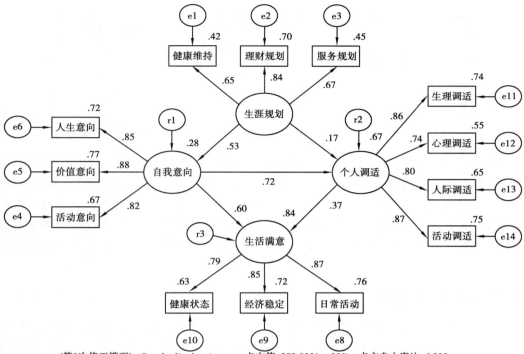

[第2次修正模型]；Standardized estimates；卡方值=373.820(p=.000)；卡方自由度比=6.230
DF=60；GFI=.929；AGFI=.892；RMSEA=.084；CFI=.952；TLI=.937；CN=157.000;RMR=.263

图 6-32

表 6-24　Modification Indices（Group number 1-［第二次修正模型］）
Covariances：（Group number 1-［第二次修正模型］）

	M. I.	Par Change
e13 < -- >生涯规划	18.606	− .575
e13 < -- > r1	16.650	.316
e10 < -- > e12	14.134	− .365
e9 < -- > e13	15.249	− .296
e8 < -- > r2	20.086	.334
e8 < -- > e14	16.262	.301
e6 < -- > e12	12.753	− .252
e6 < -- > e11	17.809	.239
e5 < -- > e10	24.226	.422
e4 < -- > e13	19.780	.445
e4 < -- > e10	10.049	− .393
e3 < -- > e12	32.938	− .551
e3 < -- > e11	24.118	.378

续表

	M. I.	Par Change
e3 < -- > e6	19.049	.309
e3 < -- > e5	13.327	- 3.11
e2 < -- > e12	18.067	.729
e1 < -- > e11	12.662	- .525

从 Amos 提供的协方差修正指标表6-24 中(表中只呈现 M. I. 值大于 10 者)可以看出界定测量变量误差项 e3 与其他误差项的协方差均可以使模型卡方值大幅减少,由于研究者界定测量误差项间彼此独立,因而这些误差协方差参数不予释放,而是直接将潜在变量生涯规划的观察变量服务规划从修正模型中删除(测量误差项 e3 反映的测量变量为服务规划),以简化模型(若研究者要释放误差协方差参数,一次只能释放一组测量误差项)。

二、第三次修正模型图

第三次修正模型图 6-33 主要删除外因潜在变量生涯规划的观察变量服务规划(测量误差项 e3 相对应的观察变量为服务规划)。与之前假设模型图相比,第三次修正模型图中外因潜在变量生涯规划的观察变量由原先的三个变为两个:健康维持、理财规划。

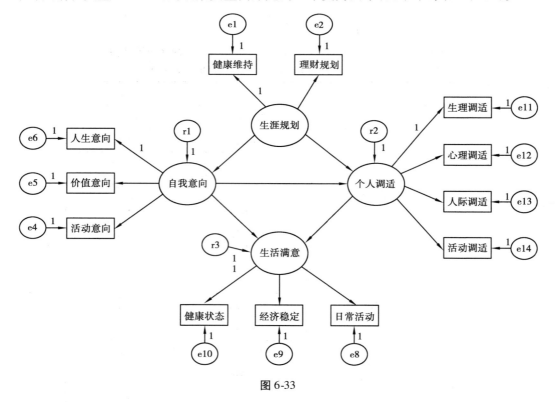

图 6-33

图 6-34 显示,第三次修正假设模型的估计结果为,模型可以辨识收敛,非标准化估计值模型图中没有出现负的误差方差,标准化估计值模型图没有出现大于 1 或接近 1 的标

准化回归系数。模型整体适配度卡方值为 279. 251(显著性 p = 0. 000 < 0. 05),模型自由度为 49,卡方自由度比值等于 5. 699(未符合小于 3. 000 理想标准),GFI 值等于 0. 943(符合大于0. 900适配标准),AGFI 值等于 0. 909(符合大于 0. 900 适配标准),RMSEA 值等于 0. 080(未符合小于 0. 080 适配标准),CFI 值等于 0. 962(符合大于 0. 950 适配标准),TLI 值等于 0. 949(未符合大于 0. 950 适配标准),CN 值等于 176(未符合大于 200 适配标准),RMR 值等于 0. 238(未符合小于 0. 050 理想标准)。整体而言,第三次修正模型与第二次假设模型相比,整体模型适配度也有明显的改善。

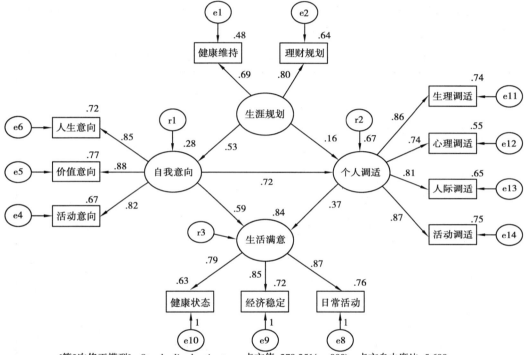

[第3次修正模型];Standardized estimates;卡方值=279.251(p=.000);卡方自由度比=5.699
DF=49;GFI=.943;AGFI=.909;RMSEA=.080;CFI=.962;TLI=.949;CN=176.000;RMR=.238

图 6-34

　　从表 6-25 可知,模型中固定参数有 19 个,19 个均为路径系数,待估计的自由参数有 29 个,其中包括 13 个路径系数、16 个方差,模型中所有参数共有 48 个(19 个固定参数、29 个自由参数)。

表 6-25　Parameter summary(Group number 1)【参数摘要表】

	Weights 路径系数	Covariances 协方差	Variances 方差	Means 平均数	Intercepts 截距项	Total 总和
Fixed(固定参数)	19	0	0	0	0	19
Labeled(增列标签的自由参数)	0	0	0	0	0	0
Unlabeled(未增列标签的自由参数)	13	0	16	0	0	29
Total(参数总和)	32	0	16	0	0	48

Notes for Model([第三次修正模型])【模型批注】

Computation of degreesof freedom([第三次修正模型])

Number of distinct sample moments：78

Number of distinct parameters to beestimated：29

Degrees of freedom(78 − 29)：49

模型中独特的样本矩个数有 78 个、待估计的自由参数有 29 个,模型的自由度为78 − 29 =49。

从表 6-26 可知,假设模型图中结构模型与测量模型的待估计自由参数均达 0.001 显著水平,表示这些路径系数估计值均显著不等于 0。

表 6-26　Regression Weights：(Group number 1-[第三次修正模型])

	Estimate	S. E.	C. R.	P	Label
自我意向 <---生涯规划	.339	.032	10.596	***	
个人调适 <---生涯规划	.115	.029	4.020	***	
个人调适 <---自我意向	.813	.047	17.390	***	
生活满意 <---自我意向	.689	.060	11.466	***	
生活满意 <---个人调适	.378	.051	7.484	***	
活动意向 <---自我意向	1.566	.058	26.843	***	
价值意向 <---自我意向	1.295	.043	29.903	***	
人生意向 <---自我意向	1.00				参照指标变量
日常活动 <---生活满意	1.153	.044	26.426	***	
健康状态 <---生活满意	1.00				参照指标变量
生理调适 <---个人调适	1.00				参照指标变量
心理调适 <---个人调适	.884	.038	23.542	***	
人际调适 <---个人调适	.867	.032	26.760	***	
活动调适 <---个人调适	1.072	.036	30.009	***	
经济稳定 <---生活满意	1.126	.044	25.580	***	
理财规划 <---生涯规划	1.211	.104	11.596	***	
健康维持 <---生涯规划	1.00				参照指标变量

标准化回归系数表 6-27 中的数值没有出现大于 1 的不合理解值。潜在变量间的标准化路径系数为两个潜在变量间的直接效果值,如果此直接效果值不显著,表示此因果路径没有效度,未达显著的因果路径应从结构模型中移除,测量模型中潜在构念变量对观察变量的标准化路径系数为观察变量的因素负荷量。结构模型中外因潜在变量生涯规划对内因潜在变量自我意向、个人调适的标准化路径系数分别为 0.525、0.159,其影响为正向;内因潜在变量自我意向对内因潜在变量个人调适、生活满意的标准化路径系数分别为 0.724、0.594,其影响为正向;内因潜在变量个人调适对内因潜在变量生活满意的标准化路径系数分别为 0.366,其影响为正向。结构模型中的潜在变量影响的因果关系情形与理论建构相符合。

表 6-27　Standardized Regression Weights：(Group number 1-[第三次修正模型])

	Estimate	说　明
自我意向 <---生涯规划	.525	直接效果值
个人调适 <---生涯规划	.159	直接效果值
个人调适 <---自我意向	.724	直接效果值
生活满意 <---自我意向	.594	直接效果值
生活满意 <---个人调适	.366	直接效果值
活动意向 <---自我意向	.817	因素负荷量
价值意向 <---自我意向	.876	因素负荷量
人生意向 <---自我意向	.850	因素负荷量
日常活动 <---生活满意	.870	因素负荷量
健康状态 <---生活满意	.792	因素负荷量
心理调适 <---个人调适	.742	因素负荷量
人际调适 <---个人调适	.806	因素负荷量
活动调适 <---个人调适	.866	因素负荷量
经济稳定 <---生活满意	.848	因素负荷量
理财规划 <---生涯规划	.803	因素负荷量
健康维持 <---生涯规划	.693	因素负荷量

方差估计值摘要表 6-28 的参数包括外因潜在变量生涯规划、三个内因潜在变量预测残差项的方差估计值，此外，也包括测量模型中指标变量测量误差项的方差估计值。表中呈现的方差估计值均为正值，表示模型估计没有不合理的解值出现。

表 6-28　Variances：(Group number 1-[第三次修正模型])

	Estimate	S. E.	C. R.	P	Label
生涯规划	6.929	.837	8.275	***	
r1	2.089	.168	12.446	***	
r2	1.194	.110	10.866	***	
r3	.626	.082	7.673	***	
e1	7.495	.665	11.275	***	
e2	5.600	.841	6.658	***	
e4	3.530	.227	15.528	***	
e5	1.464	.112	13.044	***	
e6	1.110	.077	14.383	***	
e8	1.653	.123	13.428	***	
e9	1.925	.133	14.512	***	

续表

	Estimate	S. E.	C. R.	P	Label
e10	2.300	.142	16.166	***	
e11	1.292	.091	14.175	***	
e12	2.324	.136	17.064	***	
e13	1.469	.092	15.916	***	
e14	1.396	.101	13.851	***	

表 6-29 Squared Multiple Correlations：(Group number 1-[第三次修正模型])

	Estimate	说　明	标　准
自我意向	.276	解释变异量	
个人调适	.671	解释变异量	
生活满意	.839	解释变异量	
活动调适	.749	测量变量个别信度	理想
人际调适	.650	测量变量个别信度	理想
心理调适	.550	测量变量个别信度	理想
生理调适	.738	测量变量个别信度	理想
健康状态	.628	测量变量个别信度	理想
经济稳定	.719	测量变量个别信度	理想
日常活动	.757	测量变量个别信度	理想
人生意向	.722	测量变量个别信度	理想
价值意向	.768	测量变量个别信度	理想
活动意向	.667	测量变量个别信度	理想
理财规划	.645	测量变量个别信度	理想
健康维持	.480	测量变量个别信度	理想

注：个别信度系数为因素负荷量的平方值，其理想的标准值为数值 >0.500。

从表 6-30 可知，第三次修正模型的自由度为 49，卡方值等于 277.805（显著性 p 值 = 0.000 < 0.05），卡方自由度比值等于 5.699；独立模型的自由度为 66，卡方值等于 6 187.893（显著性 p 值 < 0.001），卡方自由度比值等于 93.756。

表 6-30 Model Fit Summary【模型适配度摘要表】CMIN

Model	NPAR	CMIN	DF	P	CMIN/DF
［第三次修正模型］	29	279.251	49	.000	5.699
Saturated model	78	.000	0		
Independence model	12	6187.893	66	.000	93.756

从表 6-31 可知,RMR 值为 0.238,GFI 值为 0.943,AGFI 值为 0.909,PGFI 值为 0.592。

表 6-31　RMR,GFI

Model	RMR	GFI	AGFI	PGFI
［第三次修正模型］	.238	.943	.909	.592

表 6-32 显示,NFI、RFI、IFI、TLI、CFI 五个增值适配度指标值分别为 0.955、0.939、0.962、0.949、0.962,如果研究者采用一般模型可接受标准则增值适配度指标值的门坎为 0.900 以上;若研究者采用较严苛标准则增值适配度指标值的门坎为 0.950 以上,才能达到模型良好适配标准,范例中采用模型为可以接受的一般标准门坎。

表 6-32　Baseline Comparisons

Model	NFI Delta1	RFI rho1	IFI Delta2	TLI rho2	CFI
［第三次修正模型］	.955	.939	.962	.949	.962

表 6-33 显示,简约适配度指标值 PNFI 值为 0.709,PCFI 值为 0.715。

表 6-33　Parsimony-Adjusted Measures

Model	PRATIO	PNFI	PCFI
［第三次修正模型］	.742	.709	.715

表 6-34 显示,RMSEA 值为 0.080,其 90% 置信区间值为［0.071,0.089］,RMSEA 值刚好为 0.080,并未小于 0.080 适配标准,因而就 RMSEA 值而言,模型的适配度不佳。

表 6-34　RMSEA

Model	RMSEA	LO90	HI90	PCLOSE
［第三次修正模型］	.080	.071	.089	.000

从表 6-35 可知,CN 值在 0.05 显著水平时为 176,在 0.01 显著水平时为 198。整体模型适配度 SRMS 统计量的求法如下:执行功能列"Plugins"(增列)/"Standardized RMR"程序,开启"Standardized RMR"窗口方盒,按工具图像钮"Calculate estimates"(计算估计值),"Standardized RMR"窗口方盒内呈现的 SRMR 值等于 0.030 9(符合小于 0.050 适配标准)。

表 6-35　HOELTER

Model	HOELTER .05	HOELTER .01
［第三次修正模型］	176	198

图 6-35

从表 6-36 可知,在绝对适配度指标值方面,除卡方值外(因为研究样本数高达 900位,卡方值只作为参考用),七个指标值有三个指标值(RMR、CN、χ^2/df)未达理想标准;五个增值适配度指标值(NFI、RFI、IFI、NNFI、CFI)均符合模型适配标准,三个简约适配度指标值(PGFI、PNFI、PCFI)均符合模型适配标准,以三大项模型适配指标值过半的标准来看,修正模型三的假设模型图是个可以接受的模型,此修正模型与样本数据的适合度良好。

【表格范例】

表 6-36　教师退休生活满意影响路径模型的整体适配度指标统计量摘要表(N=739)

统计检验量	适配的标准或临界值	检验结果数据	模型适配判断
自由度		49	
绝对适配度指数			
χ^2 值	p>0.05(未达显著水平)	279.251(p=0.000)	参考指标
RMR 值	<0.05	0.238	否
RMSEA 值	<0.08	0.080	否
SRMR	<0.05	0.031	是
GFI 值	>0.90 以上	0.943	是
AGFI 值	>0.90 以上	0.909	是
CN 值	>200	176	否
χ^2 自由度比	<3.00	5.699	否
增值适配度指数			
NFI 值	>0.95 以上	0.955	是
RFI 值	>0.95 以上(一般适配>0.90)	0.939	是
IFI 值	>0.95 以上	0.962	是
TLI 值(NNFI 值)	>0.95 以上	0.949	是
CFI 值	>0.95 以上(一般适配>0.90)	0.962	是
简约适配度指数			
PGFI 值	>0.50 以上	0.592	是
PNFI 值	>0.50 以上	0.709	是
PCFI 值	>0.50 以上	0.715	是

　　估计选项中的标准化路径系数除包括各测量模型的因素负荷量外,也包括结构模型的直接效果值,即潜在变量对潜在变量直接影响的标准化路径系数(标准化回归系数)。

　　"Standardized Total Effects"(标准化总效果)表 6-37 中的数字为模型中"因"变量对"果"变量影响的总效果值,总效果值为直接效果值加上间接效果值。在潜在变量的路径分析中,研究者关注的总效果值为结构模型中外因潜在变量对内因潜在变量影响(或中介内因潜在变量对内因潜在变量影响)的总效果大小,至于测量模型中潜在构念对各指标变量影响的总效果值则不用探究。

表 6-37　Matrices(Group number 1-[第三次修正模型])

Standardized Total Effects(Group number 1-[第三次修正模型])【总效果值】

	生涯规划	自我意向	个人调适	生活满意
自我意向	.525	.000	.000	.000
个人调适	.540	.724	.000	.000
生活满意	.510	.859	.366	.000
活动调适	.467	.627	.866	.000
人际调适	.435	.584	.806	.000
心理调适	.400	.537	.742	.000
生理调适	.464	.622	.859	.000
健康状态	.404	.681	.290	.792
经济稳定	.432	.792	.310	.848
日常活动	.444	.748	.318	.870
人生意向	.446	.850	.000	.000
价值意向	.460	.876	.000	.000
活动意向	.429	.817	.000	.000
理财规划	.803	.000	.000	.000
健康维持	.693	.000	.000	.000

　　"Standardized Direct Effects"(标准化直接效果值)表 6-38 的数字为"因"变量对"果"变量的直接影响的标准化路径系数,在测量模型中为潜在构念对测量变量的标准化回归系数,测量模型的标准化回归系数为各指标变量的因素负荷量;在结构模型中为外因潜在变量对内因潜在变量影响的标准化回归系数,系数值为正表示外因潜在变量对内因潜在变量的影响为正向,系数值为负表示外因潜在变量对内因潜在变量的影响为负向。

表 6-38　Standardized Direct Effects(Group number 1-[第三次修正模型])【直接效果值】

	生涯规划	自我意向	个人调适	生活满意
自我意向	.525	.000	.000	.000
个人调适	.159	.724	.000	.000
生活满意	.000	.594	.366	.000
活动调适	.000	.000	.866	.000
人际调适	.000	.000	.866	.000
心理调适	.000	.000	.742	.000

续表

	生涯规划	自我意向	个人调适	生活满意
生理调适	.464	.622	.859	.000
健康状态	.000	.000	.000	.792
经济稳定	.000	.000	.000	.848
日常活动	.000	.000	.000	.870
人生意向	.000	.850	.000	.000
价值意向	.000	.876	.000	.000
活动意向	.000	.817	.000	.000
理财规划	.803	.000	.000	.000
健康维持	.893	.000	.000	.000

"Standardized Indirect Effects"（标准化间接效果）表 6-39 中的数字为间接效果值的大小。潜在变量的路径分析中研究者关注的是结构模型中"因"变量对"果"变量的影响。假设模型结构模型五条直接影响路径的标准化回归系数的数值如图 6-36：

表 6-39　Standardized Indirect Effects（Group number 1-[第三次修正模型]）【间接效果值】

	生涯规划	自我意向	个人调适	生活满意
自我意向	.000	.000	.000	.000
个人调适	.380	.000	.000	.000
生活满意	.510	.265	.000	.000
活动调适	.467	.627	.000	.000
人际调适	.435	.584	.000	.000
心理调适	.400	.537	.000	.000
生理调适	.464	.622	.000	.000
健康状态	.404	.681	.290	.000
经济稳定	.432	.729	.310	.000
日常活动	.444	.748	.318	.000
人生意向	.446	.000	.000	.000
价值意向	.460	.000	.000	.000
活动意向	.429	.000	.000	.000
理财规划	.000	.000	.000	.000
健康维持	.000	.000	.000	.000

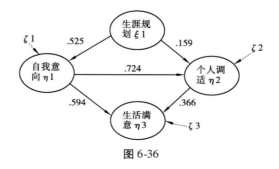

图 6-36

结构模型中潜在变量影响的直接效果、间接效果与总效果值如表6-40：

【表格范例】

表6-40　假设模型潜在变量间的效果值摘要表（N=739）

影响路径	直接效果	间接效果	总效果
生涯规划→自我意向	.525	.000	.525
生涯规划→个人调适	.159	.380	.540
生涯规划→生活满意	.000	.510	.510
自我意向→个人调适	.724	.000	.724
自我意向→生活满意	.594	.265	.859
个人调适→生活满意	.366	.000	.366

潜在变量影响的总效果值等于直接效果值（直接影响路径）加上间接效果值（间接影响路径）。表中"生涯规划→个人调适"路径间接效果值的计算为："生涯规划→自我意向"的直接效果值（路径系数）×"自我意向→个人调适"的直接效果值（路径系数）=0.525×0.724=0.380。"自我意向→生活满意"的间接效果值=0.724×0.366=0.265。"生涯规划→生活满意"影响路径的间接效果值=（0.525×0.594）+（0.159×0.366）+（0.525×0.724×0.366）=0.312+0.058+0.139=0.509。"生涯规划→生活满意"的三条间接效果路径如图6-37：

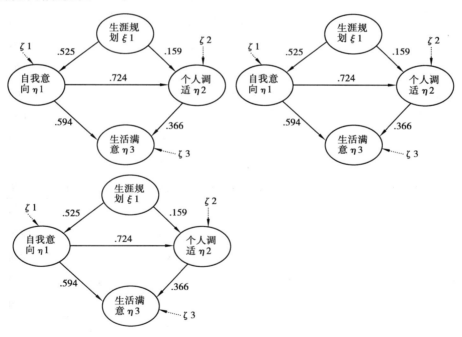

图6-37

根据观察变量的因素负荷量（标准化路径系数）可以估计各潜在变量组合信度与平均方差抽取量的数值。

从表6-41可知，生涯规划对自我意向解释的变异量为27.6%，生涯规划、自我意向对个人调适联合解释的变异量为 67.1%，生涯规划变量对个人调适变量影响的直接效果、间接效果均达显著，生涯规划、自我意向、个人调适三个变量对生活满意联合解释的变异量高达 83.9%，生涯规划对生活满意的间接效果显著，直接效果不显著，个人调适对生活满意的直效果显著，没有间接效果值，自我意向对生活满意的直接效果与间接效果均显著。模型结果的参数估计值如表 6-42：

【表格范例】

表 6-41   第三次修正模型潜在变量的平均方差抽取量与组合信度摘要表(N＝739)

潜在变量	平均方差抽取量	组合信度	R^2
生涯规划	.562 5	.718 9	----
自我意向	.719 1	.884 7	.276
个人调适	.672 0	.890 9	.671
生活满意	.701 11	.875 4	.839

表 6-42   退休教师生活满意影响路径模型参数估计摘要表(N＝739)

参　数	非标准化参数			R^2	标准化参数
	非标准化参数估计值	标准误	C. R.（t 值）	标准误	C. R（t 值）
γ_{11}（生涯规划→自我意向）	.339	.032	10.596***		.525
γ_{21}（生涯规划→个人调适）	.115	.029	4.020***		.159
β_{31}（自我意向→个人调适）	.813	.047	17.390***		.724
β_{21}（自我意向→生活满意）	.689	.060	11.466***		.594
β_{32}（个人调适→生活满意）	.378	.051	7.484***		.366
λ_1（生涯规划→健康维持）	1.000				.693
λ_2（生涯规划→理财规划）	1.211	.104	11.596***	.645	.803
λ_3（自我意向→活动意向）	1.566	.058	26.843***	667	.817
λ_4（自我意向→价值意向）	1.295	.043	29.903***	.768	.876
λ_5（自我意向→人生意向）	1.000			.722	.850
λ_6（生活满意→日常活动）	1.153	.044	26.426***	.757	.870
λ_7（生活满意→经济稳定）	1.126	.044	25.580***	.719	.848
λ_8（生活满意→健康状态）	1.000			.628	.792
λ_9（个人调适→生理调适）	1.000			.738	.859
λ_{10}（个人调适→心理调适）	.884	.038	23.542***	.550	.742
λ_{11}（个人调适→人际调适）	.867	0.32	26.760***	.749	.806
λ_{12}（个人调适→活动调适）	1.072	.036	30.009***	.749	.866
η_3（生涯规划）	6.929	.837	8.275***		

续表

参　数	非标准化参数			R^2	标准化参数
	非标准化 参数估计值	标准误	C. R. (t 值)	标准误	C. R(t 值)
ζ_1 (r1)	2.089	.168	12.446 ***		
ζ_2 (r2)	1.194	.110	10.866 ***		
ζ_3 (r3)	.626	.082	7.673 ***		
δ_1 (e1)	7.495	.665	11.275 ***		
δ_2 (e2)	5.600	.841	6.658 ***		
δ_4 (e4)	3.530	.227	15.528 ***		
ε_5 (e5)	1.464	.112	13.044 ***		
ε_6 (e6)	1.110	.077	14.383 ***		
ε_7 (e8)	1.653	.123	13.428 ***		
ε_8 (e9)	1.925	.133	14.512 ***		
ε_{10} (e10)	2.300	.142	16.166 ***		
ε_{11} (e11)	1.292	.091	14.175 ***		
ε_{12} (e12)	2.324	.136	17.064 ***		
ε_{13} (e13)	1.469	.092	15.916 ***		
ε_{14} (e14)	1.396	.101	13.851 ***		

注：*** $p < 0.001$ 非标准化参数估计值为 1.000 者为参照指标变量。

第七章　多群组分析

完整结构方程模型的检验模型,包含测量模型与结构模型,测量模型是观察变量与潜在变量间的关系,结构模型是潜在变量间的关系。当一个假设模型与样本数据可以契合,研究者可进一步探究此假设模型是否同时适配于不同样本群组,以验证模型稳定(model stability)效度与跨群组效度,多群组分析(multiple group analysis)也是一种 SEM的架构,其功能在于检验相似模型在不同群组受试者间的差异。

第一节　多群组分析相关理论

测量模型比较的核心信念之一是构念效度的评估,因素构念在一个情境中不仅要有良好的信度与效度,在不同类似情境里也尽可能有良好的信效度。测量模型比较有时又称为测量不变性或测量等同性检验/恒等性检验,最初目标是确保测量模型在不同情境下,相同的因素构念可以得到等同的参数估计值,测量模型比较最常使用者为跨效度(cross-validation)的检验,在相同的总体中从不同抽样样本中得到的分析结果与原先单群组样本数据估计的结果相同,测量模型可以应用于具有相同特质的不同群组样本中,多群组样本的CFA 检验称为多样本验证性因素分析(multisample confirmatory factors analysis;MCFA),MCFA 是 CFA 的延伸,从单一群组情境扩大到多个群组样本情境,每个群组样本是独立抽样而来。两个群组的模型可以界定限制的参数,参数限制的模型与未限制的模型间差异的比较一般采用的是卡方值差异量($\Delta\chi^2$),如果一系列的参数限制结果显示,限制模型的卡方值变大的差异量未达显著,表示限制模型是可以接受的。未限制模型一般的实务应用是每个群组的 CFA 模型分开估计,若未限制模型具有跨群组效度,进一步可进行组间限制(between-group constraints)模型的跨群组效度检验。模型不变性的检验有两种:一为完全不变性(ful linvariance)、一为部分不变性(partial invariance),完全不变性是限制所有多个群组中相对应的自由参数,部分不变性是限制多个群组中相对应的部分自由参数(Hair,et al.,2010,p.759)。

在验证性因素分析中,如果假设模型与单一群组观察数据可以适配,表示此个别群组协方差矩阵与假设模型协方差矩阵没有显著不同。如果研究者要同时检验 CFA 假设模型是否具有跨不同群组效度(同时适配于两个不同的群体),可采用多群组分析模型。多群组分析模型的检验策略强调一系列阶层的应用,阶层应用的起始必须先确定一个基线模型(baseline model),基线模型与个别群组样本数据有良好的适配度,且是个有意义的简约模型,因而基线模型包含模型适配与模型简约两个特性,模型适配指的是模型可以适配群组样本数据,简约指的是最少参数界定,其中为最多人使用的是检验多个群组测量模型中,观察变量的因素负荷量的等同性(equivalence),此为测量模型群组不变性(group-invariant)(或称群组等同性),当测量模型具有群组不变性时,可继续进行增列结构模型的参数限制的群组检验,参数限制愈多,表示模型是愈严格模型(模型愈简约)(Byrne,2010,p. 199)。

　　测量恒等性(measurement invariance)或称为多群体恒等性(multi-group invariance)检验在于评估一个以所有样本(不分群组的单一群体)为数据样本的适配假设模型,在不同的两个以上样本群体间是否相等或模型估计参数是否具有不变性(invariant)或等同性(equivalent),若假设模型在不同群体的参数估计结果的适配度可以获得支持,表示测量工具有组间不变性(group-invariant)。测量恒等性的检验通常先从部分参数恒等性检验开始,再逐一增列模型参数限制条件(如测量指标变量在多群体相对应的潜在变量的因素负荷量相等),直到全部主要待估计参数的恒等性检验完毕(如潜在变量的协方差相同、测量指标变量的测量误差相同)。当研究者采用的测量工具有测量恒等性时,表示此测验或量表可适用于同一总群体的不同样本群组,进行测量恒等性检验时并不要求反映群组特征的统计参数,如平均数、标准差和分布在群组间的差异也相同。

　　等同性(equivalence)/恒等性与不变性(invariance)在多群组分析中是同义词,多群组分析关注的五个核心议题是:(1)组合特别测量工具的题项在跨不同总体(如性别、年龄、能力、文化等群体)中是否具有等同性,此探究为测量模型的群组不变性;(2)跨群体的单一工具或理论构念等同的因素结构探究,此因素结构由单一评量测验的许多题项构成,或由多个工具分量表分数组成,此议题的方法是构念效度(construct validity)的验证,其中包括测量模型与结构模型等同性的检验;(3)界定因果结构的特定路径是否具有跨总群体等同性存在;(4)假设模型内特定构念的潜在平均数是否具有跨总群体效度;(5)在相同的总体中,测量工具的因素结构在不同独立样本中是否可以再制,此议题是同一总体内测量工具跨样本效度的探究,即测量工具稳定性的分析。在跨群组等同性的检验中,一般最常使用的顺序是:(1)因素负荷量的界定;(2)因素协方差的界定;(3)结构回归系数的界定。至于基线模型(baseline models)适配度的检验统计量一般常见者为卡方值、自由度、CFI值、RMSEA值与ECVI值(Byrne,2010,p. 197)。

　　Amos多群组分析程序中,测量恒等性的检验包括三个限制条件(吴明隆,2009):

- 设定测量系数(Measurement weights)相同:设定多群组模型中的测量模型的因素负荷量或回归系数相等,测量系数为潜在变量与其指标变量间的因素负荷量,若将测量系数设为相等,表示模型有测量不变性(measurement invariance),测量系数在SEM中为λ系数值。
- 增列结构协方差(Structural covariances)相同:结构协方差相等系指设定测量或结构模型中的协方差矩阵(含方差与协方差)为相等。
- 增列测量误差(Measuremen tresiduals)相同:增列设定各测量模型中指标变量(观察变量)的误差值的方差相等。

Hair等人(2010,pp. 760-761)提出多群组比较的六个阶段:

阶段一:组态不变性

　　组态不变性(confi gural invariance)指的是所有群组具有基本的因素结构。相同因素结构表示每个群组的CFA模型有相同的因素构念变量个数,且因素构念连结的指标变量(题项)也相同;此外,每个群组在CFA模型有适当的模型适配度与可接受的构念效度,就测量理论观点而言,研究者必须确保构念跨群组的有效性,且是 CFA 模型中的基本潜在特质变量,此模型有时又称为完全自由多群组模型(totally free multiple group model,TF),此种模型的所有自由参数在所有群组中是分开被估计的,与限制模型相较之下,此种模型又称为基线模型(baseline model)。

阶段二:计量不变性

计量不变性(metric invariance)指的是 MCFA 模型群组间的初始实证比较,包含因素负荷量均等性,计量不变性因为潜在构念与指标变量间的关系,建构基本构念变量意义的等同性,不变性的关键检验除了基本因素结构外,还要关注跨群组效度的确定。此种限制为界定跨群组间的因素负荷量相同,但每个测量变量有自己独特的负荷量估计值,根据基线模型与限制模型的卡方值差异量 $\Delta\chi^2$ 与自由度差异量 Δdf,可以判别两个模型间是否有显著不同。

阶段三:尺度不变性

尺度不变性(scalar invariance)在于检验构念变量的测量变量截距项(平均数)的等同性,如果跨群组测量指标变量平均数分数的比较具有等同性,表示测量模型具有尺度不变性,尺度不变性也包含群组间相对潜在构念个数的比较。

阶段四:因素协方差不变性

因素协方差不变性(factor covariance invariance)在于检验因素构念间协方差的等同性,因素协方差不变性检验在于检验跨群组间因素构念变量间的相似情境。

阶段五:因素方差不变性

因素方差不变性(factor variance invariance)在于检验跨群组间相对应的因素构念变量的方差是否具有等同性,如果跨群组间相对应的因素构念变量的方差与协方差都具有等同性,跨群组间相对应的潜在构念变量间的相关性也会相同。

阶段六:误差方差不变性

误差方差不变性(error variance invariance)在于检验跨群组间相对应的测量变量的误差项方差是否具有等同性。

第二节　测量模型不变性

一、测量模型的不变性

中学学生父母期望量表为一个九个指标变量、两个潜在因素构念的测量模型,两个因素构念变量名称分别为课业期望、职业期望。

从图 7-1 可知,男生群组的测量假设模型的参数卷标名称以"A"为起始,课业期望单维度因素构念为反映性测量模型,参照指标变量为 A01,因素构念对其余四个指标变量的路径系数的参数标签名称分别为 AW1、AW2、AW3、AW4,五个测量指标变量误差项方差的参数标签名称分别为 AV2、AV3、AV4、AV5、AV6;职业期望单维度因素构念为反映性测量模型,参照指标变量为 B06,因素构念对其余三个指标变量的路径系数的参数标签名称分别为 AW5、AW6、AW7,四个测量指标变量误差项方差的参数标签名称分别为 AV8、AV9、AV10、AV11;两个潜在因素构念变量协方差的参数卷标名称为 AC1,课业期望与职业期望两个潜在因素构念变量方差的参数标签名称分别为 AV1、AV7。

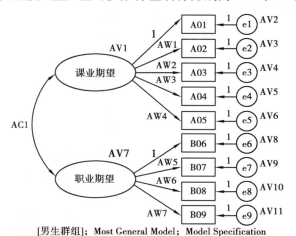

[男生群组]; Most General Model; Model Specification
卡方值=\CMIN(p=\P); 自由度=\DF; CFI=\CFI

图 7-1

从图 7-2 可知,女生群组的测量假设模型的参数卷标名称以"B"为起始,课业期望单维度因素构念为反映性测量模型,参照指标变量为 B01,因素构念对其余四个指标变量的路径系数的参数标签名称分别为 BW1、BW2、BW3、BW4,五个测量指标变量误差项方差的参数标签名称分别为 BV2、BV3、BV4、BV5、BV6;职业期望单维度因素构念为反映性测量模型,参照指标变量为 B06,因素构念对其余三个指标变量的路径系数的参数标签名称分别为 BW5、BW6、BW7,四个测量指标变量误差项方差的参数标签名称分别为 BV8、BV9、BV10、BV11;两个潜在因素构念变量协方差的参数卷标名称为 BC1,课业期望与职业期望两个潜在因素构念变量方差的参数标签名称分别为 BV1、BV7。多群组分析相对应对象的流水编号最好相同,这样参数设定的限制是否有误比较容易找出。

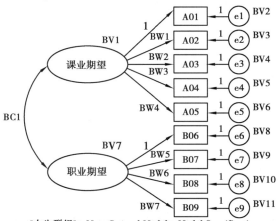

[女生群组]; Most General Model; Model Specification
卡方值=\CMIN(p=\P); 自由度=\DF; CFI=\CFI

图 7-2

测量加权模型、结构协方差模型、测量误差模型的参数界定如表 7-1：

表 7-1

参数界定说明	测量加权模型	结构协方差模型	测量误差模型
增列相对应的因素负荷量估计值相等 AW1 = BW1 AW2 = BW2 AW3 = BW3 AW4 = BW4 AW5 = BW5 AW6 = BW6 AW7 = BW7	AW1 = BW1 AW2 = BW2 AW3 = BW3 AW4 = BW4 AW5 = BW5 AW6 = BW6 AW7 = BW7		
增列因素构念的方差相等,因素构念变量间的协方差相等 AC1 = BC1 AV1 = BV1 AV7 = BV7		AW1 = BW1 AW2 = BW2 AW3 = BW3 AW4 = BW4 AW5 = BW5 AW6 = BW6 AW7 = BW7 AC1 = BC1 AV1 = BV1 AV7 = BV7	
增列测量指标变量误差项的方差相等 AV2 = BV2 AV3 = BV3 AV4 = BV4 AV5 = BV5 AV6 = BV6 AV8 = BV8 AV9 = BV9 AV10 = BV10 AV11 = BV11			AW1 = BW1 AW2 = BW2 AW3 = BW3 AW4 = BW4 AW5 = BW5 AW6 = BW6 AW7 = BW7 AC1 = BC1 AV1 = BV1 AV7 = BV7 AV2 = BV2 AV3 = BV3 AV4 = BV4 AV5 = BV5 AV6 = BV6 AV8 = BV8 AV9 = BV9 AV10 = BV10 AV11 = BV11

MCFA 操作的简要程序如下：

1. 绘制假设模型图

两个群组的因素构念变量个数及指标变量反映的因素构念必须相同，此种基线模型表示的是两个群组具有相同的因素结构，此为测量模型组态不变性。

2. 于"Groups"(群组)方盒增列群组个数及界定两个群组名称，范例中群组个数为两个，两个群组的名称分别界定为[男生群组]、[女生群组]

3. 选取群体样本变量及水平数值

如图 7-3 所示，按工具钮"Select data Files"(选择数据文件)，开启"Data Files"(数据文件)对话窗口，按"File Name"(文件名称)钮选择目标数据文件，范例为"期望量表.sav"。按"Grouping Variable"(分组变量)钮，选择群体的名义变量，范例为"性别"。按"Group Value"(组别数值)钮，选取目标群体在名义变量中的水平数值，范例中男生在"性别"变量中水平数值编码为 1、"女生"变量的水平数值编码为 2。数据文件中的群组变量必须是离散变量(非计量变量)，范例中对话窗口"N 栏"内数值显示全部有效样本有 240 位：男生群组的样本有 130 位、女生群组的样本有 110 位。

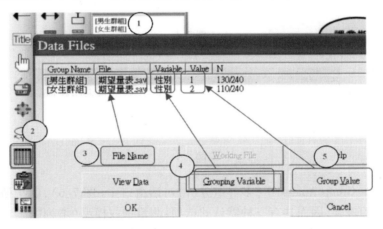

图 7-3

4. 界定各群组的参数标签名称

如图 7-4 所示，选取[男生群组]选项，执行功能列"Plugins"(增列)/"Name Parameters"(命名参数)程序，可以增列所有群组的参数卷标名称，协方差参数名称以 AC 为起始字母、路径系数参数名称以 AW 为起始字母、方差参数名称以 AV 为起始字母。此时[女生群组]假设模型的参数卷标名称与[男生群组]相同，研究者再选取[女生群组]选项，在假设模型中逐一修改各参数名称。开启"Object Properties"(对象属性)对话窗口，将"☑ All groups"(所有群组)选项的勾选取消，将参数的起始字母 A 改为 B。

5. 三种测量恒等性设定

按"Multiple-Group Analysis"(多群组分析)工具图像钮或执行功能列"Analyze"(分析)

"Multiple-Group Analysis"（多群组分析）程序,开启 Amos 警告窗口（图 7-5）:"The program will remove any models that you have added to the list of models at the left-hand side of the path diagram. It may also modify your parameter constraints.",警告窗口告知操作者若执行这种程序会移除路径图左边模型表中所有增列的模型,也可能修改参数的限制。此时,按"确定"钮即可。

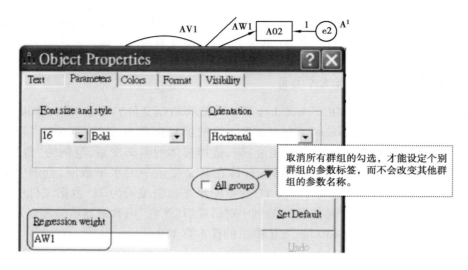

图 7-4

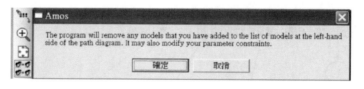

图 7-5

在"Multiple-Group Analysis"（多群组分析）对话窗口中（图 7-6）,由于研究者进行的是测量恒等性的检验,因而共有三种默认的选项:测量加权模型（增列因素负荷量相同）、结构协方差模型（增列因素构念变量的协方差相等）、测量残差模型（增列测量指标变量的测量残差项方差相同）,按"OK"（确定）钮完成设定。如果多群组分析中增列估计平均数与截距项,测量恒等性限制模型会增列"测量截距项"（measurement intercepts）。

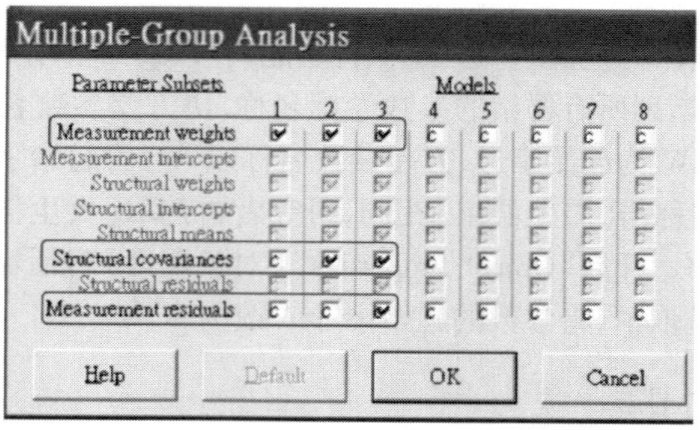

图 7-6

　　测量加权不变性模型的界定,是设定男生群体与女生群体在父母期望量表的测量模型具有相等的因素负荷量;结构协方差不变性模型的界定是设定男生群体与女生群体在父母期望量表具有相同的因素负荷量外,因素构念变量也具有相同的协方差(协方差及方差相同);测量误差不变性模型的界定为设定男生群体与女生群体在父母期望量表的测量模型具有相等的因素负荷量,因素构念变量具有相同的协方差外(包含协方差及方差),相对应的测量指标变量(观察变量)的误差项也具有相同的方差。

　　多群组模型估计结果如下:未限制模型、测量加权模型、结构协方差模型、测量残差模型等四个模型都可以收敛估计。

　　在未限制模型的多群组模型估计中,男生群组的标准化估计值模型图如图7-7:

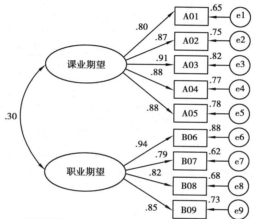

[男生群组];Unconstrained;Standardized estimates
卡方值=46.836(p=.677);自由度=52;CFI=1.000

图 7-7

女生群组的标准化估计值模型图如图7-8:

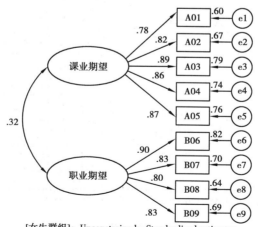

[女生群组];Unconstrained;Standardized estimates
卡方值=46.836(p=.677);自由度=52;CFI=1.000

图 7-8

　　从未限制模型的多群组分析来看,整体模型适配度的卡方值为46.836,显著性概率值 p = 0.677 > 0.05,表示未限制模型的多群组模型与样本数据可以适配,父母期望量表

　　九个测量指标变量反映的两个因素构念模型可以同时适配于男生群组与女生群组,两个群组在父母期望量表中具有相同的因素结构。未限制模型与限制模型相较之下,一般将未限制模型称为基线模型。由于未限制模型未将两个群组相对应的参数(因素负荷量估计值、协方差及方差)设为相同,因而模型中全部待估计的自由参数较多,与限制模型相较之下,其模型的自由度较小,范例中为52。

　　在测量残差不变性模型中,模型可以收敛估计,男生群组标准化估计值模型图如图7-9:

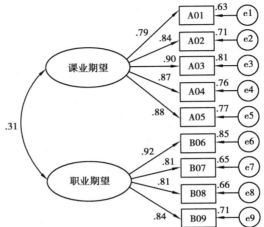

[男生群组];Measurement residuals;Standardized estimates
卡方值=55.412(p=.913);自由度=71;CFI=1.000

图 7-9

女生群组标准化估计值模型图如图 7-10(测量残差不变性限制模型):

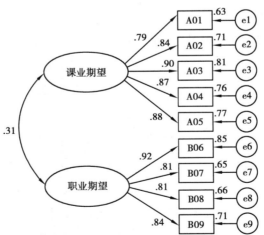

[女生群组];Measurement residuals;Standardized estimates
卡方值=55.412(p=.913);自由度=71;CFI=1.000

图 7-10

　　测量残差限制模型多群组分析的模型自由度为71,整体适配度卡方值为55.412,显著性概率值 p = 0.913 > 0.05,测量残差限制模型同时适配于男生群组样本数据与女生群组样本数据,中学男生、女生两个群组在父母期望量表中除具有相同的因素结构、相同的因素负荷量、相同的因素构念变量协方差外,九个测量指标变量的测量残差项方差也相同。男生群组在测量残差限制模型的非标准化估计值模型图如图 7-11：

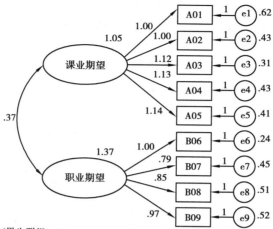

[男生群组]；Measurement residuals；Unstandardized estimates
卡方值=55.412(p=.913)；自由度=71；CFI=1.000

图 7-11

女生群组在测量残差限制模型的非标准化估计值模型图如图 7-12：

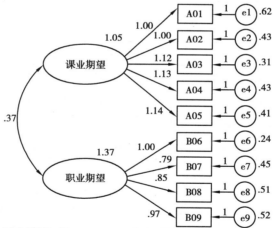

[女生群组]；Measurement residuals；Unstandardized estimates
卡方值=55.412(p=.913)；自由度=71；CFI=1.000

图 7-12

从测量残差限制模型的非标准化估计值模型图可以得知：男生与女生两个群组在课业期望、职业期望两个因素构念的方差为 1.05、1.37，两个因素构念变量间的协方差为 0.37，九个指标变量的因素负荷量估计值（非标准化路径系数）分别为 1.00（参照指标变量）、1.00、1.12、1.13、1.14、1.00（参照指标变量）、0.79、0.85、0.97；九个指标变量的测量误差项方差分别为 0.62、0.43、0.31、0.43、0.41、0.24、0.45、0.51、0.52。

由于测量模型没有估计平均数与截距项，因而测量残差模型为部分不变性的检验，此种检验在 MCFA 模型中较为普遍。

从模型整体适配度统计量摘要表 7-2 来看，未限制模型的自由度为 52，卡方值为 46.836，显著性概率值 p = 0.677 > 0.05，模型适配度良好，表示男生群组与女生群组在父母期望量表的测量模型有相同的因素结构,测量模型具有跨性别群组效度,未限制模型一般又称为基线模型或参照模型。测量加权模型、结构协方差模型、测量残差模型的自由度分别为 59、62、71,整体模型适配度卡方值分别为 48.393、48.633、55.412,显著性概率值 p 分别为 0.836、0.892、0.913,显著性概率值 p 均大于 0.05,表示三个限制模型的整体适配度佳,三个限制模型均具有跨性别群组的效度。

表 7-2　Model Fit Summary【适配度摘要表】CMIN

Model	NPAR 待估计的自由参数	CMIN 卡方值	DF 自由度	P 显著性	CMIN/DF 卡方值/自由度
Unconstrained(未限制模型)	38	46.836	52	.677	.901
Measurement weights (测量加权模型)	31	48.393	69	.836	.820
Structural covariances (结构协方差模型)	28	48.633	62	.892	.784
Measurement residuals (测量残差模型)	19	55.412	71	.913	.780

从表 7-3 可知,就三个限制模型比较而言,以测量残差模型的 AIC 与 BCC 值最小,因而若要进行三个限制模型的竞争模型比较,可以优先选择"测量残差模型"。

表 7-3

Model	AIC	BCC	BIC	CAIC
Unconstrained(未限制模型)	122.836	129.873		
Measurement weights(测量加权模型)	110.393	116.134		
Structural covariances(结构协方差模型)	104.633	109.818		
Measurement residuals(测量残差模型)	93.412	96.930		

表 7-4 中第一栏为比较模型名称(参照模型为未限制模型),第二栏为两个模型自由度的差异值,第三栏"CMIN"为两个模型卡方值的差异量,第四栏"P"为卡方值差异量的显著性检验,第五栏至第八栏为两个模型的四个增值适配度统计量(NFI、IFI、RFI、TLI)的差异值。因为卡方值易受到样本数影响,因而若各群组的样本数较大,模型卡方值差异量也很容易达到显著水平,此时,卡方值差异量可作为一个参考指标值,研究者最好以增值适配度统计量的差异值进行嵌套模型比较的判断指标。

表 7-4　Nested Model Comparisons Assuming model Unconstrained to be correct:

Model	DF	CMIN	P	NFI Delta-1	IFI Delta-2	RFI rho-1	TLI rho2
Measurement weights (测量加权模型)	7	1.557	.980	.001	.001	−.003	−.004
Structural covariances (结构协方差模型)	10	1.797	.998	.001	.001	−.005	−.005
Measurement residuals (测量残差模型)	19	8.576	.980	.005	.005 −	.005 −	.005

在上述嵌套结果的比较中,其假定为未限制参数的基线模型(A 模型)是正确的,嵌套模型检验的虚无假设与对立假设分别为:

虚无假设:限制参数的简约模型(B 模型)是正确的(可等同未限制参数的基线模型),即限制模型(模型 B) = 未限制模型(模型 A)

对立假设:限制参数的简约模型(B 模型)不是正确的(不能等同未限制参数的基线模型),即限制模型(模型 B) ≠ 未限制模型(模型 A)

以测量加权模型(B 模型)与未限制参数的基线模型(A 模型)的比较为例,两个模型的自由度分别为 59、52,自由度的差异值 = 59 - 52 = 7,两个模型适配度的卡方统计量分别为48.393、46.836,卡方值差异量 $\Delta\chi^2 = 48.393 - 46.836 = 1.557$,显著性 p 值 = 0.980 > 0.05,接受虚无假设,即当假定为未限制参数的基线模型(A 模型)是正确的情况下,限制参数的简约模型(B 模型)也是正确的(模型为真表示符合可以被接受)。

从两个模型的增值适配度指标值来看,当增值适配度指标值差异量绝对值小于0.05,表示必须接受虚无假设:"限制参数的简约模型(B 模型)等同未限制参数的基线模型(A 模型)",由于未限制参数的基线模型(A 模型)是正确的,因而限制参数的简约模型(B 模型)也是正确的,限制参数的简约模型(B 模型)具有跨性别群组的效度,两个群组不仅在因素结构上相同,测量指标变量反映的潜在变量的因素负荷量也相同。

表 7-5 显示了第二种嵌套模型的比较,它是以测量加权模型(B 模型)为基线模型,结构协方差模型(C 模型)与测量残差模型(D 模型)为嵌套比较模型。嵌套模型比较的前提是假设测量加权模型(B 模型)为正确模型,与此模型比较的其他嵌套模型(C 模型、D 模型)的卡方值与测量加权模型(B 模型)卡方值的差异量均未达 0.05 显著水平,结构协方差模型与测量加权模型的卡方值差异值为 0.239(显著性概率值 p = 0.971 > 0.05),测量残差模型与测量加权模型的卡方值差异值为 7.019(显著性概率值 p = 0.856 > 0.05),因而假定测量加权模型是正确的,则结构协方差模型与测量残差模型也都是正确的。

表 7-5 Assuming model Measurement weights to be correct:【假定测量加权模型是正确的基线模型】

Model	DF	CMIN	P	NFI Delta-1	IFI Delta-2	RFI rho-1	TLI rho2
Structural covariances	3	.239	.971	.000	.000	-.002	-.002
Measurementr esiduals	12	7.019	.856	.004	.004	-.002	-.002

表 7-6 显示了第三种嵌套模型的比较,它是以结构协方差模型(C 模型)为基线模型,其前提为假设结构协方差模型(C 模型)是正确的,嵌套比较模型为测量残差模型(D 模型),当以结构协方差模型(C 模型)为基线模型时,比此模型自由度还大的模型为测量残差模型,两个模型自由度的差异值等于 9,卡方值差异量为 6.779,差异量的显著性 p = 0.660 > 0.05,接受虚无假设,即当结构协方差模型是正确模型时,测量残差模型也为正确模型,皆具有跨性别群组效度。

表 7-6 Assuming model Structural covariances to be correct:【假定结构协方差模型是正确的基线模型】

Model	DF	CMIN	P	NFI Delta-1	IFI Delta-2	RFI rho-1	TLI rho2
Measurement residuals	9	6.779	.660	.004	.004	.000	.000

完整潜在变量路径分析的多群组分析,参数限制模型包括测量加权模型、测量截距模型、结构平均数模型、结构协方差模型、测量残差模型。平均数的差异检验在 SEM 分析中较少使用,就单群组分析而言,增列平均数与截距项的模型要能识别,所有测量变量误差项及预测残差项的平均数要固定为 0,此外,外因潜在变量的平均数要固定为 0,内因潜在变量的截距项也要固定为 0。

多群组分析中若增列估计平均数与截距项,且两个群组潜在构念变量的平均数与截距项均设为待估计的自由参数(勾选增列估计平均数与截距项时,外因潜在构念变量及测量误差项的平均数默认为固定参数,其数值为 0,如此的模型界定,模型才可以识别收敛估计),此种多群组分析的模型通常无法识别。

(一)两个群组潜在构念变量的平均数均设为待估计的自由参数——无法识别模型

从图 7-13 可知,在男生群组中,课业期望潜在构念变量的平均数与截距项参数分别设为 AM1、AV1,职业期望潜在构念变量的平均数与截距项参数分别设为 AM2、AV7。

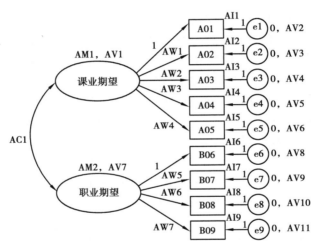

[男生群组];Most General Model;Model Specification
卡方值=\CMIN(p=\P);自由度=\DF;CFI=\CFI

图 7-13

从图 7-14 可知,在女生群组中,课业期望潜在构念变量的平均数与截距项参数分别设为 BM1、BV1,职业期望潜在构念变量的平均数与截距项参数分别设为 BM2、BV7。

按多群组工具图像钮,执行多群组分析,除未限制模型外,五个增列限制模型为"Measurement weights"(测量加权模型)、"Measurement intercepts"(测量截距模型)、"Structural means"(结构平均数模型)、"Structural covariances"(结构协方差模型)、"Measurement residuals"(测量残差模型),其中测量截距模型为增列两个群组 CFA 模型的测量变量的截距项相同,结构平均数模型为增列两个群组 CFA 模型的潜在构念变量(外因变量)的平均数相同。五个模型的参数限制如表 7-7。

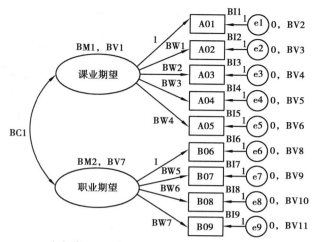

[女生群组]；Most General Model；Model Specification
卡方值=\CMIN(p=\P)；自由度=\DF；CFI=\CFI

图 7-14

表 7-7

增列限制参数	测量加权模型	测量截距模型	结构平均数模型	结构协方差模型	测量残差模型
增列测量模型的路径系数相等	AW1 = BW1 AW2 = BW2 AW3 = BW3 AW4 = BW4 AW5 = BW5 AW6 = BW6 AW7 = BW7	AW1 = BW1 AW2 = BW2 AW3 = BW3 AW4 = BW4 AW5 = BW5 AW6 = BW6 AW7 = BW7	AW1 = BW1 AW2 = BW2 AW3 = BW3 AW4 = BW4 AW5 = BW5 AW6 = BW6 AW7 = BW7	AW1 = BW1 AW2 = BW2 AW3 = BW3 AW4 = BW4 AW5 = BW5 AW6 = BW6 AW7 = BW7	AW1 = BW1 AW2 = BW2 AW3 = BW3 AW4 = BW4 AW5 = BW5 AW6 = BW6 AW7 = BW7
增列测量变量的截距项相等		AI1 = BI1 AI2 = BI2 AI3 = BI3 AI4 = BI4 AI5 = BI5 AI6 = BI6 AI7 = BI7 AI8 = BI8 AI9 = BI9	AI1 = BI1 AI2 = BI2 AI3 = BI3 AI4 = BI4 AI5 = BI5 AI6 = BI6 AI7 = BI7 AI8 = BI8 AI9 = BI9	AI1 = BI1 AI2 = BI2 AI3 = BI3 AI4 = BI4 AI5 = BI5 AI6 = BI6 AI7 = BI7 AI8 = BI8 AI9 = BI9	AI1 = BI1 AI2 = BI2 AI3 = BI3 AI4 = BI4 AI5 = BI5 AI6 = BI6 AI7 = BI7 AI8 = BI8 AI9 = BI9
增列潜在构念变量的平均数相等			AM1 = BM1 AM2 = BM2	AM1 = BM1 AM2 = BM2	AM1 = BM1 AM2 = BM2

续表

增列限制参数	测量加权模型	测量截距模型	结构平均数模型	结构共方差模型	测量残差模型
增列潜在构念变量的协方差相等				AC1 = BC1 AV1 = BV1 AV7 = BV7	AC1 = BC1 AV1 = BV1 AV7 = BV7
增列测量变量误差项的方差相等					AV2 = BV2 AV3 = BV3 AV4 = BV4 AV5 = BV5 AV6 = BV6 AV8 = BV8 AV9 = BV9 AV10 = BV10 AV11 = BV11

　　此种多群组分析模型的界定中,由于将平均数由固定参数 0 释放为待估计的自由参数,模型的估计结果一般都无法识别,未限制模型与五个限制模型都无法识别,参数均无法估计。

执行多群组图像钮后,在"Models"方盒增列的六个模型	按"计算估计值"工具图像钮后,六个模型均无法识别
XX:Unconstrained	XX:Measurement weights
XX:Measurement intercepts	XX:Structural means
XX:Structural covariances	XX:Measurement residuals
XX:Unconstrained	XX:Measurement weights
XX:Measurement intercepts	XX:Structural means
XX:Structural covariances	XX:Measurement residuals

　　以未限制模型为例,模型中相关的参数为:

　　表 7-8 显示,男生群组中 CFA 模型共有 41 个参数,固定参数有 11 个、待估计的自由参数有 30 个,30 个待估计的自由参数均有增列参数标签名称,其中包含 7 个路径系数参数、1 个协方差参数、11 个方差参数、2 个平均数参数、9 个截距项参数。

表 7-8　Notes for Model(Unconstrained) Parameter summary([男生群组])

	Weights	Covariances	Variances	Means	Intercepts	Total
Fixed	11	0	0	0	0	11
Labeled	7	1	11	2	9	30
Unlabeled	0	0	0	0	0	0
Total	18	1	11	2	9	41

表 7-9 显示,女生群组中 CFA 模型共有 41 个参数,固定参数有 11 个、待估计的自由参数有 30 个,30 个待估计的自由参数均有增列参数标签名称,其中包含 7 个路径系数参数、1 个协方差参数、11 个方差参数、2 个平均数参数、9 个截距项参数。

表 7-9　Parameter summary([女生群组])

	Weights	Covariances	Variances	Means	Intercepts	Total
Fixed	11	0	0	0	0	11
Labeled	7	1	11	2	9	30
Unlabeled	0	0	0	0	0	0
Total	18	1	11	2	9	41

Computation of degrees of freedom(Unconstrained)

Number of distinct sample moments:108

Number of distinct parameters to be estimated:60

Degrees of freedom(108 − 60):48

Result(Unconstrained)

The model is probably unidentified. In order to achieve identifiability,it will probably be necessary to impose 4 additional constraints.

整个多群组分析中,独特样本点的个数为 108 个($\frac{9 \times (9+1)}{2} \times 2 + 18$,18 为平均数个数)、待估计独特参数的个数为 60(一个群组待估计的自由参数有 30 个,30 × 2 = 60),模型估计的自由度为 108 − 60 = 48,模型估计结果为模型无法识别,如果要让模型可以识别,可能要增列四个额外参数限制。

(二)一个群组潜在构念变量的平均数均设为待估计的自由参数——可以识别模型

在第二种多群组分析中,其中一个群组的潜在构念变量平均数采用默认的固定参数(数值常数为 0),另一个群组潜在构念变量平均数设为待估计的自由参数,如此的限制模型便可以识别。

图 7-15 显示,在男生群组中,课业期望潜在构念变量的平均数与截距项参数分别设为 0(固定参数)、AV1,职业期望潜在构念变量的平均数与截距项参数分别设为 0(固定参数)、AV7,两个潜在构念变量的平均数参数均界定为固定参数,参数常数值为 0。

图 7-16 显示,在女生群组中,课业期望潜在构念变量的平均数与截距项参数分别设为 BM1、BV1,职业期望潜在构念变量的平均数与截距项参数分别设为 BM2、BV7,两个潜在构念变量的平均数均界定为待估计的自由参数。按多群组工具图像钮,执行多群组分析,除未限制模型外,五个增列限制模型为“Measurement weights”(测量加权模型)、“Measurement intercepts”(测量截距模型)、“Structural means”(结构平均数模型)、“Structural covariances”(结构协方差模型)、“Measurement residuals”(测量残差模型),五个模型的参数限制如表 7-10:

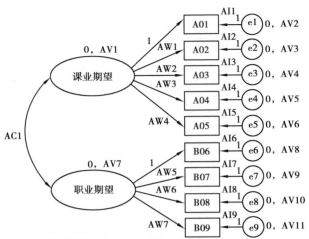

[男生群组]；Most General Model；Model Specification
卡方值=\CMIN(p=\P)；自由度=\DF；CFI=\CFI

图 7-15

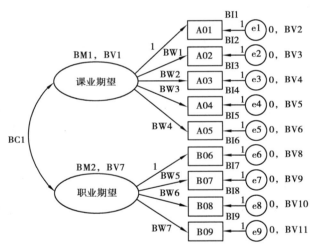

[女生群组]；Most General Model；Model Specification
卡方值=\CMIN(p=\P)；自由度=\DF；CFI=\CFI

图 7-16

表 7-10

增列限制参数	测量加权模型	测量截距模型	结构平均数模型	结构协方差模型	测量残差模型
增列测量模型的路径系数相等	AW1 = BW1	AW1 = BW1	AW1 = BW1	AW1 = BW1	AW1 = BW1
	AW2 = BW2	AW2 = BW2	AW2 = BW2	AW2 = BW2	AW2 = BW2
	AW3 = BW3	AW3 = BW3	AW3 = BW3	AW3 = BW3	AW3 = BW3
	AW4 = BW4	AW4 = BW4	AW4 = BW4	AW4 = BW4	AW4 = BW4
	AW5 = BW5	AW5 = BW5	AW5 = BW5	AW5 = BW5	AW5 = BW5
	AW6 = BW6	AW6 = BW6	AW6 = BW6	AW6 = BW6	AW6 = BW6
	AW7 = BW7	AW7 = BW7	AW7 = BW7	AW7 = BW7	AW7 = BW7

right-aligned 续表续表

增列限制参数	测量加权模型	测量截距模型	结构平均数模型	结构协方差模型	测量残差模型
增列测量变量的截距项相等		AI1 = BI1 AI2 = BI2 AI3 = BI3 AI4 = BI4 AI5 = BI5 AI6 = BI6 AI7 = BI7 AI8 = BI8 AI9 = BI9	AI1 = BI1 AI2 = BI2 AI3 = BI3 AI4 = BI4 AI5 = BI5 AI6 = BI6 AI7 = BI7 AI8 = BI8 AI9 = BI9	AI1 = BI1 AI2 = BI2 AI3 = BI3 AI4 = BI4 AI5 = BI5 AI6 = BI6 AI7 = BI7 AI8 = BI8 AI9 = BI9	AI1 = BI1 AI2 = BI2 AI3 = BI3 AI4 = BI4 AI5 = BI5 AI6 = BI6 AI7 = BI7 AI8 = BI8 AI9 = BI9
增列潜在构念变量的平均数相等			0 = BM1 0 = BM2	0 = BM1 0 = BM2	0 = BM1 0 = BM2
增列潜在构念变量的协方差相等				AC1 = BC1 AV1 = BV1 AV7 = BV7	AC1 = BC1 AV1 = BV1 AV7 = BV7
增列测量变量误差项的方差相等					AV2 = BV2 AV3 = BV3 AV4 = BV4 AV5 = BV5 AV6 = BV6 AV8 = BV8 AV9 = BV9 AV10 = BV10 AV11 = BV11

　　未限制模型与五个限制模型的模型估计结果为,除未限制模型与测量加权模型无法识别外,"Measurement intercepts"(测量截距模型)、"Structural means"(结构平均数模型)、"Structural covariances"(结构协方差模型)、"Measurement residuals"(测量残差模型)四个限制模型均可识别。

执行多群组图像钮后,在"Models"方盒增列的六个模型	按"计算估计值"工具图像钮后,未限制模型与测量加权模型无法识别
XX：Unconstrained	XX：Unconstrained
XX：Measurement weights	XX：Measurement weights
XX：Measurement intercepts	OK：Measurement intercepts
XX：Structural means	OK：Structural means
XX：Structural covariances	OK：Structural covariances
XX：Measurement residuals	OK：Measurement residuals

　　从表7-11可知,四个可以识别模型的自由度分别为66、68、71、80,整体模型适配度卡方值分别为50.291(p = 0.924 > 0.05)、52.356(p = 0.920 > 0.05)、52.581(p = 0.950 > 0.05)、59.337(p = 0.960 > 0.05),表示四个限制模型均具有跨性别群组的效度。

表 7-11   CMIN

Model	NPAR	CMIN	DF	P	CMIN/DF
Measurement intercepts（测量截距项模型）	42	50.291	66	.924	.762
Structural means（结构平均数模型）	40	52.356	68	.920	.770
Structural covariances（结构协方差模型）	37	52.581	71	.950	.741
Measurement residuals（测量残差模型）	28	59.337	80	.960	.742
Saturated model	108	.000	0		
Independence model	36	1677.655	72	.000	23.301

图 7-17 和图 7-18 为"Measurement residuals"（测量残差模型）两个群组未标准化估计值模型图：

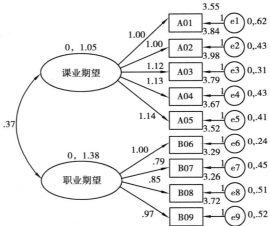

[男生群组]；Measurement residuals；Unstandardized estimates
卡方值=59.337(p=.960)；自由度=80；CFI=1.000

图 7-17

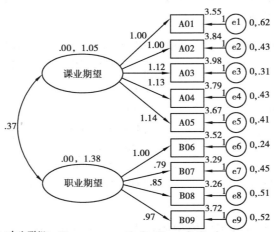

[女生群组]；Measurement residuals；Unstandardized estimates
卡方值=59.337(p=.960)；自由度=80；CFI=1.000

图 7-18

　　两个群组潜在构念变量的平均数估计值与方差估计值分别[0,1.05]、[0,1.38],九个观察变量的截距项(测量变量的平均数)均相同,九个观察变量误差项的方差也一样。

二、结构模型不变性

　　在中学教师知识管理能力对班级经营效能影响的因果路径分析中,研究者要探究假设模型是否具有跨教师性别效度,故进行结构方程模型的多群组分析。

　　图7-19显示,女性群组教师假设模型图的参数卷标名称以"F"作为起始字母。

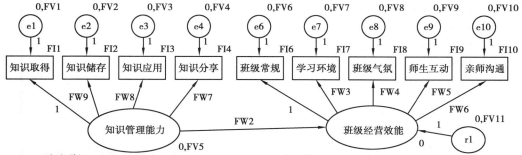

[女生群组];Most General Model;Model Specification;卡方值=\CMIN(p=\P);卡方自由度比=\CMINDF
DF=\DF;RMSEA=\RMSEA;NFI=\NFI;RFI=\RFI;CFI=\CFI;TLI=\TLI;CN=\HFIVE

图 7-19

　　图7-20显示,男性群组教师假设模型图的参数卷标名称以"M"作为起始字母。群组"Measurement weights"(测量加权模型)、"Measurement intercepts"(测量截距模型)、"Structural weights"(结构加权模型)、"Structural covariances"(结构协方差模型)、"Structural residuals"(结构残差模型)、"Measurement residuals"(测量残差模型)的参数限制如表7-12:

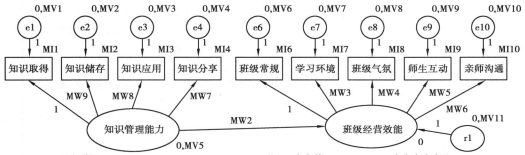

[男生群组];Most General Model;Model Specification;卡方值=\CMIN(p=\P);卡方自由度比=\CMINDF
DF=\DF;RMSEA=\RMSEA;NFI=\NFI;RFI=\RFI;CFI=\CFI;TLI=\TLI;CN=\HFIVE

图 7-20

　　学者Martin(2007)认为多群组CFA恒等性的界定可以从四个方面来评估:一为因素负荷量恒等性(factor loadings invariant)的检验,二为因素负荷量恒等性与测量误差恒等性的检验,三为因素负荷量恒等性与因素构念相关恒等性(correlation invariant)的检验,四为因素负荷量恒等性、测量误差恒等性与因素构念相关恒等性的检验。替代模型适配度检验的指标值除参考卡方值外,主要应以CFI(comparative fit index)、NNFI(non-normed

表 7-12   多群组分析常见的限制参数模型摘要表

参数限制标签	模型名称	参数限制说明
无参数限制条件	基线模型（未限制模型）	无
FW9 = MW9 FW3 = MW3 FW4 = MW4	Measurement weights （测量加权模型）	增列两个群组测量模型的因素负荷量相等
无参数限制条件	基线模型（未限制模型）	无
FW5 = MW5 FW6 = MW6 FW7 = MW7 FW8 = MW8		
FI1 = MI1 FI2 = MI2 FI3 = MI3 FI4 = MI4 FI6 = MI6 FI7 = MI7 FI8 = MI8 FI9 = MI9 FI10 = MI10	Measurement intercepts （测量截距模型）	增列两个群组测量模型的观察变量的截距项相等
FW2 = MW2	Structural weights（结构加权模型）	增列两个群组结构模型的路径系数相等
FV5 = MV5	Structural covariances （结构协方差模型）（界定结构模型中自变量的方差与协方差） 结构协方差模型并未包含内因变量残差项的方差	增列两个群组外因潜在变量的方差与协方差相等，范例中只有一个外因潜在变量，没有协方差参数
FR1 = MR1	Structural residuals（结构残差模型）	增列两个群组内因潜在变量的预测残差项相等
FV1 = MV1 FV2 = MV2 FV3 = MV3 FV4 = MV4 FV6 = MV6 FV7 = MV7 FV8 = MV8 FV9 = MV9 FV10 = MV10	Measurement residuals（测量残差模型）	增列两个群组测量模型的观察变量的测量误差方差相等

fit index)与 RMSEA(root mean square error of approximation)三个指标值为主,如果 CFI 值与 NNFI 值大于 0.90,表示假设模型可以接受;若 CFI 值与 NNFI 值大于 0.95,表示假设模型与数据的适配度非常理想。就 RMSEA 指标值而言,如果 RMSEA < 0.08,表示假设模型可以接受;若 RMSEA < 0.05,表示假设模型与数据的适配度非常理想。一个测量模型在不同群组或不同情境下均能与样本数据适配,表示测量模型十分稳定,此种测量模型的效度也称为复核效度(cross-validation),进行假设模型复核效度检验的不同群组所来自总群体的性质必须相似,如果调查的样本数很大,可以将研究样本分割成两个子数据文件,第一个子数据文件作为测定样本(calibration sample)、第二个子数据文件作为效度样本,如果假设模型与测定样本能契合,与效度样本的适合度也良好,表示假设模型的参数估计十分稳定,具有良好的复核效度(吴明隆,2009)。

第三节 多群组分析范例说明

在一个以企业组织为总体的调查研究中,研究者采用两阶段分层随机取样方法,各从北部、南部中抽取小型组织、中型组织、大型组织员工共 670 位,以探究企业组织的知识管理、员工工作态度与企业组织文化及组织效能的关系,研究者采用的研究工具包含四种量表:

- 知识管理量表,量表分为三个向度(层面):知识获取、知识流通与知识创新。
- 员工工作态度量表,量表包含四个向度(层面):工作伦理、工作自尊、工作投入、工作互动。
- 组织文化量表,量表包含两个向度(层面):信任和谐、开放创新。
- 组织效能量表,量表包含三个向度(层面):顾客认同、营运绩效、社会评价。

结构模型图中两个外因潜在变量(自变量)为知识管理、工作态度,两个内因潜在变量为组织文化与组织效能。

从表 7-13 可知,全部有效样本有 670 位:北区样本数有 310 位、南区样本数有 360 位,北区群体编码数值为 1,南区群体编码数值为 2。

表 7-13 不同位置区域有效样本的次数与百分比摘要表

		次数	百分比	有效百分比	累积百分比
有效的	1 北区	310	46.3	46.3	46.3
	2 南区	360	53.7	53.7	100.0
	总和	670	100.0	100.0	

从表 7-14 可知,十二个观察变量最大值为 5,由于各观察变量为构面的单题平均数,量表采用李克特五点量表,构面单题平均数全距介于 1 至 5 间,由于观察变量的最大值没有大于 5 的数值,表示数据文件中没有极端错误数值。

表 7-14 十二个观察变量及变量总分的描述性统计量摘要表(平均数为向度单题平均数)

变量名称	个数	最小值	最大值	平均数	标准差	方差
整体知识管理	670	1.65	5.00	3.886 6	.608 89	.371
知识获取	670	1.00	5.00	3.995 9	.796 69	.635
知识流通	670	1.86	5.00	4.059 3	.656 00	.430
知识创新	670	1.17	5.00	3.557 5	.769 41	.264
整体员工态度	670	2.37	5.00	4.184 5	.513 97	.264
工作伦理	670	2.33	5.00	4.147 8	.555 33	.308
工作自尊	670	2.00	5.00	4.013 4	.680 31	.463
工作投入	670	2.40	5.00	4.431 6	.538 73	.290
工作互动	670	1.00	5.00	4.101 9	.638 57	.408
整体组织文化	670	1.67	5.00	3.813 0	.655 50	.430
信任和谐	670	1.60	5.00	4.004 9	.639 65	.409
开放创新	670	1.00	5.00	3.972 2	.764 71	.585
整体组织效能	670	1.14	5.00	4.164 6	.709 05	.503
顾客认同	670	1.00	5.00	4.195 9	.740 74	.549
营运绩效	670	1.00	5.00	4.279 0	.689 20	.475
社会评价	670	1.00	5.00	4.067 4	.819 27	.671

从相关矩阵摘要表 7-15 中看出:整体知识管理与整体组织文化、整体组织效能呈显著正相关,其相关系数分别为 0.698、0.657;整体员工态度与整体组织文化、整体组织效能呈显著正相关,其相关系数分别为 0.670、0.717;可见整体知识管理变量对整体组织文化、整体组织效能变量的影响均为正向,整体员工态度变量对整体组织文化、整体组织效能变量的影响也均为正向,此外,整体知识管理与整体员工态度变量间亦呈显著正相关,相关系数为 0.649。

表 7-15 整体知识管理、整体员工态度与整体组织文化、整体组织效能间相关系数摘要表

变量名称	整体知识管理	整体员工态度	整体组织文化	整体组织效能
整体知识管理	1			
整体员工态度	.649 ***	1		
整体组织文化	.698 ***	.670 ***	1	
整体组织效能	.657 ***	.717 ***	.752 ***	1

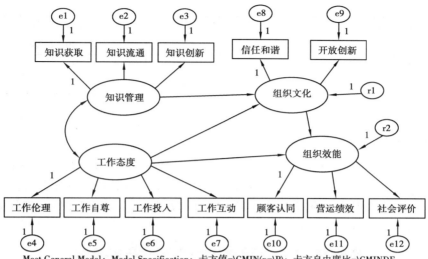

Most General Model；Model Specification；卡方值=\CMIN(p=\P)；卡方自由度比=\CMINDF
GFI=\GFI；GFI=\AGFI；RMR=\RMR；RMSEA=\RMSEA；NFI=\NFI；CFI=\CFI；CN=\HFIVE

图 7-21

第四节 建立基线模型

初始假设模型中,两个外因潜在变量为知识管理、工作态度,两个内因潜在变量为组织文化与组织效能,结构模型内作为内因变量者在 Amos 窗口界面内要增列预测残差项,组织文化的预测残差项名称为 r1、组织效能的预测残差项名称为 r2。

从数据结构正态性检验摘要表 7-16 中发现:十二个观察变量的偏态系数的绝对值没有大于学者所认定的正态偏离临界值 3,峰度系数的绝对值也没有大于学者所认定的正态偏离临界值 7,峰度系数最大值为 1.369,可见数据结构符合正态分配,由于数据样本来自正态分布总体,因而模型估计方法采用最大似然法(ML)较为适宜。

表 7-16　Assessment of normality(整体企业组织)【正态性评估】

Variable	min	max	skew	c. r.	kurtosis	c. r.
开放创新	1.000	5.000	-.538	-5.684	.091	.480
信任和谐	1.600	5.000	-.513	-5.420	.517	2.731
工作伦理	2.333	5.000	-.387	-4.087	-.225	-1.187
工作自尊	2.000	5.000	-.413	-4.368	-.433	-2.290
工作投入	2.400	5.000	-.629	-6.646	-.357	-1.888
工作互动	1.000	5.000	-.571	-6.030	.880	4.650
顾客认同	1.000	5.000	-.940	-9.935	1.369	7.235
营运绩效	1.000	5.000	-.836	-8.839	.766	4.049
社会评价	1.000	5.000	-.730	-7.714	.046	.241
知识创新	1.167	5.000	-.279	-2.946	-.191	-1.009
知识流通	1.857	5.000	-.551	-5.824	.071	.378
知识获取	1.000	5.000	-.858	-9.062	.819	4.326

续表

Variable	min	max	skew	c. r.	kurtosis	c. r.
Multivariate					63.339	44.721
最大值			−0.279		1.369	
最小值			−0.940		−0.433	

一、全部样本分析

全部群组分析时,所有受试者均归于单一群组,按"选择数据文件"(Select data fles)工具钮,开启"Data Files"(数据文件)对话窗口(图 7-22),按"File Name"(文件名称)钮选取数据文件,范例中的数据文件文件名为"组织效能. sav"。数据文件全部的样本数有670 位,群组样本数也有 670 位。

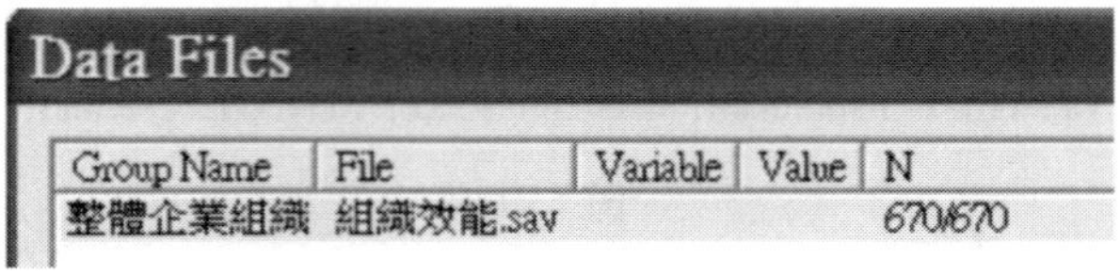

Data Files

Group Name	File	Variable	Value	N
整體企業組織	組織效能.sav			670/670

图 7-22

从标准化估计值模型图 7-23 中可以得知,模型中没有出现大于 1 的标准化路径系数,表示模型估计的参数均为适当的解。模型适配度卡方值等于 189.258,卡方自由度比值等于 3.862(未符合标准),GFI 值等于 0.954(符合模型适配标准),AGFI 值等于 0.927(符合模型适配标准),RMR 值等于 0.015(符合模型适配标准),RMSEA 值等于 0.065(符合模型适配标准),NFI 值等于 0.967(符合模型适配标准),CFI 值等于 0.975(符合模型适配标准),CN 值等于 235.000(符合模型适配标准),整体而言,研究者所提初始假设模型与样本数据可以适配,初始因果关系假设模型可以得到支持。

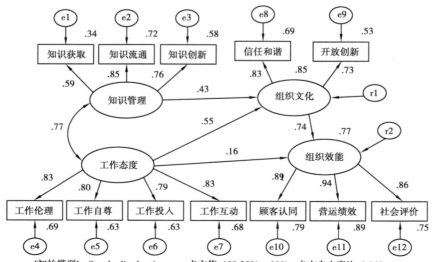

[初始模型]; Standardized estimates; 卡方值=189.258(p=.000); 卡方自由度比=3.862
GFI=.954; AGFI=.927; RMR=.015; RMSEA=.065; NFI=.967; CFI=.975; CN=235.000

图 7-23

二、北区样本群组分析

以某个离散变量中的数值作为单一群组时,此离散变量即为分组变量(因子),群组样本为因子变量内的某个数值。按"选择数据文件"(Select data files)工具钮,开启"Data Files"(数据文件)对话窗口(图 7-24),按"File Name"(文件名称)钮选取数据文件,范例中的数据文件文件名为"组织效能. sav"。按"Grouping Variable"(分组变量)钮选取因子变量(背景变量),范例中为"位置"。按"Group Value"(群组数值)选取样本编码的数值,范例中"北区"群组样本的编码为1(南区群组样本的编码为2)。

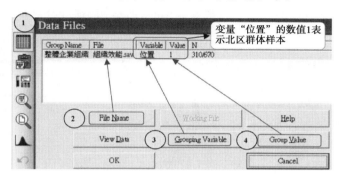

图 7-24

从标准化估计值模型图 7-25 中可以得知,模型中没有出现大于 1 的标准化路径系数,表示模型估计的参数均为适当的解。北区初始模型的模型适配度卡方值等于161.203,卡方自由度比值等于3.290(未符合标准),GFI 值等于0.918(符合模型适配标准),AGFI 值等于0.870(未符合模型适配标准),RMR 值等于0.019(符合模型适配标准),RMSEA 值等于0.086(未符合模型适配标准),NFI 值等于0.939(符合模型适配标准),CFI 值等于0.956(符合模型适配标准),CN 值等于128.000(未符合模型适配标准),整体而言,研究者以北区样本为观察数据时,所提初始假设模型与样本数据勉强适配。

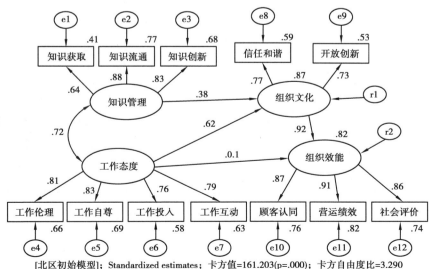

[北区初始模型];Standardized estimates;卡方值=161.203(p=.000);卡方自由度比=3.290
GFI=.918;AGFI=.870;RMR=.019;RMSEA=.086;NFI=.939;CFI=.956;CN=128.000

图 7-25

三、南区样本群组分析

从标准化估计值模型图 7-27 中可以得知,模型中没有出现大于 1 的标准化路径系数,表示模型估计的参数均为适当的解。南区初始模型的模型适配度卡方值等于150.477,卡方自由度比值等于 3.071(未符合标准),GFI 值等于 0.935(符合模型适配标准),AGFI 值等于 0.897(未符合模型适配标准),RMR 值等于 0.018(符合模型适配标准),RMSEA 值等于 0.076(符合模型适配标准),NFI 值等于 0.955(符合模型适配标准),CFI 值等于 0.969(符合模型适配标准),CN 值等于 159.000(未符合模型适配标准),整体而言,研究者以南区样本为观察数据时,所提初始假设模型与样本数据尚可以适配。

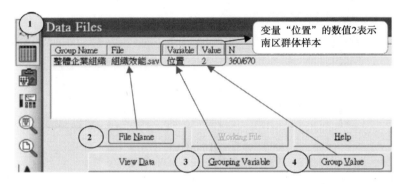

图 7-26

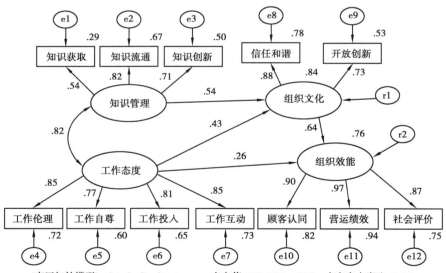

[南区初始模型];Standardized estimates;卡方值=150.477(p=.000);卡方自由度比=3.071
GFI=.935;AGFI=.897;RMR=.018;RMSEA=.076;NFI=.955;CFI=.969;CN=159.000

图 7-27

第五节　建立多群组分析模型图与模型估计

不考虑样本所在的地理位置,将北区与南区的样本合并为单一群组进行模型检验,企业组织的知识管理、员工态度与企业组织的组织文化、组织效能间的因果模型可以得到支持,为进一步验证模型的稳定性,研究者采用多群组分析,以地理位置为群组变量名称,探讨假设模型是否具有跨群组效度。多群组不变性假定的虚无假设为:$\sum_1 = \sum_2 = \cdots\cdots = \sum_G$,$\sum$ 是总体方差协方差矩阵,G 是群组个数,如果数据拒绝虚无假设,表示假设模型没有具备群组等同性性质,进一步的模型检验可增列更严格的限制条件以探究群组非等同性的原因;相对地,若数据无法拒绝虚无假设,表示群组有等同的协方差矩阵,之后可不用进行模型不变性的探究。

一、建立群组名称

多群组分析程序中必须先在"Groups"(群组)方盒建立各群组的群组名称,之后才能选取各群组的数据文件,预试的群组名称为"Group number N"。多群组设定的操作程序:在"Groups"(群组)方盒中用鼠标左键连按默认群组名称"Group number 1"(第一组群体)选项两下,开启"Manage Groups"(管理群组)对话窗口,在"Group Name"(群组名称)下的方格中更改键入新群组名称,如"北区"(默认名称为 Group number 1),按"New"(新增)钮,可建立第二组群组名称,默认群组名称为"Group number 2",群组名称可以更改,如修改为"南区",按"Close"(关闭)钮,可关闭"Manage Groups"(管理群组)窗口。

二、选取群体变量及分组数值

按"Select data Files"(选择数据文件)工具钮,开启"Data Files"(数据文件)对话窗口(图 7-28),按"File Name"(文件名称)钮选择目标数据文件,范例为"组织效能.sav"。按"Grouping Variable"(分组变量)钮,选择群体的名义变量,范例为"位置"。按"Group Value"(组别数值)钮,选取目标群体在名义变量中的分组数值,范例中北区群体在"位

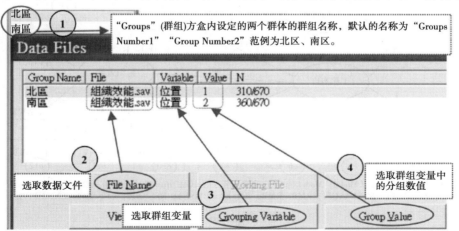

图 7-28

置"变量中的分组数值编码为 1、南区群体在"位置"变量中的分组数值编码为 2。数据文件中的群组变量必须是离散变量(非计量变量),范例中对话窗口"N 栏"内数值显示全部有效样本有 670 位:北区群组的样本有 310 位、南区群组的样本有 360 位。

三、增列群组参数标签名称

北区样本的假设模型图以"N"作为第一个起始字母,南区样本的假设模型图以"S"作为第一个起始字母。两个群组的参数卷标名称,除起始字母不同外其余均相同,两个群组各测量模型的参照指标变量也相同,结构模型中四个路径系数参数标签名称为:NW8 & SW8、NW11 & SW11、NW7 & SW7、NW12 & SW12,两个群组外因潜在变量的协方差参数标签名称为:NC1 & SC1(协方差)、NFV13 & SFV13(方差)、NFV14 & SFV14(方差),两个群组内因潜在变量预测残差项方差参数标签名称为:NV15 & SV15、NV16 & SV16(结构模型中作为内因潜在变量者无法估计其方差,作为外因潜在变量者没有预测残差项)。

假设模型图下方增列图形标题(Figure captions)为适配度的参数,其中"\GROUP"可显示研究者界定的群组名称,"\MODEL"可以输出界定的各种模型名称,如预试非限制模型(Unconstrained),"\FORMAT"可以输出估计模型为非标准化或标准化估计值的参数格式。

\GROUP;\MODEL;\FORMAT;卡方值 = \CMIN(p = \P);卡方/df = \CMINDF

GFI = \GFI;AGFI = \AGFI;RMR = \RMR;RMSEA = \RMSEA;NFI = \NFI;CFI = \CFI;CN = \HFIVE

北区群组样本的假设模型图如图 7-29(假设模型图中对象参数名称以 N 作为起始字母)。

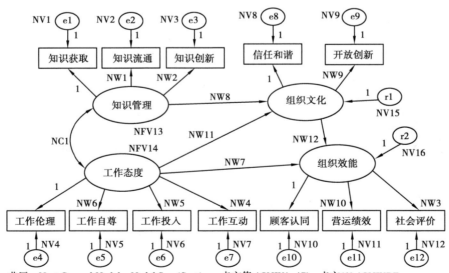

北区; Most General Model; Model Specification; 卡方值=\CMIN(p=\P); 卡方/df=\CMINDF
GFI=\GFI; AGFI=\AGFI; RMR=\RMR; RMSEA=\RMSEA; NFI=\NFI; CFI=\CFI; CN=\HFIVE

图 7-29

南区群组样本的假设模型图如图 7-30(假设模型图中对象参数名称以 S 作为起始字母)。

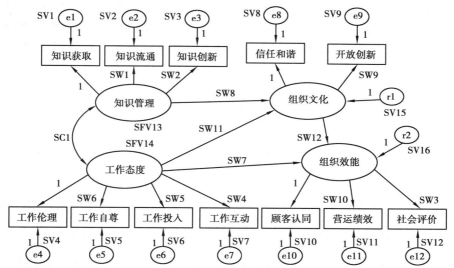

南区；Most General Model；Model Specification；卡方值=\CMIN(p=\P)；卡方/df=\CMINDF
GFI=\GFI；AGFI=\AGFI；RMR=\RMR；RMSEA=\RMSEA；NFI=\NFI；TLI=\CFI；CN=\HFIVE

图 7-30

两个假设模型参数各有 47 个,以北区群组的模型图为例,模型中固定参数有 18 个 (18 个均为路径系数),待估计的参数(自由参数)有 29 个,29 个自由参数均有增列参数标签名称,其中包括 12 个待估计的路径系数、1 个待估计的协方差、16 个待估计的方差。

表 7-17　Parameter summary(北区)【参数摘要】

	Weights	Covariances	Variances	Means	Intercepts	Total
Fixed	18	0	0	0	0	18
Labeled	12	1	16	0	0	29
Unlabeled	0	0	0	0	0	0
Total	30	1	16	0	0	47

由于两个群组中待估计的自由参数各有 29 个,因而模型中全部待估计的参数(自由参数)共有 58 个(29×2)。北区群组所有待估计的自由参数如下:12 个路径系数为 NW1、NW2、NW4、NW5、NW6、NW9、NW3、NW10、NW7、NW8、NW11、NW12,1 个协方差为 NC1,16 个方差为 NV1、NV2、NV3、NV4、NV5、NV6、NV7、NV8、NV9、NV10、NV11、NV12、 NFV13、NFV14、NV15、NV16。

表 7-18　Parameter summary(南区)【参数摘要】

	Weights	Covariances	Variances	Means	Intercepts	Total
Fixed	18	0	0	0	0	18
Labeled	12	1	16	0	0	29
Unlabeled	0	0	0	0	0	0
Total	30	1	16	0	0	47

南区群组所有待估计的自由参数如下:12 个路径系数为 SW1、SW2、SW4、SW5、SW6、SW9、SW3、SW10、SW7、SW8、SW11、SW12,1 个协变量为 SC1,16 个方差为 SV1、SV2、SV3、SV4、SV5、SV6、SV7、SV8、SV9、SV10、SV11、SV12、SFV13、SFV14、SV15、SV16。

四、多群组模型估计结果

Computation of degrees of freedom(*初始模型*)

Number of distinc tsample moments:156

Number of distinct parameters to be estimated:58

Degrees of freedom(156 − 58):98

多群组分析中数据点的数目为:$\frac{1}{2}$k(k + 1)× G + 全部待估计平均数个数,G 为群组组别数目。范例中由于没有估计模型的平均数与截距项,因而待估计平均数(均值)的个数为 0,模型中观察变量有 12 个,因而数据点的数目等于 $\frac{1}{2}$k(k + 1)× G = $\frac{1}{2}$(12)(12 + 1)× 2 = 156。每个群组中待估计的自由参数各有 29 个,模型中待估计的自由参数共有 58 个(两个群组中被估计自由参数的总个数),模型的自由度等于 156 − 58 = 98。

从北区群组初始模型标准化估计值模型图 7-31 中得知:北区群组模型图的标准化路径系数没有出现大于 1 的不合理参数,表示界定模型没有违反基本模型辨认规则。多群组模型估计适配度的卡方值为 311.688,卡方自由度比值为 3.180。

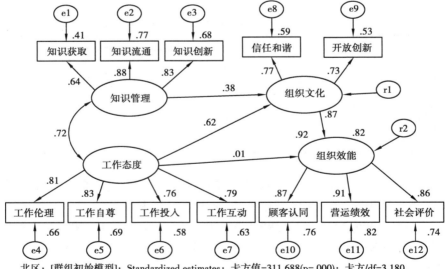

北区;[群组初始模型];Standardized estimates;卡方值=311.688(p=.000);卡方/df=3.180
GFI=.927; AGFI=.884; RMR=.018; RMSEA=.057; NFI=.948; CFI=.963; CN=263.000

图 7-31

从南区群组初始模型标准化估计值模型图 7-32 中可以得知,南区群组模型图的标准化路径系数没有出现不合理参数,表示两个群组的假设模型图均没有不适当解值。多群组模型适配度卡方值等于 311.688(显著性 p < 0.001),卡方自由度比值等于 3.180(未符合模型适配标准),GFI 值等于 0.927(符合模型适配标准),AGFI 值等于 0.884(未符合模型适配标准),RMR 值等于 0.018(符合模型适配标准),RMSEA 值等于 0.057(符合模型

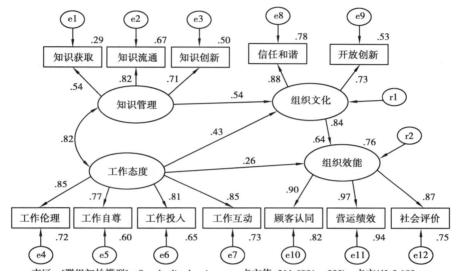

适配标准),NFI 值等于 0.948(符合模型适配标准),CFI 值等于 0.963(符合模型适配标准),CN 值等于 263.000(符合模型适配标准)。整体而言,假设模型与样本数据可以契合。多群组假设模型检验,所呈现的适配度统计量只有一个卡方值,并非不同的群组有不同的卡方值与适配度统计量(如进行的是单一群组的分析,不同群组的样本数据所估计的卡方值会不相同),当适配度统计量达到模型适配度标准时,表示假设模型具有群组等同性,此因果模型的假设模型在两个不同群组具有结构不变性。北区样本、南区样本的单群组分析与多群组分析的主要适配度统计量如表 7-19:

南区;[群组初始模型];Standardized estimates;卡方值=311.688(p=.000);卡方/df=3.180
GFI=.927;AGFI=.884;RMR=.018;RMSEA=.057;NFI=.948;CFI=.963;CN=263.000

图 7-32

表 7-19 CMIN

Model	NPAR	CMIN	DF	P	CMIN/DF
[北区初始模型]	29	161.203	49	.000	3.290
[南区初始模型]	29	150.477	49	.000	3.071
[群组初始模型]	58	311.688	98	.000	3.180

北区初始模型列、南区初始模型列为单一群组估计的适配度统计量,两个群体的自由度各为 49,个别群组内待估计的自由参数各有 29 个,模型适配度的卡方值分别为 161.203(p < 0.001)、150.477(p < 0.001);群组初始模型列为采用多群组方法模型估计所得的适配度统计量,多群组分析的模型自由度为 98,模型内待估计的自由参数共有 58 个。单群组适配度检验结果若符合模型适配标准,表示假设模型与个别群组的样本数据可以适配;多群组适配度检验结果若符合模型适配标准,表示假设模型具有群组等同性。若是测量模型的验证,表示不同群组间具有相同的因素结构,如果是完整潜在变量因果模型的检验,表示不同群组间具有相同的结构关系。

表 7-20 显示,在单群组分析中,北区初始模型假设模型的五个增值适配度统计量均达到模型适配标准,南区初始模型假设模型的五个增值适配度统计量也都达到模型适配标准。多群组分析中,五个增值适配度统计量的数值 NFI 值等于 0.948,RFI 值等于 0.930,IFI 值等于 0.964,TLI 值等于 0.951,CFI 值等于 0.963,五个增值适配度统计量均达到模型适配标准,表示假设模型具有跨北区、南区的总体效度。

表 7-20　Baseline Comparisons

Model	NFI Delta1	RFI rho1	IFI Delta2	TLI rho2	CFI
［北区初始模型］	.939	.917	.957	.941	.956
［南区初始模型］	.955	.939	.969	.958	.969
［群组初始模型］	.948	.930	.964	.951	.963

表 7-21 显示,在单群组分析中,北区初始模型假设模型的 RMSEA 值为 0.086,南区群组初始模型假设模型的 RMSEA 值为 0.076;多群组分析中,群组初始模型的 RMSEA 值为 0.057,其数值小于 0.06,表示多群组假设模型可以得到支持。

表 7-21　RMSEA

Model	RMSEA	LO90	HI90	PCLOSE
［北区初始模型］	.086	.072	.101	.000
［南区初始模型］	.076	.062	.090	.001
［群组初始模型］	.057	.050	.064	.048

表 7-22 显示,在单群组分析中,北区群组初始模型假设模型的 PNFI 值、PCFI 值分别为 0.697、0.710;南区群组初始模型假设模型的 PNFI 值、PCFI 值分别为 0.709、0.719;多群组初始模型假设模型的 PNFI 值、PCFI 值分别为 0.704、0.715,两个简约调整测量值均大于 0.50,表示多群组假设模型可以得到支持。

表 7-22　Parsimony-Adjusted Measures

Model	PRATIO	PNFI	PCFI
［北区初始模型］	.742	.697	.710
［南区初始模型］	.742	.709	.719
［群组初始模型］	.742	.704	.715

第六节　多群组分析的竞争模型

多群组分析中若未受限模型(多个群组中的模型参数均个别自由估计,没有加以限制或设定)可以被接受,研究者可以进一步采用 Amos 默认的多群组分析功能,逐一增列参数的设定。数个模型比较的前提是模型间必须为嵌套结构(nested structure)(或称嵌套模型),所谓嵌套关系是指一个模型是另一个模型的简约模型。如 A 模型是初始未限制参数的较复杂模型,此种模型称为参照模型或基线模型,B 模型为 A 模型加一部分参数限制而简约的新模型,B 模型将原先某些自由参数加以限制而成为一种限制模型,此时限制模型与自由参数均未加以限制的基线模型间便成为一种嵌套关系,模型间满足嵌套关系的模型称为嵌套模型(nested model)。基线模型自由参数较多,模型较为复杂,此时模型适配度通常会较佳;自由参数限制较多的模型虽愈简化,但模型适合度有时会较不理想。

嵌套模型间的差异检验在于检验限制参数的简约模型(B 模型)与未限制参数的基线模型(A 模型)间的差异,若两个模型卡方值的差异量 $\Delta\chi^2$(此差异量为 B 模型卡方值与 A 模型卡方相减值)达到显著,则拒绝虚无模型"限制参数的简约模型为真"的假设,接受对立假设"限制参数的简约模型不为真"的假设。与单群组分析一样,多群组分析的嵌套模型间检验的卡方值差异量 $\Delta\chi^2$ 受到各群组样本数大小的影响,如果各群组的样本数较大,则卡方值差异量 $\Delta\chi^2$ 的数值会较大,很容易达到显著水平(显著性 p 值 <0.05),因而研究者需参考四个较不受模型复杂度影响的适配度统计量,这四个统计量分别为 NFI、IFI、RFI、NNFI(TLI),如果上述四个统计量差异的绝对值小于 0.05,表示没有足够的证据拒绝虚无假设:"限制参数的简约模型(B 模型)与未限制参数限制的基线模型(A 模型)是相等的",即 ΔNFI、ΔIFI、ΔRFI、ΔNNFI(TLI)差异的绝对值小于 0.05 时,表示限制参数的简约模型(B 模型)与未限制参数限制的基线模型(A 模型)是没有差异的,如果未限制参数的基线模型(A 模型)是正确的(假设模型可以被接受),则限制参数的简约模型(B 模型)也是正确的,此假设模型图也可以被接受(吴明隆,2009)。Amos 输出的嵌套模型摘要表会直接呈现 ΔNFI、ΔIFI、ΔRFI、ΔNNFI 四个数值,另外一个判别群组不变性的指标为 ΔCFI(限制模型 B 与基线模型 A 的 CFI 值的差异值),若 ΔCFI 的绝对值小于 0.05,表示限制参数的简约模型(B 模型)与未限制参数限制的基线模型(A 模型)是没有差异的,若复杂的基线模型(A 模型)是正确的,则简约模型 B 也是正确的(Cheung & Rensvold,2002)。

一、嵌套模型的设定

按"Multiple-Group Analysis"(多群组分析)工具图像钮或执行功能列"Analyze"(分析)/"Multiple-Group Analysis"(多群组分析)程序,开启 Amos 警告窗口(图 7-33):"The program will remove any models that you have added to the list of models at the left-hand side of the path diagram. It may also modify your parameter constraints.",警告窗口告知操作者若执行这种程序会移除路径图左边模型表中所有原先增列的模型,也可能修改参数的限制,按"确定"钮,关闭 Amos 警告窗口。

图 7-33

在"Multiple-Group Analysis"（多群组分析）对话窗口中增列五个参数限制模型："Measurement weights"（测量加权模型）、"Structure weights"（结构加权模型）、"Structural covariances"（结构协方差模型）、"Structural residuals"（结构残差模型）、"Measurement residuals"（测量残差模型）。五个模型简要说明如下：

- 测量加权模型：增列测量模型的因素负荷量相等。
- 结构加权模型：设定测量模型的因素负荷量相等、增列结构模型的路径系数相等。
- 结构协方差模型：设定测量模型的因素负荷量相等、结构模型的路径系数相等、增列外因潜在变量的协方差相等（包含协方差与方差）。
- 结构残差模型：设定测量模型的因素负荷量相等、结构模型的路径系数相等、外因潜在变量的协方差相等、增列内因潜在变量残差项的方差相等。
- 测量残差模型：设定测量模型的因素负荷量相等、结构模型的路径系数相等、外因潜在变量的协方差相等、内因潜在变量残差项的方差相等、增列测量模型指标变量残差项的方差相等。

未增列估计模型平均数与截距项，执行多群组分析程序，增列的五个限制参数模型统整为图 7-34，从模型的复杂度与简约度比较而言，愈外围的模型其模型愈复杂、愈内围的模型其模型愈简约（模型的自由度愈大）。

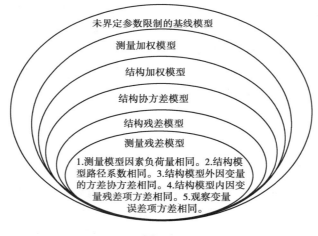

图 7-34

如果在分析属性中勾选估计平均数与截距项，则参数限制模型又增列下列三个模型：测量截距模型（Measurement intercepts），跨群组测量变量的截距项相等；结构截距模型（Structural intercepts），跨群组内因潜在变量的截距项相等（结构模型中因变量的截距项相同）；结构平均数模型（Structural means），跨群组外因潜在变量的平均数相同（结构模型中自变量的平均数相同）。由于多群组假设模型未估计平均数与截距项，多群组分析对话窗口中，测量截距模型、结构截距模型、结构平均数模型无法选取勾选更改。

图 7-36 显示，"Models"方盒中增列五个参数限制模型，加一个未限制模型（Unconstrained）共有六个模型，若模型可以收敛估计，则按"Calculate estimates"（计算估计值）工具图像钮后，各模型名称会出现"OK"，如果某个参数限制简约模型无法识别，则

模型估计结果不会出现"OK"提示语。

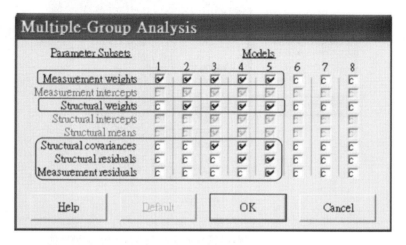

图 7-35

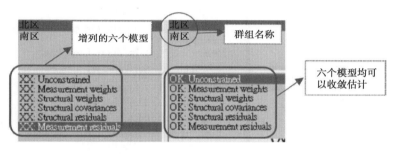

图 7-36

在"Models"方盒中选取各模型名称,连按鼠标两下可开启"Manage Models"(管理模型)对话窗口,窗口内会出呈现模型名称及模型内参数限制的界定。测量加权模型为界定两个群组测量模型的相对应的因素负荷量路径系数相等,其参数限制为:

NW1 = SW1	
NW2 = SW2	
NW3 = SW3	假设模型四个测量模型共有十二个观察变
NW4 = SW4	量,其中四个观察变量界定为参照指标变
NW5 = SW5	量,其路径系数均设定为1,因而剩八条待估
NW6 = SW6	计的路径系数。
NW9 = SW9	
NW10 = SW10	

结构加权模型除界定测量模型的因素负荷量相同外,增列界定结构模型中的因果路径系数也相同(因果模型的路径系数共有四条)。

结构协方差模型除界定群组间测量模型的因素负荷量相同,结构模型中的因果路径系数相同外,增列外因潜在变量的方差相同(NFV13 = SFV13、NFV14 = SFV14)、外因潜在变量间的协方差也相同(NC1 = SC1)。

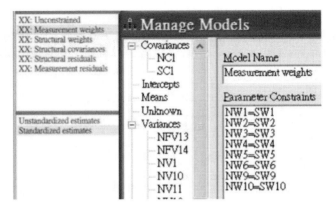

图 7-37

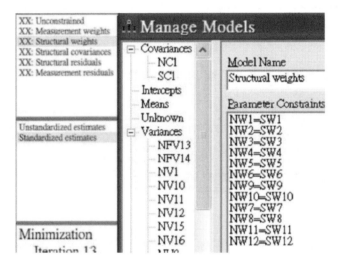

图 7-38

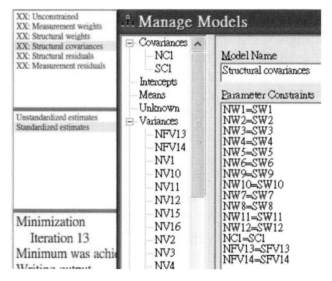

图 7-39

五个模型的参数限制内容整理如表7-23：

表 7-23　五个限制模型参数限制摘要表

Measurement weights	Structural weights	Structural covariances	Structural residuals	Measurement residuals
NW1 = SW1	NW1 = SW1	NW1 = SW1	NW1 = SW1	NW1 = SW1
NW2 = SW2	NW2 = SW2	NW2 = SW2	NW2 = SW2	NW2 = SW2
NW3 = SW3	NW3 = SW3	NW3 = SW3	NW3 = SW3	NW3 = SW3
NW4 = SW4	NW4 = SW4	NW4 = SW4	NW4 = SW4	NW4 = SW4
NW5 = SW5	NW5 = SW5	NW5 = SW5	NW5 = SW5	NW5 = SW5
NW6 = SW6	NW6 = SW6	NW6 = SW6	NW6 = SW6	NW6 = SW6
NW9 = SW9	NW9 = SW9	NW9 = SW9	NW9 = SW9	NW9 = SW9
NW10 = SW10	NW10 = SW10	NW10 = SW10	NW10 = SW10	NW10 = SW10
	NW7 = SW7	NW7 = SW7	NW7 = SW7	NW7 = SW7
	NW8 = SW8	NW8 = SW8	NW8 = SW8	NW8 = SW8
	NW11 = SW11	NW11 = SW11	NW11 = SW11	NW11 = SW11
	NW12 = SW12	NW12 = SW12	NW12 = SW12	NW12 = SW12
		NC1 = SC1	NC1 = SC1	NC1 = SC1
		NFV13 = SFV13	NFV13 = SFV13	NFV13 = SFV13
		NFV14 = SFV14	NFV14 = SFV14	NFV14 = SFV14
			NV15 = SV15	NV15 = SV15
			NV16 = SV16	NV16 = SV16
				NV1 = SV1
				NV2 = SV2
				NV3 = SV3
				NV12 = SV12
				NV11 = SV11
				NV10 = SV10
				NV7 = SV7
				NV6 = SV6
				NV5 = SV5
				NV4 = SV4
				NV8 = SV8
				NV9 = SV9

二、各模型估计结果

（一）测量加权模型标准化估计值模型图

测量加权模型为增列两个群组的因素负荷量相同,此时模型为两个群组的因素结构相同且其因素负荷量也相同。当两个群组基线模型(未限制模型)具有跨群组效度时,此时可将未限制模型的若干参数加以限制,使复杂的因果模型变成较为简约的模型。

测量加权模型为界定两个群组四个测量模型的观察变量的路径系数(因素负荷量)相同。由图 7-40 和图 7-41 可知,知识管理潜在构念三个观察变量的因素负荷量(原始路径系数估计值)均为 1.00、1.18、1.27;工作态度潜在构念四个观察变量的因素负荷量(原始路径系数估计值)均为 1.00、1.18、0.93、1.14;组织文化潜在构念两个观察变量的因素负荷量(原始路径系数估计值)均为 1.00、1.03;组织效能潜在构念三个观察变量的因素负荷量(原始路径系数估计值)均为 1.00、1.00、1.08。

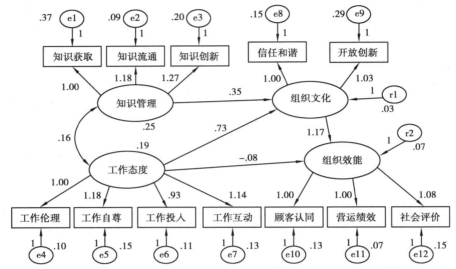

北区;Measurement weights;Unstandardized estimates;卡方值=333.627(p=.000);卡方/df=3.147
GFI=.922;AGFI=.885;RMR=.024;RMSEA=.057;NFI=.944;CFI=.961;CN=264.000

图 7-40

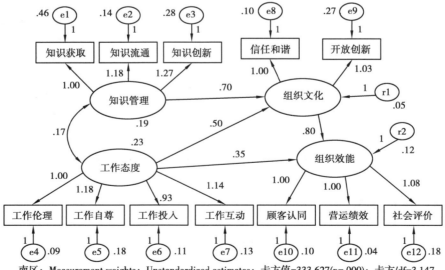

南区;Measurement weights;Unstandardized estimates;卡方值=333.627(p=.000);卡方/df=3.147
GFI=.922;AGFI=.885;RMR=.024;RMSEA=.057;NFI=.944;CFI=.961;CN=264.000

图 7-41

(二) 结构加权模型标准化估计值模型图

结构加权模型为增列两个群组结构模型中的路径系数相同(测量加权模型为增列两个群组的测量模型的因素负荷量相同),此时模型为两个群组的因素结构相同、测量模型的因素负荷量相同、结构模型因果影响的路径系数相同。

结构加权模型为增列两个群组的结构模型的因果影响路径的估计值相同。由图7-42和图7-43可知,外因潜在变量知识管理对内因潜在变量组织文化的路径系数为0.46,外因潜在变量工作态度对内因潜在变量组织文化、组织效能的路径系数为0.67、0.20,潜在变量组织文化对内因潜在变量组织效能的路径系数为0.92。

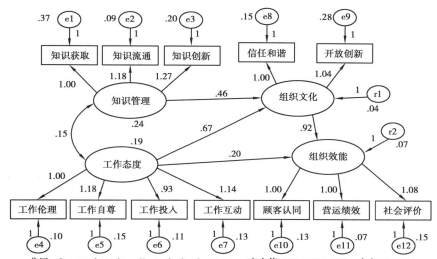

北区；Structural weights；Unstandardized estimates；卡方值=341.453(p=.000)；卡方/df=3.104
GFI=.920；AGFI=.887；RMR=.024；RMSEA=.056；NFI=.943；CFI=.960；CN=267.000

图7-42

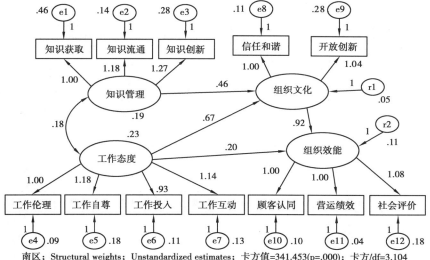

南区；Structural weights；Unstandardized estimates；卡方值=341.453(p=.000)；卡方/df=3.104
GFI=.920；AGFI=.887；RMR=.024；RMSEA=.056；NFI=.943；CFI=.960；CN=267.000

图7-43

(三)结构协方差模型标准化估计值模型图

结构协方差模型为增列两个群组外因潜在变量方差协方差矩阵相同(包括方差与协方差两个参数),此时模型为两个群组的因素结构相同、测量模型的因素负荷量相同、结构模型因果影响的路径系数相同,外因潜在变量的方差与协变量也相同。

结构协方差模型为增列两个群组外因潜在变量的方差相同、外因潜在变量间的协方差相同。图 7-44 和图 7-45 中两个外因潜在变量为知识管理、工作态度,两个外因潜在变量间的协方差为 0.17,两个外因潜在变量的方差分别为 0.22、0.21。

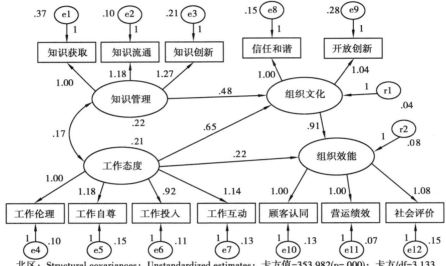

北区;Structural covariances;Unstandardized estimates;卡方值=353.982(p=.000);卡方/df=3.133
GFI=.917;AGFI=.886;RMR=.032;RMSEA=.057;NFI=.941;CFI=.959;CN=263.000

图 7-44

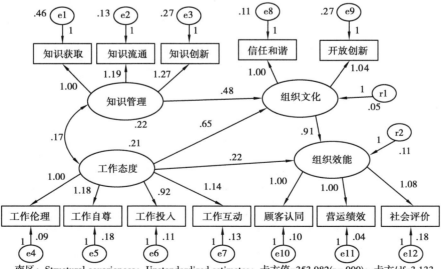

南区;Structural covariances;Unstandardized estimates;卡方值=353.982(p=.000);卡方/df=3.133
GFI=.917;AGFI=.886;RMR=.032;RMSEA=.057;NFI=.941;CFI=.959;CN=263.000

图 7-45

　　未增列两个群组外因潜在变量结构协方差模型前,北区群组知识管理、工作态度外因潜在变量的方差估计值分别为 0.24、0.19,两个潜在变量的协方差估计值为 0.15;南区群组知识管理、工作态度外因潜在变量的方差估计值分别为 0.20、0.23,两个潜在变量的协方差估计值为 0.18。

(四)结构残差模型标准化估计值模型图

　　结构残差模型为增列两个群组结构模型的内因潜在变量预测残差项的方差相同,此时模型为两个群组的因素结构相同、测量模型的因素负荷量相同、结构模型因果影响的路径系数相同、外因潜在变量的方差与协方差相同、内因潜在变量预测残差项的方差也相同。

　　结构残差模型为增列两个群组在假设模型图中的内因潜在变量的预测残差项相同。由图 7-46 和图 7-47 可知,内因潜在变量组织文化的预测残差值为 0.05、组织效能的预测残差值为 0.10。结构残差估计值未加以限制前,北区群组两个预测残差值分别为 0.04、0.08;南区群组两个预测残差值分别为 0.05、0.11。

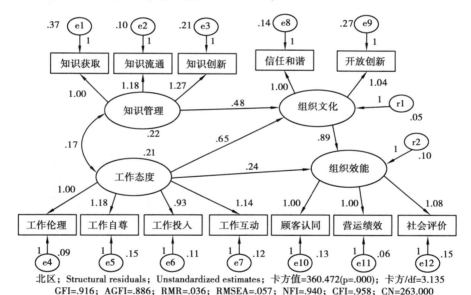

北区;Structural residuals;Unstandardized estimates;卡方值=360.472(p=.000);卡方/df=3.135
GFI=.916;AGFI=.886;RMR=.036;RMSEA=.057;NFI=.940;CFI=.958;CN=263.000

图 7-46

(五)测量残差模型标准化估计值模型图

　　测量残差模型为增列两个群组测量模型的指标变量测量误差项的方差相同,此时模型为两个群组的因素结构相同、测量模型的因素负荷量相同、结构模型因果影响的路径系数相同、外因潜在变量的方差与协方差相同、内因潜在变量预测残差项的方差相同、指标变量测量误差项的方差也相同。

　　测量残差模型为增列两个群组四个测量模型的观察变量的测量误差项方差相同。

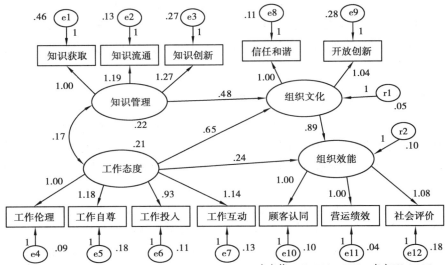

南区；Structural residuals；Unstandardized estimates；卡方值=360.472(p=.000)；卡方/df=3.135
GFI= 916；AGFI=.886；RMR=.036；RMSEA=.057；NFI=.940；CFI=.958；CN=263.000

图 7-47

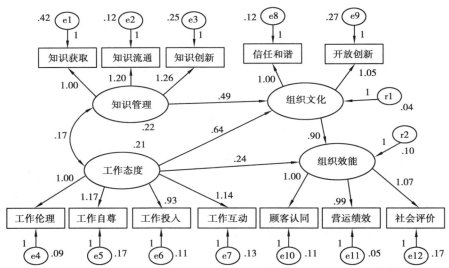

北区；Measurement residuals；Unstandardized estimates；卡方值=387.558(p=.000)；卡方/df=3.052
GFI=.911；AGFI=.891；RMR=.035；RMSEA=.055；NFI=.935；CFI=.955；CN=267.000

图 7-48

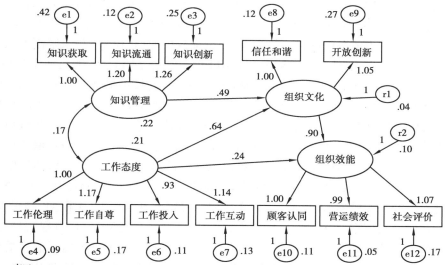

南区；Measurement residuais；Unstandardized estimates；卡方值=387.558(p=.000)；卡方/df=3.052
GFI=.911；AGFI=.891；RMR=.035；RMSEA=.055；NFI=.935；CFI=.955；CN=267.000

图 7-49

三、嵌套模型表格的说明

在表 7-24 所示的嵌套结果的比较中,其假定为未限制参数的基线模型(A 模型)是正确的,嵌套模型检验的虚无假设与对立假设分别为:

虚无假设:限制参数的简约模型(B 模型)是正确的(可等同未限制参数的基线模型),即限制模型(模型 B) = 未限制模型(模型 A)

对立假设:限制参数的简约模型(B 模型)不是正确的(不能等同未限制参数的基线模型),即限制模型(模型 B) ≠ 未限制模型(模型 A)

表 7-24　Nested Model Comparisons Assuming model Unconstrained to be correct:【假定未限制模型是正确的】

Model	DF	CMIN	P	NFI Delta-1	IFI Delta-2	RFI rho-1	TLI rho2
Measurement weights(测量加权模型)	8	21.939	.005	.004	.004	−.001	−.001
Structural weights(结构加权模型)	12	29.766	.003	.005	.005	−.002	−.002
Structural covariances(结构协方差模型)	15	42.295	.000	.007	.007	−.001	−.001
Structural residuals(结构残差模型)	17	48.785	.000	.008	.008	−.001	−.001
Measurement residuals(测量残差模型)	29	75.871	.000	.013	.013	−.003	−.003

以测量加权模型(B 模型)与未限制参数的基线模型(A 模型)的比较而言,两个模型的自由度分别为 106、98,自由度的差异值 = 106 − 98 = 8,两个模型适配度的卡方统计量分别为 333.627、311.688,卡方值差异量 $\Delta\chi^2 = 333.627 − 311.688 = 21.939$($\Delta\chi^2 = 21.939 > \chi^2(8,05) = 15.507$),显著性 p 值 = 0.005 < 0.01,拒绝虚无假设,当假定为未限制参数的基线模型(A 模型)是正确的情况下,限制参数的简约模型(B 模型)并不等同基线模型(A 模

型)。由于卡方值差异量与卡方值一样易随样本数大小而波动,因而判定限制模型是否等同未限制模型时,若各群组样本数很大,研究者宜再参考四个增值适配度指标值的差异量。

从两个模型的增值适配度指标值来看,测量加权模型(B 模型)与未限制参数基线模型(A 模型)的 NFI 值分别为 0.948、0.944,NFI 值差异量 ΔNFI = 0.004;两个模型的 RFI 值分别为 0.930、0.930,RFI 值差异量 ΔRFI = 0.000(嵌套模型摘要中的数值为 − 0.001,数值的差异在于小数位数进位的差异误差);两个模型的 IFI 值分别为 0.964、0.961,IFI 值差异量 ΔIFI = 0.003(表中差异量数值为 0.004,数值的差异在于小数位数进位差异误差);两个模型的 TLI 值分别为 0.951、0.951,TLI 值差异量 ΔTLI = 0.000(嵌套模型摘要中的数值为 − 0.001,数值的差异在于小数位数进位的差异误差),四个增值适配度指标值差异量绝对值均小于 0.05,表示必须接受虚无假设:"限制参数的简约模型(B 模型)等同未限制参数的基线模型(A 模型)",由于未限制参数的基线模型(A 模型)是正确的,因而限制参数的简约模型(B 模型)也是正确的,限制参数的简约模型(B 模型)具有跨地理位置群组效度。若研究者直接进行 CFI 差异值的估算,则 ΔCFI 拒绝虚无假设的临界值为绝对值大于 0.01,如果 ΔCFI 绝对值小于 0.01,显示限制参数简约模型 B 等同未限制参数模型 A 或较复杂模型。

表中五个虚无假设界定为:

模型检验前提:假定未限制模型是正确的(假设模型与观察数据可以适配)

- 测量加权模型(限制模型 B) = 基线模型(未限制模型 A)
- 结构加权模型(限制模型 C) = 基线模型(未限制模型 A)
- 结构协方差模型(限制模型 D) = 基线模型(未限制模型 A)
- 结构残差模型(限制模型 E) = 基线模型(未限制模型 A)
- 测量残差模型(限制模型 F) = 基线模型(未限制模型 A)

从嵌套模型摘要表 7-26 可以发现,每个限制模型与未限制参数的基线模型(A 模型)的四个增值适配度指标值的差异量 ΔNFI、ΔIFI、ΔRFI、ΔTLI,其绝对值均小于 0.05,表示没有足够证据可以拒绝虚无假设,当假定未限制参数的基线模型(A 模型)是正确的情况下,测量加权模型(限制模型 B)、结构加权模型(限制模型 C)、结构协方差模型(限制模型 D)、结构残差模型(限制模型 E)、测量残差模型(限制模型 F)五个限制模型也都是正确的,"正确"指的是限制参数的假设模型可以得到支持,五个限制参数模型均具有跨群组效度。六种模型的整体适配度统计量中的 SRMR 指标值要另外求出。其余适配度统计量可从"ModelFitSummary"(模型适配度)摘要表中查看。表 7-25 和表 7-26 只呈现各模型卡方值与自由度,及增值适配度统计量。

表 7-25　CMIN

Model	NPAR 待估计自由参数	CMIN 卡方值	DF 自由度	P 显著性	CMIN/DF
Unconstrained(未限制模型)	58	311.688	98	.000	3.180
Measurement weights(测量加权模型)	50	333.627	106	.000	3.147
Structural weights(结构加权模型)	46	341.453	110	.000	3.104

续表

Model	NPAR 待估计自由参数	CMIN 卡方值	DF 自由度	P 显著性	CMIN/DF
Structural covariances（结构协方差模型）	43	353.982	113	.000	3.133
Structural residuals（结构残差模型）	41	360.472	115	.000	3.135
Measurement residuals（测量残差模型）	29	387.558	127	.000	3.052

表 7-26　BaselineComparisons【增值适配度统计量】

Model	NFI Delta1	RFI rho1	IFI Delta2	TLI rho2	CFI	ΔCFI
Unconstrained（未限制模型）	.948	.930	.964	.951	.963	
Measurement weights（测量加权模型）	.944	.930	.961	.951	.961	−.002
Structural weights（结构加权模型）	.943	.931	.960	.952	.960	−.003
Structural covariances（结构协方差模型）	.941	.931	.959	.952	.959	−.004
Structural residuals（结构残差模型）	.940	.931	.958	.952	.958	−.005
Measurement residuals（测量残差模型）	.935	.932	.955	.954	.955	−.008

未限制模型及五个参数限制模型的增值适配度统计量均大于 0.90,其中 IFI 值、TLI 值、CFI 值都大于 0.95 理想适配临界值。以未限制模型为基线模型 A 时,五个限制模型与基线模型 CFI 值的差异分别为 −0.002、−0.003、−0.004、−0.005、−0.008,五个 ΔCFI 绝对值皆小于 0.01,表示当基线模型为正确模型时,测量加权模型、结构加权模型、结构协方差模型、结构残差模型、测量残差模型也为正确模型,由于基线模型 A 具有跨地理位置效度,因而五个限制模型也具有跨地理位置效度。

跨群组六个假设模型的 SRMR 适配度统计量未呈现于"Model Fit Summary"（模型适配度摘要表）中,研究者要执行功能列"Plugins"（增列）/"Standardized RMR"（SRMR）程序,另外求出。按计算估计值工具图像钮后,六个模型的 SRMR 值出现的窗口界面如图 7-50:

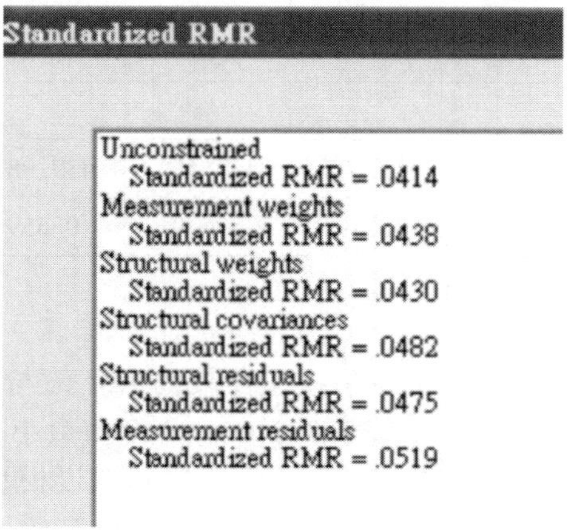

图 7-50

将所有适配度统计量指标值整理如表 7-27：

【表格范例】

表 7-27   组织效能因果模型跨地理位置效度的未限制模型与五种限制模型
整体适配度指标值摘要表

统计检验量	未限制模型	测量加权模型	结构加权模型	结构协方差模型	结构残差模型	测量残差模型
自由度	98	106	110	113	115	127
绝对适配度指数						
χ^2 值（p > 0.05）	311.688（p < 0.001）	333.627（p < 0.001）	341.453（p < 0.001）	353.982（p < 0.001）	360.472（p < 0.001）	387.558（p < 0.001）
RMR 值（<0.05）	0.018	0.024	0.024	0.032	0.036	0.035
RMSEA 值（<0.08）	0.057	0.057	0.056	0.057	0.057	0.055
SRMR（<0.05）	0.041	0.044	0.043	0.048	0.048	0.052#
GFI 值（>0.90 以上）	0.927	0.922	0.920	0.917	0.916	0.911
AGFI 值（>0.90 以上）	0.884#	0.855#	0.887#	0.886#	0.886#	0.891#
CN 值（>200）	263	264	267	263	263	267
χ^2 自由度比（<3.00）	3.180#	3.147#	3.104#	3.133#	3.135#	3.052#
增值适配度指数						
NFI 值（>0.90 以上）	0.948	0.944	0.943	0.941	0.940	0.935
RFI 值（>0.90 以上）	0.930	0.930	0.931	0.931	0.931	0.932
IFI 值（>0.90 以上）	0.964	0.961	0.960	0.959	0.958	0.955
TLI 值（NNFI 值）（>0.90 以上）	0.951	0.951	0.952	0.952	0.952	0.954
CFI 值（>0.90 以上）	0.963	0.961	0.960	0.959	0.958	0.955
简约适配度指数						
PGFI 值（>0.50 以上）	0.583	0.627	0.649	0.664	0.675	0.742
PNFI 值（>0.50 以上）	0.704	0.758	0.786	0.805	0.819	0.900
PCFI 值（>0.50 以上）	0.715	0.772	0.800	0.821	0.835	0.919
模型竞争指标值						
AIC 值（愈小愈好）	427.688	433.627	433.453	439.982	442.472	312.000
ECVI 值（愈小愈好）	0.640	0.649	0.649	0.659	0.667	0.467

注:#符号表示适配度指标值未达理想标准指标值。

从简约适配度指标值来看,六个竞争模型比较的 AIC 值与 ECVI 值均以测量残差模型的值最小,测量残差模型的 AIC 值等于 312.000(AIC 值愈小表示假设模型在不同群组的一致性愈佳)、ECVI 值等于 0.467(ECVI 值愈小表示假设模型在不同群组的差异性愈小)。当数个假设模型适配度均达到模型适配标准时,愈简约的模型表示模型愈佳。若研究者要从六个假设模型中选择一个最简约的模型,则以"测量残差模型"最佳。

第七节 性别变量的多群组分析

一、建立基线模型图

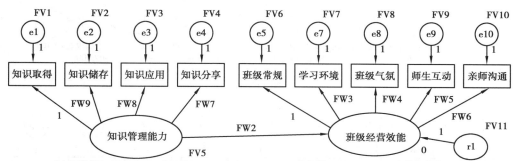

[女生群组]；Most General Model；Model Specification；卡方值=\CMIN(p=\P)；卡方自由度比=\CMINDF
DF=\DF；RMSEA=\RMSEA；NFI=\NFI；RFI=\RFI；CFI=\CFI；TLI=\TLI；CN=\HFIVE

图 7-51

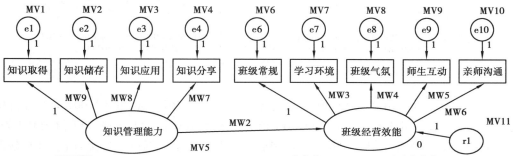

[男生群组]；Most General Model；Model Specification；卡方值=\CMIN(p=\P)；卡方自由度比=\CMINDF
DF=\DF；RMSEA=\RMSEA；NFI=\NFI；RFI=\RFI；CFI=\CFI；TLI=\TLI；CN=\HFIVE

图 7-52

从图 7-53 可知，多群组分析的假设模型可以识别，女生群组未限制模型的标准化估计值模型图中没有出现标准化回归系数大于 1 的不合理解值。知识管理能力潜在构念四个观察变量的因素负荷量分别为 0.78、0.74、0.87、0.74；班级经营效能潜在构念五个观察变量的因素负荷量分别为 0.64、0.70、0.87、0.81、0.71，外因潜在变量知识管理能力对内因潜在变量班级经营效能影响的标准化路径系数为 0.70，解释变异量 R^2 为 0.49。

从图 7-54 可知，多群组分析的假设模型可以识别，男生群组未限制模型的标准化估计值模型图中没有出现标准化回归系数大于 1 的不合理解值。知识管理能力潜在构念四个观察变量的因素负荷量分别为 0.85、0.82、0.92、0.85（女生群组的数值为 0.78、0.74、0.87、0.74）；班级经营效能潜在构念五个观察变量的因素负荷量分别为 0.58、0.84、0.81、0.76、0.72（女生群组的数值为 0.64、0.70、0.87、0.81、0.71），外因潜在变量知识管理能力对内因潜在变量班级经营效能影响的标准化路径系数为 0.77，解释变异量 R^2 为 0.59（女生群组的数值为 0.70，解释变异量 R^2 为 0.49）。

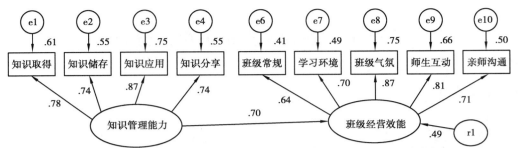

[女生群组]；[未限制模型]；Standardized estimates；卡方值=161.286(p=.000)；卡方自由度比=3.102
DF=52；RMSEA=.055；NFI=.955；RFI=.938；CFI=.969；TLI=.957；CN=307.000

图 7-53

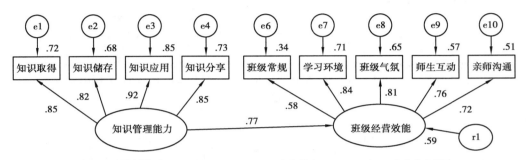

[男生群组]；[未限制模型]；Standardized estimates；卡方值=161.286(p=.000)；卡方自由度比=3.102
DF=52；RMSEA=.055；NFI=.955；RFI=.938；CFI=.969；TLI=.957；CN=307.000

图 7-54

多群组分析的自由度为 52,模型适配度的卡方值为 161.286(p < 0.001),卡方自由度比值为 3.102,RMSEA 值为 0.055,NFI 值为 0.955,RFI 值为 0.938,CFI 值为 0.969,TLI 值为 0.957,CN 值为 307.000。多群组假设模型与观察数据可以适配,由于观察数据为女生群组、男生群组两个群体,表示假设模型在女生、男生群组有相同的因素组态与结构组态,外因潜在变量知识管理能力对内因潜在变量班级经营效能影响的因果模型具有跨性别的效度。由于此种多群组分析没有界定两个群组的参数限制条件,因而模型最为复杂,此种复杂的假设模型即为多群组分析的基线模型。

多群组分析中各群组参数摘要如表 7-28 和表 7-29:

表 7-28   Parameter summary([女生群组])

	Weights	Covariances	Variances	Means	Intercepts	Total
Fixed	12	0	0	0	0	12
Labeled	8	0	11	0	0	19
Unlabeled	0	0	0	0	0	0
Total	20	0	11	0	0	31

女生群组中固定参数有 12 个,增列参数名称的自由参数有 19 个(被估计的自由参数包括 8 个路径系数、11 个方差),全部的参数有 31 个。

表 7-29　Parameter summary（［男生群组］）

	Weights	Covariances	Variances	Means	Intercepts	Total
Fixed	12	0	0	0	0	12
Labeled	8	0	11	0	0	19
Unlabeled	0	0	0	0	0	0
Total	20	0	11	0	0	31

男生群组中固定参数有 12 个，增列参数名称的自由参数有 19 个（被估计的自由参数包括 8 个路径系数、11 个方差），全部的参数有 31 个。从各群组的参数摘要表中可以判断未限制模型参数的命名是否有误，若两个群组相对应的数值不同，可能参数的命名未能对应。

Notes for Model（［未限制模型］）Computation of degrees of freedom（［未限制模型］）

Number of distinct sample moments：90

Number of distinct parameters to be estimated：38

Degrees of freedom（90 − 38）：52

基线模型共有 9 个观察变量，假设模型的数据点个数为 $9 \times (9 + 1) \div 2 = 45$，群组的个数为 2，数据点的总个数为 $45 \times G = 45 \times 2 = 90$，基线模型中待估计的自由参数总个数等于 $19 \times 2 = 38$，模型的自由度为 $90 − 38 = 52$（单群组分析时，模型的自由度为 $45 − 19 = 26$）。

假设模型中增列估计平均数与截距项时，基线模型（未限制模型）中，测量模型的观察变量误差项的平均数界定为固定参数，其参数限制为 0，外因潜在变量的平均数界定为固定参数，其参数限定为 0，内因潜在变量的参数没有平均数参数，只有预测的截距项，截距项的参数也为固定参数，其参数限定为 0。模型中若没有将这些变量平均数界定为固定参数（参数的数值一般为 0），则假设模型估计时通常无法识别。

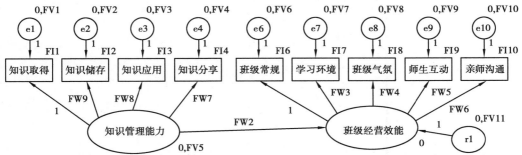

［女生群组］；Most General Model；Model Specification；卡方值=\CMIN(p=\P)；卡方自由度比=\CMINDF
DF=\DF；RMSEA=\RMSEA；NFI=\NFI；RFI=\RFI；CFI=\CFI；TLI=\TLI；CN=\HFIVE

图 7-55

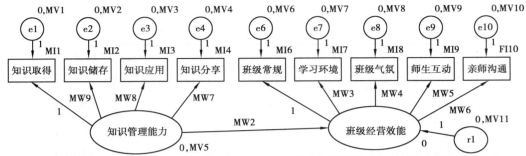

[男生群组]；Most General Model；Model Specification；卡方值=\CMIN(p=\P)；卡方自由度比=\CMINDF
DF=\DF；RMSEA=\RMSEA；NFI=\NFI；RFI=\RFI；CFI=\CFI；TLI=\TLI；CN=\HFIVE

图 7-56

二、增列基线模型图的参数卷标

多群组分析的操作基本步骤：

1. 绘制基线模型图。以单群组分析为例，基线模型图必须适配于单群组样本数据，如果假设模型与单群组观察数据无法适配，则假设模型无法得到支持，此时再进行多群组分析便没有实质意义。

2. 执行功能列"Analyze"（分析）/"Manage Groups"（管理群组）程序，开启"Mange Groups"对话窗口，新建与命名群组名称。

3. 执行功能列"Plugins"（增列）/"Name Parameters"（命名参数）程序，开启"Amos Graphics"对话窗口，依选取群组名称（标的群体）输入参数起始字母，图 7-57 中女生群体模型的参数卷标名称以"F"作为起始字母，协方差参数为 FC、回归系数为 FW、方差为 FV、平均数为 FM、截距项为 FI。

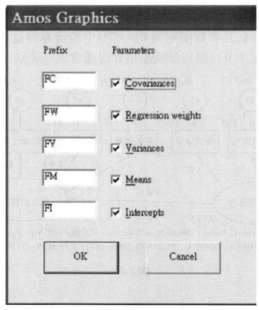

图 7-57

4. 更改男生群组的参数标签名称。执行"Plugins"（增列）/"Name Parameters"（命名参数）程序，Amos 自动增列的参数名称各群组皆相同，当两个群组相对应对象的参数名称一样时，表示限制两个群组在此对象的参数估计值相同，研究者可利用"对象属性"（Object Properties）对话窗口（图 7-58），更改每个对象的参数卷标。"对象属性"（Object Properties）对话窗口中，若勾选"All groups"选项，则设定更改的参数标签或参数数值会套用于所有群组中，如果研究者只要更改或设定选定群组的模型参数标签或参数数值，只要将所有群组的勾选取消即可"All groups"。

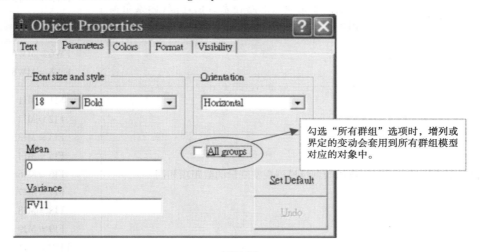

图 7-58

5. 选择群组的数据文件与变量。通常 Amos 分析的数据文件都是" * . sav"的数据文件（SPSS 统计软件的数据文件），群组为背景变量之一，背景变量的数值编码为各群组的样本，范例中，教师性别变量的变量名称为性别，性别因子的数值 1 表示女生样本、数值 2 表示男生样本。

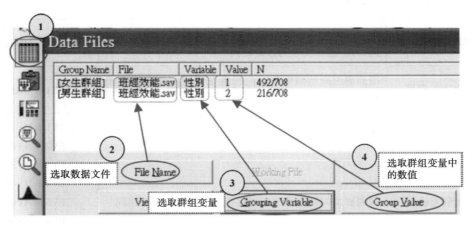

图 7-59

三、建立嵌套模型

表 7-30   多群组分析八个限制模型参数的说明摘要表

限制模型名称	增列参数限制	群组参数标签名称
测量加权模型	增列群组间测量模型的路径系数估计值（因素负荷量）相同	FW9 = MW9 FW7 = MW7 FW3 = MW3 FW4 = MW4 FW5 = MW5 FW6 = MW6 FW8 = MW8
测量截距模型	增列群组间测量模型观察变量的截距项相同	FI1 = MI1 FI2 = MI2 FI3 = MI3 FI4 = MI4 FI6 = MI6 FI7 = MI7 FI8 = MI8 FI9 = MI9 FI10 = MI10
结构加权模型	增列群组间结构模型的路径系数估计值相同	FW2 = FW2
结构截距模型	增列群组间结构模型中内因潜在变量的截距项估计值相同	FI11 = 0
结构平均数模型	增列群组间结构模型中外因潜在变量的平均数估计值相同	FM5 = 0
结构协方差模型	增列群组间结构模型中外因潜在变量间的协方差相同，外因潜在变量的方差相同	FV5 = MV5
结构残差模型	增列群组间结构模型中内因潜在变量的预测残差项相同	FR1 = MR1
测量残差模型	增列群组间测量模型中观察变量的测量误差项相同	FV1 = MV1 FV2 = MV2 FV3 = MV3 FV4 = MV4 FV6 = MV6 FV7 = MV7 FV8 = MV8 FV9 = MV9 FV10 = MV10

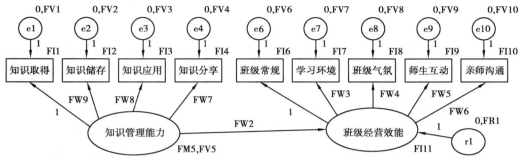

图 7-60

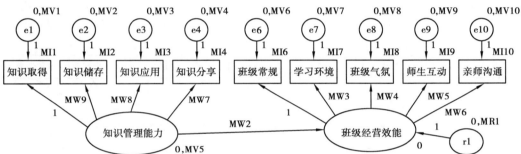

图 7-61

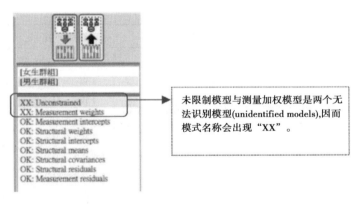

图 7-62

　　两个群组的测量残差模型非标准化估计值模型图如图 7-63 和图 7-64。此模型中被估计的自由参数个数最少,因而模型的自由度最大(自由度等于 80),模型估计的卡方值为 273.008。

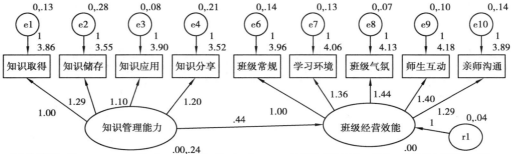

[女生群组]；Measurement residuals；Unstandardized estimates；卡方值=273.008(p=.000)；卡方自由度比=3.413
RMSEA=.058；NFI=.925；RFI=.932；CFI=.946；CN=265.000；ECVI=.466；AIC=329.008

图 7-63

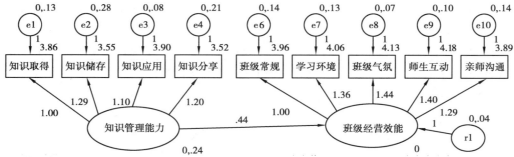

[男生群组]；Measurement residuals；Unstandardized estimates；卡方值=273.008(p=.000)；卡方自由度比=3.413
RMSEA=.058；NFI=.925；RFI=.932；CFI=.946；CN=265.000；ECVI=.466；AIC=329.008

图 7-64

表 7-31

限制模型名称	参数限制说明	参数名称	参数估计值
测量加权模型	增列群组间测量模型的路径系数估计值（因素负荷量）相同	FW9 = MW9	1.29
		FW7 = MW7	1.20
		FW3 = MW3	1.36
		FW4 = MW4	1.44
		FW5 = MW5	1.40
		FW6 = MW6	1.29
		FW8 = MW8	1.10
测量截距模型	增列群组间测量模型观察变量的截距项相同	FI1 = MI1	3.86
		FI2 = MI2	3.55
		FI3 = MI3	3.90
		FI4 = MI4	3.52
		FI6 = MI6	3.96
		FI7 = MI7	4.06
		FI8 = MI8	4.13
		FI9 = MI9	4.18
		FI10 = MI10	3.89

续表

限制模型名称	参数限制说明	参数名称	参数估计值
结构加权模型	增列群组间结构模型的路径系数估计值相同	FW2 = MW2	0.44
结构截距模型	增列群组间结构模型中内因潜在变量的截距项估计值相同	FI11 = 0	0.00
结构平均数模型	增列群组间结构模型中外因潜在变量的平均数估计值相同	FV5 = MV5	0.00
结构协方差模型	增列群组间结构模型中外因潜在变量间的协方差相同,外因潜在变量的方差相同	FR1 = MR1	0.24
结构残差模型	增列群组间结构模型中内因潜在变量的预测残差项相同	FR1 = MR1	0.04
结构残差模型	增列群组间结构模型中内因潜在变量的预测残差项相同	FV1 = MV1 FV2 = MV2 FV3 = MV3 FV4 = MV4 FV6 = MV6 FV7 = MV7 FV8 = MV8 FV9 = MV9 FV10 = MV10	0.13 0.28 0.08 0.21 0.14 0.13 0.17 0.10 0.14

从表 7-32 可知,"Measurement intercepts""Structural weights""Structural intercepts""Structural means""Structural covariances""Structural residuals""Measurement residuals"七个模型整体适配度的卡方值分别为 205.475(p < 0.001)、209.532(p < 0.001)、209.617(p < 0.001)、211.533(p < 0.001)、234.277(p < 0.001)、234.953(p < 0.001)、273.008(p < 0.001)。在进行多群组分析时,若各群组样本数据较大,限制模型整体适配度统计量卡方值应作为参考指标之一,研究者应再从各适配度统计量的适配情形进行整体判别。

表 7-32　Model Fit Summary【适配度统计量】CMIN

Model	NPAR	CMIN	DF	P	CMIN/DF
Measurement intercepts	42	205.475	66	.000	3.113
Structura lweights	41	209.532	67	.000	3.127
Structural intercepts	40	209.617	68	.000	3.082
Structural means	39	211.533	69	.000	3.066
Structural covariances	38	234.277	70	.000	3.347
Structural residuals	37	234.953	71	.000	3.309
Measurement residuals	28	273.008	80	.000	3.413

表 7-33   Baseline Comparisons

Model	NFI Delta1	RFI rho1	IFI Delta2	TLI rho2	CFI
Measurement intercepts	.943	.938	.961	.957	.961
Structural weights	.942	.938	.960	.957	.960
Structural intercepts	.942	.939	.960	.958	.960
Structural means	.942	.939	.960	.958	.960
Structural covariances	.935	.933	.954	.952	.954
Structural residuals	.935	.934	.954	.953	.954
Measurement residuals	.925	.932	.945	.951	.946

表 7-33 显示,七个限制模型的增值适配度统计量均符合标准。

四、未勾选平均数与截距项的嵌套模型

多群组分析中未在"分析属性"内勾选估计平均数与截距项,执行功能列"分析"(Analyze)/"多群组分析"(Multiple-Group Analysis)程序,增列的五个参数限制模型为:测量加权模型、结构加权模型、结构协方差模型、结构残差模型。测量残差模型。从图7-65可知,五个参数限制模型与未限制模型的模型估计结果,六个模型均可识别收敛。

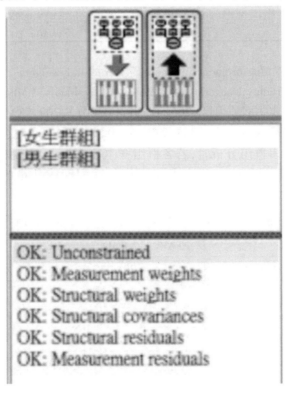

图 7-65

表 7-34

限制模型名称	参数限制说明	参数名称
测量加权模型	增列群组间测量模型的路径系数估计值（因素负荷量）相同	FW9 = MW9 FW7 = MW7 FW3 = MW3 FW4 = MW4 FW5 = MW5 FW6 = MW6 FW8 = MW8
结构加权模型	增列群组间结构模型的路径系数估计值相同	FW2 = MW2
结构协方差模型	增列群组间结构模型中外因潜在变量间的协方差相同，外因潜在变量的方差相同	FV5 = MV5
结构残差模型	增列群组间结构模型中内因潜在变量的预测残差项相同	FV11 = MV11
测量残差模型	增列群组间测量模型中观察变量的测量误差项相同	FV1 = MV1 FV2 = MV2 FV3 = MV3 FV4 = MV4 FV6 = MV6 FV7 = MV7 FV8 = MV8 FV9 = MV9 FV10 = MV10

两个群组的测量残差模型的非标准化估计值模型图如图 7-66 和图 7-67：

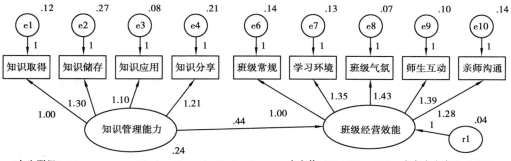

[女生群组]；Measurement residuals；Unstandardized estimates；卡方值=241.161(p=.000)；卡方自由度比=3.397
DF=71；RMSEA=.058；NFI=.933；RFI=.932；CFI=.952；TLI=.951；CN=270.000

图 7-66

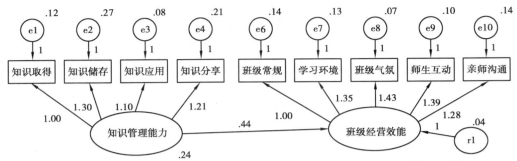

[男生群组]；Measurement residuals；Unstandardized estimates；卡方值=241.161(p=.000)；卡方自由度比=3.397
DF=71；RMSEA=.058；NFI=.933；RFI=.932；CFI=.952；TLI=.951；CN=270.000

图 7-67

从表 7-35 可知,未限制模型与五个限制模型的增值适配度统计量均符合模型适配
标准。

表 7-35   Model Fit Summary

Baseline Comparisons

Model	NFI Delta1	RFI rho1	IFI Delta2	TLI rho2	CFI
Unconstrained	.955	.938	.969	.957	.969
Measurement weights	.951	.940	.967	.959	.967
Structural weights	.950	.940	.966	.959	.966
Structural covariances	.944	.934	.960	.953	.960
Structural residuals	.944	.934	.960	.953	.960
Measurement residuals	.933	.932	.952	.951	.952

表 7-36 显示,未限制模型与五个限制模型的 RMSEA 值均小于 0.06,表示六个模型
符合模型适配标准。

表 7-36   RMSEA

Model	RMSEA	LO90	HI90	PCLOSE
Unconstrained	.055	.045	.064	.206
Measurement weights	.053	.044	.062	.265
Structural weights	.053	.045	.062	.251
Structural covariances	.057	.049	.066	.075
Structural residuals	0.57	.048	.066	.089
Measurement residuals	.058	.050	.066	.044
Independence model	.264	.257	.271	.000

表 7-37　AIC

Model	AIC	BCC	BIC	CAIC
Unconstrained	237.286	239.971		
Measurement weights	239.068	241.258		
Structural weights	241.017	243.258		
Structural covariances	261.385	263.434		
Structural residuals	260.042	262.020		
Measurement residuals	279.161	280.504		

　　由于未限制模型与五个限制模型均具有多群组效度,研究者若要从六个模型中选择一个最佳的模型,可从六个模型的 AIC 指标值与 BCC 指标值来判别。从表 7-37 可知,就 AIC 指标值来看,以未限制模型的 AIC 值最小,其数值为 237.286;就 BCC 指标值来看,以未限制模型的 BCC 值最小,其数值为 239.971,因而在六个均具有跨性别群组效度的模型中,最佳的模型为未限制参数的基线模型。

表 7-38　ECVI

Model	ECVI	LO90	HI90	MECVI
Unconstrained	.336	.287	.396	.340
Measurement weights	.339	.287	.401	.342
Structural weights	.341	.289	.404	.344
Structural covariances	.370	.314	.437	.373
Structural residuals	.368	.312	.435	.371
Measurement residuals	.395	.334	.468	.397

　　从 ECVI 与 MECVI 值来看(表 7-38),未限制参数模型的 ECVI 值在六个模型中最小,其数值为 0.336;未限制参数模型的 MECVI 值在六个模型中也最小,其数值为 0.340,表示未限制模型在六个模型中是最佳的模型。

参考文献

Byrne, B. M. (2010). Structural equation modeling with Amos:Basic concepts, application, and programming. New York:Routledge.

Hair, J. F., Black, W. C, Babin, B. J., & Anderson, R. E. (2010). Multivariate data analysis:A Global Perspective. Upper Sadder River, NJ:Prentice-Hall.

吴明隆(2009)。结构方程模型——方法与实务应用。高雄:丽文。

第八章　贝氏估计法

　　SEM 分析在小样本情况下,不宜采用最大似然法,因为 ML 法的参数估计适用于大样本的情境,此时,研究者可改用贝氏估计分析,估计参数后验分配(posterior distribution)的后验平均数(又称事后平均数),后验平均数为参数的点估计值;此外,贝氏分析法也可以估计观察变量为非计量的模型(观察变量为类别或离散变量,或数据共变为一种非线性共变关系),当模型聚敛时,参数后验分布概率图会趋近于正态分布曲线。

第一节　贝氏估计法相关理论

　　在最大似然估计及假设检验中,模型参数的真正数值被视为固定而未知的参数(fixed but unknown),而从所提供的样本参数的估计则被视为是一种随机而已知的参数(random but known)。另一个统计推论的替代方法称为贝氏方法(Bayesian approach),此方法可以检视任何随机变量的未知数量值,且指派其概率分布情形。从贝氏观点可知,真正模型参数是未知的,因此也被认定为随机的,这些参数的分布是一种联合概率分布,此种分布并不意味着参数估计值在某些情境是变动的或改变的。相对地,此种分布目的在于总结人们的知识状况(state of knowledge),或者总结现在所知道的参数是什么。搜集样本数据之前的参数分布称为先验分布(prior distribution),一旦分析完观察数据,资料所提供的证据可借由公式贝氏法则(Bayes' Theorem)来和先验分布结合,之后的结果是参数的更新分布,称为后验分布(posterior distribution)或事后概率分布,其反映出数据未搜集前假设模型待估计参数的先验信念与实证证据的结合(Bolstad,2004)。先验分布(或以先验一词简化)指的是参数在实际被观察前的概率分布,事后分布指的是参数被观察后与先验分布结合的概率分布,更新的联合分布根据的是贝氏理论公式及反映先验信念(有关参数估计)与实证数据的模型,联合分布两个重要特征为:事后分布的平均数(Mean)可作为参数估计值,事后分布的标准差(S. D.)可作为 ML 估计法中的标准误(Byrne,2010),以一个未知参数 θ 为例,如果其先验分布概率(事前分布概率)为 $p(\theta)$,事后分布概率为 $p(\theta|y)$,y 为观察数据,则事后分布概率 $p(\theta|y)$ 等于参数 θ 先验分布概率 $p(\theta)$ 与观察数据 y 最大似然值的乘积。

　　贝氏分析的优点包括允许使用真正先验分布的性质,另外加上现有可用的观察数据,经过复杂的演算程序产生有用的统计量数,如事后分布的平均数、百分比、标准差、平均数 95% 置信区间等。贝氏分析的抽样是根据 MCMC(马可夫链蒙地卡罗)样本生成法,而非依靠渐进理论,因而对于小样本数据分布而言,参数估计会更为可靠。未知参数的贝氏估计值的估算是从充足的大样本观察值而来,这些观察值是借由标准的 Gibbs 取样法,或 Metropolis Hastings 算法所生成的样本事后概率分布,此外,贝氏分析法的输出数据也包括事后概率分布的标准误估计值、最高的事后密度值(HPD)区间等,这些统计量数可以评估贝氏估计值的变动性,假设模型的适配度评估也可以借由事后预测性 p 值统计量取代传统的卡方值统计量(Song & Lee,2006,p.339)。

　　人们对模型参数联合事后分布概率的可视化及诠释通常会有困难。因此,当执行贝氏分析时,研究者需要总结较容易诠释的后验分布概率,一个好的方法是每次重新绘制一个参数的边缘事后概率密度。一般而言,特别在大样本数据情况下,每个参数边缘后验分布概率趋近或近似于正态分布。边缘事后分布的平均数,称为事后平均数或后验平均值(posterior mean),此数值也是一种参数估计值,边缘事后分布的标准差称为事后标准差(posterior standard deviation),事后标准差类似于传统标准差,是一个不确定测量值。类似的置信区间(confidence interval)值可以从边缘后验分布的百分比估算出来,区间范围在2.5%到97.5%间,此区间为贝氏95%的可靠区间(credible interval)。假如边缘事后分布概率近似于正态,则贝氏95%可靠区间大约为事后分布平均数±1.96的事后分布标准差。在此种情况下,假设在一正态抽样分布下进行参数估计,则贝氏95%可靠区间等同于一般推论统计的置信区间。假如后验分布概率不是成正态分布,事后分布平均数的区间就不会对称,因此,贝氏估计法比传统模型的任一种估计方法有较佳的特性(Arbuckle,2006,pp.389-390)。

　　不像传统的置信区间,贝氏可靠区间被视为是参数本身的可能性解释;Prob(a≤θ≤b)=0.95 字面上来说,是指有95%概率可以确定 θ 的真正数值是介于 a 和 b 之间。边缘后验分布的尾区域(tail areas)面积甚至可以作为一种假设检验的贝氏 p 值。对于 θ 而言,如果96.5%的区域落于边缘事后分布之中,则 θ 数值位于某一值 a 的右边,那么贝氏 p 值(0.045)所检验的假设为:检验虚无假设时为 θ≤a,检验对立假设时为 θ>a,在此情况下,可以说是"有96.5%可以确定对立假设是真的"(相对地,虚无假设是假的)。虽然贝氏推论理念可以回溯至18世纪后期,但到近期才使用于统计学领域,对某些研究者而言,不太喜爱采用贝氏方法乃是根源于哲学上的不喜欢,其中包括检视信念状况的概率及选择先验分布的内在主观性。但是就大部分的模型检验而言,使用贝氏分析法者很少,是因为之前估算总合的联合事后分布概率程序十分繁杂,其便利性不足。贝氏估计模型参数程序所采用的称为马可夫链蒙地卡罗(Markov chain Monte Carlo;MCMC)的模拟技术,现在借由计算机程序,即使是复杂问题也可从高面向联合事后分布概率,顺利估算出参数的随机数值。借用 MCMC 的方法,可以很容易得到事后分布总合统计量,如描绘聚敛直方图,计算出样本平均数与百分比值(Arbuckle,2006,p.390)。

　　贝氏估计时应考虑的议题为:是否有足够样本可以得到稳定的参数估计? 在说明此问题之前,研究者应先知道何谓聚敛程序。MCMC 算术聚敛程序和最大似然法所使用的非随意化聚敛方法是不相同的,要正确了解 MCMC 聚敛程序,研究者需要已分两种不同类型的聚敛方式(Arbuckle,2006,pp.400-401)。

　　第一种类型称为分布中聚敛(convergence in distribution),它代表的是分析样本是从参数实际联合事后分布中描绘而得的,分布中聚敛发生在置入期(burn-in period),算式运算期间会逐次忽略起始数值,因为这些样本可能无法正确代表实际事后分布情形,所以必须被抛弃,预设置入期的数值是500,此种设定是相当保守的,对大部分问题而言,实际运算时所需时间会较长。一旦置入期结束，Amos 开始搜集分析样本数据，并且反复检视这些样本是否可以足够正确地估计总合统计量，如事后平均数。

第二种类型称为事后加总聚敛(convergence of posterior summaries)，它是一种较复杂的程序，因为分析样本不是互为独立，而是一种自动相关的时间序列关系，如第 1 001 样本和第 1 000 个是相关的，同理，它和第 999 个也是相关的，以此类推。这些相关是 MCMC 方法的内在特性，因为这些相关，5 500 个分析样本(不论抽取样本数的数量)的总合统计量会有更多的变量，此结果比假定 5 500 个样本是独立而没有相关的总合统计量的变量还多，然而，当 MCMC 继续计算更多的分析样本后，事后总合统计量会渐次稳定。

Amos 提供的几个诊断信息可以帮助研究者检查总合统计量估计情形的聚敛程度，此种聚敛统计量是一个整体的聚敛统计量(convergence statistic；C. S.)测量测值。根据 Gelman、Carlin、Stern 和 Rubin(2004)等人的观点，C. S. 值如果等于 1，表示它是一种完美聚敛(perfect converge)，如果 C. S. 的数值较大，表示必须再创造出更多的分析样本，才能使事后总合统计量估计值更精准；相对地，若 C. S. 的数值已够小，表示不必再生成更多的样本。C. S. 可比较分析样本内部的变量和跨越部分样本的变量，贝氏法窗口默认的C. S. 临界值为 1. 002，模型估计的 C. S. 值若大于 1. 002，Amos 会出现一个红色哭丧的脸，表示整体参数尚未达到稳定或正确的数值，必须再生成更多的 MCMC 模拟样本以增加参数估计值的可靠性；相对地，模型估计的 C. S. 值若小于 1. 002，Amos 会出现一个黄色的笑脸，表示运算程序估计出的参数与模型的真实参数值一致性很高，此时，研究者可以中止或暂停样本的抽取。

一般 SEM 假设模型适配度的评估方法为根据渐进分布，进行统计量的检验，此统计量为建构假设模型协方差矩阵与样本协方差矩阵的差异值。在贝氏分析程序中，建构的假设模型与样本数据适配度的评估是采用事后预测性 p 值(posterior predictive p；PP p 值)，此检验值是由 Gelman 等人(1996)根据事后概率分布评估发展而来，其分析发现这个数值可以有效应用于复杂情境的模型检验，而贝氏分析程序的 MCMC 仿真法采用的是类似 Gibbs 取样算法。Gelman 等人(1996)建议：当 PP p 值接近 0. 50 时，表示假设模型与样本数据适配良好，在实务应用上，如果PP p值介于 0. 30 至 0. 70 之间，假设模型的适配度也是可以接受的(Song & Lee，2006，p. 346)。Gelman 等人(1996)建议的假设模型适配度检验区间为[0. 30,0. 70]，此区间为多数学者进行贝氏分析时采用的区间，此种适配度检验较为保守，若 PP p 值接近 0. 50 附近，表示假设模型为正确模型；相对地，如果 PP p 值趋近于 0 或趋近于 1，表示假设模型与样本数据的适配欠佳；如果是较为宽松的区间，采用贝氏分析方法进行模型适配度评估时，假设模型与样本数据适配的普通 PP p 值区间为[0. 25,0. 75]。

事先预测性模型检验法(posterior predictive model-checking；PPMC)是一种普及的贝氏模型检验工具，因为此种方法较简单并容易判断，也具有强有力的理论基础，此方法主要是比较观察数据生成的数据与假设模型间的差异量测值，此差异量测值像古典检验统计量，除了以图形执行事后预测性检验外，最常使用的工具是事后预测性 p 值，贝氏分析程序所得的事后预测性 p 值类似传统的显著性概率值 p。如果符号 p(y|θ)表示的是观察数据应用统计模型中的最大似然分布，符号 θ 指的是模型中所有参数，符号 p(θ)表示参数的先验概率分布，则参数 θ 的事后分布为 p(θ|y)，PPMC 方法建议用事后预测分布进行观察数据 y 生成的数据的模型检验(Sinharay，2006，p. 430；p. 434)。

第二节 贝氏估计法的操作实例

潜在构念变量 FE 的指标变量为 EX1、EX2、EX3,潜在构念变量 FD 的指标变量为 DX1、DX2、DX3,潜在构念变量 FB 的指标变量为 BX1、BX2、BX3、BX4。

表8-1 假设模型观察变量间的相关矩阵与描述性统计量摘要表(N = 250)

var	EX1	EX2	EX3	BX1	BX2	BX3	BX4	DX1	DX2	DX3
EX1	1									
EX2	.657	1								
EX3	.760	.735	1							
BX1	.556	.616	.650	1						
BX2	.570	.567	.615	.613	1					
BX3	.539	.598	.559	.661	.638	1				
BX4	.511	.575	.588	.700	.568	.640	1			
DX1	.600	.500	.545	.517	.554	.557	.528	1		
DX2	.637	.588	.618	.573	.593	.630	.570	.844	1	
DX3	.616	.486	.555	.556	.538	.570	.560	.794	.838	1
平均数	4.309 1	4.414 4	4.186 4	4.191 3	4.015 0	4.477 3	4.132 0	4.267 0	4.340 3	4.139 3
标准差	.618 82	.508 36	.604 65	.564 21	.689 88	.538 09	.626 62	.727 03	.678 49	.814 87
最小值	1.71	3.00	2.40	2.33	2.25	2.40	2.00	1.00	2.25	1.83
最大值	5.00	5.00	5.00	5.00	5.00	5.00	5.00	5.00	5.00	5.00

一、假设模型图

由图 8-1 可知假设模型图的三个测量模型均为反映性模型,外因潜在变量 FB 有四个观察变量,内因潜在变量 FD 有三个观察变量,内因潜在变量 FE 有三个观察变量,假设模型增列估计平均数与截距项,三个潜在构念的测量模型均为反映性指标。

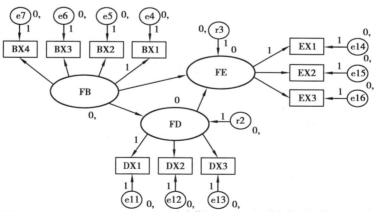

Most General Model;Model Specification;卡方值=\CMIN(p=\P);卡方自由度比=\CMINDF
DF=\DF;RMR=\RMR;RMSEA=\RMSEA;NFI=\NFI;CFI=\CFI;CN=\HFIVE

图 8-1

使用传统最大似然法进行模型估计,未标准化估计值模型图 8-2 中没有出现负的误差方差或负的残差方差,表示模型估计的参数没有出现不适当解值,模型的自由度为 32,整体模型适配度检验的卡方值为 62.367(p<0.001)。

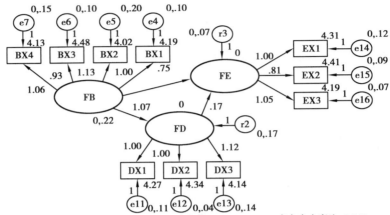

[预设模型];Unstandardized estimates;卡方值=62.367(p=.001);卡方自由度比=1.949
DF=32;RMR=\RMR;RMSEA=.062;NFI=.969;CFI=.985;CN=185.000

图 8-2

图 8-3 显示,标准化估计值模型图中没有出现大于 1 的标准化回归系数,表示没有不适当解值。在整体模型适配度的检验方面,卡方自由度比值为 1.949(小于 2.000 的适配标准),RMSEA 值为 0.062(小于 0.080 的适配标准),NFI 值等于 0.969(大于 0.950 的适配标准),CFI 值等于 0.985(大于 0.950 的适配标准),假设模型与样本数据的适配度良好。

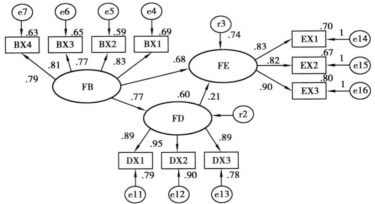

[预设模型];Standardized estimates;卡方值=62.367(p=.001);卡方自由度比=1.949
DF=32;RMR=\RMR;RMSEA=.062;NFI=.969;CFI=.985;CN=185.000

图 8-3

二、增列平均数与截距项估计

贝氏分析需要增列平均数及截距项的估计,否则无法执行估算程序。假设模型增列估计平均数与截距项,执行功能列"View"(检视)/"Analysis Properties"(分析属性)程序,在"Estimation"(估计)方盒中勾选"Estimate means and intercepts"选项。执行贝氏分析操作既可按"Bayesian"(贝氏估计法)工具图像钮,也可执行功能列"Analyze"(分析)/"Bayesian Estimation"(贝氏估计法)程序。

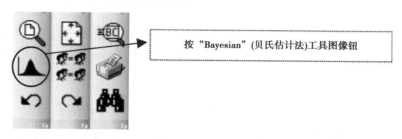

图 8-4

假设模型如果未增列估计平均数与截距项,按"Bayesian"(贝氏估计法)工具图像钮执行贝氏估计程序时,会出现"Bayesian estimation could not be performed."(无法执行贝氏估计)错误信息窗口,信息内容提示:"当执行贝氏估计或插补时,必须估计平均数与截距项才能解释模型参数(When performing Bayesian estimation or imputation, means and intercepts must be estimated as explicit model parameters.)。要估计平均数与截距项,按检视→分析属性→估计,勾选"平均数与截距"选项,按下"确定"钮后,会出现"Amos"提示窗口。

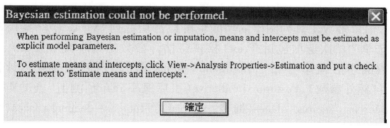

图 8-5

"Amos"提示窗口中再告知使用者贝氏估计并没有被执行,研究者按"确定"钮可关闭"Amos"提示窗口,并在假设模型的分析属性中增列平均数与截距参数的估计。

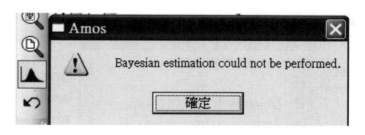

图 8-6

三、贝氏估计程序

按"贝氏估计法"工具图像钮,可开启"Bayesian SEM"(贝氏 SEM)对话窗口(图 8-7),窗口的上方为执行"贝氏估计法"时的工具列图示,下方为贝氏估计的参数。开启此窗口后,研究者如不想作任何更改,不用按任何键或工具列图示钮,Amos 会自动运行

MCMC(Markov chain Monte Carlo,马可夫链模拟法)仿真程序进行参数估计,MCMC 仿真法是从小样本数据分布中推估仿真总群体的性质,之后进行样本点的仿真生成,当样本达到默认的上限值时会进行数据样本的瘦身,其目的在于降低样本间的自我相关。模型尚未进行参数估计时,视窗最右边的"Convergence statistic"(聚敛统计量)图示为绿色闭嘴图形,开始进行贝氏估计时,聚敛统计量会由默认"Convergence statistic"文字变成持续变动的四位小数点数字。

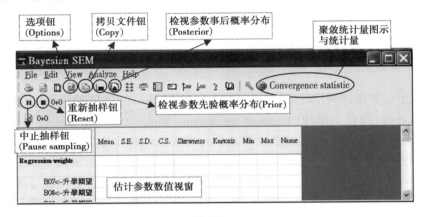

图 8-7

贝氏估计窗口多数工具列图像的功能也可执行功能列"View"(检视)程序,"View"(检视)菜单选单中的次选项包括:Prior(检视待估计参数的先验概率分布)、Posterior(检视待估计参数的事后概率分布)、Additional esitmands(增列额外参数估计值)、Custom estimands(自订额外参数)、Posterior Predictive(事后概率分布预测值)、Fit Measures(适配度测量值)、Decrease decimal places(减少小数位数)、Increase decimal places(增加小数位数)、Options(选项)、Refresh(更新生成样本数)。

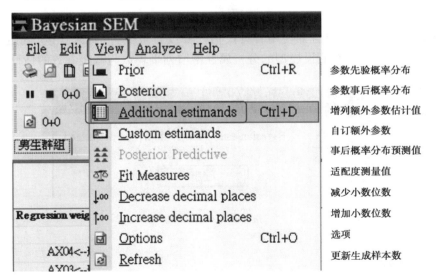

图 8-8

运行模型估计程序表示 MCMC 算术几何立即开始进行样本的生成,窗口最右边的

"Convergence statistic；C. S. "（聚敛统计量）图示会由原始绿色图形变为不快乐的红色图形,当其右边聚敛统计量 C. S. 数值大于 1.002,此不快乐的红色图形会一直呈现,表示整体的 C. S. 数值还不够小,C. S. 数值还不够小指的是模型估计未达 AMOS 默认的聚敛标准值 1.002；相对地,当 C. S. 数值小于 1.002 时,表示各参数估计值已达聚敛标准,C. S. 的图标会变为黄色的快乐图形。

当按下"暂停抽样"（Pause sampling）工具列钮 ❚❚,相关参数数字会冻结,如果研究者要继续执行估计程序（继续之后的抽样）,则需再按一次"暂停抽样"（Pause sampling）工具列钮 ❚❚,若 MCMC 模拟抽样已达聚敛标准,研究者可按下"暂停抽样"钮 ❚❚。图 8-9 中标示的图标顺序数字意义如下：

- "500 + 23,501"为样本大小（Sample size）：数值表示的是估计程序生成了 24,001 个样本,但只保留了 23,501 个样本,数字 500 为预设要抛弃（burn-in）的样本个数,此数值表示抽样分布未聚敛前所抛弃的样本数,500 为默认的个数,默认抛弃的前 500 个样本数值可以更改,若研究者更改未聚敛前所抛弃的样本数为 1,000,即（1,000 Number of burn-in observations）,则生成的样本数为"1,000 + 535,001",或"1,000 + 535,001"*4,在 Amos 手册中并不建议更改默认抛弃的前 500 个样本数。如果研究者按下"Reset"（重新取样）图像钮,则之前所生成的样本数全部被抛弃,数字从"0 + 0"开始变动。
- "500 + 23,500"为最后一次更新样本大小（Sample size at last refresh）,贝氏估计在生成 1,000 个样本后才会进行更新,默认数值 1,000 可以调整,因而 500 后面的数字每隔 1,000 会进行更新。
- "2,425"为每秒观察值的个数（Observations per second）：数值表示的是每秒 MCMC 所生成的样本观察值的个数。
- "0.05"为样本接受比（Acceptance rate）：MCMC 要能有效运作,样本接受比最好介于 0.20 至 0.50 之间,如果样本接受比值小于 0.20,可将微调参数数值降低（微调参数的数值为 0.70）；相对地,若样本接受比值高于 0.50,可将微调参数数值调高（李茂能,2009,页 23）。
- "1.0064"为聚敛统计量,聚敛统计量数值大于默认值 1.002,会出现红色的哭脸,MCMC 仿真法进行样本生成时,此数值会持续变动,即使达到默认聚敛值 1.002,研究者未按下"暂停抽样"钮,还是会继续进行样本生成程序。Gelman 等人（2004）建议,聚敛统计量（C. S.）的数值为 1.10 或比 1.10 小时,生成的样本数已经足够,Amos 默认的标准 1.002 是较为保守的设定。MCMC 链样本生成达到聚敛标准并不意味着摘要表的数值会停止变动,只要 MCMC 运算程序持续运作,参数摘要表的估计值数字就会持续变动,当整体 C. S. 的数值收敛到 1.000 0 时,即使再生成更多的样本也无法获得更正确的估计值（因为数值已经为正确稳定的估计值）,此时应立即按下"暂停抽样"钮 ❚❚,以免浪费不必要的时间。

工具列图像钮"Pause sampling"（暂停抽样）"Reset"（重置-重新生成样本钮）"Adapt"（参数微调钮）也可执行功能列"Analyze"（分析）程序,上述三个图像钮均可由功能列"Analyze"（分析）程序中执行。

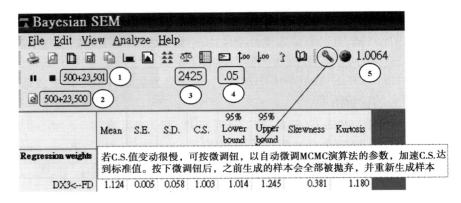

图 8-9

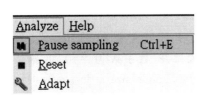

图 8-10

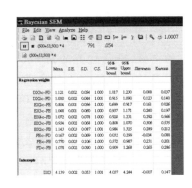

图 8-11

图 8-11 中数字"(500 ＋ 53 501)＊4"为 MCMC 仿真抽取样本总数,表示整个分析程序总共生成了 54 001 × 4 = 216 004 个样本,在原先最大样本数保留的极限值设定为 100 000,由于总样本数大于设定的上限值,因而 Amos 会自动进行瘦身程序,最后括号后的数字 $4 = 2^2$,表示进行两次的瘦身程序,保留的样本数为总样本数的 $\frac{1}{4}$,括号数字 (500 ＋53 501)中的 500 为默认抽样分布未聚敛前所要抛弃的样本数(500 Number of burn-in observations),因而最后进行事后概率分布推估的有效样本数只有 53 501,即参数估计的样本数为 53 501,此样本是从总样本数 54 001 中,抛弃前 500 个样本而来的,总样本 54 001 经过两次瘦身程序,总共抛弃的样本数为 500 ×4 = 2 000 个。MCMC 之所以抛弃未聚敛前的样本,是因为所有参数未聚敛时,最先仿真生成的样本最不可靠,也最不稳定(也可以说明最先生成的样本的样本向量与参数事后概率分布的性质差异最大),因而前面生成的样本可以抛弃不用。Amos 默认 burn-in 的样本数为 500,此默认数值可以修改,如改为 1 000(1 000 Number of burn-in observations)。范例中最后分析的样本数为 53 501,最后更新的样本为 53 500。

四、重要工具列图像钮的介绍

执行功能列" View"(检视)/"Options"(选项)程序,或按工具列"Options"(选项)图像钮,可以开启"Bayesian Options"(贝氏选项)对话视窗(图 8-12)。"Bayesian Options"(贝氏选项)窗口的"Display"(显示)方盒的输出选项中包括"Mean"(平均数)"Standard error"(标准误)"Standard deviation"(标准差)"Convergence statistic"(聚敛统计量)

"Median"（中位数）"Confidence interval"（置信区间）"Skewness"（偏态）"Kurtosis"（峰度）"Minimum & maximum"（最小值与最大值）"Parameter name"（参数名称），置信区间一般设为 95% 信心水平。范例中输出参数统计量为"Mean"（平均数）"Standard error"（标准误）"Standard deviation"（标准差）"Convergence statistic"（聚敛统计量）"Skewness"（偏态）"Kurtosis"（峰度）"Minimum & maximum"（最小值与最大值）"Parameter name"（假设模型图中有界定参数标签名称，输出参数有会增列参数对应的标签名称）。

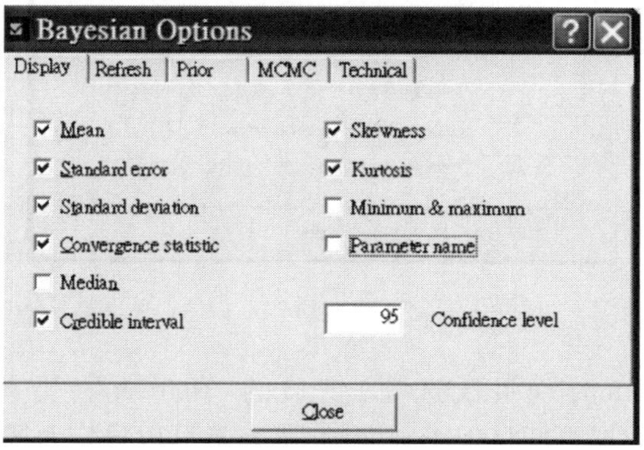

图 8-12

　　在输出结果统计量中，参数事后概率分布的平均数"Mean"（事后概率分布的点估计值）相当于 ML 估计法中的参数估计值，参数事后概率分布的标准差（Standard deviation；S. D.）相当于 ML 估计法中的参数估计值的估计标准误，而参数事后概率分布的"Standard error"（标准误）栏数值并非是 ML 法中参数估计值的标准误。

　　"Bayesian Options"（贝氏选项）窗口的"MCMC"方盒的预设选项中（图 8-13），"Max observations to retain future analyses"（保留未来分析最大观察值）的数值为"100 000"，表示在进行贝氏估计时，MCMC 生成的样本数最大极限个数为 100 000，如果达到这个极限，为了降低前后样本间的自我相关，Amos 会进行"瘦身"（thinning），所谓瘦身指的是不保留已生成的全部样本数，只保留相等间距样本的子样本数。Amos 以 MCMC 抽样程序生成样本时会保留所有样本，直到样本的总数达到 100 000，此时数据分析程序若未中止，则 Amos 会采用相对样本移除法抛弃一半的样本数，随后当再继续进行抽样时，会从生成的两个样本保留一个，直到样本的总数达到 100 000 时再进行瘦身程序，之后的样本选取会从生成的四个样本中保留一个，依此顺序，样本选取会从生成的八个样本中保留一个。进行"瘦身"的主要目的在于减少连续生成样本间的自我相关（autocorrelation），100 000 个经序列瘦身程序的样本会比原始没有瘦身的样本提供更多有用的信息（Arbuckle，2006，p. 418）。"Number of burn-in observations"（Burn-in 观察值的个数）的数值为"500"（瘦身时会先抛弃前面的样本数）；"Turning parameter"（进行参数微调）的数值为"0. 7"；"Number of batches for batch means"（整批平均数群组的个数）的数值为20；"Convergence criterion"（聚敛统计量准则）的数值为 1. 002，聚敛统计量默认值为1. 002，若此数值愈小，表示所有参数都达到聚敛的标准值愈严格，此时，数据生成需要花费更久的时间。此外，在工具列的右边，有一个"Adapt"（微调参数）图像钮，此钮如果呈现灰色，表示 MCMC 演算程序不用进行参数调整，此图像钮的功能在于自动调整 MCMC 演算程序的参数，使接纳比值能介于 0. 2 至 0. 5 之间，加快使所有参数都达到聚敛标准值,当按下"Adapt"(微调参数)图像钮后,之前所生成的样本数会全部被抛弃,重新从"0 + 0"开始进行样本的生成。

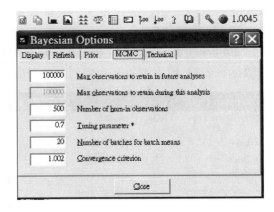

图 8-13

设定"Bayesian Options"(贝氏选项)窗口的"Refresh"(更新)方盒选项,可以在 MCMC 抽样时将相关数据更新呈现在画面中,研究者可以设定每隔增加多少个样本数进行更新,或每隔多少时间进行更新。默认更新的数值为 1 000 个观察(Refresh the display every __ observations),研究者也可以指定固定时间区间,每隔多少秒进行抽样结果的统计更新(Refresh the display every __ seconds),如果选择"手动更新"(Refresh the display manually),结果将不会自动更新,不管选取何种更新选项,研究者也可以在任何时间在贝氏 SEM 工具列中直接按"更新"钮(Refresh)进行手动显示。

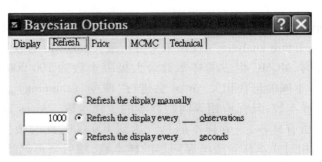

图 8-14

设定"Bayesian Options"(贝氏选项)窗口的"Prior"(事前分布/先验分布)方盒选项可以处理采用最大似然法参数估计出现的不适当解值(improper solution)或数据非正定问题(non-positive definition),如方差估计值为负数。不适当解值的产生可能是样本太少或模型界定错误所致,贝氏估计无法解决错误模型界定问题,但可以避免在小样本情况下参数估计出现不适当解值问题。在小样本情况下,如果模型界定没有错误,贝氏估计程序可采用将参数的事前分布指定为 0 概率,将参数估计值的下限设定为 0,如此,可避免出现不适当解值的参数。如图 8-15 所示,"Prior"(事前分布)方盒的两个选项为:"Admissibility test *"(可接受解检验)"Stability test *"(稳定性检验),可接受解检验的选项可以设定参数事前密度值为 0,如此可以使模型由无法正定的协方差矩阵变成正定的协方差矩阵,事前密度界定为 0 对于非正定方差的改善有实质的效益;稳定性检验选项的功能与可接受解检验选项的功能差不多,将参数的事前密度值设定为 0,可以解决观察变量的线性关系导致模型参数估计不稳定的问题。

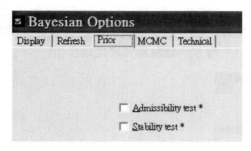

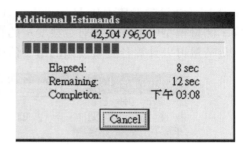

图 8-15
图 8-16

额外参数估计值工具钮(Additional Estimands)可以增列其余参数的估计值,除按工具列钮外,亦可执行"View"(检视)/"Additional estimands"(额外参数估计值)程序,增列的参数估计值如模型中的直接效果值、间接效果值、总效果值、隐含相关矩阵、隐含协方差矩阵、隐含平均数与截距项等。

图 8-16 为进行额外参数估计值时的程序,若估计结果尚未完成,研究者可以按"Cancel"(取消)钮中止程序。

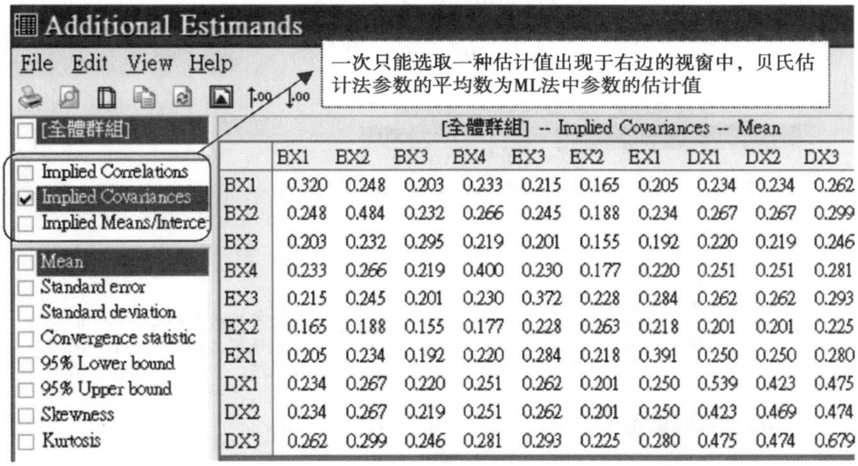

Additional Estimands

File Edit View Help

一次只能选取一种估计值出现于右边的视窗中,贝氏估计法参数的平均数为 ML 法中参数的估计值

[全體群組] -- Implied Covariances -- Mean

	BX1	BX2	BX3	BX4	EX3	EX2	EX1	DX1	DX2	DX3
BX1	0.320	0.248	0.203	0.233	0.215	0.165	0.205	0.234	0.234	0.262
BX2	0.248	0.484	0.232	0.266	0.245	0.188	0.234	0.267	0.267	0.299
BX3	0.203	0.232	0.295	0.219	0.201	0.155	0.192	0.220	0.219	0.246
BX4	0.233	0.266	0.219	0.400	0.230	0.177	0.220	0.251	0.251	0.281
EX3	0.215	0.245	0.201	0.230	0.372	0.228	0.284	0.262	0.262	0.293
EX2	0.165	0.188	0.155	0.177	0.228	0.263	0.218	0.201	0.201	0.225
EX1	0.205	0.234	0.192	0.220	0.284	0.218	0.391	0.250	0.250	0.280
DX1	0.234	0.267	0.220	0.251	0.262	0.201	0.250	0.539	0.423	0.475
DX2	0.234	0.267	0.219	0.251	0.262	0.201	0.250	0.423	0.469	0.474
DX3	0.262	0.299	0.246	0.281	0.293	0.225	0.280	0.475	0.474	0.679

左侧选单:
- [全體群組]
- Implied Correlations
- ☑ Implied Covariances
- Implied Means/Interce
- Mean
- Standard error
- Standard deviation
- Convergence statistic
- 95% Lower bound
- 95% Upper bound
- Skewness
- Kurtosis

图 8-17

如果研究者要在额外参数估计(Additional estimands)增列直接效果值、间接效果值与总效果值的选项,在进行贝氏分析之前,于"Analysis Properties"(分析属性)对话窗口的"Output"(输出结果)方盒中必须勾选"Indirect,direct & total effects"(间接、直接与总效果值)输出选项,之后,进行额外参数估计时,在"Additional Estimands"对话窗口左边选单会增列"Standardized Direct Effects"(标准化直接效果)"Standardized Indirect Effects"(标准化间接效果)"Standardized Total Effects"(标准化总效果)三个选项,三个选项的数值分别为模型变量的直接效果、间接效果与总效果值,直接效果值表示的是标准化回归系数值,在测量模型中潜在构念变量对指标变量的直接效果值即为因素负荷量,结构模型的直接效果值为外因变量对内因变量影响的标准化回归系数值。

标准化直接效果选项呈现的数据显示(图 8-18),外因潜在变量 FB 对内因潜在变量

FE、FD 影响的标准化路径系数分别为 0.684、0.771（ML 法估计结果的参数分别为 0.68、0.77）；内因潜在变量 FD（中介变量）对内因潜在变量 FE 影响的标准化路径系数为0.209（ML 法估计结果的参数为 0.21），贝氏估计法估计的结果与 ML 法估计结果的数值大致相同。测量模型中潜在变量对观察变量的直接效果值为观察变量的因素负荷量，根据此因素负荷量可以计算各测量模型的组合信度与平均方差抽取量等聚敛效度值。

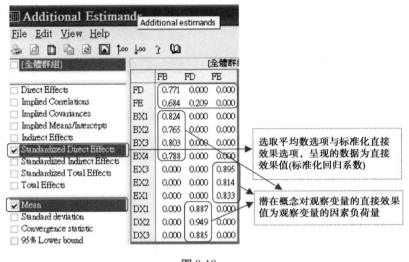

图 8-18

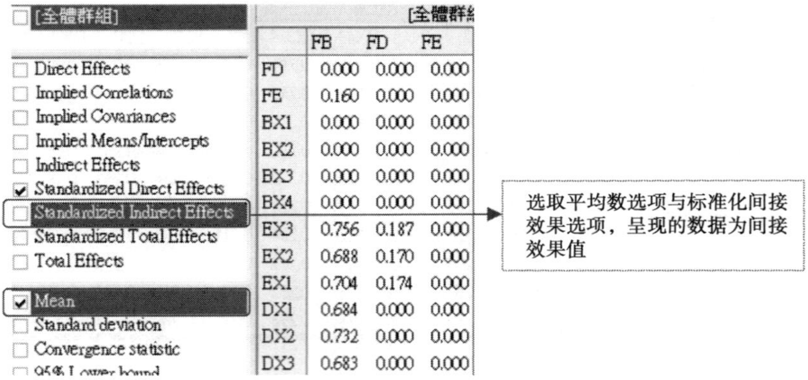

图 8-19

工具列中的"Fit Measures"（适配度测量值）按钮，可以计算事后预测 p 值（Posterior predictive p），此数值是贝氏导向的适配度显著性 p 值（p_value），用以进行模型适配度的评估，它表示的是，未来数据的卡方值大于或等于观察数据卡方值的概率，一般而言，如果此数值大于 0.95 或小于 0.05 时，表示假设模型与观察数据无法适配；相对地，若"Posterior predictive p"的数值在 0.050 期望值附近，表示假设模型与观察数据可以契合，模型为适配模型，"Posterior predictive p"数值期待的合理范围为 0.05 至 0.95 之间（Myung，Karabatsos，& Iverson，2005）。

图 8-20

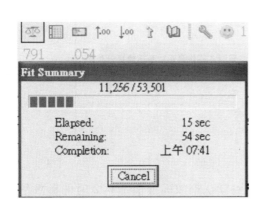

图 8-21

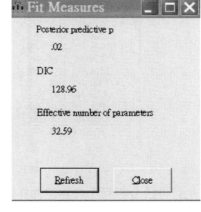

图 8-22

图 8-22 中执行模型适配度测量值程序后,"Posterior predictive p"的数值为 0.02、DIC 的数值为 128.96、"Effective number of parameters"的数值为 32.59。由于"Posterior predictive p"的数值为 0.02,并未介于 0.25 至 0.75 之间,数值离期望值 0.50 较大,显示假设模型的适配度不佳。

"Fit Measures"(适配测量值)对话窗口中,"DIC"量数为"差异信息准则"(Deviance information criterion),此数值为 AIC 指标值与 BIC 指标值的延伸,适合于事后分布呈现出多变量正态分布的情形。作为数个竞争模型的比较,其性质与 AIC 或 CAIC 类似,统计量数的数值愈小者,表示模型较为简约,DIC 指标值也可作为嵌套模型的检验指标,一般而言,若 DIC 指标值大于 10 以上,表示两个模型间具有显著的差异;相对地,如果 DIC 指标值小于 10,表示两个模型间的差异性不明确,DIC 指标值能同时反映模型的适配度与简约情形;"Effective number of parameters"数值表示的是有效参数个数,此统计量数可以反映一个模型的复杂度,数值愈小,表示模型与数据的契合度愈差,但模型愈简约;数值愈大,表示模型与数据的契合度愈佳,但模型愈复杂(李茂能,2009)。

除了 C. S. 数值外,Amos 提供数个图形作为贝氏 MCMC 方法聚敛的检验之用,要检视这些图形按工具列"Posterior"(事后)图像钮,或执行功能列"View"(检视)/"Posterior"

（事后）程序，按"Posterior"（事后）工具列图像钮后可开启"Posterior"对话窗口（图 8-23），对话窗口内出现"Please click an estimand to view posterior distribution"（请按一个参数列以检视事后概率分布）提示语，研究者要从窗口中点选参数列，才能检视参数事后概率分布图形。

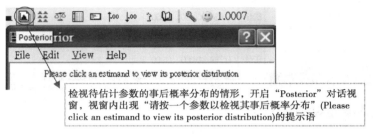

图 8-23

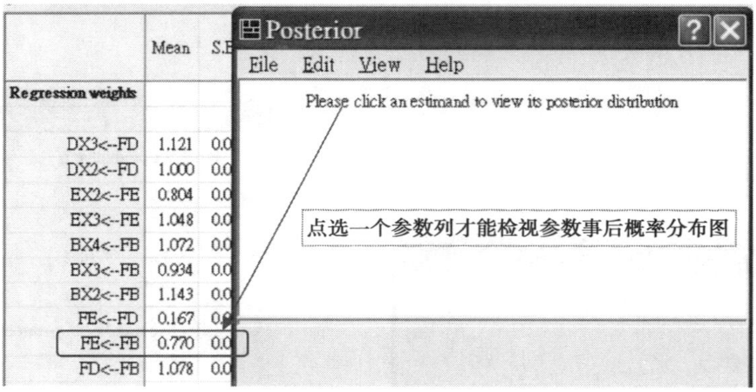

图 8-24

执行贝氏分析程序按暂停抽样钮，C.S. 达到默认聚敛标准值 1.002 时的参数估计结果如表 8-2：

表 8-2　模型的参数估计值摘要表

参　数	Mean 平均数	S.E. 标准误	S.D. 标准差	C.S. 聚敛统计量	95% Lower bound	95% Upper bound	Skewness 偏态	Kurtosis 峰度
Regression weights								
DX3 < − −FD	1.121	0.002	0.054	1.000	1.017	1.230	0.088	0.037
DX2 < − −FD	1.000	0.002	0.044	1.001	0.915	1.090	0.123	0.140
EX2 < − −FE	0.804	0.001	0.056	1.000	0.699	0.917	0.161	0.026
EX3 < − −FE	1.048	0.001	0.060	1.000	0.937	1.171	0.240	0.197
BX4 < − −FB	1.072	0.002	0.078	1.000	0.928	1.231	0.292	0.566
BX3 < − −FB	0.934	0.002	0.068	1.000	0.808	1.070	0.306	0.535
BX2 < − −FB	1.143	0.003	0.087	1.001	0.984	1.325	0.289	0.212
FE < − −FD	0.167	0.002	0.069	1.000	0.032	0.299	− 0.034	0.088
FE < − −FB	0.770	0.003	0.106	1.000	0.572	0.987	0.231	0.201

续表

参　　数	Mean 平均数	S. E. 标准误	S. D. 标准差	C. S. 聚敛统计量	95% Lower bound	95% Upper bound	Skewness 偏态	Kurtosis 峰度
FD < － － FB	1.078	0.002	0.090	1.000	0.909	1.268	0.265	0.286
Intercepts(截距项)								
DX3	4.139	0.002	0.053	1.001	4.037	4.244	－0.007	0.147
DX2	4.341	0.001	0.044	1.000	4.256	4.428	0.021	0.106
DX1	4.267	0.001	0.046	1.000	4.179	4.359	0.004	0.098
EX1	4.309	0.001	0.039	1.000	4.234	4.388	0.018	0.307
EX2	4.415	0.001	0.033	1.000	4.347	4.479	－0.096	0.200
EX3	4.188	0.001	0.039	1.000	4.111	4.262	－0.034	0.174
BX4	4.133	0.001	0.039	1.000	4.057	4.209	－0.001	0.095
BX3	4.479	0.001	0.034	1.001	4.413	4.545	0.008	0.175
BX2	4.017	0.001	0.043	1.000	3.932	4.102	0.049	0.113
BX1	4.192	0.001	0.036	1.000	4.120	4.263	0.006	0.064
Variances(方差)								
FB	0.218	0.001	0.029	1.000	0.165	0.282	0.322	0.134
r2	0.170	0.001	0.024	1.001	0.128	0.222	0.397	0.298
r3	0.073	0.000	0.013	1.000	0.049	0.100	0.255	0.001
e13	0.146	0.001	0.017	1.001	0.115	0.182	0.309	0.002
e12	0.047	0.000	0.009	1.000	0.029	0.06	0.213	0.227
e11	0.115	0.000	0.014	1.000	0.091	0.144	0.327	0.070
e14	0.119	0.001	0.014	1.001	0.094	0.150	0.433	0.272
e15	0.088	0.000	0.010	1.001	0.070	0.110	0.391	0.191
e16	0.074	0.000	0.011	1.000	0.053	0.097	0.227	0.070
e7	0.149	0.000	0.016	1.000	0.120	0.182	0.238	0.042
e6	0.104	0.000	0.012	1.000	0.083	0.129	0.295	0.290
e5	0.202	0.001	0.022	1.000	0.163	0.248	0.448	0.588
e4	0.102	0.000	0.012	1.000	0.080	0.128	0.390	0.390

　　贝氏估计值中的"平均数"(Mean)栏的数值为该参数的估计值,平均数栏表示的是待估计参数的事后分布概率的平均数点估计值,此值又称事后平均数(posterior mean),"S. D."标准差栏数值为该参数估计值的估计标准误。每列的数据为单一模型参数边缘事后分布的描述,第一栏"Mean"(平均数)指的是事后平均数(posterior mean),即事后分布概率的平均值或集中量数,此数值为贝氏参数的点估计值,平均数的数值是根据先验分布与观察数据计算而得,如果样本数愈大,则事后平均数数值会接近最大似然法估计所得的估计值,以"DX3 < － － FD"列的数据为例,路径系数估计值(非标准化回归系数)为1.121、路径系数估计值的标准误为0.054;以"DX2 < － － FD"列的数据为例,路径系数估计值(非标准化回归系数)为1.000、路径系数估计值的标准误为0.044,表中没有"DX1 < － － FD"的数据,表示潜在构念FD测量模型中,参照指标变量为DX1;结构模型中预测残差r2的方差估计值为0.170、方差估计值的标准误为0.024,预测残差r3的方差估计值为0.073、方差估计值的标准误为0.013,这些数值95%置信区间均未包含0,表

示所有估计值均达到 0.05 显著水平。"95% Lower bound" "95% Upper bound"分别为估计值 95% 置信区间的下限与上限值,指的是事后概率包含 95% 可靠区间,如果参数95% 置信区间包含 0,表示此参数显著为 0,在最大似然法输出的报表中,参数的临界比值小于 1.96,而显著性 p 值会大于 0.05。

传统最大似然法估计所得的参数摘要表如表 8-3、表 8-4 和表 8-5,摘要表右边为贝氏估计法估计所得的参数估计值:

表 8-3   Maximum Likelihood Estimates
Regression Weights:([全体群组] - [预试模型])【路径系数】

	ML 估计结果				贝氏估计结果	
	Estimate	S. E.	C. R.	P	Mean	S. D.
FD < − − − FB	1.066	.088	12.148	* * *	1.078	0.090
FE < − − − FD	.170	.064	2.666	.008	0.167	0.069
FE < − − − FB	.754	.100	7.544	* * *	0.770	0.106
DX3 < − − − FD	1.118	.055	20.489	* * *	1.121	0.054
DX2 < − − − FD	.998	.042	23.578	* * *	1.000	0.044
DX1 < − − − FD	1.000			参照指标		
EX1 < − − − FE	1.000			参照指标		
EX2 < − − − FE	.805	.053	15.164	* * *	0.804	0.056
EX3 < − − − FE	1.050	.061	17.204	* * *	1.048	0.060
BX4 < − − − FB	1.061	.074	14.283	* * *	1.072	0.078
BX3 < − − − FB	.927	.063	14.631	* * *	0.934	0.068
BX2 < − − − FB	1.130	.083	13.652	* * *	1.143	0.087
BX1 < − − − FB	1.000			参照指标		

表 8-4   Intercepts:([全体群组] - [预试模型])【截距项】

参数	ML 估计结果				贝氏估计结果		
参数	Estimate	S. E.	C. R.	P	参数	Mean	S. D.
DX3	4.139	.052	80.317	* * *	DX3	4.139	0.053
DX2	4.340	.043	101.145	* * *	DX2	4.341	0.044
DX1	4.267	.046	92.798	* * *	DX1	4.267	0.046
EX1	4.309	.039	110.102	* * *	EX1	4.309	0.039
EX2	4.414	.032	137.301	* * *	EX2	4.415	0.033
EX3	4.186	.038	109.474	* * *	EX3	4.188	0.039
BX4	4.132	.040	104.263	* * *	BX4	4.133	0.039
BX3	4.477	.034	131.561	* * *	BX3	4.479	0.034
BX2	4.015	.044	92.021	* * *	BX2	4.017	0.043
BX1	4.191	.036	117.458	* * *	BX1	4.192	0.036

表 8-5   Variances:([全体群组] - [预试模型])【方差】

参数	ML 估计结果				贝氏估计结果		
参数	Estimate	S. E.	C. R.	P	参数	Mean	S. D.
FB	.218	.028	7.798	* * *	FB	0.218	0.029
r2	.167	.023	7.334	* * *	r2	0.170	0.024
r3	.070	.012	5.731	* * *	r3	0.073	0.013

续表

	ML 估计结果				贝氏估计结果	
e13	.142	.017	8.571	＊ ＊ ＊	e13	0.146	0.017
e12	.045	.009	5.032	＊ ＊ ＊	e12	0.047	0.009
e11	.111	.013	8.498	＊ ＊ ＊	e11	0.115	0.014
e14	.116	.014	8.590	＊ ＊ ＊	e14	0.119	0.014
e15	.085	.010	8.910	＊ ＊ ＊	e15	0.088	0.010
e16	.072	.011	6.585	＊ ＊ ＊	e16	0.074	0.011
e7	.145	.016	9.179	＊ ＊ ＊	e7	0.149	0.016
e6	.101	.011	8.977	＊ ＊ ＊	e6	0.104	0.012
e5	.195	.021	9.490	＊ ＊ ＊	e5	0.202	0.022
e4	.099	.012	8.551	＊ ＊ ＊	e4	0.102	0.012

五、参数事后概率分布图形诊断

六种协助判断统计量数是否收敛的图形为"Polygon"（多边图）"Histogram"（直方图）"Trace"（轨迹图）"Shaded""First and last"（前三分之与后三分之分布一致图）"Autocorrelation"（自变相关图），其中默认的选项为"Polygon"（多边图）。范例中以外因变量 FB 对内因变量 FE 影响的路径系数估计值为例。

（一）C.S. 达到 1.002 标准值的图形

勾选"Autocorrelation"选项的图形称为自我相关图，自我相关图的水平轴为落后（lag）数值，垂直轴为相关系数。时间序列分析中，随机变量 V_t 与随机变量 V_{t+k} 在相隔 k 期的相关系数称为自我相关系数（autocorrelation at Lag k），相隔 k 期在时间序列程序中也可以落后 k 期（Lag k）表示。水平轴上的落后指的是被估计相关的两个随机变量间的间距（多少个 k 期）。在正常情况下，参数估计结果希望自动相关系数逐渐变小而趋近于 0，之后维持接近 0。在自我相关图 8-25 中，落后 20 的相关表示的是任何抽样样本值与 20 迭代之后抽样值间的相关，相关系数大约是 0.50。在落后 90 以后自我相关系数便趋近为 0。此种现象出现在 90 迭代处，MCMC 程序实质上已经遗忘起始位置，开始关注协方差参数的数值，遗忘起始位置的位点即为分布的聚敛处。假如研究者要检查模型其他参数的自我相关情形，较佳的情形是从落后 90 处以后，自我相关情形有效地消失至 0 附

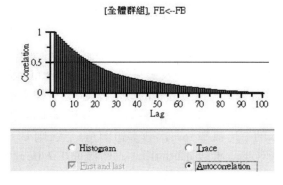

图 8-25

近。当自我相关系数在落后 100 处之前变为 0，表示 500 个样本的置入期程是足够的，它可以确保分布聚敛是可以达到的，分析样本与事后分布的真正地样本没有差异（Arbuckle，2006，p. 407）。

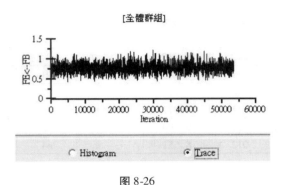

图 8-26

"Trace"选项的图形称为轨迹图（trace plot），轨迹图有时又称为时间序列图（time-series plot），图中描绘跨越时间的参数抽样样本数值，此图形可以帮助研究者快速判断 MCMC 程序如何快速地聚敛在分布上，此图也会快速忘掉开始的数值。聚敛的轨迹图呈现的是快速上下变动，没有长期趋向或任意漂移的情形。如果抽取更多样本，轨迹图会挤压在一起像一个手风琴，且慢慢漂移或呈现一致波动趋向。快速上下变动代表样本值抽样至 k 迭代后，在任何迭代时是没有相关的。为了看样本之间的相关要花多久时间才会逐渐消失，可以检验"自我相关图形"（autocorrelation plot），此种图形绘制的是任一迭代的抽样值与之后 k 迭代抽样值间的相关情形。

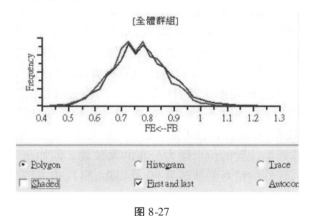

图 8-27

诊断图为选取"Polygon"（多边图）选项，加上勾选"☑ First and last"（第一个及最后一个）选项的图形。根据累积样本第一个及最后三个的模拟分布，多边形图形可以作为决定 MCMC 样本聚敛达事后分布与模拟分布的似然程度，分析样本中前面和后面三个几乎是一致的，表示两个分布情形大致相同，如果第一个分析样本的事后概率分布次数多边图与最后三个分析样本的事后概率分布次数多边图愈一致，则 C. S. 的数值会愈小，此时表示抽样分布达到聚敛效果。事后分布的中心点约接近 0.770，此数值为参数的平均数。多边图中大于一半的抽样样本值在 0 的右边，表示路径系数参数估计值的真正数值是正的；就两个变量的共变关系而言，多边图中大于一半的抽样样本值在 0 的左边，表示协方差参数的真正数值为负数。

图 8-28 为选取"Polygon"（多边图）选项，加上勾选"☑ Shaded"（阴影）的实心多边图。

如果整体参数达到聚敛标准值，则估计值的次数分布直方图会接近左右对称的正态分布图（如图 8-29）。

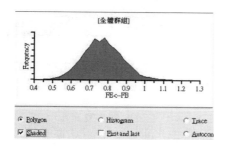

图 8-28

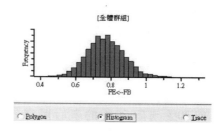

图 8-29

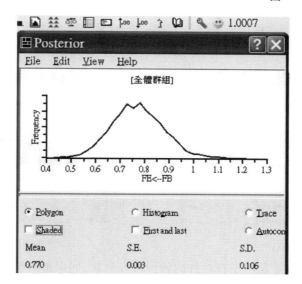

图 8-30

估计参数为外因变量"FB"对内因变量"FE"的路径系数，路径系数估计值为 0.770（平均数）、标准差为 0.106（ML 程序中的路径系数估计值的标准误），如果整体参数达到聚敛标准值，则估计值的次数分布多边图会接近左右对称的钟形曲线，其中约一半的抽样样本数在平均数 0.770 的左边、约一半的抽样样本数在平均数 0.770 的右边。

（二）未达聚敛标准值的事后概率分布图

当贝氏 MCMC 估计法所得的整体参数估计值未达聚敛标准（C. S. > 1.002），其相关的图标范例如下：

轨迹图 8-31 显示参数估计值抽样分布的上下波动很大，波动的上下限值不稳定。

参数估计值自我相关图 8-32 显示, Lag 在 100 时, 自我相关的相值约为 0.4, 数值并未趋近于 0。

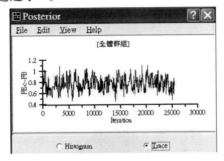

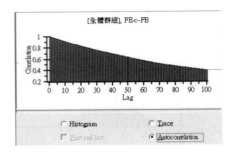

图 8-31   图 8-32

前 30% 与后 30% 的事后概率分布图 8-33 显示, 两条多边图的图形间差异很大 (MCMC 样本的前三分之一与后三分之一估计值的事后概率分布图呈现不一致的情形, 此种情形, 表示估计的参数极不稳定)。

前 30%(MCMC 样本的前三分之一)与后 30%(MCMC 样本的后三分之一)的事后概率分布图 8-34 显示, 增列阴影的两条多边图间的图形重叠性不高。

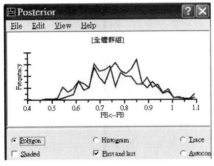

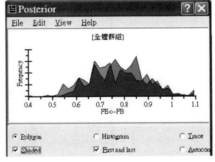

图 8-33   图 8-34

直方图 8-35 并未呈现出左右对称的钟形曲线形状, 如果聚敛统计量的数值与标准值 (1.002) 的差异值愈大, 直方图的分布愈会远离左右对称的钟形曲线。

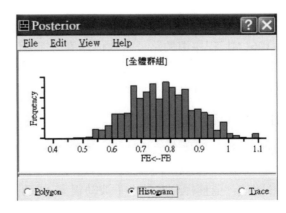

图 8-35

多边图 8-36 并未呈现出左右对称的钟形曲线形状,如果聚敛统计量的数值与标准值(1.002)的差异值愈大,多边图的形状愈会是一种不规则的图形。

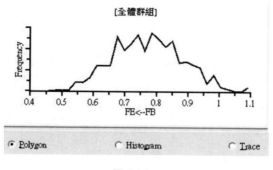

图 8-36

(三)达完美聚敛的事后概率分布图

当贝氏 MCMC 估计法所得的整体参数估计值达到 1.000 0 时,已是一种最完美的聚敛标准,其相关的图标范例如图 8-37:

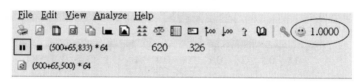

图 8-37

分析样本数:(500 + 65 833) * 64 中的 64(64 = 2^6)表示生成的样本数经过 6 次瘦身工作,C. S. 的数值才达到 1.000 0 完美聚敛,分析的样本数为 65 833。

自我相关图 8-38 显示:参数估计值自我相关数值在 Lag 数值约为 5 以后都等于 0,当样本间的自我相关为 0 时,表示生成的样本点有很高的代表性,参数估计值的正确性较高。

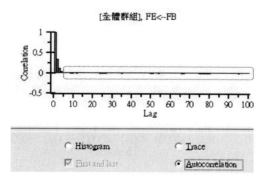

图 8-38

前 30%(MCMC 样本的前三分之一)与后 30%(MCMC 样本的后三分之一)的事后概率分布图 8-39 的两条多边图近似重叠,表示参数估计值的事后概率分布完美聚敛。

图 8-40 显示,多边图的图形(正态平滑曲线面称增列阴影)近似正态分布,图形为左

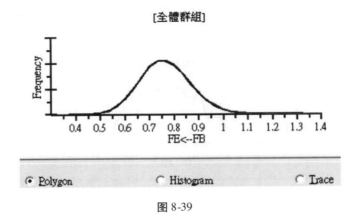

图 8-39

右对称的平滑曲线,正态分布对称点为参数的平均数。

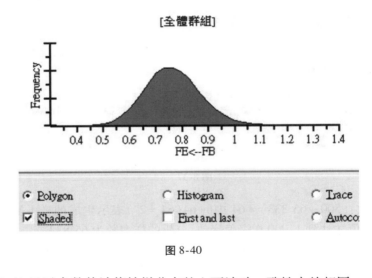

图 8-40

轨迹图 8-41 显示参数估计值抽样分布的上下波动一致性大约相同。

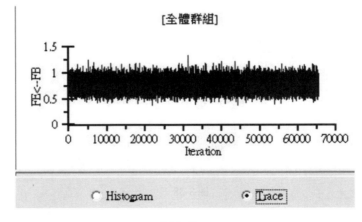

图 8-41

图 8-42 显示,参数估计值事后概率分布的直方图接近正态分布。

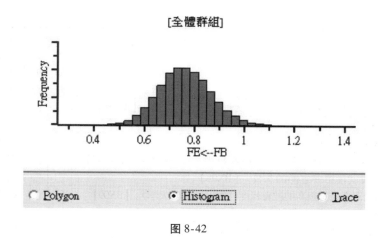

图 8-42

图 8-43 显示,多边图的图形近似正态分布,图形为左右对称的平滑曲线,正态分布对称点为参数的平均数。

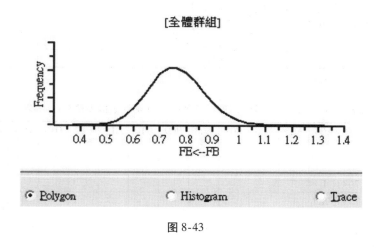

图 8-43

第三节　CFA 模型的贝氏估计应用

CFA 假设模型 15 个测量题项的量表如下:

表 8-6　父母期望量表

	从不如此	很少如此	有时如此	经常如此	总是如此
课业期望构面					
1. 父母会鼓励我多阅读课外读物,以帮助提升学业成绩。【AX01】	☐	☐	☐	☐	☐
3. 父母会鼓励我向班上成绩优良的同学看齐。【AX03】	☐	☐	☐	☐	☐
4. 当我的成绩未达到父母所定的目标时,父母会督促我再努力。【AX04】	☐	☐	☐	☐	☐

续表

	从不如此	很少如此	有时如此	经常如此	总是如此
5. 只要有助于提高学业成绩的事情,父母总是热心支持。【AX05】	□	□	□	□	□
升学期望构面					
6. 父母对我未来学校的选择要求很高。	□	□	□	□	□
7. 父母会跟我说一些高中名校,例如:高雄中学、高雄女中。【BX07】	□	□	□	□	□
8. 父母希望我就读第一志愿的学校。【BX08】	□	□	□	□	□
9. 父母期望我未来能有很高的教育程度(例如研究所、大学)。【BX09】	□	□	□	□	□
行为期望构面					
10. 父母会和我的老师联系,以注意我在学校的行为表现。【CX10】	□	□	□	□	□
11. 父母对于我良好的行为表现常给予赞赏。【CX11】	□	□	□	□	□
12. 父母会带我去参加文艺活动(例如音乐会、美术展览等)。【CX12】	□	□	□	□	□
职业期望构面					
13. 父母非常关心我将来的职业成就。【DX13】	□	□	□	□	□
14. 父母会和我讨论将来从事的职业。【DX14】	□	□	□	□	□
15. 父母会为我树立一个理想的职业标准。【DX15】	□	□	□	□	□
16. 父母希望我以后不要做劳力工作。【DX16】	□	□	□	□	□

注:量表取自杨环华(2010)。

表 8-7　15 个测量变量的相关矩阵及描述性统计量摘要表(N = 120)

	A01	A03	A04	A05	B06	B07	B08	B09	C10	C11	C12	D13	D14	D15	D16
A01	1														
A03	.665	1													
A04	.678	.763	1												
A05	.630	.753	.787	1											
B06	.160	.266	.389	.263	1										
B07	.367	.335	.367	.381	.658	1									
B08	.329	.283	.307	.337	.695	.831	1								
B09	.180	.185	.183	.231	.501	.632	.592	1							
C10	.335	.231	.321	.309	.181	.297	.334	.198	1						
C11	.351	.222	.341	.313	.156	.294	.291	.206	.762	1					
C12	.330	.199	.258	.243	.040	.142	.238	.076	.688	.778	1				
D13	.238	.318	.365	.367	.315	.431	.357	.340	.380	.403	.285	1			
D14	.265	.268	.287	.312	.287	.404	.351	.311	.270	.316	.168	.784	1		
D15	.252	.275	.345	.319	.381	.474	.427	.348	.407	.370	.280	.673	.672	1	
D16	.283	.389	.409	.335	.303	.323	.264	.307	.179	.232	.185	.720	.633	.589	1
M	3.56	4.03	3.86	3.78	3.05	3.08	2.71	3.48	2.96	3.11	2.90	3.56	3.41	3.12	
SD	1.35	1.29	1.32	1.32	1.27	1.35	1.45	1.28	1.07	1.08	1.09	1.30	1.28	1.36	
MIN	1	1	1	1	1	1	1	1	1	1	1	1	1	1	
MAX	5	5	5	5	5	5	5	5	5	5	5	5	5	5	

　　父母期望量表十五个指标变量反映四个潜在构念变量,四个潜在构念分别为课业期望、升学期望、行为期望、职业期望,四个潜在因素构念的指标均为反映性指标。

一、ML 最大似然法

父母期望量表的一阶四因素构念的假设模型图 8-44 中,潜在构念课业期望有四个测量变量、升学期望有四个测量变量、行为期望有三个测量变量、职业期望有四个测量变量,测量模型共有四个因素构念、15 题的指标变量,测量指标变量 A04 与测量指标变量 B06 的误差项 e8、e1 间有共变关系,四个因素构念变量彼此间也有共变关系,测量模型表示的是一种斜交测量模型。

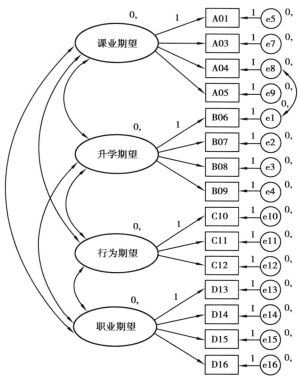

Most General Model;Model Specification;卡方值=\CMIN(p=\P)
自由度=\DF;RMSEA=\RMSEA;CFI=\CFI

图 8-44

标准化估计值模型图 8-45 中没有出现大于 1 的标准化路径系数,模型的自由度为 83,整体适配度检验的卡方值为 98.843,显著性 p = 0.113 > 0.05,接受虚无假设,表示一阶测量模型与观察数据间可以契合。

非标准化估计值模型图 8-46 中没有出现负的误差方差,表示模型估计结果的参数均为合理的解值。

二、贝氏估计法

(一)增列平均数与截距项

估计假设模型的平均数与截距项,需在"Analysis Properties"(分析属性)对话窗口的"Output"(输出结果)方盒中勾选"☑ Indirect, direct & total effects"(间接、直接与总效果

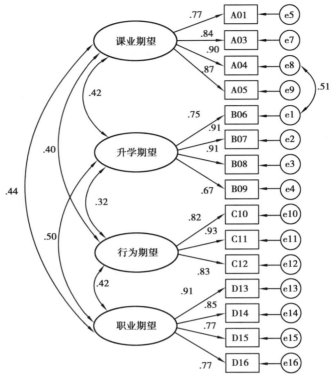

[父母期望量表];Standardized estimates;卡方值=98.843(p=.113)
自由度=83;RMSEA=.040;CFI=.987

图 8-45

值)选项,勾选此选项时,在 ML 估计法中可以输出间接效果值、直接效果值、总效果值,其中直接效果值的数据为标准化回归系数的数据;在贝氏估计法中原始的输出参数没有直接效果值的数据,当参数估计达到聚敛标准时,再按"Additional estimands"额外参数估计钮进行额外参数的估计,如果在原先假设模型中有勾选"☑ Indirect, direct & total effects"(间接、直接与总效果值)选项,则额外参数估计时会增列直接效果值、间接效果值与总效果值数据。

(二)执行贝氏估计程序

按"Bayesian"(贝氏估计法)工具图像钮,或执行功能列"Analyze"(分析)/"Bayesian Estimation"(贝氏估计法)程序,均可开启"Bayesian SEM"(贝氏 SEM)对话窗口,估计开始时会视模型的复杂度而有不同的停顿时间,暂停钮右边的数字"500＋样本数",样本数每隔 1 000 会更新一次(1 000 为默认数值),当聚敛统计量图示由红色哭脸变成黄色笑脸图示时,再按暂停样本钮,此时画面中间的数值会暂时冻结。图 8-47 中 C. S. 的数值为 1.001 3,分析的样本数为 65 501。

(三)估计适配度测量值

按工具列"Fit Measures"适配测量值图像钮,进行贝氏适配度指标值的估计。
图 8-48 中,"Posterior predictive p"(事后预测 p 值)为 0. 26,DIC 值为 203. 65,有效的

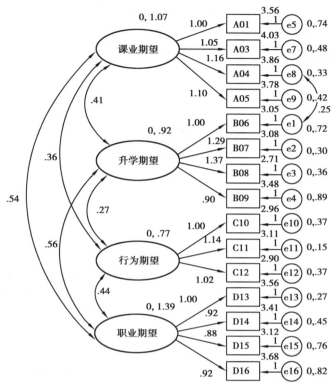

[父母期望量表];Unstandardized estimates;卡方值=98.843(p=.113)
自由度=83;RMSEA=.040;CFI=.987

图 8-46

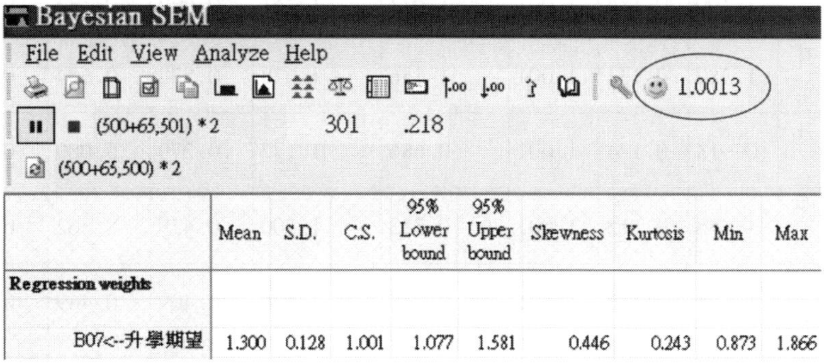

图 8-47

参数个数数值为 49.12。贝氏分析中,"Posterior predictive p"的合理数值介于 0.05 至 0.95之间,在 0.05 期望值附近时,表示假设模型为良好适配模型,一般判别标准为当"Posterior predictive p"数据介于 0.25 至 0.75 时,表示假设模型为适配模型,图中的数值为 0.26,介于 0.25 至 0.75 间,显示 15 个测量变量构成的四因素构念测量模型与观察数据可以适配。

（四）进行额外参数估计程序

按工具列额外参数估计图像钮"Additional estimands",或执行"View"（检视）/

"Additional estimands"（额外参数估计值）程序。额外参数估计完成的画面如图 8-49：

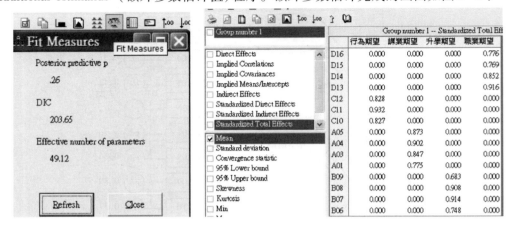

图 8-48   图 8-49

在"Additional Estimands"对话窗口左边的"Standardized Direct Effects"选项为直接效果值、"Standardized Indirect Effects"选项为间接效果值、"Standardized Total Effects"选项为总效果值，直接效果值表示的是标准化回归系数值(标准化路径系数值)。

（五）查看参数估计值

表 8-8　父母期望量表使用贝氏估计法所得的参数摘要表

参数	Mean 平均数	S. D. 标准差	C. S. 聚敛值	95% Lower bound	95% Upper bound	Skewness 偏态	Kurtosis 峰度	Min 最小值	Max 最大值
Regression weights									
B07 ＜－－升学期望	1.300	0.128	1.001	1.077	1.581	0.446	0.243	0.873	1.866
B08 ＜－－升学期望	1.380	0.134	1.001	1.146	1.678	0.528	0.634	0.882	1.960
B09 ＜－－升学期望	0.913	0.124	1.001	0.686	1.172	0.279	0.080	0.442	1.442
A03 ＜－－课业期望	1.056	0.115	1.001	0.853	1.300	0.429	0.362	0.723	1.693
A04 ＜－－课业期望	1.166	0.112	1.001	0.965	1.406	0.409	0.469	0.803	1.711
A05 ＜－－课业期望	1.110	0.114	1.001	0.911	1.358	0.454	0.412	0.723	1.649
C11 ＜－－行为期望	1.135	0.101	1.001	0.956	1.362	0.413	0.292	0.803	1.563
C12 ＜－－行为期望	1.016	0.101	1.001	0.832	1.225	0.341	0.386	0.720	1.550
D14 ＜－－职业期望	0.918	0.073	1.001	0.776	1.066	0.060	0.163	0.581	1.201
D15 ＜－－职业期望	0.886	0.089	1.001	0.718	1.066	0.148	−0.055	0.556	1.244
D16 ＜－－职业期望	0.924	0.090	1.001	0.757	1.111	0.210	0.173	0.603	1.318

续表

参数	Mean 平均数	S. D. 标准差	C. S. 聚敛值	95% Lower bound	95% Upper bound	Skewness 偏态	Kurtosis 峰度	Min 最小值	Max 最大值
Intercepts（截距项）									
B06	3.049	0.123	1.001	2.812	3.295	0.022	−0.078	2.585	3.499
B07	3.070	0.127	1.001	2.821	3.324	0.057	0.155	2.598	3.559
B08	2.704	0.136	1.001	2.432	2.962	−0.064	0.057	2.127	3.205
B09	3.475	0.123	1.000	3.233	3.720	0.030	0.143	3.017	3.959
A01	3.556	0.133	1.001	3.295	3.814	−0.014	0.043	3.011	4.056
A03	4.016	0.125	1.001	3.769	4.261	−0.029	0.182	3.499	4.456
A04	3.852	0.126	1.001	3.603	4.097	−0.045	−0.003	3.377	4.391
A05	3.775	0.126	1.001	3.527	4.025	0.026	0.029	3.322	4.240
C10	2.985	0.100	1.001	2.761	3.151	−0.036	0.067	2.546	3.328
C11	3.110	0.097	1.001	2.916	3.302	−0.021	0.125	2.699	3.532
C12	2.901	0.101	1.001	2.710	3.107	0.154	0.181	2.503	3.328
D13	3.553	0.124	1.001	3.309	3.796	0.064	0.301	3.095	4.423
D14	3.404	0.123	1.001	3.165	3.643	0.005	0.116	2.837	3.975
D15	3.112	0.128	1.001	2.861	3.368	0.039	0.204	2.626	3.639
D16	3.670	0.134	1.001	3.413	3.927	0.030	0.081	3.175	4.284
Covariances（协方差）									
升学期望 < − > 课业期望	0.045 1	0.139	1.001	0.219	0.767	0.774	1.368	0.062	1.218
升学期望 < − > 行为期望	0.293	0.107	1.001	0.104	0.529	0.464	0.661	−0.056	0.841
职业期望 < − > 行为期望	0.483	0.131	1.001	0.253	0.765	0.421	0.199	0.051	1.043
职业期望 < − > 升学期望	0.613	0.148	1.001	0.355	0.939	0.507	0.553	0.153	1.372
课业期望 < − > 行为期望	0.396	0.126	1.001	0.180	0.681	0.650	1.116	0.003	0.985
职业期望 < − > 课业期望	0.590	0.157	1.001	0.319	0.941	0.468	0.294	0.071	1.251
e1 < − > e8	0.265	0.069	1.001	0.139	0.411	0.352	0.400	0.036	0.601
Variances（方差）									
升学期望	1.007	0.209	1.001	0.651	1.469	0.552	0.524	0.371	1.998
课业期望	1.198	0.263	1.001	0.752	1.783	0.642	0.887	0.417	2.615
行为期望	0.861	0.163	1.001	0.571	1.213	0.412	0.317	0.345	1.590
职业期望	1.531	0.252	1.001	1.107	2.096	0.511	0.201	0.743	2.614

续表

参数	Mean 平均数	S. D. 标准差	C. S. 聚敛值	95% Lower bound	95% Upper bound	Skewness 偏态	Kurtosis 峰度	Min 最小值	Max 最大值
Variances（方差）									
e1	0.785	0.113	1.001	0.587	1.029	0.418	0.316	0.413	1.313
e2	0.310	0.078	1.000	0.166	0.470	0.203	0.219	0.028	0.652
e3	0.389	0.098	1.001	0.222	0.610	0.581	0.720	0.109	0.896
e4	0.935	0.133	1.001	0.708	1.226	0.514	0.452	0.541	1.551
e5	0.790	0.123	1.000	0.581	1.055	0.609	0.929	0.447	1.493
e7	0.510	0.090	1.001	0.363	0.716	0.777	1.296	0.260	1.085
e8	0.357	0.078	1.001	0.219	0.526	0.436	0.405	0.092	0.744
e9	0.443	0.083	1.000	0.304	0.624	0.677	1.362	0.185	0.899
e10	0.394	0.073	1.001	0.264	0.551	0.496	0.759	0.169	0.786
e11	0.160	0.061	1.001	0.047	0.288	0.318	0.261	0.001	0.441
e12	0.389	0.069	1.001	0.269	0.538	0.541	0.816	0.194	0.807
e13	0.298	0.075	1.001	0.164	0.456	0.327	0.236	0.057	0.683
e14	0.476	0.084	1.001	0.327	0.655	0.430	0.392	0.214	0.912
e15	0.805	0.127	1.001	0.583	1.082	0.434	0.204	0.429	1.337
e16	0.869	0.131	1.001	0.641	1.148	0.384	−0.023	0.473	1.344

表 8-8 中"Mean"栏为参数估计值（路径系数的平均数为 ML 法中的非标准化路径系数估计值），"S. D."栏（平均数标准差）为 ML 法中的参数估计值的"估计标准误"，"95% Lower bound"栏为事后平均数 95% 置信区间下限值、"95% Upper bound"为事后平均数 95% 置信区间上限值，事后平均数 95% 置信区间上下限值如果包含 0，表示事后平均数显著为 0，参数估计值不显著；相对地，事后平均数 95% 置信区间上下限值未包含 0，表示参数估计值达到 0.05 显著水平（在 ML 估计法中临界比值会大于 1.96，显著性 p 值会小于 0.05）。

研究者可以选定模型统计结果输出的模型参数摘要表的内容，一般而言，"Mean"（平均数）"S. D."（标准差）"95% Lower bound & 95% Upper bound"（95% 置信区间）"Min"（最小值）等几个选项最好勾选，最小值栏也可以作为参数不适当解值的检验用，如误差项方差的最小值如果为负数，且其距离离 0 较大，表示误差方差小于 0 的概率很大，此误差项方差可能是不适当解值。输出表的每一横列是单一参数事后分布数值的个别描述，每一直行（纵）是参数个别统计量数值，其中第一直行"Mean"（平均数）栏的数值一定要呈现，因为此栏表示的是每个参数事后分布的平均数值，也就是模型最后参数估计值，此栏的数值为根据样本数据与先验分布演算所得的参数贝氏点估计值（Bayesian point estimate），在大样本情况下，平均数栏数值会趋近于 ML 法的估计值。输出表中的标准误（S. E.，范例表格没有呈现）是平均数估计值标准误，它表示的是估计事后平均数与真正事后平均数的距离（两者的差异量）。当 MCMC 程序持续生成更多样本时，事后平均数的估计值会变为十分正确，而标准误值（差异量）会慢慢变小，因而当 S. E. 的数值非常小或非常接近 0 时，表示参数贝氏点估计值十分接近真正数值。"S. D."栏的数值为标准差，标准差栏数值表示的是事后平均数与未知真正参数的差异值，此栏的数值类似于 ML 估计值中的标准误（standard error）（Byrne，2010，p. 155）。

估计额外参数估计中的直接效果值（Standardized Direct Effects 选项数据），在测量模型中,潜在变量对测量变量的直接效果值为因素负荷量数值(标准化路径系数值)。

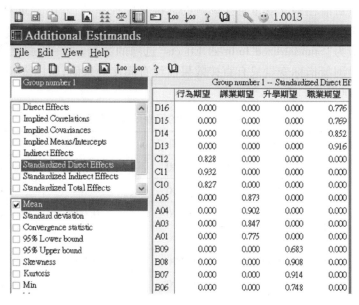

图 8-50

表 8-9　CFA 模型中的直接效果值摘要表

测量变量	行为期望	课业期望	升学期望	职业期望
D16	0.000	0.000	0.000	0.776
D15	0.000	0.000	0.000	0.769
D14	0.000	0.000	0.000	0.852
D13	0.000	0.000	0.000	0.916
C12	0.828	0.000	0.000	0.000
C11	0.932	0.000	0.000	0.000
C10	0.827	0.000	0.000	0.000
A05	0.000	0.873	0.000	0.000
A04	0.000	0.902	0.000	0.000
A03	0.000	0.847	0.000	0.000
A01	0.000	0.775	0.000	0.000
B09	0.000	0.000	0.683	0.000
B08	0.000	0.000	0.908	0.000
B07	0.000	0.000	0.914	0.000
B06	0.000	0.000	0.748	0.000

　　根据直接效果值可以算出各潜在变量的聚敛效度、潜在因素构念的组合信度与平均方差抽取量等数值。就测量模型而言,潜在构念变量对指标变量(题项)的直接效果值为

标准化路径系数,此数值为指标变量(题项)的因素负荷量;就结构模型而言,直接效果值为潜在构念变量对潜在构念变量直接影响的标准化路径系数,外因变量对内因变量的直接效果值为 γ 系数值,内因变量对内因变量的直接效果值为 β 系数值。

间接效果值为"Standardized Indirect Effects"选项的数据,在一阶斜交多因素模型中,潜在因素构念对测量指标变量只有直接效果值没有间接效果值,所以表 8-10 中间接效果值数值均为 0.000。

表 8-10　CFA 模型中的间接效果值摘要表

测量变量	行为期望	课业期望	升学期望	职业期望
D16	0.000	0.000	0.000	0.000
D15	0.000	0.000	0.000	0.000
D14	0.000	0.000	0.000	0.000
D13	0.000	0.000	0.000	0.000
C12	0.000	0.000	0.000	0.000
C11	0.000	0.000	0.000	0.000
C10	0.000	0.000	0.000	0.000
A05	0.000	0.000	0.000	0.000
A04	0.000	0.000	0.000	0.000
A03	0.000	0.000	0.000	0.000
A01	0.000	0.000	0.000	0.000
B09	0.000	0.000	0.000	0.000
B08	0.000	0.000	0.000	0.000
B07	0.000	0.000	0.000	0.000
B06	0.000	0.000	0.000	0.000

第四节　非散布事前分布的贝氏估计法

贝氏估计主要根据数据的关联性信息进行参数估计,最大似然法估计是借由观察数据 y 的信息让未知参数 θ 的似然值最大化,二者的关系为 $L(\theta \mid y) \fallingdotseq p(\theta \mid y)$,贝氏估计近似于 y 事后分布密度:$p(\theta \mid y) \fallingdotseq p(\theta)L(\theta \mid y)$,$p(\theta)$ 是未知参数 θ 的先验前分布,$p(\theta \mid y)$ 是给予观察数据 y 后未知参数 θ 的事后分布,这意味着给予未知参数 θ 后,观察数据 y 的事后分布密度等于 θ 的事前分布乘于观察数据 y 的似然值。当样本增加后,似然函数会变得十分接近 ML 估计值,Amos 默认的贝氏估计法中各参数估计的分布为均匀先验分布(uniform prior distribution),这种分布是一种散布性先验分布(diffuse prior distribution),此种分布又称为"Non-informative prior"分布,散布性先验图形趋近于平坦,或常数项会落于似然值的大部分区域中;事后分布受到似然值的影响很大,亦即受到数据本身的影响很大。如果 θ 参数为均匀先验分布时,$p(\theta)$ 先验分布图是完全平坦的,事后分布概率图是似然值再简化为正态化的图形;甚至在非均匀先验分布情况下,当样本数增加时,先验分布的影响会降低,因为当样本数增加时,θ 参数的联合事后分布会趋近于正态分布曲线图,因而在大样本情况下,贝氏估计和传统最大似然估计程序所输出的参数估计值会十分接近;相对地,在小样本情况下进行贝氏分析程序时,如果研究者能提供参数先验分布的数据,贝氏分析所估计的参数估计值会更准确(Arbuckle,2006,pp. 413-414)。

一、ML 法的适配模型

在范例假设模型中,外因变量为生活压力、学业成就,内因变量为自我焦虑,生活压力潜在构念的两个观察变量为家庭压力、学校压力;自我焦虑潜在构念的两个观察变量为生理反应、心理反应,观察变量生理反应与观察变量家庭压力误差间有共变关系,观察变量心理反应与观察变量学校压力误差间有共变关系(修改自 Arbuckle,2006,p. 415,数据文件取自手册范例文件中的 Ex27. amw)。

表 8-11　观察变量相关矩阵与描述性统计量摘要表(N = 80,有效 N = 76)

	学业成就	家庭压力	学校压力	生理反应	心理反应
学业成就	1				
家庭压力	.042	1			
学校压力	.116	.614	1		
生理反应	−.658	.337	.307	1	
心理反应	−.509	.255	.455	.848	1
平均数	.50	19.80	21.69	14.62	14.84
标准差	.503	4.184	6.808	6.798	9.371
最小值	0	12	10	0	0
最大值	1	29	50	28	47

由图 8-51 可知,假设模型中外因变量为生活压力、学业成就,内因变量为自我焦虑,模型中增列估计平均数与截距项。

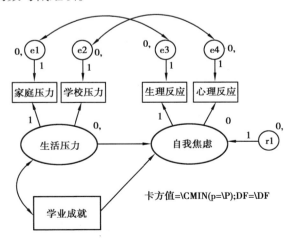

图 8-51

假设模型的非标准化估计值模型图如图 8-52,模型的自由度为 1,整体模型适配度统计量的卡方值为 0.451,显著性概率值 p = 0.502 > 0.05,接受虚无假设,表示假设模型与观察数据适配良好。在参数合理性的判别方面,观察变量生理反应的误差项 e3 的方差等于 −3.18,表示模型参数中出现不合理解值。

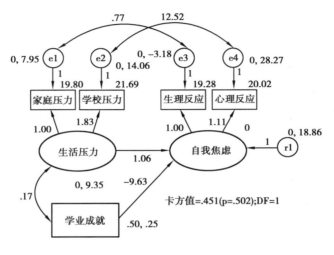

图 8-52

二、执行贝氏分析

数据符合均匀先验分布性质时,贝氏分析与最大似然法分析所得到的参数结果会相似。执行贝氏分析程序,允许 MCMC 抽样进行,直到红色哭脸图示变成黄色笑脸图示时,才按暂停抽样工具钮 ▮▮。

Variances								
生活壓力	10.446	0.132	4.620	1.000	3.087	21.286	0.820	0.957
學業成就	0.275	0.001	0.047	1.000	0.198	0.382	0.741	1.071
r1	23.022	0.183	6.105	1.000	13.526	37.582	0.880	1.234
e1	8.975	0.092	3.972	1.000	0.805	16.553	-0.305	1.001
e2	13.817	0.556	13.379	1.001	-20.396	34.417	-1.238	2.870
e3	-4.697	0.134	5.630	1.000	-17.931	4.482	-0.849	1.528
e4	33.916	0.167	8.555	1.000	19.757	53.519	0.662	0.755

图 8-53

输出摘要表中,误差项 e3 的方差估计值为 −4.697(Mean 栏数值),标准差为 5.630(S. D. 栏数值),标准差数值为方差估计值的估计标准误。

按事后分布工具钮或执行功能列"View"(检视)/"Posterior"(事后分布),开启"Posterior"对话窗口(图 8-54),选取输出表格中的误差项 e3 列数据,可以绘制误差项方差 e3 的事后分布概率多边图。

从事后分布多边图 8-55 的诊断中可以看出,误差项 e3 的残差方差(事后平均数)数值为负数(Mean = −4.697),结果与最大似然法估计大致一样,事后分布多边图多数区域位于 0 的左边。

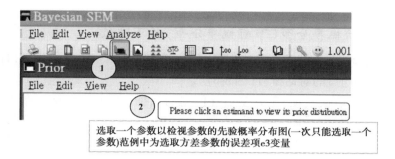

图 8-54

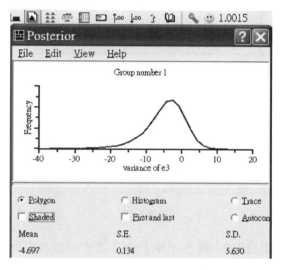

图 8-55

按工具列"Fit Measures"（适配测量值）图像钮，执行模型适配度的检验，"Posterior predictive p"的数值为 0.50，进行模型适配度评估时，"Posterior predictive p"数值在 0.50 期望值附近时，表示模型的适配度良好，范例中刚好为 0.50，显示假设模型与观察数据可以适配。所有参数均达到聚敛时的整体 C.S. 值为 1.001 5，小于默认标准值 1.002，表示所有参数都已经达到聚敛标准，此时不用再进行生成样本的程序，当所有参数都已经达到聚敛标准后，即使 MCMC 再进行抽样程序，参数间的差异值很小，表示参数估计值已经十分确定与稳定。

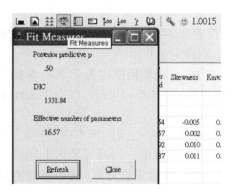

图 8-56

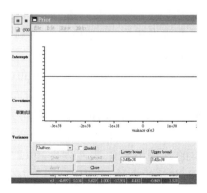

图 8-57

三、设定参数先验概率分布(事前概率分布)的下限值

　　按工具列先验图像钮或执行功能列"View"(检视)/"Prior"(先验分布)程序,可以开启"Prior"(先验/事前)的对话窗口(图 8-57)。

　　在输出文件选取误差项 e3 方差估计值列的数据,此时在"Prior"的对话窗口下方"Lower bound"(下限)"Upper bound"(上限)会输出此估计值的上下限数值,范例中下限数值为"－3.4E ＋ 38",上限数值为"3.4E ＋ 38"。"－3.4E ＋ 38"为科学符号,实际的数值为 -3.4×10^{-38},下限数值远小于 0,表示方差可能为负数,但方差为负,表示此参数为不适当解值。

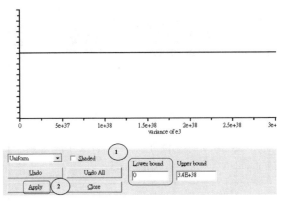

图 8-58

　　为避免参数方差估计值的下限小于 0,出现不适当解值或不合理参数,将下限数值界定为 0(当然研究者也可以界定下限的最小数值为接近 0 的小数,如 0.01 或 0.05),即用常数 0 取代原先 -3.4×10^{-38},之后再按"Apply"(应用)钮。按下"Apply"(应用)钮后,Amos 会抛弃原先累积的 MCMC 生成的样本数,自动重新生成样本进行参数估计。

　　MCMC 进行抽样程序时,当聚敛统计量图示由红色哭脸变成黄色笑脸时,研究者可以按下暂停抽样工具钮 ▐▐ 。

　　C.S. 值为 1.001 7 时,各参数的平均数、标准差及 95% 置信区间值如图 8-59,误差项 e3 的方差平均数值为 2.289,数值为正值,研究者可以再检核参数的事后分布概率图,以检核是否有生成样本的数值小于 0。输出表格中没有呈现最小值与最大值,在实际从事贝氏估计中最好能呈现最小值与最大值两栏数值,因为最小值栏的数值也可作为判断参数是否为不适当解值的参考,如果某个参数方差的最小值为负值,表示参数估计结果可能出现不适当解值,为避免误差 e1、误差项 e2、误差项 e4 出现负的方差,研究者可个别修正先验分布的数值,将每个误差项方差的下限个别设定为 0。

　　将误差项 e3 方差先验概率分布(事前概率分布)的下限数值固定为 0,所有参数达到聚敛后,误差项 e3 方差事后概率分布多边图 8-60 显示,就方差 e3 而言,没有生成样本的方差小于 0,所有生成样本的方差均为正数(大于 0 的数值)。

　　就参数 e2 方差的事后概率分图多边图 8-61 来看,MCMC 生成的样本中,约有三分之一样本的方差小于 0,表示误差项 e2 方差可能出现不适当解值。因而可依据上述修正误差项 e3 方差的方法,将误差项 e2 方差的先验概率分布(事前先验分布)的下限数值界定为 0 或设定为一个趋近为 0 的数值,如 0.01 或 0.001 等。

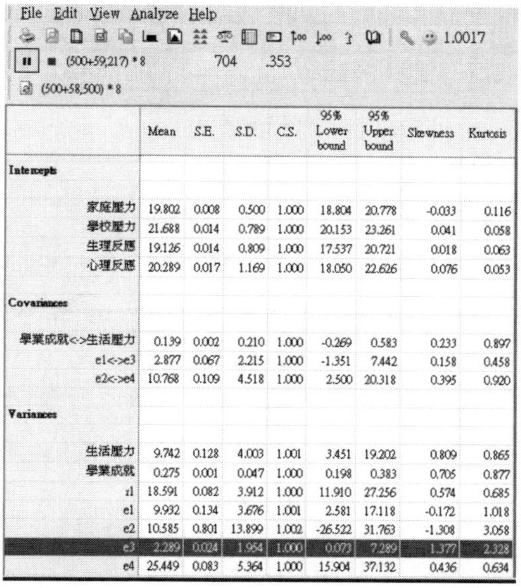

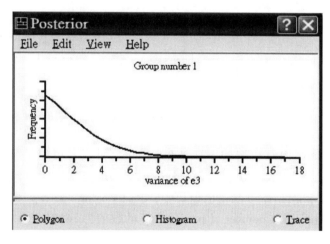

	Mean	S.E.	S.D.	C.S.	95% Lower bound	95% Upper bound	Skewness	Kurtosis
Intercepts								
家庭壓力	19.802	0.008	0.500	1.000	18.804	20.778	-0.033	0.116
學校壓力	21.688	0.014	0.789	1.000	20.153	23.261	0.041	0.058
生理反應	19.126	0.014	0.809	1.000	17.537	20.721	0.018	0.063
心理反應	20.289	0.017	1.169	1.000	18.050	22.626	0.076	0.053
Covariances								
學業成就<->生活壓力	0.139	0.002	0.210	1.000	-0.269	0.583	0.233	0.897
e1<->e3	2.877	0.067	2.215	1.000	-1.351	7.442	0.158	0.458
e2<->e4	10.768	0.109	4.518	1.000	2.500	20.318	0.395	0.920
Variances								
生活壓力	9.742	0.128	4.003	1.001	3.451	19.202	0.809	0.865
學業成就	0.275	0.001	0.047	1.000	0.198	0.383	0.705	0.877
r1	18.591	0.082	3.912	1.000	11.910	27.256	0.574	0.685
e1	9.932	0.134	3.676	1.001	2.581	17.118	-0.172	1.018
e2	10.585	0.801	13.899	1.002	-26.522	31.763	-1.308	3.058
e3	2.289	0.024	1.954	1.000	0.073	7.289	1.377	2.328
e4	25.449	0.083	5.364	1.000	15.904	37.132	0.436	0.634

图 8-59

图 8-60

　　一个参数的先验概率分布(事前先验分布)下限值设定方法较适合于小模型,如果假设模型较为复杂,个别参数的逐一设定法较不实用,此时,研究者可采用自动界定先验分布的方法,让 Amos 自行判别修正,即当任一参数估计值出现不适当解值时,Amos 会自动将其先验密度的数值界定为 0。

四、整体设定模型参数均为可接受解

　　按工具列"Options"(选项)图形钮,或执行功能列"View"(检视)/"Options"(选项)程序,开启"Bayesian Options"(贝氏选项)窗口(图 8-62),按"Prior"(事前分布)方盒,勾选:"☑ Admissibility test ＊"(可接受解检验),之后再按"Close"(钮)。当使用者一按下"Close"后,Amos 立即抛弃先前所有生成累积的样本,重新进行 MCMC 样本生成的程序。

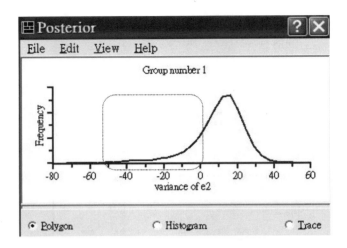

图 8-61

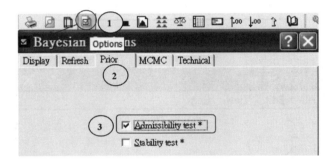

图 8-62

当聚敛统计量图示由红色哭脸图成黄色笑脸时,研究者可以按下暂停抽样工具钮 ⅱ。图 8-63 中当 C. S. 值为 1.001 5,表示分析程序只用到 79 501 个观察值时,所有估计值都已经达到聚敛标准,适配度测量值窗口中,"Posterior predictivep" 期望值为 0.50、DIC 数值为 1 333.25、"Effective number of parameters" 的数值为 16.71。

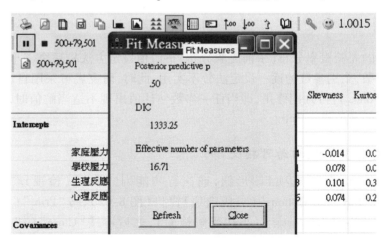

图 8-63

图 8-64 显示,输出表格中 6 个参数的方差均为正数,且其最小值也都是正数,表示模型估计值中没有不适当解值。

	Mean	S.E.	S.D.	C.S.	95% Lower bound	95% Upper bound	Skewness	Kurtosis	Min	Max
Intercepts										
家庭壓力	19.749	0.023	0.489	1.001	18.773	20.694	-0.014	0.002	17.997	21.596
學校壓力	21.635	0.032	0.800	1.001	20.112	23.241	0.078	0.064	18.536	24.888
生理反應	19.055	0.045	0.831	1.001	17.444	20.713	0.101	0.318	15.557	23.467
心理反應	20.241	0.055	1.199	1.001	17.930	22.646	0.074	0.224	15.204	26.058
Covariances										
學業成就<->生活壓力	0.163	0.011	0.235	1.001	-0.296	0.655	0.154	0.606	-0.734	1.272
e1<->e3	2.125	0.063	1.898	1.001	-1.222	6.243	0.483	0.396	-2.997	11.039
e2<->e4	11.246	0.224	4.323	1.001	3.247	20.292	0.238	0.267	-5.638	30.574
Variances										
生活壓力	10.805	0.196	3.602	1.001	4.952	18.864	0.646	0.459	2.310	27.441
學業成就	0.272	0.002	0.046	1.001	0.197	0.375	0.817	1.597	0.155	0.566
r1	17.487	0.122	3.599	1.001	11.174	25.374	0.431	0.285	6.767	33.677
e1	8.678	0.124	2.818	1.001	3.084	14.403	0.099	0.083	0.156	20.277
e2	15.907	0.354	7.140	1.001	3.555	31.223	0.354	-0.118	0.012	45.124
e3	2.679	0.052	1.953	1.000	0.221	7.554	1.259	2.010	0.001	16.183

图 8-64

第五节　潜在变量路径分析——贝氏估计法

一、ML 最大似然法

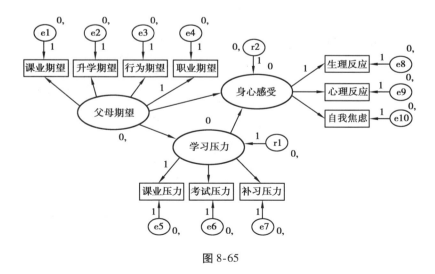

图 8-65

如图 8-65 所示,在父母期望、学习压力与受试者身心感受因果模型中,外因潜在变量为父母期望(4 个观察变量为课业期望、升学期望、行为期望、职业期望),内因潜在变量为学习压力与身心感受:学习压力构念的 3 个观察变量为课业压力、考试压力、补习压力,身心感受的 3 个观察变量为生理反应、心理反应、自我焦虑,内因潜在变量学习压力在结构模型中是一个中介变量。

非标准化估计值模型图 8-66 中没有出现负的误差方差,表示模型估计结果的参数均为合理的解值,模型的自由度为 32。

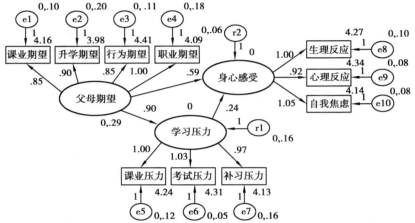

[预设模型];Unstandardized estimates;卡方值=42.043(p=.110);卡方自由度比=1.314
DF=32;RMSEA=.046;NFI=.965;CFI=.991

图 8-66

标准化估计值模型图 8-67 中没有出现大于 1 的标准化路径系数,表示所有参数均为合理性解值,模型的自由度为 32,整体适配度检验的卡方值为 42.043,显著性 $p = 0.110 > 0.05$,接受虚无假设,表示假设模型与观察数据间的适配度良好,当卡方值统计量显著性 $p > 0.05$ 时,RMSEA 值、CFI 值等主要适配度统计量都会达到模型适配标准。

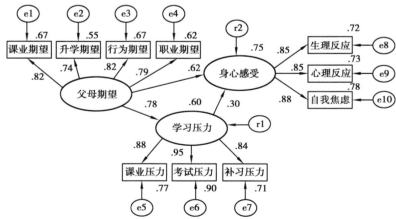

[预设模型];Standardized estimates;卡方值=42.043(p=.110);卡方自由度比=1.314
DF=32;RMSEA=.046;NFI=.965;CFI=.991

图 8-67

二、贝氏估计法

(一)增列平均数与截距项设定

设定估计假设模型的平均数与截距项,是在"Analysis Properties"(分析属性)对话窗口的"Output"(输出结果)方盒中勾选"Indirect, direct & total effects"(间接、直接与总效果值)选项。勾选此选项时,在 ML 估计法中可以输出间接效果值、直接效果值、总效果值,其中直接效果值的数据为标准化回归系数的数据;在贝氏估计法中原始的输出参数没有直接效果值,当参数估计达到聚敛标准时,再按"Additional estimands"额外参数估计钮进行额外参数的估计,如果在原先假设模型中有勾选"Indirect, direct & total effects"(间接、直接与总效果值)选项,则额外参数估计时会增列直接效果值、间接效果值与总效果值数据。

(二)执行贝氏估计程序

按"Bayesian"(贝氏估计法)工具图像钮,或执行功能列"Analyze"(分析)/"Bayesian Estimation"(贝氏估计法)程序,均可开启"Bayesian SEM"(贝氏 SEM)对话窗口(图 8-68),估计开始时会视模型的复杂度而有不同的停顿时间,暂停钮右边的数字"500 + 样本数",样本数每隔 1 000 会更新一次(1 000 为默认数值),当聚敛统计量图示由红色哭脸图示变成黄色笑脸图示时(C. S. 数值小于标准值 1.002 时),再按暂停样本钮,此时画面中间的数值会暂时冻结。范例中 C. S. 的数值为 1.001 1,分析的样本数为 91 501,抛弃的样本数为生成的前 500 个样本。输出的事后概率分布统计量包括事后平均数(Mean)、事后平均数的标准差(S. D.)、聚敛统计量(C. S.)、事后平均数 95% 置信区间(95% Lower bound & 95% Upper bound)、事后平均数的最小值(Min)、事后平均数的最大值(Max)。

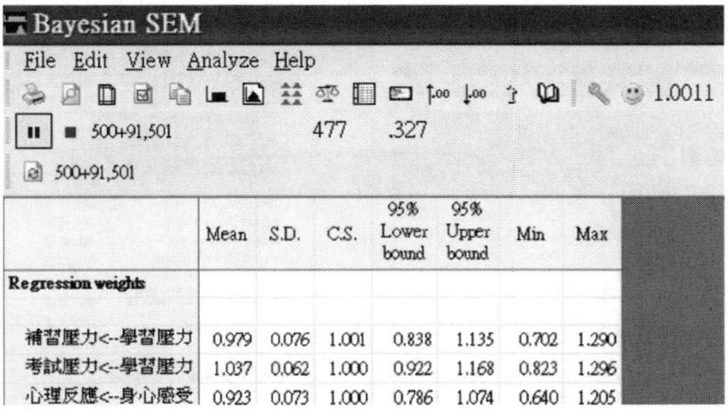

Bayesian SEM

File　Edit　View　Analyze　Help

⏸ ⏹　500+91,501　　　477　　.327

500+91,501

	Mean	S.D.	C.S.	95% Lower bound	95% Upper bound	Min	Max
Regression weights							
補習壓力<-學習壓力	0.979	0.076	1.001	0.838	1.135	0.702	1.290
考試壓力<-學習壓力	1.037	0.062	1.000	0.922	1.168	0.823	1.296
心理反應<-身心感受	0.923	0.073	1.000	0.786	1.074	0.640	1.205

图 8-68

(三)估计适配度测量值

按工具列"Fit Measures"适配测量值图像钮,进行贝氏适配度指标值的估计。

图 8-69 中," Posterior predictive p"(事后预测 p 值)为 0. 24,DIC 值为 108. 99,有效的参数个数数值为 32. 35。贝氏分析中,"Posterior predictive p"的合理数值介于 0. 05 至

0.95 之间,在 0.05 期望值附近时,表示假设模型为最良好适配模型,一般判别标准为当"Posterior predictive p"数据介于 0.20 至 0.80 时(也可设定为 0.25 至 0.75 间,0.50 期望值区间愈小,表示适配度的检验愈严苛),表示假设模型为适配模型,图中的数值为 0.24,介于 0.20 至 0.70 间,显示父母期望、学习压力与身心感受的因果模型图与观察数据可以适配。

(四)进行额外参数估计程序

按工具列额外参数估计图像钮"Additional estimands",或执行"View"(检视)/"Additional estimands"(额外参数估计值)程序。额外参数估计完成的画面如下:

图 8-70 中,勾选"Standardized Total Effects"选项及"Mean"选项,呈现的数值为模型的总效果值。

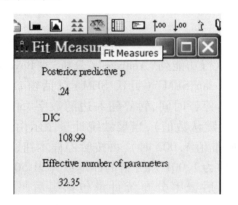

图 8-69　　　　　　　　　　　　　　　　　图 8-70

图 8-71 中,勾选"Standardized Indirect Effects"选项及"Mean"选项,呈现的数值为模型的间接效果值。

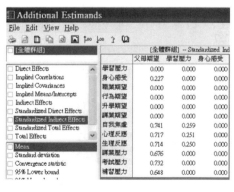
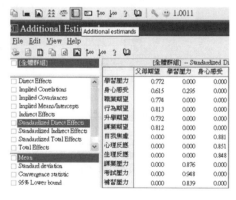

图 8-71　　　　　　　　　　　　　　　　　图 8-72

图 8-72 中,勾选"Standardized Direct Effects"选项及"Mean"选项,呈现的数值为模型的直接效果值。就测量模型而言,潜在构念变量对观察变量的直接效果值为标准化路径系数(标准化回归系数),标准化路径系数即为因素负荷量;就结构模型而言,潜在变量对潜在变量的直接效果值为标准化回归系数(γ 系数或 β 系数)。

在"Additional Estimands"对话窗口左边中的"Standardized Direct Effects"(标准化直接效果)选项为直接效果值、"Standardized Indirect Effects"(标准化间接效果)选项为间效果值、"Standardized Total Effects"(标准化总效果)选项为总效果值,直接效果值表示的是标准化回归系数值。

进行贝氏估计时,如果经过一段很长时间,聚敛统计量图示还是红色哭脸,表示有部分参数尚未达到聚敛标准,此时,研究者可先按下暂停抽样钮⏸,尝试修正部分参数的先验概率分布,以误差项 e1 方差估计值为例,研究者按下工具列图像钮"Prior"(先验分布/事前分布),可开启"Prior"(先验分布)对话窗口(图 8-73)。

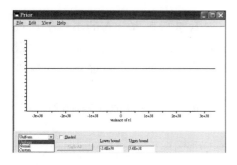

图 8-73

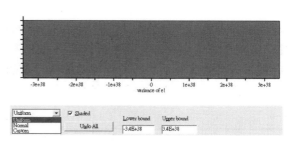

图 8-74

"Prior"(先验分布)对话窗口的左下角选单有三种先验分布的设定:Uniform(均匀或等分先验分布)"Normal"(正态分布)"Custom"(自订分布),默认的概率分布为 Uniform(均匀或等分先验分布)。

图 8-74 的先验分布为默认的 Uniform,图形增列勾选"☑ Shaded"(阴影),所以参数先验概率分布下的区域会着上黑色。

如图 8-75 所示,如果研究者将 Prior 由均匀分布改选为正态分布,则限定参数事后分布平均数为 0、标准差为 1。

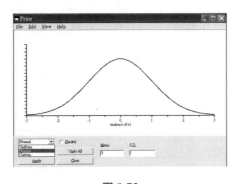

图 8-75

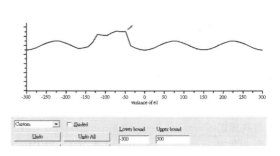

图 8-76

在图 8-76 中,选取"Custom"选项,鼠标移往中间分布线上,会出现✎的形状,按住✎可任意拉拽多边形形状。

图 8-77 为选取"Custom"选项,以✎任意拉拽多边形形状后,再勾选"Shaded"选项的范例图。

当样本数愈大时,参数先验概率分布的设定对参数事后概率分布的影响愈小,这表

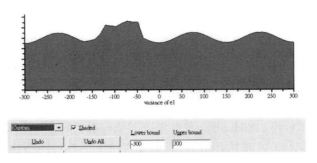

图 8-77

示当样本数愈大时,设定参数不同的先验概率分布后,参数事后概率分布的事后平均数与标准差等统计量差异不大,此外,有一点应该注意的是没有理论支持或经验法则为根据,研究者任意修改参数的先验概率分布是不合适的,因为这样的设定可能导致参数事后概率分布的事后平均数与标准差等统计量的偏误值更大。

贝氏估计法输出的原始路径系数估计值、截距项估计值、方差估计值如表 8-12:

表 8-12

	Mean 平均数	S. D. 标准差	C. S. 聚敛值	95% Lower bound	95% Upper bound	Min 最小值	Max 最大值
Regression weights(路径系数)							
补习压力 < − −学习压力	0.979	0.076	1.001	0.838	1.135	0.702	1.290
考试压力 < − −学习压力	1.037	0.062	1.000	0.922	1.168	0.823	1.296
心理反应 < − −身心感受	0.923	0.073	1.000	0.786	1.074	0.640	1.205
自我焦虑 < − −身心感受	1.044	0.080	1.000	0.898	1.214	0.783	1.453
课业期望 < − −父母期望	0.871	0.088	1.001	0.713	1.062	0.605	1.293
升学期望 < − −父母期望	0.922	0.103	1.001	0.739	1.142	0.572	1.374
行为期望 < − −父母期望	0.875	0.088	1.001	0.722	1.070	0.608	1.279
身心感受 < − −学习压力	0.243	0.087	1.001	0.073	0.411	−0.130	0.586
身心感受 < − −父母期望	0.607	0.116	1.001	0.398	0.848	0.200	1.235
学习压力 < − −父母期望	0.930	0.116	1.001	0.725	1.178	0.557	1.487
Intercepts(截距项)							
补习压力	4.131	0.061	1.000	4.012	4.250	3.899	4.335
考试压力	4.309	0.056	1.000	4.197	4.417	4.032	4.507
课业压力	4.243	0.057	1.001	4.131	4.353	3.941	4.459
生理反应	4.274	0.050	1.001	4.174	4.370	4.043	4.446
心理反应	4.341	0.046	1.001	4.252	4.433	4.154	4.502
自我焦虑	4.137	0.050	1.001	4.042	4.234	3.932	4.332
课业期望	4.160	0.046	1.000	4.069	4.249	3.960	4.329
升学期望	3.981	0.053	1.000	3.878	4.085	3.791	4.228
行为期望	4.413	0.046	1.001	4.322	4.502	4.245	4.583
职业期望	4.089	0.055	1.001	3.980	4.195	3.860	4.318
Variances(方差)							
父母期望	0.290	0.054	1.001	0.194	0.406	0.120	0.584
r1	0.165	0.031	1.000	0.112	0.232	0.075	0.318
r2	0.069	0.015	1.001	0.042	0.103	0.023	0.139

	Mean 平均数	S. D. 标准差	C. S. 聚敛值	95% Lower bound	95% Upper bound	Min 最小值	Max 最大值
e7	0.164	0.024	1.001	0.123	0.21	0.092	0.268
e6	0.049	0.014	1.000	0.023	0.078	0.008	0.106
e5	0.123	0.019	1.000	0.090	0.166	0.065	0.213
e8	0.107	0.018	1.001	0.076	0.145	0.052	0.200
e9	0.088	0.014	1.001	0.063	0.118	0.042	0.164
e10	0.085	0.015	1.001	0.059	0.117	0.042	0.146
e1	0.110	0.017	1.001	0.080	0.145	0.056	0.180
e2	0.207	0.029	1.001	0.156	0.270	0.123	0.349
e3	0.110	0.016	1.001	0.081	0.145	0.050	0.178
e4	0.190	0.027	1.001	0.144	0.250	0.105	0.314

参数摘要表中"Mean"栏为参数估计值的平均数,"S. D."栏为参数估计值的标准差,"95% Lower bound"栏为事后平均数95%置信区间下限值、"95% Upper bound"为事后平均数95%置信区间上限值,事后平均数95%置信区间上下限值如果包含0,表示事后平均数显著为0,参数估计值不显著;相对地,事后平均数95%置信区间上下限值未包含0,表示参数估计值达到0.05显著水平(在ML估计法中临界比值会大于1.96,显著性p值会小于0.05)。

从直接效果值摘要表8-13可以看出,就结构模型而言,外因潜在构念变量父母期望对内因潜在构念变量学习压力、身心感受影响的标准化路径系数分别为0.772、0.615,内因潜在构念变量学习压力对内因潜在构念变量身心感受影响的标准化路径系数为0.295。就测量模型而言,潜在构念变量父母期望四个指标变量的因素负荷量分别为0.774、0.813、0.732、0.812;潜在构念变量学习压力三个指标变量的因素负荷量分别为0.876、0.948、0.839;潜在构念变量身心感受三个指标变量的因素负荷量分别为0.881、0.851、0.848。

表8-13 贝氏估计法估计的直接效果值

变量名称	父母期望	学习压力	身心感受
学习压力	0.772	0.000	0.000
身心感受	0.615	0.295	0.000
职业期望	0.774	0.000	0.000
行为期望	0.813	0.000	0.000
升学期望	0.732	0.000	0.000
课业期望	0.812	0.000	0.000
自我焦虑	0.000	0.000	0.881
心理反应	0.000	0.000	0.851
生理反应	0.000	0.000	0.848
课业压力	0.000	0.876	0.000
考试压力	0.000	0.948	0.000
补习压力	0.000	0.839	0.000

从间接效果值摘要表8-14发现:外因潜在构念变量父母期望对内因潜在构念变量学

习压力、身心感受的间接效果值分别为 0.000、0.227，其中外因潜在构念变量父母期望对内因潜在构念变量学习压力只有直接影响路径，没有间接影响路径，因而间接效果值为 0。

表 8-14 贝氏估计法估计的间接效果值

变量名称	父母期望	学习压力	身心感受
学习压力	0.000	0.000	0.000
身心感受	0.227	0.000	0.000
职业期望	0.000	0.000	0.000
行为期望	0.000	0.000	0.000
升学期望	0.000	0.000	0.000
课业期望	0.000	0.000	0.000
自我焦虑	0.741	0.259	0.000
心理反应	0.717	0.251	0.000
生理反应	0.714	0.250	0.000
课业压力	0.676	0.000	0.000
考试压力	0.732	0.000	0.000
补习压力	0.648	0.000	0.000

表 8-15 贝氏估计法估计的总效果值

变量名称	父母期望	学习压力	身心感受
学习压力	0.772	0.000	0.000
身心感受	0.842	0.295	0.000
职业期望	0.774	0.000	0.000
行为期望	0.813	0.000	0.000
升学期望	0.732	0.000	0.000
课业期望	0.812	0.000	0.000
自我焦虑	0.741	0.259	0.881
心理反应	0.717	0.251	0.851
生理反应	0.714	0.250	0.848
课业压力	0.676	0.876	0.000
考试压力	0.732	0.948	0.000
补习压力	0.648	0.839	0.000

注：变量对变量影响的总效果值为直接效果值加上间接效果值。

贝氏估计法的标准化估计值模型图如图 8-78，图中的标准化路径系数由直接效果值表摘录。

贝氏估计法的非标准化估计值模型图如图 8-79（图中的路径系数、方差、截距项由参数估计值中的"平均数"栏数据摘录）。

最大似然法估计所得的参数如表 8-16，在最大似然法的输出表格中增列贝氏估计结果的数值，两种方法所估计的参数估计值与标准误十分接近。

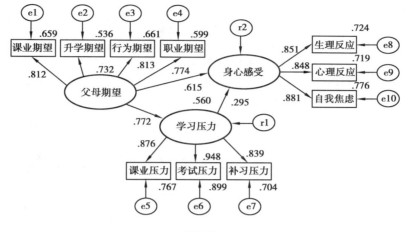

图 8-78

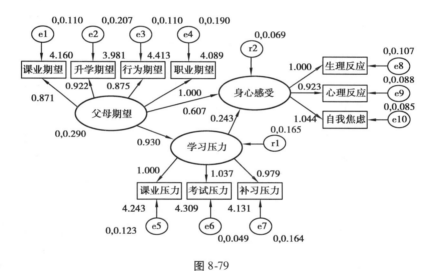

图 8-79

表 8-16　Maximum Likelihood Estimates

Regression Weights:（［**全体群组**］－［**预设模型**］）【**路径系数**】

	ML 估计结果					贝氏估计结果	
	Estimate 估计值	S. E 标准误	C. R. 临界比	P 显著性	Label 参数标签	Mean 平均数	S. D. 标准差
学习压力 < － － － 父母期望	.905	.102	8.873	* * *		0.930	0.116
身心感受 < － － － 学习压力	.240	.083	2.888	.004		0.243	0.087
身心感受 < － － － 父母期望	.586	.109	5.400	* * *		0.607	0.116
补习压力 < － － － 学习压力	.973	.070	13.916	* * *		0.979	0.076
考试压力 < － － － 学习压力	1.033	.060	17.333	* * *		1.037	0.062
课业压力 < － － － 学习压力	1.000				参照指标		
生理反应 < － － － 身心感受	1.000				参照指标		
心理反应 < － － － 身心感受	.924	.071	13.008	* * *		0.923	0.073
自我焦虑 < － － － 身心感受	1.049	.077	13.710	* * *		1.044	0.080
课业期望 < － － － 父母期望	.848	.079	10.715	* * *		0.871	0.088

续表

	ML 估计结果					贝氏估计结果	
	Estimate 估计值	S. E 标准误	C. R. 临界比	P 显著性	Label 参数标签	Mean 平均数	S. D. 标准差
升学期望 < − − −父母期望	.899	.095	9.475	* * *		0.922	0.103
行为期望 < − − −父母期望	.848	.079	10.682	* * *		0.875	0.088
职业期望 < − − −父母期望	1.000				参照指标		

表 8-17 Standardized Regression Weights:（［全体群组］ − ［预设模型］）

	ML 估计结果	贝氏估计结果
	Estimate	Mean
学习压力 < − − −父母期望	.777	.772
身心感受 < − − −学习压力	.296	.295
身心感受 < − − −父母期望	.619	.615
补习压力 < − − −学习压力	.842	.839
考试压力 < − − −学习压力	.950	.948
课业压力 < − − −学习压力	.879	.876
生理反应 < − − −身心感受	.850	.851
心理反应 < − − −身心感受	.854	.848
自我焦虑 < − − −身心感受	.884	.881
课业期望 < − − −父母期望	.818	.812
升学期望 < − − −父母期望	.739	.732
行为期望 < − − −父母期望	.816	.813
职业期望 < − − −父母期望	.788	.774

表 8-18 Intercepts:（［全体群组］ − ［预设模型］）【截距项】

	ML 估计结果					贝氏估计结果		
变量名称	Estimate	S. E.	C. R.	P	Label	变量名称	Mean	S. D.
补习压力	4.130	.060	69.013	* * *		补习压力	4.131	0.061
考试压力	4.308	.056	76.588	* * *		考试压力	4.309	0.056
课业压力	4.242	.059	72.053	* * *		课业压力	4.243	0.057
生理反应	4.274	.050	86.259	* * *		生理反应	4.274	0.050
心理反应	4.342	.046	95.333	* * *		心理反应	4.341	0.046
自我焦虑	4.139	.050	82.858	* * *		自我焦虑	4.137	0.050
课业期望	4.160	.046	90.260	* * *		课业期望	4.160	0.046
升学期望	3.980	.054	73.674	* * *		升学期望	3.981	0.053
行为期望	4.411	.046	95.486	* * *		行为期望	4.413	0.046
职业期望	4.089	.056	72.458	* * *		职业期望	4.089	0.055

注：观察变量的截距项估计值为样本数据在观察变量的算术平均数统计量（M）。

表 8-19 Variances:（［全体群组］ − ［预设模型］）【方差】

	ML 估计结果					贝氏估计结果		
变量名称	Estimate	S. E.	C. R.	P	Label	变量名称	Mean	S. D.
父母期望	.294	.053	5.567	* * *		父母期望	0.290	0.054
r1	.158	.029	5.510	* * *	r1	0.165	0.031
r2	.065	.014	4.505	* * *	r2	0.069	0.015

续表

ML 估计结果						贝氏估计结果		
变量名称	Estimate	S. E.	C. R.	P	Label	变量名称	Mean	S. D.
e7	.156	.022	7.202	* * *	e7	0.164	0.024	
e6	.046	.013	3.512	* * *	e6	0.049	0.014	
e5	.117	.018	6.501	* * *	e5	0.123	0.019	
e8	.102	.016	6.544	* * *	e8	0.107	0.018	
e9	.083	.013	6.456	* * *	e9	0.088	0.014	
e10	.081	.014	5.738	* * *	e10	0.085	0.015	
e1	.104	.016	6.698	* * *	e1	0.110	0.017	
e2	.197	.026	7.495	* * *	e2	0.207	0.029	
e3	.106	.016	6.728	* * *	e3	0.110	0.016	
e4	.180	.025	7.080	* * *	e4	0.190	0.027	

表 8-20　Standardized Total Effects([**全体群组**] - [**预设模型**])

	父母期望	学习压力	身心感受
学习压力	.777	.000	.000
身心感受	.849	.296	.000
职业期望	.788	.000	.000
行为期望	.816	.000	.000
升学期望	.739	.000	.000
课业期望	.818	.000	.000
自我焦虑	.751	.261	.884
心理反应	.725	.253	.854
生理反应	.721	.251	.850
课业压力	.683	.879	.000
考试压力	.738	.950	.000
补习压力	.654	.842	.000

注:"Standardized Total Effects"摘要表为总效果值。

表 8-21　Standardized Direct Effects([**全体群组**] - [**预设模型**])

	父母期望	学习压力	身心感受
学习压力	.777	.000	.000
身心感受	.619	.296	.000
职业期望	.788	.000	.000
行为期望	.816	.000	.000
升学期望	.739	.000	.000
课业期望	.818	.000	.000
自我焦虑	.000	.000	.884
心理反应	.000	.000	.854
生理反应	.000	.000	.850
课业压力	.000	.879	.000
考试压力	.000	.950	.000
补习压力	.000	.842	.000

注:"Standardized Direct Effects"标准化直接效果摘要表为直接效果值。

表 8-22　Standardized Indirect Effects（［全体群组］－［预设模型］）

	父母期望	学习压力	身心感受
学习压力	.000	.000	.000
身心感受	.230	.000	.000
职业期望	.000	.000	.000
行为期望	.000	.000	.000
升学期望	.000	.000	.000
课业期望	.000	.000	.000
自我焦虑	.751	.261	.000
心理反应	.725	.253	.000
生理反应	.721	.251	.000
课业压力	.683	.000	.000
考试压力	.738	.000	.000
补习压力	.654	.000	.000

注："Standardized Indirect Effects"标准化间接效果摘要表为间接效果值。

第六节　贝氏估计法的 PP p 值解析

贝氏估计法的 PP p 值介于 0 至 1 之间，数值接近 0 或趋近 1 均表示此数值为极端值，极端的 PP p 值表示的是假设模型的适配度欠佳。在小样本情况下，ML 法估计的卡方值统计量及其显著性 p 值较为稳定，因而在观察样本数为小样本时（如 N 小于 150 或 N 小于 120），ML 法估计所得的卡方值显著性 p 与采用贝氏估计法所得的 PP p 值间的关系较密切，当传统显著性 p 值愈小（卡方值统计量愈大），相对应的 PP p 值会趋近于 0，如果 PP p 值接近于 0，表示假设模型的适配情形欠理想。

图 8-80 为两个因素构念变量与七个指标变量构成的反映性测量模型，因素构念［1］变量有四个测量变量、因素构念［2］变量有三个测量变量。

一、数据结果［1］

七个观察变量的相关矩阵样本数据如表 8-23：

表 8-23

rowtype_	varname_	AX1	AX2	AX3	AX4	AX5	AX6	AX7
N		150	150	150	150	150	150	150
CORR	AX1	1.000						
CORR	AX2	0.806	1.000					
CORR	AX3	0.743	0.806	1.000				
CORR	AX4	0.765	0.834	0.802	1.000			
CORR	AX5	0.327	0.297	0.301	0.245	1.000		
CORR	AX6	0.300	0.280	0.264	0.240	0.756	1.000	
CORR	AX7	0.291	0.294	0.262	0.252	0.743	0.789	1.000
STDDEV		0.991	1.452	1.349	1.340	1.032	0.987	1.115
MEAN		3.450	3.150	4.031	4.251	3.879	4.257	3.245

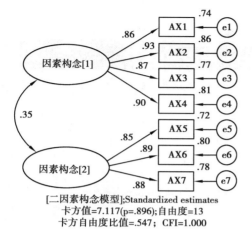

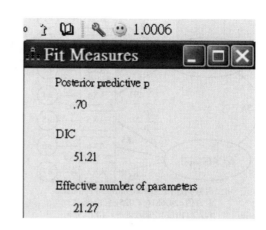

图 8-80   图 8-81

第一种数据结果显示,ML 法估计所得的卡方值为 7.117(模型的自由度为 13),显著性概率值 p 为 0.896(p>0.05,假设模型与样本数据的适配情形甚佳);贝氏估计法所得的 PP p 值为 0.70,DIC 值为 51.21,ENP(有效的参数个数)值为 21.27。

二、数据结果[2]

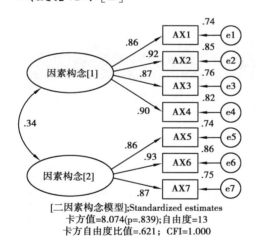

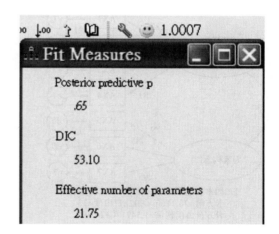

图 8-82   图 8-83

第二种数据结果显示,ML 法估计所得的卡方值为 8.074(模型的自由度为 13),显著性概率值 p 为 0.839(p>0.05,假设模型与样本数据的适配情形良好);贝氏估计法所得的 PP p 值为 0.65,DIC 值为 53.10,ENP 值为 21.75。

三、数据结果[3]

第三种数据结果显示,ML 法估计所得的卡方值为 24.681(模型的自由度为 13),显著性概率值 p 为 0.025(p<0.05,假设模型的适配度不佳);贝氏估计法所得的 PP p 值为 0.14,DIC 值为 68.59,ENP 值为 21.19。

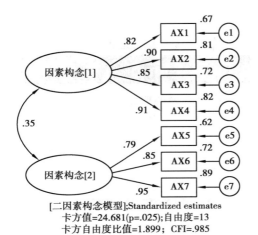

[二因素构念模型];Standardized estimates
卡方值=24.681(p=.025);自由度=13
卡方自由度比值=1.899；CFI=.985

图 8-84

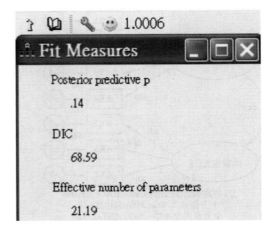

图 8-85

四、数据结果[4]

第四种数据结果显示,ML 法估计所得的卡方值为 20.116(模型的自由度为 13),显著性概率值 p 为 0.092(p > 0.05,假设模型与样本数据可以适配);贝氏估计法所得的 PP p 值为 0.24,DIC 值为 64.65,ENP 值为 21.39。

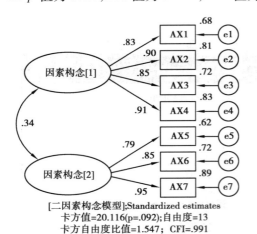

[二因素构念模型];Standardized estimates
卡方值=20.116(p=.092);自由度=13
卡方自由度比值=1.547；CFI=.991

图 8-86

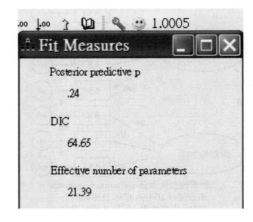

图 8-87

五、数据结果[5]

第五种数据结果显示,ML 法估计所得的卡方值为 101.466(模型的自由度为 13),显著性概率值 p 为 0.000(p < 0.001,假设模型的适配度欠理想);贝氏估计法所得的 PP p 值为 0.00,DIC 值为 146.13,ENP 值为 21.26。

六、数据结果[6]

第六种数据结果显示,ML 法估计所得的卡方值为 18.130(模型的自由度为 13),显著性概率值 p 为 0.153(p > 0.05,假设模型的适配度佳);贝氏估计法所得的 PP p 值为 0.31,DIC 值为,62.01,ENP 值为 21.19。

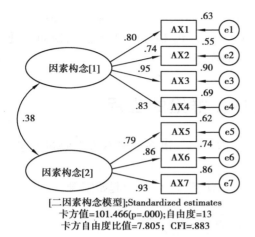

[二因素构念模型];Standardized estimates
卡方值=101.466(p=.000);自由度=13
卡方自由度比值=7.805；CFI=.883

图 8-88

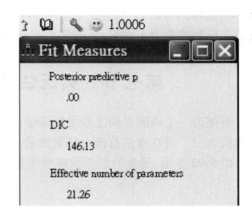

图 8-89

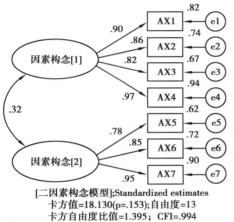

[二因素构念模型];Standardized estimates
卡方值=18.130(p=.153);自由度=13
卡方自由度比值=1.395；CFI=.994

图 8-90

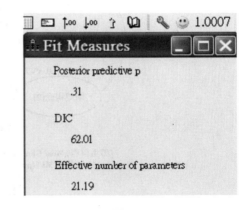

图 8-91

整合 ML 法估计结果与贝氏估计所得 PP p 值结果如表 8-24：

表 8-24

自由度（样本数）	ML 估计法的适配度指标值		贝氏估计法的适配度指标值	
	χ^2	显著性 p	PP p	DIC
13（N = 150）	7.117	0.896（p >0.05）	0.70	51.21
13（N = 150）	8.074	0.839（p >0.05）	0.65	53.10
13（N = 150）	18.130	0.153（p >0.05）	0.31	62.01
13（N = 150）	20.116	0.092（p >0.05）	0.24	64.65
13（N = 150）	24.681	0.025（p <0.05）	0.14	68.59
13（N = 150）	101.466	0.000（p <0.05）	0.00	146.13

从上述仿真的数据可以发现，当传统显著性 p 值未达显著时（p > 0.05），假设模型采用贝氏估计法所得的 PP p 值的数据会接近于 0.20 至 0.70 之间；若传统显著性 p 值达显著水平时（p < 0.05，此时的卡方值会较大），假设模型采用贝氏估计法所得的 PP p 值的数据会在 0.20 以下。学者 Gelman 等人（1996）对于根据 PP p 值来判别假设模型的适配度是否良好的标准界限为 [0.30, 0.70]，这是一种较为保守严格的标准值，在实际应用

PP p 值判别小样本数据与假设模型是否适配时,其标准界限可以界定为[0.25,0.75]。就 DIC 指标来看,当 χ^2 值愈小(显著性概率值 p 愈大)时,DIC 指标值也会愈小,因而当进行数个模型的竞争比较时,可挑选 DIC 指标值较小的模型。

第七节　贝氏估计法在多群组的应用

范例为一个两因素构念变量的期望量表,期望构念[1]潜在变量有五个测量变量、期望构念[2]潜在变量有四个测量变量。

图 8-92 显示,男生群组假设模型中参数卷标名称以字母"A"作为起始字符。

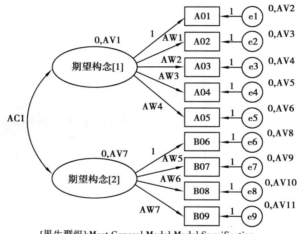

[男生群组];Most General Model;Model Specification
卡方值=\CMIN(p=\P);自由度=\DF;CFI=\CFI

图 8-92

图 8-93 显示,女生群组假设模型中参数卷标名称以字母"B"作为起始字符。男生群组与女生群组的 CFA 模型有相同的因素结构,九个测量变量反映两个潜在因素构念变量。

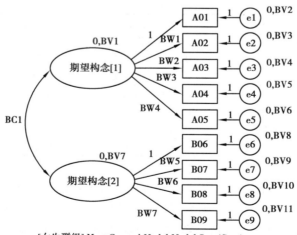

[女生群组];Most General Model;Model Specification
卡方值=\CMIN(p=\P);自由度=\DF;CFI=\CFI

图 8-93

模型估计结果(采用最大似然估计法)为,非标准化估计值模型图没有出现负的误差项方差,表示没有不适当解值,模型可以收敛识别。

图 8-94 和图 8-95 显示,多群组分析的整体适配度检验的卡方值为 46.874,显著性概率值 p $= 0.675$ > 0.05,表示两因素构念的 CFA 模型同时适配于男生群组与女生群组,CFA 假设模型具有跨性别群组效度。

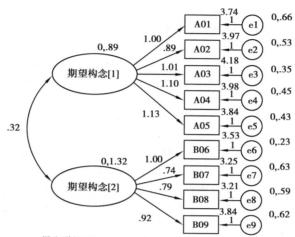

[男生群组];Unconstrained;Unstandardized estimates
卡方值=46.874(p=.675);自由度=52;CFI=1.000

图 8-94

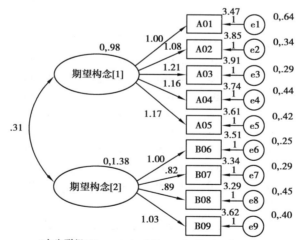

[女生群组];Unconstrained;Unstandardized estimates
卡方值=46.874(p=.675);自由度=52;CFI=1.000

图 8-95

贝氏估计法的多群组分析对话窗口与单群组分析对话窗口最大的差异在于窗口中会出现两个样本数据的群组名称,两个群组的参数估计值分开呈现(图 8-96)。

当模型中所有参数都达到聚敛标准时,按下暂停抽样钮后,要查看各群组非标准化估计值参数,直接点选各群组组名,如[男生群组]、[女生群组],之后,窗口会出现各群组参数的估计值。[男生群组]的参数估计值如表 8-25,两个因素构念变量间的协方差估计值为 0.344。

表 8-25

	Mean	S. D.	C. S.	95% Lower bound	95% Upper bound	Min	Max
Regression weights							
A02 < − −期望构念［1］	0.909	0.115	1.001	0.707	1.158	0.550	1.490
A03 < − −期望构念［1］	1.032	0.118	1.000	0.825	1.291	0.661	1.623
A04 < − −期望构念［1］	1.122	0.128	1.000	0.902	1.406	0.724	1.795
A05 < − −期望构念［1］	1.159	0.133	1.000	0.929	1.457	0.742	1.879
B07 < − −期望构念［2］	0.748	0.083	1.000	0.592	0.920	0.462	1.093
B08 < − −期望构念［2］	0.794	0.083	1.000	0.638	0.963	0.480	1.141
B09 < − −期望构念［2］	0.928	0.088	1.000	0.760	1.108	0.628	1.292
Intercepts							
A01	3.747	0.117	1.001	3.518	3.978	3.258	4.241
A02	3.969	0.104	1.000	3.766	4.174	3.574	4.353
A03	4.182	0.104	1.000	3.978	4.390	3.741	4.642
A04	3.976	0.115	1.000	3.745	4.200	3.543	4.481
A05	3.844	0.118	1.000	3.609	4.073	3.350	4.340
B06	3.532	0.117	1.000	3.303	3.762	3.083	4.037
B07	3.253	0.111	1.000	3.034	3.469	2.815	3.725
B08	3.211	0.114	1.000	2.989	3.435	2.745	3.692
B09	3.847	0.126	1.001	3.602	4.098	3.303	4.328
Covariances							
期望构念［2］< − >期望构念［1］	0.344	0.128	1.000	0.117	0.617	− 0.080	1.005
Variances							
期望构念［1］	0.922	0.211	1.000	0.568	1.391	0.311	1.943
e1	0.696	0.107	1.001	0.515	0.929	0.378	1.206
e2	0.557	0.082	1.000	0.412	0.733	0.304	0.981
e3	0.367	0.068	1.001	0.250	0.516	0.169	0.676
e4	0.482	0.082	1.000	0.338	0.659	0.210	0.923
e5	0.453	0.082	1.000	0.312	0.630	0.199	0.851
期望构念［2］	1.383	0.233	1.000	0.976	1.885	0.638	2.658
e6	0.253	0.083	1.000	0.101	0.425	− 0.106	0.691
e7	0.669	0.101	1.000	0.493	0.890	0.361	1.177
e8	0.633	0.097	1.001	0.464	0.840	0.344	1.105
e9	0.670	0.113	1.000	0.472	0.914	0.313	1.266

［女生群组］的参数估计值如表 8-26，两个因素构念变量间的协方差估计值为 0.315。

表 8-26

	Mean	S. D.	C. S.	95% Lower bound	95% Upper bound	Min	Max
Regression weights							
A02 < − −期望构念［1］	1.099	0.117	1.000	0.899	1.361	0.758	1.614
A03 < − −期望构念［1］	1.234	0.124	1.001	1.015	1.503	0.839	1.846
A04 < − −期望构念［1］	1.185	0.124	1.000	0.965	1.449	0.772	1.814

续表

	Mean	S. D.	C. S.	95% Lower bound	95% Upper bound	Min	Max
A05 < − −期望构念[1]	1.199	0.125	1.000	0.980	1.475	0.796	1.772
B07 < − −期望构念[2]	0.829	0.062	1.000	0.710	0.956	0.618	1.068
B08 < − −期望构念[2]	0.891	0.075	1.001	0.750	1.043	0.636	1.243
B09 < − −期望构念[2]	1.033	0.075	1.001	0.892	1.187	0.738	1.342
Intercepts							
A01	3.472	0.123	1.000	3.234	3.715	2.952	3.924
A02	3.853	0.119	1.000	3.618	4.090	3.396	4.305
A03	3.913	0.131	1.000	3.653	4.172	3.326	4.419
A04	3.741	0.130	1.000	3.476	3.995	3.168	4.210
A05	3.615	0.133	1.000	3.351	3.876	3.048	4.122
B06	3.508	0.122	1.000	3.266	3.745	2.998	4.003
B07	3.334	0.106	1.000	3.126	3.541	2.895	3.764
B08	3.291	0.122	1.000	3.053	3.535	2.795	3.784
B09	3.616	0.132	1.000	3.353	3.872	3.085	4.152
Covariances							
期望构念[2] < − >期望构念[1]	0.315	0.133	1.000	0.072	0.596	− 0.162	0.966
Variances							
期望构念[1]	1.021	0.228	1.000	0.631	1.529	0.401	2.223
e1	0.682	0.106	1.000	0.500	0.916	0.357	1.153
e2	0.367	0.067	1.000	0.254	0.517	0.184	0.700
e3	0.317	0.067	1.001	0.202	0.463	0.105	0.667
e4	0.465	0.081	1.001	0.325	0.645	0.216	0.819
e5	0.448	0.080	1.001	0.314	0.627	0.199	0.845
期望构念[2]	1.457	0.250	1.000	1.035	2.017	0.697	2.616
e6	0.272	0.062	1.000	0.164	0.405	0.088	0.565
e7	0.308	0.056	1.000	0.213	0.436	0.139	0.657
e8	0.478	0.081	1.000	0.338	0.656	0.209	0.963
e9	0.428	0.082	1.000	0.285	0.603	0.180	0.780

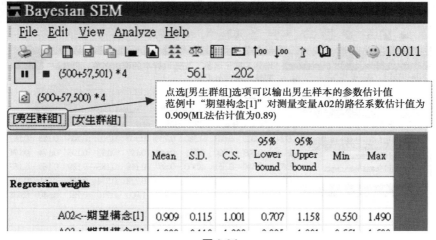

图 8-96

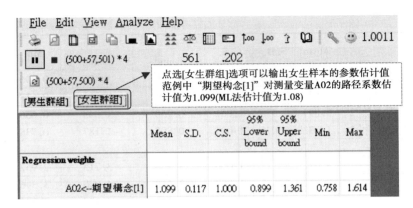

图 8-97

按工具列"Fit Measures"适配测量值图像钮,进行贝氏适配度指标值的估计。

图 8-98 中,"Posterior predictive p"(事后预测 p 值)为 0.61,DIC 值为 160.41,有效的参数个数数值为 54.27。整体模型适配度统计量 PP p 值介于[0.30,0.70]之间,表示假设模型的适配度良好,两因素构念的 CFA 模型同时适配于男生群组与女生群组,CFA 假设模型具有跨性别群组效度。

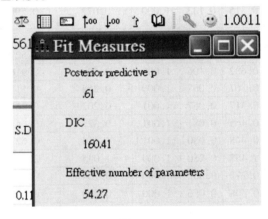

图 8-98

多群组分析的额外参数估计窗口也会增列两个群组名称(图 8-99),若要查看两个群

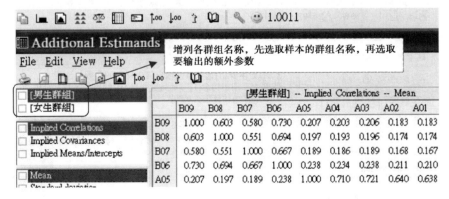

图 8-99

组个别标准化参数估计值只要先点选群组名称即可,各群组的数值会分开呈现,此部分与单群组分析窗口大同小异。范例中在"分析属性"(Analysis Properties)窗口中的"输出"(Output)方盒中未勾选"Indirect, direct & total effect"(间接、直接与总效果)选项,因而额外参数估计窗口未呈现标准化直接效果值、标准化间接效果值与标准化总效果值的选项。不论是进行单一群组的模型检验或多群组跨效度检验,在进行贝氏估计法程序前,最好勾选"Indirect, direct & total effect"(间接、直接与总效果)选项,否则标准化路径系数数值无法得知。

根据参数摘要表的平均数栏,[男生群组]与[女生群组]非标准化估计值模型图绘制如图 8-100 和图 8-101:

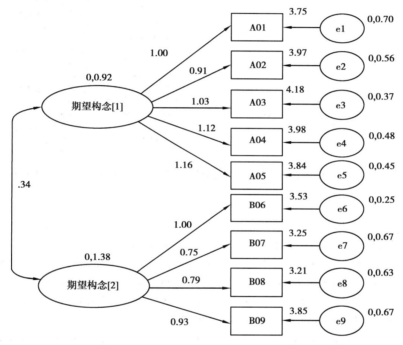

图 8-100 男生群组非标准化估计值模型图(PP *p* 值 = 0.61、DIC 值 = 160.41)

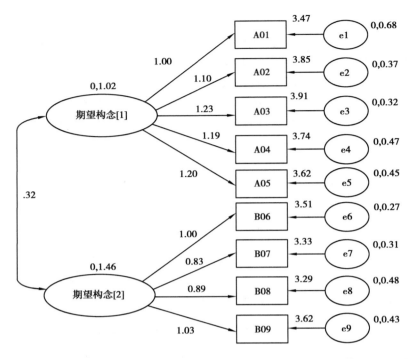

图 8-101   女生群组非标准化估计值模型图（PP p 值 =0.61、DIC 值 =160.41）

参考文献

Arbuckle, J. L. (2006). Amos 7.0 user's guide. Chicago: SPSS Inc..

Bolstad, W. M. (2004). Introduction to Bayesian statistics. Hoboken, N. J. : John Wiley and Sons.

Byrne, B. M. (2010). Structural equation modeling with AMOS. New York: Routledge.

Myung, J. I. , Karabatsos, G. , & Iverson, G. J. (2005). A Bayesian approach to testing decision making axioms. Journal of Mathematical Psychology, 49, 205-225.

Sinharay, S. (2006). Bayesian item fit analysis for unidimensional item response theory models. British Journal of Mathematical and Statistical Psychology, 59, 429-449.

Song, Xin-Yung, & Lee, Sik-Yun (2006). Bayesian analysis of structural equation models with nonlinear covariates and latent variables. Multivariate Behavior Research, 41(3), 337-365.

李茂能(2009)。图解 AMOS 在学术研究之应用。台北:五南。

附　录　模型估计的其他议题

第一节　不适当解值的问题

一份有 7 个测量变量(题项)的量表,反映 2 个潜在因素构念,其中潜在变量因素构念[1]包含四个题项(AX1、AX2、AX3、AX4);潜在变量因素构念[2]包含三个题项(AX5、AX6、AX7),因素构念结构为斜交模型,两个因素构念间有某种程度的相关,其相关系数不为 0。七个指标变量的相关矩阵中,AX1、AX2、AX3、AX4 四个变量间的相关介于 0.735 至 0.935 间;AX5、AX6、AX7 三个变量间的相关介于 0.752 至 0.804 间。

样本数据结构的相关矩阵摘要表如表 A-1(此种数据结构 Amos 可以读入,实际进行 SEM 各种模型检验时,建议研究者直接以原始数据文件进行分析较为便利,原始数据文件中又以 SPSS 统计软件的数据文件最为普遍,数据文件的扩展名为＊.sav)。

表 A-1

rowtype_	varname_	AX1	AX2	AX3	AX4	AX5	AX6	AX7
N		300	300	300	300	300	300	300
CORR	AX1	1.000						
CORR	AX2	0.806	1.000					
CORR	AX3	0.735	0.935	1.000				
CORR	AX4	0.745	0.898	0.802	1.000			
CORR	AX5	0.327	0.297	0.301	0.245	1.000		
CORR	AX6	0.300	0.280	0.264	0.235	0.804	1.000	
CORR	AX7	0.291	0.294	0.262	0.252	0.752	0.789	1.000
STDDEV		0.991	1.351	1.345	1.256	1.057	1.001	1.112

一、初始因素结构模型图

初始因素结构模型图 A-1 显示:每个指标变量均反映一个因素构念变量,指标变量的测量误差项间彼此独立没有相关,两个因素构念间的相关为待估计的自由参数(表示两个因素构念潜在变量间有相关,相关系数值大小根据数据结构估计,若研究者假定的 CFA 模型为多因素直交模型,则因素构念变量间的相关为 0,此时因素构念

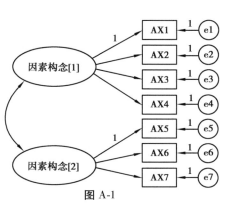

图 A-1

变量间的相关系数要界定为固定参数,参数的值为 0)。

　　未标准化估计值模型图 A-2 显示,模型的自由度为 13,模型整体适配度统计量 χ^2 值为 28.007(显著性 p = 0.009 < 0.05),CFI 值为 0.993,RMSEA 值为 0.062,卡方自由度比值为 2.154。七个指标变量的测量误差项方差分别为 0.37、-0.05、0.26、0.33、0.26、0.16、0.32,其中测量误差项 e2 的方差为负值,此参数为不适当解值。当模型估计结果出现负的误差项方差或内因潜在变量的残差项为负值,即使研究界定的假设模型与样本数据可以适配,但是建构的假设模型却无法作出合理的解释,若研究者直接描述:"由于假设模型与样本数据的适配良好,研究者根据理论建构的 CFA 假设模型可以支持",此种结论是不妥或不适宜的,所谓不适宜是指研究者只考虑到模型的外在适配程度,并未对模型的内在适配或基本适配进行评估。SEM 模型检验时,首先应考虑检核的模型中是否有不适当解值或不合理参数的存在,其次是变量间影响关系的方向性是否与理论或经验法则相符合(如结构模型中,外因潜在变量智力对内因潜在变量学业成就的影响为正向,若模型检验结果的路径系数为负值,表示智力变量对学业成就变量的影响为负向,此种情形与理论建构或文献矛盾,重要的是此种影响路径无法合理诠释样本所处的实际情境),若这两个要件(模型中没有不适当的解值且变量间影响关系的方向性如理论所述)均没有问题,才能进行内在与外在适配度的评估。

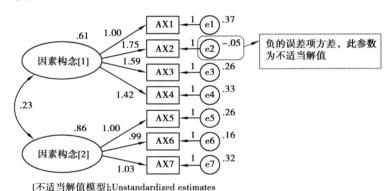

[不适当解值模型];Unstandardized estimates
卡方值=28.007(p=.009);自由度=13;CFI=.993
RMSEA=.062;卡方自由度比值=2.154

图 A-2

　　当误差项方差出现负值时,该参数相对应的标准化估计值模型图中的标准化回归系数(标准化路径系数)的参数值会大于 1,R^2 的数值也会大于 1。图 A-3 中负的误差方差为指标变量 AX2 的误差项 e2,潜在变量因素构念[1]对指标变量 AX2 的标准化回归系数(测量模型为因素负荷量,结构模型为直接效果值)为 1.01,R^2 数值为 102%,表示潜在变量因素构念 [1] 对指标变量 AX2 的解释变异量为 102%;相对地,指标变量 AX2 反映潜在因素构念的变异为 102%,当解释变异量 R^2 超过 100% 时(或接近 100% 时),表示此参数为不合理的参数值。

二、模型重新界定

　　当假设模型误差项或残差项出现负的方差时,其可能情形有二:一为观察变量间有多元共线性存在;二为假设模型界定错误。其解决的方法为将负的误差方差加上一个较小的正数,此正数又称脊常数(ridge constant),加上一个数值较小的正数的目的在于使方

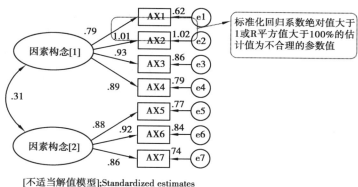

[不适当解值模型];Standardized estimates
卡方值=28.007(p=.009);自由度=13;CFI=.993
RMSEA=.062;卡方自由度比值=2.154

图 A-3

差不再出现负值,当负的误差方差绝对值较大时,加上的正数值要较大。此种方法的操作可直接设定此误差项的方差数值为0,将方差参数由待估计的自由参数变为一个固定参数,固定参数的常数设为0或较小的正数,如0.01或0.05等。若误差项方差设为0,标准化回归系数绝对值会刚好等于1.00;若误差项方差大于0,标准化回归系数绝对值会小于1.00。

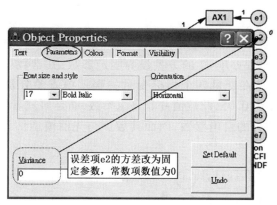

图 A-4

　　未标准化估计值模型图 A-5 显示,模型的自由度为14(原先初始模型的自由度为13,修正假设模型中待估计的自由参数减少1个,因而模型的自由度增加1),模型整体适配度统计量 χ^2 值为 38.584(显著性 p < 0.001,初始 CFA 模型适配度统计量卡方值为28.007,p=0.009),CFI 值为 0.988,RMSEA 值为 0.077,卡方自由度比值为 2.756。七个指标变量的测量误差项方差分别为 0.34、0.00、0.23、0.30、0.26、0.16、0.32,其中测量误差项 e2 的方差为0,此参数为固定参数,数值0是研究者在模型估计前界定的。

　　标准化估计值模型图 A-6 显示,潜在变量因素构念[1]四个指标变量的标准化路径系数分别为 0.81、1.00、0.94、0.90(初始假设模型的四个数值分别为 0.79、1.01、0.93、0.89)。测量模型中标准化路径系数值为1.00, R^2 数值为100%,潜在变量因素构念[1]对指标变量 AX2 的标准化回归系数(测量模型为因素负荷量,结构模型为直接效果值)为1.00,表示潜在变量因素构念[1]对指标变量 AX2 的解释变异量刚好为100%。在测量模型中指标变量反映其对应潜在构念变量100%的变异量,此种情况是不合理的;在结构模型中外因变量可以解释内因变量 100% 的变异量也是不合理的。为符合实际样本数据的属性,负的误差方差的绝对值若较小,可加上一个较小的正值;相对地,负的误差方差的绝对值如果大于 0.05,可直接界定此测量误差项或残差项的参数方差为 0.05 或比 0.05 较小的数值(把误差项方差设为比 0 稍大的数值较为合理),当研究者界定的方差数值与原先方差参数的差异值愈大,则重新界定的假设模型的整体模型适配度统计量的 χ^2 值也会与初始模型的适配度统计量的 χ^2 值差异愈大,此时,表示界定的模型与样本数据愈不适配。

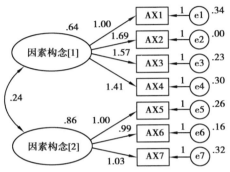

[不适当解值模型];Unstandardized estimates
卡方值=38.584(p=.000);自由度=14;CFI=.988
RMSEA=.077;卡方自由度比值=2.756

图 A-5

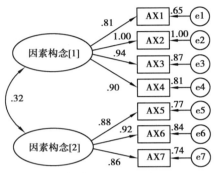

[不适当解值模型];Standardized estimates
卡方值=38.584(p=.000);自由度=14;CFI=.988
RMSEA=.077;卡方自由度比值=2.756

图 A-6

图 A-7 显示,将测量误差项 e2 的方差设为固定参数,其常数项界定为 0.05,模型可以识别。因素构念[1]潜在变量四个指标变量的误差项方差分别为 0.33、0.05、0.21、0.30。误差项 e2 的方差为 0.05,此数值并非自由参数,而是研究者界定的固定参数,其余三个误差项方差为待估计的自由参数,因而其数值与先前模型估计时会有所不同(通常差异值不会太大)。

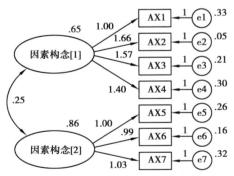

[不适当解值模型];Unstandardized estimates
卡方值=67.491(p=.000);自由度=14;CFI=.975
RMSEA=.113;卡方自由度比值=4.821

图 A-7

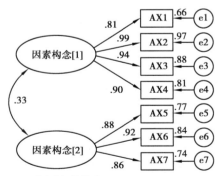

[不适当解值模型];Standardized estimates
卡方值=67.491(p=.000);自由度=14;CFI=.975
RMSEA=.113;卡方自由度比值=4.821

图 A-8

因素构念[1]潜在变量四个指标变量的标准化路径系数分别为 0.81、0.99、0.94、0.90,潜在变量因素构念[1]对四个指标变量的解释变异(R^2)分别为 66%、97%、88%、81%。模型适配度卡方值统计量为 67.491(p < 0.001),RMSEA 值为 0.113;若将误差项

e2 方差的常数项界定为 0.00,模型整体适配度统计量 χ^2 值为 38.584(显著性 p < 0.001),RMSEA 值为 0.077。因此,若重新界定模型的误差项方差(固定参数)常数项与初始方差界定为自由参数时估计所得的方差差异值愈大,则模型适配度卡方值统计量会愈大,表示模型的适配情形愈不理想。

三、移除共线性指标变量

如果模型界定没有错误,不适当解值是由指标变量多元共线性问题(变量间线性相关)造成的,模型重新界定的较佳方法为将造成多元共线性问题的指标变量移除。若是 CFA 模型验证,指标变量删除后,每个因素构念变量保留的指标变量数最好在三个以上,否则,若测量变量数太少,则无法有效反映其对应的潜在因素构念。

从范例数据文件相关矩阵摘要表 A-2 中可以发现,指标变量 AX2 与 AX1、AX3、AX4 间的相关系数分别为 0.806、0.935、0.898,指标变量 AX2 与 AX3、AX4 间的相关甚高,因而多元共线性问题可能是由指标变量 AX2 造成的(初始模型估计结果,指标变量 AX2 的测量误差项方差也为负值),修正的测量模型中将优先考虑将指标变量 AX2 从潜在变量因素构念[1]中移除。

表 A-2 因素构念[1]四个指标变量间的相关矩阵摘要表(N = 300)

指标变量	AX1	AX2	AX3	AX4
AX1	1.000			
AX2	0.806	1.000		
AX3	0.735	0.935	1.000	
AX4	0.745	0.898	0.802	1.000

图 A-10 显示,删除测量指标变量 AX2 后,模型可以收敛识别。未标准化估计值模型图显示,模型的自由度为 8,模型整体适配度统计量 χ^2 值为 11.127(显著性 p = 0.195 > 0.05),CFI 值为 0.997,RMSEA 值为 0.036,卡方自由度比值为 1.391,两因素测量模型与样本数据的适配情形良好。两个因素构念变量间的协方差为 0.26,六个指标变量的测量误差项方差分别为 0.30、0.37、0.31、0.26、0.16、0.32,六个指标变量的测量误差项均为正值,表示模型估计结果的参数均为适当解值,模型估计的参数估计值没有不合理的数值出现。

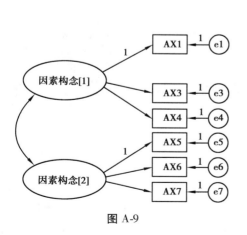

图 A-9

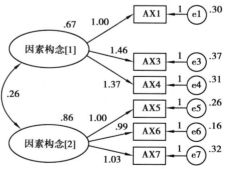

[删除观察变量];Unstandardized estimates
卡方值=11.127(p=.195);自由度=8;CFI=.997
RMSEA=.036;卡方自由度比值=1.391

图 A-10

标准化估计值模型图 A-11 显示,因素构念[1]三个指标变量的标准化路径系数(因素负荷量)分别为 0.83、0.89、0.90;因素构念[2]三个指标变量的标准化路径系数(因素负荷量)分别为 0.88、0.92、0.86,两个因素构念变量间的相关为 0.34。如果模型估计结果的参数有不适当解值出现,而此不适当解值是由观察变量间线性相关问题所造成的,则移除导致多元共线性观察变量的方法,在 SEM 的操作中是属于合理适切的方法,此种方法也较符合 SEM 的验证性程序。

四、测量恒等性的界定

第三种测量模型的修正方法为界定因素构念指标变量的因素负荷量相等(表示潜在因素构念变量对测量指标变量的影响力是相同的),增列参数标签名称的假设模型图如图 A-12(此种模型界定要先将两个潜在因素构念的方差设定为 1),在参数限制中界定的条件为:

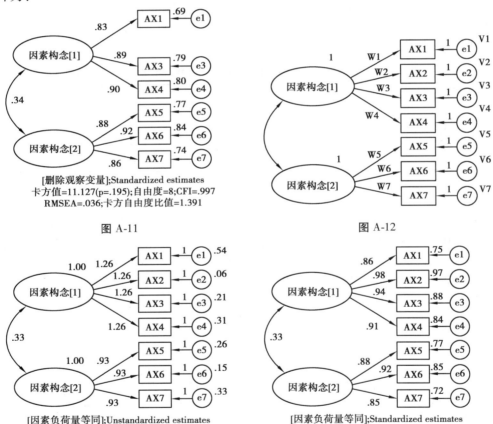

[删除观察变量];Standardized estimates
卡方值=11.127(p=.195);自由度=8;CFI=.997
RMSEA=.036;卡方自由度比值=1.391

图 A-11

图 A-12

[因素负荷量等同];Unstandardized estimates
卡方值=260.514(p=.000);自由度=18;CFI=.885
RMSEA=.212;卡方自由度比值=14.473

图 A-13

[因素负荷量等同];Standardized estimates
卡方值=260.514(p=.000);自由度=18;CFI=.885
RMSEA=.212;卡方自由度比值=14.473

图 A-14

$$W1 = W2 = W3 = W4$$

$$W5 = W6 = W7$$

未标准化估计值模型图 A-13 显示,模型的自由度为 18,模型整体适配度统计量 χ^2 值为 260.514(显著性 p<0.001),CFI 值为 0.885,RMSEA 值为 0.212,卡方自由度比值

为14.473,该结果显示假设模型与样本数据的契合度不佳。七个指标变量的测量误差项方差分别为0.54、0.06、0.21、0.31、0.26、0.15、0.33,模型估计结果的所有参数都为正数,亦即均为适当解值。

标准化估计值模型图 A-14 显示,因素构念[1]四个指标变量的标准化路径系数(因素负荷量)分别为 0.86、0.98、0.94、0.91,四个指标变量未标准化路径系数值均为 1.26;因素构念[2]三个指标变量的标准化路径系数(因素负荷量)分别为 0.88、0.92、0.85,三个指标变量未标准化路径系数值均为 0.93,两个潜在变量测量模型的信度均佳,但 CFA 假设模型与样本数据的适配情形不佳。此种方法虽可以解决模型估计出现不适当解值的问题,但是通常模型整体适配度会变得较差。

第二节　非正定问题

图 A-15 显示,在三个测量模型构成的因果路径中,外因潜在变量为 FAX,内因潜在变量为 FBY、FCY,外因潜在变量 FAX 有四个观察变量,内因潜在变量 FBY、FCY 各有三个观察变量。

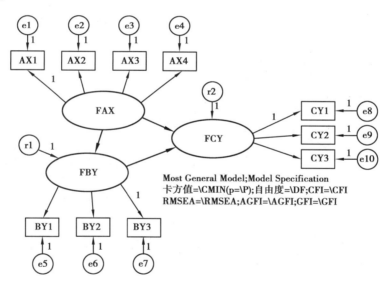

图 A-15

按"计算估计值"工具图示钮后,出现"Amos"的适配模型错误信息,信息显示:"样本数据动差矩阵并非正定,导致数据结构非正定的原因可能有以下几种:1. 样本协方差矩阵或样本相关矩阵读入时有错误值发生;2. 观察变量因样本数太少发生线性相关情形;3. 样本协方差矩阵或样本相关矩阵使用配对删除法计算不完全的数据文件;4. 样本相关矩阵的相关系数性质成四分相关。"进行 SEM 分析的数据结构必须是正定(positive definition)的数据结构,若数据结构的协方差矩阵为非正定矩阵,则模型的适配度将无法估计,此时各种参数也无法顺利估计出来。

如果研究者不进行数据结构协方差的转换、变量删除或错误数据处理,要直接进行参数估计,则可在"分析属性"对话窗口中,按"Numerical"(数值的)方盒,勾选"Allow non-positive definite sample covariance matrices"（允许非正定样本协方差矩阵）选项（图 A-17），勾选该选项后，即使样本数据结构是非正定数据，也可以使用最大似然法进行各参数的估计，但是整体模型适配度指标统计量除了卡方值之外，将只出现 RMR、GFI、PGFI、AIC 等适配度指标值。

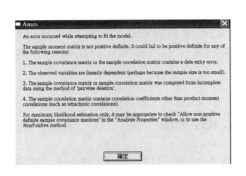
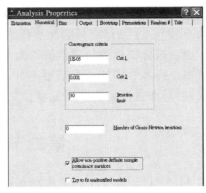

图 A-16   图 A-17

非标准化估计值模型图 A-18 中未出现负的误差项方差或负的残差项方差，表示模型估计的参数没有不适当解值，整体模型适配度的卡方值为 2 854.378，RMR 值为 0.080，GFI 值为 0.742。

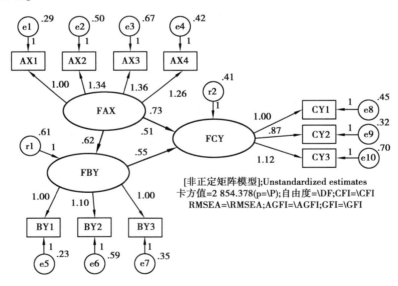

图 A-18

表 A-3   RMR，GFI

Model	RMR	GFI	AGFI	PGFI
［非正定矩阵模型］	.080	.742	1.000	98 119.131

标准化估计值模型图 A-19 显示，三个潜在变量的测量模型信度良好，外因潜在变量 FAX 四个指标变量的因素负荷量分别为 0.85、0.85、0.82、0.85；内因潜在变量 FBY 三个指标变量的因素负荷量分别为 0.89、0.80、0.85；内因潜在变量 FCY 三个指标变量的因素负荷量分别为 0.85、0.85、0.82。就结构模型潜在变量间的直接效果值来看，三个路径

的标准化路径系数均达显著,外因潜在变量 FAX 对内因潜在变量 FBY、FCY 的直接效果值分别为 0.56(p < 0.001)、0.41(p < 0.001);内因潜在变量 FBY 对内因潜在变量 FCY 的直接效果值为 0.49(p < 0.001),外因潜在变量 FAX 对内因潜在变量 FBY 的解释变异量 R^2 为 31%,潜在变量 FAX、FBY 对内因潜在变量 FCY 的联合解释变异量 R^2 为 63%,结构模型参数结果显示,这三个潜在变量间的影响显著,其效果值也很大。但就整体模型适配度来看,假设模型与样本数据的契合度不佳(因为卡方值甚大,其数值为 2 854.378,当模型适配度的卡方值超过 1 000 以上时,其余适配度指标值多数不会达到适配标准值)。

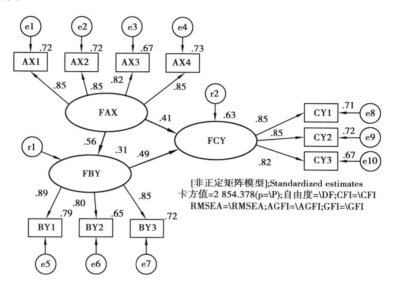

图 A-19

当样本数据的协方差矩阵为非正定矩阵时,在"分析属性"对话窗口中勾选"允许非正定样本协方差矩阵"选项,即可使参数顺利估计出来,但假设模型的适配情形多数会欠佳,模型适配度卡方值统计量的数值也会变得很大。上述范例中,假设模型的三个测量模型的信度均相当理想,潜在变量构成的结构模型间的直接效果值也很高(表示界定变量间关系的模型没有错误,外因潜在变量对内因潜在变量真的有某种程度的因果关系),所有估计的参数均达 0.05 显著水平,估计所得的参数没有不适当解值,此种情形,在多数情况下,假设模型与样本数据间可以适配,但此范例中显示的是"假设模型与样本数据间的适配情形不佳",之所以呈现此种吊诡结果,乃是因为数据结构本身非正定问题所致。SEM 模型检验中,若样本数据结构的协方差矩阵或假设模型隐含的协方差矩阵为非正定(non-positive definite)矩阵,即使强迫估计所有参数,假设模型适配度统计量的卡方值通常会变得非常大(如大于 2 000 或大于 1 500)。

第三节 潜在变量间关系的修正

公务人员婚姻态度、亲子关系与幸福感受的因果关系假设模型中,外因潜在变量为婚姻态度,内因潜在变量为亲子关系与幸福感受,亲子关系潜在变量具有中介变量的性质。

表 A-4   因果关系中九个观察变量的相关矩阵与描述性统计量摘要表（N = 400）

	责任承诺	情感亲密	体谅支持	相互信任	情感交流	民主沟通	人际关系	身心健康	工作调适
责任承诺	1								
情感亲密	.734	1							
体谅支持	.757	.742	1						
相互信任	.784	.611	.576	1					
情感交流	.711	.834	.651	.669	1				
民主沟通	.720	.617	.518	.736	.713	1			
人际关系	.732	.612	.608	.710	.663	.774	1		
身心健康	.647	.636	.583	.553	.615	.675	.680	1	
工作调适	.685	.585	.597	.663	.642	.744	.775	.711	1
平均数	3.70	3.73	3.90	3.52	3.67	3.42	3.55	3.48	3.50
标准差	.654	.721	.661	.780	.713	.816	.732	.812	.757
最小值	1.00	1.00	1.00	1.00	1.00	1.00	1.14	1.25	1.00
最大值	5.00	5.00	5.00	5.00	5.00	5.00	5.00	5.00	5.00

如图 A-20 所示，潜在变量婚姻态度的指标变量有责任承诺、情感亲密、体谅支持；潜在变量亲子关系的指标变量有相互信任、情感交流、民主沟通；潜在变量幸福感受的指标变量有人际关系、身心健康、工作调适。

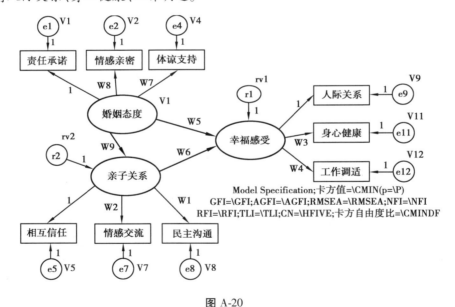

图 A-20

图 A-21 显示，模型可以识别收敛，三个测量模型观察变量的因素负荷量均在 0.71 以上，表示三个潜在变量的测量模型信度良好。结构模型中外因潜在变量婚姻态度对内因潜在变量幸福感受的标准化路径系数为 −0.18，外因潜在变量婚姻态度对内因潜在变量幸福感受的影响方向与理论建构相反，直接效果值无法作出合理的诠释；此外，内因潜在变量亲子关系对内因潜在变量幸福感受的标准化路径系数为 1.10，标准化回归系数的绝对值大于 1.00，此参数是一个不适当解值。

从观察变量间的相关矩阵来看，观察变量责任承诺除与反映同因素构念的观察变量

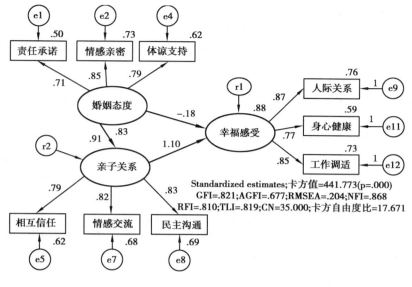

图 A-21

情感亲密、体谅支持有高度相关外,与不同潜在构念变量的六个观察变量中的四个(相互信任、情感交流、民主沟通、人际关系)也有高度相关,其相关系数分别为 0.784、0.711、0.720、0.732,而与观察变量身心健康、工作调适的相关则接近高度相关,相关系数分别为 0.647、0.685。因而 SEM 模型中出现不适当解值可能是因于观察变量间的线性相关所致,其中导致线性相关的主要观察变量可能为责任承诺。

　　在修正的假设模型图 A-22 中,将外因潜在变量婚姻态度的观察变量责任承诺删除,删除后的假设模型可以辨识收敛。结构模型中外因潜在变量婚姻态度对内因潜在变量亲子关系、幸福感受的标准化路径系数分别为 0.86(p<0.001)、0.05(p>0.05),内因潜在变量亲子关系对内因潜在变量幸福感受的标准化路径系数为 0.90(p<0.001),三条直接效果路径只有两条达到 0.05 显著水平,外因潜在变量婚姻态度对内因潜在变量幸福感受的直接影

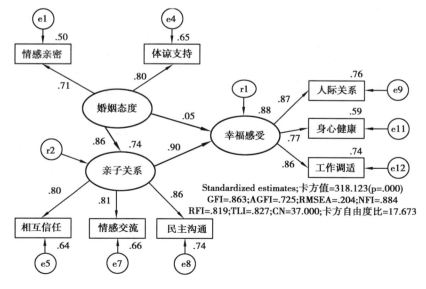

图 A-22

响路径未达 0.05 显著水平。若研究者不再进行模型修正,则婚姻态度变量对幸福感受变量只有间接影响路径,中介影响变量为亲子关系。三个潜在变量的关系简化为:婚姻态度(外因潜在变量)→ 亲子关系(中介潜在变量)→ 幸福感受(内因潜在变量)。

研究者若从理论探究或经验法则中确认婚姻态度变量对幸福感受变量应有显著的直接影响路径,模型中的影响路径之所以没有达到 0.05 显著水平,可能是观察变量间线性相关造成的,从相关矩阵摘要表 A-4 中可以发现亲子关系的观察变量情感交流与观察变量情感亲密间的相关高达 0.834,两者的相关系数反而高于观察变量情感交流与观察变量相互信任、民主沟通间的相关系数(r 分别为 0.669、0.713)。在一个信度良好的测量模型中,同一因素构念指标变量间的相关应高于指标变量与不同因素构念间的相关,即同一因素构念指标变量间的相关应该较高,而不同因素构念指标变量之间的相关应该较低,此种关系与进行探索性因素分析的理论缘由相同。

在修正模型中将潜在变量亲子关系的观察变量情感交流删除,删除后的模型为简化模型。图 A-23 显示,该假设模型可以辨识收敛。婚姻态度对内因潜在变量亲子关系、幸福感受的标准化路径系数分别为 0.72(p<0.05)、0.23(p<0.05),内因潜在变量亲子关系对内因潜在变量幸福感受的标准化路径系数为 0.78(p<0.05),三条直接效果路径均达 0.05 显著水平,三个标准化回归系数参数均为适当的解值。整体模型适配度中的五个增值适配度指标值、RMR 值(=0.065)、GFI 值(=0.934)、PNFI 值(=0.541)、PCFI 值(=0.544)等九个指标值均达到模型适配标准,表示重新界定的假设模型适配度尚可。从模型卡方值统计量的数值来看,删除观察变量责任承诺的假设模型适配度卡方值统计量为 318.123(p<0.001),删除责任承诺与情感交流两个观察变量的假设模型适配度卡方值统计量为 113.900(p<0.001),最后界定的假设模型显然比之前界定的假设模型具有更佳的适配度。

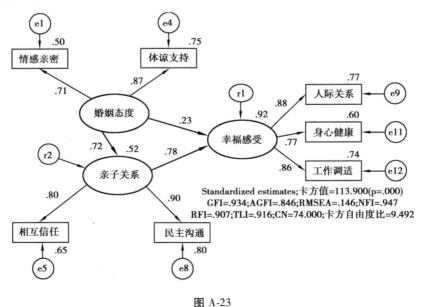

图 A-23

达到标准的适配统计量如表 A-5、表 A-6 和表 A-7:

表 A-5 RMR，GFI

Model	RMR	GFI	AGFI	PGFI
Default model	.065	.934	.846	.400

表 A-6 Baseline Comparisons

Model	NFI Delta1	RFI rho1	IFI Delta2	TLI rho2	CFI
Default model	.947	.907	.952	.916	.952

表 A-7 Parsimony-Adjusted Measures

Model	PRATIO	PNFI	PCFI
Default model	.571	.541	.544

万卷方法分类总书目

万卷方法是我国第一套系统介绍社会科学研究方法的大型丛书，来自中国社科院、北京大学等研究机构和高校的两百余名学者参与了丛书的写作和翻译工作。至今已出版图书 140 余个品种。

5. 定性分析/质性分析